中经金课管理类精品课程
新时代高等教育创新型教材

人力资源管理
Human Resource Management

主　编　龚志周　谷云燕

中国经济出版社
CHINA ECONOMIC PUBLISHING HOUSE

图书在版编目（CIP）数据

人力资源管理/龚志周，谷云燕主编.--北京：中国经济出版社，2024.8.--（中经金课管理类精品课程/.）.--ISBN 978-7-5136-7873-5

Ⅰ.F243

中国国家版本馆CIP数据核字第20249265SC号

选题策划　雷　生
责任编辑　彭　欣
责任印制　马小宾
封面设计　牧野春晖

出版发行　中国经济出版社
印　刷　者　北京富泰印刷有限责任公司
经　销　者　各地新华书店
开　　　本　889 mm×1194 mm　1/16
印　　　张　15
字　　　数　416千字
版　　　次　2024年8月第1版
印　　　次　2024年8月第1次
定　　　价　59.00元
广告经营许可证　京西工商广字第8179号

中国经济出版社　网址 www.economyph.con　社址 北京市东城区安定门外大街58号　邮编 100011
本版图书如存在印装质量问题，请与本社销售中心联系调换（联系电话：010-57512564）

版权所有　盗版必究（举报电话：010-57512600）
国家版权局反盗版举报中心（举报电话：12390）　服务热线：010-57512564

前言 PREFACE

在全球化和信息技术的浪潮下，人力资源管理成为现代企业不可或缺的驱动力。面对快速变革的经营环境和市场需求，传统的人力资源管理模式亟待数字化转型。党的二十大及2024年两会均强调将数字技术深度融入实体经济。本书应运而生，紧扣时代脉搏，旨在为读者呈现一本系统全面、注重数字化实践应用的人力资源管理项目式教材。书中不仅详细解读了数字化人力资源管理的核心理念与策略，更通过丰富的案例和前沿技术，助力企业构建与时俱进的数字化人力资源管理体系，以应对市场挑战，推动企业持续创新与发展。

本书内容详尽且深入，共分为七个项目，涵盖了人力资源管理的各个方面。以坚实的人力资源管理理论为基础，采用任务驱动的编写方式，系统全面地介绍了人力资源规划、职位分析与胜任素质模型、员工招聘与选拔、员工培训与开发、绩效与薪酬福利管理以及数字化赋能劳动关系管理等核心领域。

本书具有以下特色：

（1）本书内容具有系统性和全面性，通过精心设计的七个项目，构建了一个完整的知识体系，使读者能够全面把握人力资源管理的精髓。

（2）本书采用项目式章节规划，每个项目都围绕实际的人力资源管理任务展开，注重实践应用，使读者能够在学习中提升解决实际问题的能力。

（3）本书融入课程思政，不仅传授人力资源管理知识，还注重提升读者的人文素养、职业道德，培养具有责任感和使命感的人力资源管理专业人才。

（4）本书所选案例新颖且贴合实际，多为国内知名企业的真实案例，具有新颖性和实用性，能够帮助读者更好地理解人力资源管理在实际操作中的应用。

（5）本书紧跟时代步伐，融合数字化知识点，介绍了数字化技术在人力资源管理中的应用，使读者能够跟上时代潮流，掌握前沿技术，为未来的职业发展打下坚实基础。

本书既可供高等院校管理类专业授课使用，也可作为企业管理学者及社会相关行业从业人员的参考及培训用书。作为一种探索，尽管我们力求完美，但由于人力资源管理职业的复杂性和作者水平的局限性，本书在内容阐述和分析上可能存在不足之处或疏漏，我们真诚地邀请广大读者和业内专家提出宝贵的意见和建议，以帮助本书不断完善。在此，我们表示衷心的感谢和敬意。

编 者
2024年7月

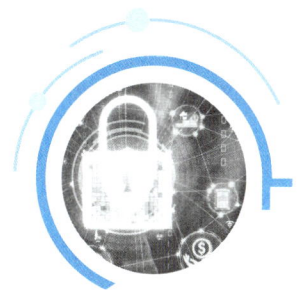

目 录 CONTENTS

项目一　人力资源管理基础 001
　任务一　人力资源理论基础 002
　任务二　人力资源实践基础 013
　任务三　数字化赋能下的人力资源管理 021
　思政课堂 031
　课后练习 032

项目二　人力资源规划 033
　任务一　数字赋能的人力资源规划 035
　任务二　人力资源供需预测及平衡机制 043
　任务三　人力资源管理信息系统与数据分析 054
　思政课堂 059
　课后练习 060

项目三　职位分析与胜任素质模型 061
　任务一　数字化环境下职位分析与设计 062
　任务二　胜任素质模型 086
　思政课堂 095
　课后练习 096

项目四　员工招聘与选拔 098
　任务一　招聘管理的基本原理和流程 099

任务二　人员的甄选与测评 ································· 109
　　任务三　招聘数字化转型的策略和实践 ····················· 126
　　思政课堂 ·· 132
　　课后练习 ·· 133

项目五　员工培训与开发 ·· 134
　　任务一　数字化赋能的培训与开发 ·························· 136
　　任务二　培训与开发工作的制定与实施 ····················· 145
　　任务三　职业生涯规划与管理 ································ 160
　　思政课堂 ·· 168
　　课后练习 ·· 169

项目六　绩效与薪酬福利管理 ······································· 170
　　任务一　绩效与绩效管理 ······································ 172
　　任务二　数字时代的绩效管理 ································ 188
　　任务三　薪酬福利管理 ·· 191
　　任务四　数字化薪酬福利管理 ································ 203
　　思政课堂 ·· 209
　　课后练习 ·· 210

项目七　数字化赋能的劳动关系管理 ······························ 212
　　任务一　劳动合同数字化管理的规范与操作 ··············· 213
　　任务二　日常事务数字化管理的精细化运作 ··············· 225
　　任务三　劳动争议管理 ·· 229
　　思政课堂 ·· 232
　　课后练习 ·· 233

参考文献 ·· 234

项目一 人力资源管理基础

CHAPTER 1

学习目标

○ 掌握人力资源理论与实践基础知识；
○ 理解人力资源管理的重要性；
○ 了解人力资源发展历程；
○ 理解数字化转型对人力资源管理的影响。

思政目标

○ 树立正确的管理价值观；
○ 培养强烈的社会责任感。

案例导入

秦昭襄王五跪得范雎

范雎，是战国时期著名的政治家和军事家。他原本在魏国遭受排挤，后来得到秦昭襄王的使者王稽的赏识，并随他到了秦国。然而，初到秦国的范雎并没有立刻得到重用，他经历了一段时间的沉寂和等待。

在这段时间里，范雎并没有放弃，他通过观察和思考，了解了秦国的国情和与其他国家之间的利害关系。他精心准备了一份奏书，详细分析了秦国的局势和战略方向。这份奏书最终送到了秦昭襄王的手中，引起了他的极大兴趣。

秦昭襄王读了范雎的奏书后，深感其治国治军的能力之强和见识之广。他渴望得到范雎的辅佐，帮助他实现统一天下的伟业。于是，他亲自驱车前往拜访范雎。

当秦昭襄王见到范雎时，他屏退左右，独自面对范雎，并以极其恭敬的态度下跪请教。范雎初时有所顾忌，不敢畅所欲言。秦昭襄王并未因此气馁，他一次又一次地下跪，每次都以更加诚恳的态度请求范雎的指教。

范雎被秦昭襄王的诚意所打动，他逐渐放下了心中的顾虑，开始坦诚地表达自己的观点和想法。他向秦昭襄王详细阐述了自己的战略构想和治国理念，得到了秦昭襄王的深深认同。

最终，在秦昭襄王的第五次下跪请教后，范雎被彻底打动，他答应辅佐秦昭襄王，帮他统一六国。此后，范雎鞠躬尽瘁，为秦国的崛起贡献了自己的智慧和力量。

这个故事不仅展现了秦昭襄王对于人才的尊重和渴求，也体现了秦昭襄王在人事管理上的高超智慧。秦昭襄王通过五次下跪请教的方式，成功地打动了范雎，赢得了范雎的忠诚和支持。这种以诚待人、以礼待才的做法，对于今天的企业和组织来说，仍然具有重要的启示和借鉴意义。

在一个多元化的组织中，每个成员都独具特色。作为杰出的人力资源管理者，应积极吸纳来自不同领域的优秀人才，并擅长在平凡之中发掘每位员工的闪光点与专长，据此精准地安排他们到最能发挥其优势的岗位上从事最适合自己的工作。其中的关键便在于发现并善用人才的智慧。作为人力资源管理的初学者，我们首要的任务便是学会欣赏并识别每个组织成员的独特优点与长处。从这个角度来看，并不存在无能的员工，而只有未能充分发掘员工潜力的人力资源管理者。

知识框架

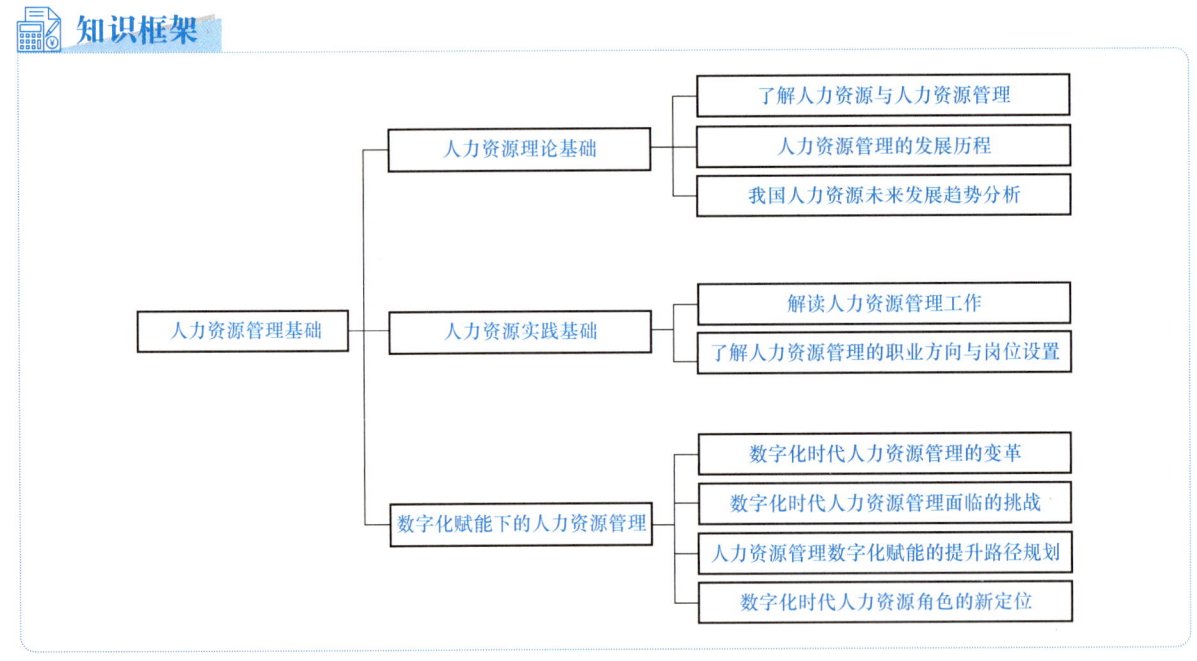

任务一　人力资源理论基础

企业的正常运行离不开各类资源的投入，而在这些资源中，人力资源无疑占据着首要地位。人力资源的存在与高效运用，是激活其他物质资源进而实现企业目标的关键。现代管理学之父彼得·德鲁克指出："企业只有一项真正的资源就是人。"管理学大师汤姆·彼得斯曾说："企业或事业唯一真正的资源就是人。"国际商业机器公司（IBM）开拓者小托马斯·沃特森的话则更加形象："你可以搬走我的机器、烧毁我的厂房，但只要留下我的员工，我就可以有再生的机会。"由此可以看出，人力资源是保证企业最终目标得以实现的最重要也是最有价值的资源。

一、了解人力资源与人力资源管理

（一）人力资源定义

人力资源是最重要的资源。在管理学领域，人力资源这一概念由彼得·德鲁克在《管理的实践》中首次明确提出。他强调，人力资源即企业全体员工，他们拥有最丰富的生产力、多样才能。人力资源具有特殊性，需通过有效的激励机制来发掘和利用，进而转化为企业的经济价值。因此，重视并优化人力资源管理，是提升组织竞争力和实现可持续发展的关键。

到目前为止，对于人力资源，众学者给出了多种不同的解释。综合多种定义我们认为：所谓人力资源，是指人用于创造价值并且能够被组织利用的体力和脑力的总和。这个含义包含以下要点：

（1）人力资源的本质是人所具有的脑力和体力的总和，可统称为劳动的能力。

（2）劳动的能力要对财富的创造有贡献作用，成为财富的来源。

（3）劳动的能力还要能够被组织所利用，这里的"组织"大到一个国家、地区，小到一个企业或作坊。

知识链接

人力资源与人口、人才资源的联系

人口是指一个特定国家或地区内所聚集的人群的总和，构成该区域的基础。由于人力资源和人才资源均源自于人口，所以那些人口众多的国家往往也具备丰富的人力资源。简而言之，人口大国往往也是人力资源的大国。

人才资源指的是那些具备丰富科学知识和卓越劳动技能，在价值创造过程中发挥核心作用的人群，他们集中存在于某个国家或地区。简言之，人才资源即为高质量的人力资源，是人力资源中的精华部分。

人口更多地侧重对数量的描述，而人才资源更多地侧重对质量的描述。人口、人力资源、人才资源关系如图1-1所示。

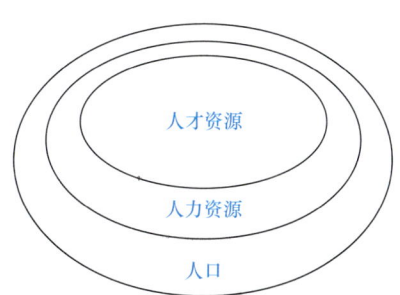

图1-1 人口、人力资源、人才资源关系

在数量上，人口是最多的那一个，为人力资源的形成奠定了坚实基础。其中，那些投入经济社会活动并具备一定智力资本和体能的人群构成了人力资源。而人才资源，作为人力资源中的佼佼者，是质量上乘的部分，他们拥有特殊的智力资本和体能。尽管人才资源的数量相对较少，但他们在人力资源中却是最值得被重视的部分。

(二) 人力资源特性

人力资源作为一种独特的资源形态，与自然资源有着显著的不同。其特性主要体现在以下几个方面：

1. 能动性

能动性是人力资源最为突出的特性。它深刻地展现了人类与其他资源的本质区别。与其他无生命的资源不同，人具有独特的意识和思维能力，这使得我们能够对自己的行动进行深思熟虑的计划和组织。人力资源能动性体现在以下三方面：

（1）人类拥有意识。能够清晰地认识到自己的需求和目标，并根据这些需求和目标来规划自己的行动。这种自我意识和目标导向使得人力资源的开发和利用具有明确的方向性和针对性。

（2）对活动的控制和调节。在行动过程中，人会不断地根据环境变化和实际情况对自己的行为进行反思和调整，以确保行动能够朝着预期的目标推进。这种自我控制和调节的能力使得人力资源的开发和利用更具灵活性和适应性。

（3）人力资源的开发和利用是通过拥有者自身的活动来完成的。这意味着，人力资源的价值和效能的发挥，完全取决于拥有者自身的意愿和努力。因此，与其他资源相比，人力资源的利用更具主动性和创造性。

2. 时效性

时效性作为人力资源的一个重要特性，深刻反映了人力资源与其所有者——人的生命周期的紧密联系。这种联系不仅贯穿于人力资源的形成、培训、开发、配置和使用等各个环节，更决定了其价值的时效性和有限性。人力资源时效性体现在以下四方面：

（1）人力资源的形成往往与个体的成长同步。从婴儿期到成年期，人们通过不断的学习和实践，积累知识、技能和经验，逐渐形成了各自独特的人力资源。这一过程是不可逆的，也无法在短时间内完成，因此，人力资源的形成具有明显的时间性。

（2）人力资源的培训和开发也是一个需要时间的过程。无论是职业技能的提升，还是领导力的培养，都需要经过长时间的实践和学习，才能取得显著的效果。同时，随着科技的不断进步和行业的快速发展，人力资源的培训和开发还需要不断更新和升级，以适应新的市场需求和工作环境。

（3）人力资源的配置和使用也受到时间因素的制约。在特定的时间段内，人力资源的数量和质量是相对稳定的，如果不能得到及时和有效的配置和使用，就可能导致资源的浪费和价值的降低。此外，随着员工年龄的增长和职业生涯的发展，他们的能力和需求也会发生变化，这也要求人力资源的配置和使用必须与时俱进。

（4）人力资源价值的流失。在一定的有效期内，如果人力资源得不到有效且适当的应用，那么其价值可能会随时间的流逝而降低或丧失。这可能是因为技能的过时、知识的老化，或者是因为员工长期得不到晋升和发展机会而产生的消极情绪。因此，企业必须注重人力资源的时效管理，及时评估和更新人力资源的价值，以确保其能够为企业带来持续的竞争优势。

3. 社会性

作为人力资源的一个显著特性，社会性意味着人力资源并不仅仅是单个自然人的简单集合，而是体现了人与人之间复杂而丰富的社会联系和道德关系。社会性不仅贯穿于人们的日常生活和工作，更是对人力资源的开发和利用提出了独特的要求和挑战。人力资源社会性体现在以下三方面：

（1）人与人之间的交往和合作。无论是家庭、社区还是职场，人们都在与他人的互动中形成了各种社会关系。这些关系不仅影响着个体的思维和行为方式，也直接或间接地影响着人力资源的形成和发挥。因此，在开发和利用人力资源时，必须充分考虑到人们所处的社会环境和文化背景，以确保人力资源的合理利用和使用价值最大化。

（2）道德和伦理层面。人们在与他人交往和合作的过程中，需要遵循一定的道德规范和伦理原则，以维护社会的和谐与稳定。这些道德和伦理要求也直接影响着人力资源的开发和利用方式。例如，在招聘和选拔人才时，除了考虑其专业技能和工作经验外，还需要注重其道德品质和价值观是否与企业文化相符合。

（3）人力资源的开发和利用需要考虑到社会的整体利益。人力资源是企业和社会发展的重要资源，其开发和利用不仅关乎个体的成长和发展，也关系到整个社会的繁荣和进步。因此，在开发和利用人力资源时，需要注重其与社会整体利益的协调和平衡，以实现人力资源的可持续发展。

4．创造性

创造性是人力资源相较于其他资源的独特优势，其根源在于人类所具备的显著"意识"性。这种意识性不仅使人类能够认识世界、理解事物，更赋予了人类通过智力活动创造新价值的能力。人力资源创造性体现在以下三方面：

（1）对知识的运用和创新。人类通过学习和积累知识，能够不断拓宽视野、深化理解，进而在原有知识的基础上进行创新。这种创新可能是对现有知识的重新组合，也可能是对未知领域的探索，但无论形式如何，它都为人类社会的发展带来了源源不断的动力。

（2）对技术的改进和发明。人类通过智力活动，能够不断改进和优化现有技术，提高生产效率和质量。同时，人类还能够发明新的技术，推动科技进步，为社会的快速发展提供有力支撑。

（3）对管理理念和方法的创新。通过不断探索和实践，人类能够创造出更加高效、科学的管理方法，提高组织的运营效率和市场竞争力。这种管理创新不仅能够为企业带来经济效益，还能够推动整个行业的进步和发展。

5．持续性

持续性作为人力资源的一大显著特性，意味着人力资源的开发与利用是一个持续不断、逐步深化和升华的过程。人力资源持续性体现在以下三方面：

（1）个体层面的成长与发展。人的成长是一个长期且持续的过程，从出生到成年，再到老年，每个阶段都伴随着知识、技能和经验的不断积累。这种成长不仅发生在职业生涯的初期，而且贯穿于人的整个生命历程。随着经验的丰富和技能的提高，个体的价值也在不断提升，人力资源的潜力得以被持续发掘。

（2）团队和组织文化的传承与发展。一个优秀的团队或组织，其核心价值观、管理理念和业务技能往往是通过一代又一代的成员不断传承和发扬光大的。这种传承不仅确保了组织的稳定性和连续性，也为组织的长远发展提供了坚实的基础。

（3）教育培训和职业发展。随着科技的不断进步和市场的快速变化，人力资源需要不断更新知识和技能，以适应新的工作环境和挑战。正是这种持续性，使得人力资源开发具有了一定的可能性。因此，组织需要为员工提供持续的教育培训机会，帮助他们不断提升自身能力，实现职业发展和个人价值的提升。

与那些有限次利用的资源相比，人力资源的价值在于其不断的成长、发展和创新。通过有效的开发和利用，人力资源能够为组织带来持续的竞争优势和发展动力。

（三）人力资源管理概念

人力资源管理这一理念，源于彼得·德鲁克对人力资源概念的界定。1958年，怀特·巴克在其著作《人力资源职能》中，首次将人力资源管理作为管理的一项核心职能进行深入探讨。随着理论与实践的不断演进，人力资源管理逐渐形成了多个流派，众多学者从多角度对其概念进行了详尽阐述。综合这些观点，我们可以将人力资源管理的概念归结为四大类。这些概念不仅丰富了人力资源管理的内涵，也为实践提供了更为全面和深入的指导。

（1）第一类概念主要围绕人力资源管理的核心目标进行阐释。它强调，人力资源管理的核心在于科学调配人力资源，实现组织目标。其重要地位在于作为组织发展的关键手段，凸显了其对组织发展的关键作用。

（2）第二类概念侧重于从人力资源管理的实施过程或所承担的职能角度进行阐释。它认为，人力资源管理是动态的活动过程，涵盖规划、招聘、培训、绩效管理等环节。目的是有序开展这些活动，优化人力资源配置，实现高效利用，推动组织发展。

（3）第三类概念强调人力资源管理的实体内涵是以人为核心的系列制度与政策体系。在这一视角下，人力资源管理涵盖了员工招聘、绩效管理、培训、激励、福利等方面的各项制度和政策，这些制度与政策共同构成了组织内部关于人力资源运作的规范与指导，确保了人力资源在组织中的有序管理和高效利用。

（4）第四类概念是对人力资源管理的目的、过程等多个方面进行综合解读。这类观点强调，人力资源管理不仅关注组织目标的实现，也注重通过一系列管理活动来优化人力资源的配置和利用。持这种观点的学者较多，他们认为，人力资源管理是一个综合性的过程，旨在通过制度、政策和活动的有机结合，促进组织绩效的提升和员工个人价值的实现。

从综合视角出发，本书认为，人力资源管理是指组织通过各种政策、制度和管理实践，吸引、保留、激励和开发员工，调动员工工作积极性，充分发挥员工潜能，进而促进组织目标实现的管理活动总和。

这一管理活动的核心在于整合与优化人力资源，确保员工能够在最佳状态下为组织目标的实现贡献自己的力量。人力资源管理不仅是组织运营的重要组成部分，更是推动组织持续发展和提升竞争优势的关键驱动力。通过科学、系统的人力资源管理，组织能够构建一个高效、和谐的工作环境，实现员工与组织共同发展的良性循环。

（四）人力资源管理作用

从核心角度来看，人力资源管理的作用主要体现在与组织绩效和组织战略的关联上。

1. 对组织绩效的作用

在人力资源管理职能正常发挥的前提下，它将有助于实现和提升组织的绩效，这是人力资源管理的一个重要作用。米切尔·谢帕克等学者提出人力资源管理和组织绩效关系的模型，如图1-2所示。

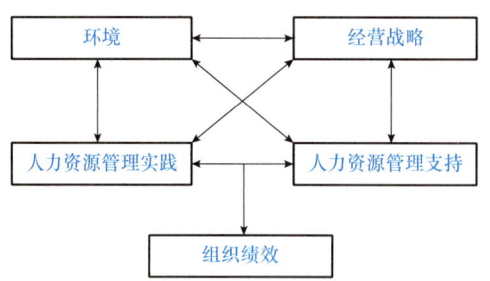

图1-2 米切尔·谢帕克人力资源管理与组织绩效关系模型

从这个模型可以看出，组织绩效的实现与提升，离不开人力资源管理实践活动的有力支撑。然而，人力资源管理并非孤立地对组织绩效产生影响，而是需要与环境因素、组织的经营战略以及人力资源管理的支持性措施相互协调、配合。只有在这四个变量的共同作用下，人力资源管理才能充分发挥其效能，为组织绩效的提升提供坚实的保障。因此，在推动组织绩效提升的过程中，必须全面考虑并妥善处理好这四个变量之间的关系，以实现人力资源管理效能的最大化。

另外，还可以从微观角度来分析人力资源管理和组织绩效之间的关系，如图 1-3 所示。

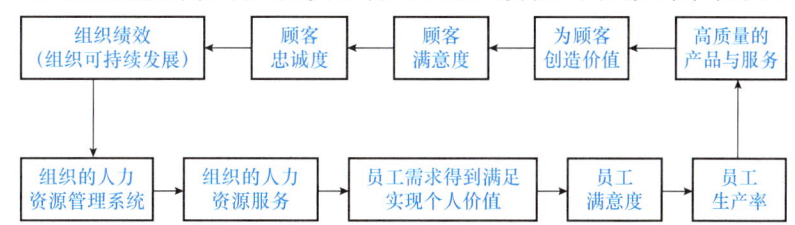

图 1-3　微观角度人力资源管理与组织绩效关系

企业绩效之根本，在于顾客的忠诚。顾客之脚步，是企业生存的基础，也是绩效达成的关键。如今，产品琳琅满目，顾客选择更加多元，赢得其忠诚对企业至关重要。而要获取这份忠诚，关键在于让顾客满意。顾客满意，多因企业能为其创造价值，提供卓越的产品与服务。这一切的实现，离不开员工的辛勤付出。员工是产品和服务的创造者，他们的工作质量直接关系到企业的产品与服务水平。特别是在服务性行业，员工直接与顾客互动，其表现直接影响顾客满意度。员工的工作表现，又深受其工作满意度的影响。满意度高，则工作热情高涨，反之则人力资源优势难以充分发挥。员工满意度源于其需求的满足与个人价值的实现，这与企业提供的公正考核、优厚待遇、有效培训、良好关系等人力资源服务息息相关。因此，企业要提升绩效，需从顾客忠诚度和员工满意度两方面着手，打造卓越的产品与服务，实现持续发展。

综上可知，人力资源管理与组织绩效之间存在着密切的关系，人力资源管理的有效实现将有助于实现和提升组织绩效。

2．对组织战略的作用

在人力资源管理职能得以正常发挥的条件下，其对组织战略实现的重要性越发受到人们的关注。组织战略的有效实施离不开组织中各类资源的协同配合，而人力资源作为其中的关键一环，其管理的成效将直接影响组织战略目标的实现。因此，优化人力资源管理实践，确保其高效运作，对于推动组织战略目标的实现具有至关重要的作用。通过精细化的管理策略，人力资源管理的实践活动能够充分激发员工的潜能，提升组织整体绩效，从而为组织战略目标的实现提供有力支持，两者之间的关系如图 1-4 所示。

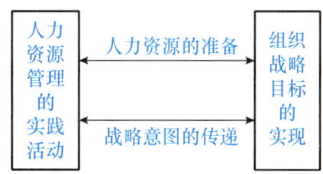

图 1-4　人力资源管理与组织战略关系

从图 1-4 可以看出，组织战略明确后，资源的准备成为至关重要的一环。缺乏有效资源的支撑，战略目标的实现将如同空中楼阁般遥不可及。而在资源的准备中，人力资源的准备尤为关键。通常，人力资源的准备可通过两种主要途径实现：一是外部招聘，二是内部培养。这两种途径均属于人力资源管理实践活动的核心。

实现组织的战略目标，首要任务是通过人力资源规划，对未来的人力资源需求进行精准预测。随后，基于这些预测，通过招聘录用或培训与开发的方式，进行人力资源的储备，从而为战略目标的实现奠定坚实的人才基础。

以企业为例，若其战略定位为通过兼并收购来扩大经营规模，那么就必须借助人力资源规划，通过招聘或培训的手段，储备具备兼并收购专长的人才。否则，企业战略目标的实现将成为无本之木、无源之水。因此，人力资源管理在战略实施中扮演着举足轻重的角色，是确保战略目标得以实现的关键所在。组织战略目标的实现不仅依赖于外部资源的准备，更关键的是获得全体员工的内心认同。只有当员工将组织的战略目标内化为个人目标并转化为日常行为准则时，战略目标的实现才能获得内在的驱动力。因此，将组织战略意图有效传递给每个员工，并争取他们的认同，是至关重要的一环。这一过程中，人力资源管理实践发挥着不可或缺的作用。组织可通过系统的培训活动，向员工深入传达战略意图，提升他们的思想认识，确保员工行为紧密围绕战略目标展开。现代培训理念正逐步转向更为全面的内容设计，除了知识和技能的传授，更注重思想和观念的引导。

此外，绩效考核和奖励机制也是传递组织战略意图的重要手段。通过调整绩效考核指标，如增加对服务质量的考核比重，能够引起员工的关注和重视；同时，加大对优质服务的奖励力度，也能有效引导员工行为，使组织战略思想深入人心。

知识链接

人事管理与人力资源管理有何不同

人力资源管理是在人事管理的基础上发展、演变而来的，两者之间存在继承与发展的关系，但同时也存在一些显著的区别，主要体现在以下四方面：

1. 工作性质和地位：传统的人事管理主要关注行政事务性工作，其活动范围相对有限，往往采取短期导向的策略，人事部门主要扮演的是控制人工成本的角色，被视为企业的"成本中心"；相比之下，人力资源管理更加重视对人的能力、创造力和智慧潜力的开发和利用，旨在通过有效的人力资源管理为企业创造更大的价值，因此，人力资源管理部门被视为企业的"利润中心"。

2. 工作内容：人事管理的工作内容主要体现为雇佣关系的发生、发展和结束这一过程；人力资源管理则涵盖了更为广泛的内容，不仅包括传统的人事管理活动，还涉及知识管理、文化管理、业务流程再造和学习型组织的构建等方面，形成了全方位的管理。

3. 工作管理重点：人事管理以物为中心，将人视为一种成本因素，主要关注如何减少人工成本；人力资源管理则以人为中心，将人视为最重要的资源，并致力于开发这种资源的潜力，以实现组织的目标。

4. 工作战略性和未来性：人事管理在组织中基本属于行政事务性质的工作，其活动范围和影响力有限，很少能涉及组织的高层战略决策；人力资源管理则更具战略性和未来性，能够考虑组织的整体性和长远发展，为组织提供具有重要意义的策略和建议。

二、人力资源管理的发展历程

（一）人力资源管理在西方的起源与发展

人力资源管理作为一个学科和实践领域，主要是在工业革命之后逐渐形成和发展起来的。在工业革命之前，人类社会已经完成了诸如中国的长城、埃及的金字塔等宏大工程，这些成就的背后无疑需要强大的组织能力和大量的人力资源。然而，受限于当时的生产力水平和历史资料的缺失，尚无法确切了解这些工程是如何有效地组织和利用人力的。因此，管理学界普遍将人力资源管理的起源追溯至第一次工业革命。对于人力资源管理在西方的产生与发展历程，不同的学者持有不同的划分观点。在综合考量各种划分方法的基础上，本书将人力资源管理在西方的产生与发展历程划分为七个阶段。

1. 人事管理萌芽阶段

人事管理是人力资源管理的前身，其诞生可追溯到18世纪60年代的第一次工业革命。这场革命使机械设备迅速发展，机器代替了手工劳动，雇用大量工人的工厂兴起。劳动专业化的提升和工人生产能力的飞跃，使"劳动分工"成为时代强音。个体劳动在工厂中逐渐消失，协同劳动成为主流，对工人的管理问题变得越发重要。这一阶段，涌现了多种朴素的管理思想，如明确工人职责、实行激励性工资、推行福利制度及考核工作业绩等。这些思想虽未形成科学理论，但为人力资源管理的形成奠定了坚实基础。

2. 科学管理阶段

科学管理阶段大约从 20 世纪初至 1930 年，是管理思想发展史上的重要阶段。这一阶段，科学管理思想的兴起标志着管理从经验走向科学。列宁在《苏维埃政权的当前任务》中高度评价了泰勒制，认为它既是剥削手段，又蕴含科学成就。泰勒的科学管理思想促进了企业中人事部门的出现，这些部门负责员工的雇佣、挑选和安置，标志着人力资源管理的初步建立。这一阶段的发展，为人力资源管理奠定了坚实基础，推动了管理学的进步，对于提高生产效率和改善劳动关系具有重要意义。

3. 人际关系阶段

人际关系阶段从 20 世纪 30 年代至第二次世界大战结束。此前，科学管理思想占据主导地位，将员工视为"经济人"。而霍桑实验和梅奥的人际关系学说的出现，让人们对这一观念进行了深刻反思。霍桑实验发现，人际关系在提高劳动生产率中扮演着至关重要的角色，尊重人性、满足人的需求、加强人与人之间的互动以及增强员工的归属感，都能对工作绩效产生积极影响。梅奥的人际关系学说是一种关于组织内部员工关系和管理的理论。该学说主张员工不仅是追求经济利益的"经济人"，而且是具有情感和社交需求的"社会人"。在梅奥看来，员工之间的关系、他们的情感状态以及工作环境中的社会因素，对于工作效率和员工满意度具有重要影响。

霍桑实验和梅奥的人际关系学标志着管理中开始重视人的因素，成为西方管理思想发展史上的一个重要里程碑。人际关系理论的兴起，推动了人力资源管理进入新的发展阶段。许多企业开始设置专门的培训主管，强调对员工的关心和理解，加强员工与管理层之间的沟通。人事管理人员的职责也得以扩展，他们不仅负责员工的雇佣、挑选和安置，还负责设计和实施各种人事管理方案，极大地丰富了人力资源管理的职能。这一阶段的发展，为现代人力资源管理的形成奠定了坚实基础。

4. 行为科学阶段

行为科学阶段，自 20 世纪 50 年代至 70 年代。这一阶段，人事管理方法发生了新变革。此前，"快乐的员工是好员工"的观念受到质疑，组织行为学逐渐崭露头角。组织行为学深入探究个体、群体及结构对组织行为的影响，旨在优化组织绩效。这一发展推动了人事管理从个体层面拓展至群体和组织整体，管理策略从监督制裁转向人性激发、从惩罚变为激励，领导方式从专制向民主转变，沟通方式从单向变为双向，控制方式从权力主导转向情感投资。此阶段，"人力资源管理"一词逐渐流行，标志着人事管理向更为人性化、科学化方向发展。

5. 权变管理阶段

权变管理阶段，自 20 世纪 70 年代至 80 年代。这一阶段，企业经营环境发生了剧变，不确定性因素日益增多，企业管理需综合考虑内外部因素。在此背景下，费德勒权变理论兴起，强调根据环境和情境的变化来灵活调整管理策略，以提高组织的适应性和绩效。人力资源管理亦随之深刻变革，倡导因情施策，灵活应对。20 世纪 80 年代初，美欧等地涌现出众多人力资源开发与管理组织，人事部门亦更名为人力资源管理部，标志着企业管理重心从物质转向人才。这一阶段的发展，为现代人力资源管理奠定了坚实基础，推动了管理实践的创新与进步。

6. 战略管理阶段

战略管理阶段，自 20 世纪 80 年代至 21 世纪初。这一阶段，西方经济中的兼并重组与竞争加剧，迫使企业制定明确的发展战略。在这一背景下，人力资源管理逐渐成为战略实施的关键支撑。战略角度下的人力资源管理成为主流，凸显其对企业战略实现的重要性。同时，新技术革命，尤其是信息技术的兴起，改变了传统制造业的生产模式。知识型员工在高科技产业中扮演核心角色，资本地位相对下降。传统的纪律约束式人事管理已难以适应这一变革，而以激励开发为主的人力资源管理日益占据主导地位，推动着企业和社会的管理模式向更加人性化的方向发展。

7. 循证管理与信息化阶段

（1）进入21世纪，人力资源管理领域迎来了前所未有的挑战与机遇。尽管管理知识日益丰富，实践中却常常见到管理者依赖直觉和经验进行决策，忽视了科学证据的重要性。这一现状促使人们反思，并寻求管理决策的科学性。在此背景下，丹尼斯·卢梭提出的循证管理理论应运而生，为管理决策带来了革命性的改变。

循证管理强调将最佳科学证据转化为组织行为，使管理者从主观臆断转向以社会科学和管理学研究成果为依据的决策方式。这一转变不仅提升了管理决策的科学性和有效性，也为组织的稳健发展奠定了坚实基础。在人力资源管理领域，循证管理理论的应用催生了循证人力资源管理的兴起，强调以数据为驱动，以事实为依据，使决策更加精准高效。

与此同时，人力资源管理的组织结构也经历了深刻变革。传统的职能划分逐渐被新型的三支柱结构所取代，这一结构以客户为导向，以流程为主线，使人力资源管理部门以全新的服务提供者身份出现。在这一结构中，日常事务性工作交由人力资源共享服务中心处理，业务合作伙伴则负责协调业务部门与人力资源管理部门的沟通，而专家中心则聚焦于政策制定和咨询等高附加值工作。这种变革使人力资源管理部门的工作层次更加清晰，人员分工更加明确，从而能够更专注于战略性和创新性的工作。

（2）随着移动互联网、云计算、大数据、人工智能和区块链等信息化、数字化技术的广泛应用，人力资源管理迈入了数字化人力资源管理的新阶段，为招聘、培训、绩效、薪酬等人力资源管理领域带来了深刻的变化。

1）在招聘环节，数字化技术让候选人筛选更加精准高效。通过社交媒体数据的挖掘和分析，企业可以快速锁定目标人才。大数据、人工智能和机器学习技术的应用，更是让简历筛选和人才评估变得智能化，极大提高了招聘效率。以联合利华为例，他们利用算法筛选简历，并设计了三轮人工智能面试，成功筛选出了大批符合要求的人才。

2）在培训方面，数字化技术也展现出了强大的潜力。增强现实技术可以模拟现实情境，提高培训的真实感和有效性。同时，数字化技术还可以记录员工的学习过程，分析员工的学习瓶颈和错误，为他们提供个性化的培训方案，进一步提升员工的学习效率和绩效。

3）数字化人力资源管理还为员工提供了更加便捷的人力资源信息和自助服务，让他们能够随时了解自己的职业规划、薪酬福利和绩效表现等信息，从而增强了员工的满意度和归属感，优化了组织与员工之间的劳动关系。未来，随着数字化技术的不断进步和应用，人力资源管理将迎来更加广阔的发展前景。

（二）人力资源管理在我国的起源与发展

1. 古代人事管理

我国拥有五千多年光辉灿烂的文明史，厚重的古代文化典籍中蕴藏着丰富的人事管理智慧。这些典籍对人才的重要性、选拔人才的方法以及如何善用人才等议题，都进行了深入的探讨和独到的阐述。

在人才的重要性方面，我国历史上有许多杰出的帝王都对人才给予了极高的重视。唐太宗曾言"为政之要，唯在得人"，深刻揭示了人才对于国家治理的重要性。而康熙皇帝更是将人才视为治国的根本，他强调"致治之道，首重人才"，这充分表明了人才在推动国家发展、维护社会稳定中的核心地位。

在如何用好人才方面，我国古代也有许多值得借鉴的做法。例如，隋唐时期创立的科举制度，通过国家组织的考试选拔官员，不仅为当时的政权稳定和社会经济发展注入了强大的动力，而且对后世产生了深远的影响。这种通过考核选拔人才的方式，不仅体现了公平、公正的原则，也激发了人们的进取心和创造力。

至今，这种通过考核选拔人才的方法仍然具有一定的借鉴意义。在现代社会，我们同样需要重视人才的作用，不断完善人才选拔机制，确保优秀人才能够脱颖而出，为国家的发展和社会的进步贡献自己的力量。同时，我们也应该积极借鉴古代的智慧和经验，不断探索适合现代社会的人才管理之道，为构建更加和谐、稳定的社会做出积极的贡献。

2. 近现代人事管理

（1）鸦片战争至新中国成立前，我国历经从封建社会到半殖民地半封建社会的变迁，虽内忧外患，但民族企业仍顽强成长。当时，民族企业的人事管理呈现两大特色：一是深受封建思想影响，家族式小型私人企业盛行。这些企业常采用包工制度，包工头负责招工、组织生产和监督，并发放工资。二是积极学习西方资本主义国家的先进管理方法。一些大型企业开始引进泰勒的科学管理方式，实行规范化人员管理。例如，天津东亚毛纺厂采用"雇用工人程序图"招聘，废除学徒制，举办艺徒培训班，培训技术工人。同时，引入时间动作研究，设定劳动定额，实行差别计件工资制，并制定厂训、口号，增强企业凝聚力。在动荡年代，民族企业虽面临重重困难，但仍在努力寻求管理创新，推动企业发展。

（2）在新民主主义革命时期，毛泽东同志领导的中国共产党在物质资源匮乏的不利局面下，成功动员广大人民群众，激发了他们的积极性和创造力。在人民群众的支持下，中国共产党建立了新中国，取得了人民战争的辉煌胜利。这一伟大成就凸显了在新民主主义革命时期，充分发挥人力资源优势的重要性。中国共产党依靠人民群众的力量，战胜了各种困难，实现了国家的独立和人民的解放，为新中国的诞生奠定了坚实基础。

（3）在社会主义革命与建设时期，毛泽东同志深刻认识到我国人力资源的潜力，并强调充分发挥其优势的重要性。他提出，动员广大妇女参与生产活动对于建设伟大的社会主义社会至关重要，中国妇女是宝贵的人力资源，必须充分发掘和利用。采取了一系列发展经济的措施，迅速消除了旧社会遗留的城镇失业问题，使更多的人力资源投入经济建设中。这些举措不仅提升了人力资源的利用效率，也为建设一个强大的社会主义国家奠定了坚实基础。

20世纪60年代，尽管企业管理中尚未形成系统的人力资源管理概念，但在大庆油田的建设以及"鞍钢宪法"的推行中，人力资源管理的核心思想已悄然融入。在当时的艰苦环境下，全国人民发扬爱国主义和集体主义精神，不畏艰难，砥砺前行，成功创造了"两弹一星"的辉煌成就。这不仅彰显了我国集中力量办大事的制度优势，更充分展现了中华民族迎难而上、逆境中拼搏的文化优势。这一时期的奋斗与成就，无疑为20世纪的中华民族增添了宝贵的精神财富。

3. 改革开放以来的人力资源管理

（1）改革开放初期，干部人事制度的改革成为重中之重。我国在选人用人方面不乏深刻的见解。1978年，全国科学大会强调分工负责和岗位责任制的建立，以确保工作有序、高效，职责明确，赏罚分明，避免推诿和相互干扰。同时，大会着重提出尊重人才、发现人才、发挥人才作用的重要性，旨在调动人们的聪明才智，为社会主义事业贡献力量。会议指出，组织上急需大量培养、发现、提拔和使用坚持四项基本原则的、年轻的、具备专业知识的现代化建设人才。值得一提的是，1977年中央政府恢复高考招生的决策，为我国人才的发现与培养作出了历史性的贡献，为国家的长远发展注入了源源不断的人才动力。

（2）21世纪伊始，我国的人力资源市场逐步建立并发展起来。市场在人力资源流动中的基础性作用逐步确立，市场化流动成为人力资源流动的主要形式。企业开始实行劳动合同制，人才公共服务机构陆续成立，各类服务机构规模不断扩大，人力资源服务业态不断丰富。2003年12月，中共中央、国务院召开首次全国人才工作会议，强调了人才强国战略在国家发展中的重大意义和紧迫性。会议指出，全党同志必须站在全局和战略的高度，以强烈的政治责任感和历史使命感，将实施人才强国战略作为党和国家的重中之重，紧抓不懈。我们应以打造亿级的高素质劳动者队伍、千万级的专门人才群体和一批批拔尖创新人才为目标，构建规模庞大、结构均衡、素质卓越的人才队伍。同时，应充分激发各类人才的积极性、主动性和创造性，营造人才辈出的良好氛围，确保人尽其才，进而大力提升我国的核心竞争力和综合国力。

在推进人才工作的过程中，我们必须牢固树立以人为本的理念，将人才的成长与发展置于首位。我们要积极营造有利于人才施展才华的社会环境，鼓励他们投身事业，支持他们取得成就，帮助他们更好地完成工作。我们要让劳动、知识、技术、管理和资本的活力充分释放，让创造社会财富的源泉涌动不息，以造福全体人民。只有这样，我们才能不断推动人才事业向前发展，为国家的繁荣富强注入源源不断的人才动力。

（3）党的十八大以来，我国的人力资源管理进一步向战略化、专业化、国际化的方向发展。企业开始认识到人力资源管理的重要性，并逐步接受了这一新兴管理理念。人力资源管理理论也逐步成熟，细分为招聘、薪酬、绩效、培训、发展等主要模块。同时，随着企业竞争的加剧，对人才的需求和争夺也越发激烈，这使得人力资源管理在企业发展中的地位和作用越发凸显。

党的二十大描绘了全面建成社会主义现代化强国、以中国式现代化全面推进中华民族伟大复兴的宏伟蓝图，并着重强调了实施科教兴国战略、强化现代化建设人才支撑的重要性。报告中明确指出，教育、科技、人才是构建现代化国家的基石和引擎，具有基础性、战略性的支撑作用。我们必须深刻认识到，科技是引领发展的第一生产力，人才是推动发展的第一资源，创新则是驱动发展的第一动力。

三、我国人力资源未来发展趋势分析

随着社会的不断发展，我国人力资源管理的发展受到经济环境、政策法规环境、技术进步、社会文化环境以及教育培训环境等多方面的影响，主要表现在以下五方面：

（1）随着经济结构的转型和企业发展需求的变化，人力资源供需矛盾将日益突出。一些行业和领域可能会出现人才紧缺的情况，而另一些行业和领域则可能面临人才过剩的压力。因此，如何有效地匹配人力资源的供给和需求，将成为未来人力资源管理的重要任务。

（2）政策法规环境也将对人力资源市场产生重要影响。政府对于人力资源管理政策、就业政策、劳动力市场政策等的制定和执行，将直接影响人力资源市场的供求关系和交易行为。企业需要密切关注政策法规的变化，以便及时调整人力资源战略。

（3）随着信息技术的迅猛发展，数字化正日益深入人力资源管理的各个环节。从招聘到培训，从绩效管理到薪酬福利，数字化工具正助力企业实现更高效、更精准的管理。在线招聘平台扩大了招聘范围，提升了招聘效率；数字化培训则实现了个性化教学，提高了培训效果。同时，大数据和人工智能技术的应用进一步提升了人力资源管理的智能化水平，使得人才需求预测、招聘培训计划制定更为科学。云计算和区块链技术则为人力资源数据的安全性和可靠性提供了有力保障，实现数据的实时更新和共享，确保数据的真实性和不可篡改性。此外，数字化还推动了人力资源管理的个性化和差异化发展，企业可根据员工个人数据制定更加个性化的管理策略，提供定制化的培训和发展机会，从而增强员工的满意度和忠诚度。数字化正引领人力资源管理迈向更高效、更智能的未来。

（4）社会文化环境也将对人力资源市场产生影响。随着社会的发展和人们价值观的变化，员工对于工作环境、福利待遇、职业发展等方面的需求也在不断变化。企业需要更加关注员工的个人发展和福利待遇，以吸引和留住优秀人才。

（5）教育培训环境也将对人力资源市场产生重要影响。随着教育的普及和职业培训机制的完善，人们的职业技能和素质将得到不断提升。这将为人力资源市场提供更多的高素质人才，同时也对企业的人力资源管理提出了更高的要求。

我国人力资源未来的发展趋势将呈现出市场规模扩大、人才供需矛盾突出、技术应用推动市场创新、个性化和差异化需求增加等特点。企业需要密切关注市场动态和人才变化，制定合适的人力资源战略，以适应未来的挑战和机遇。

任务二　人力资源实践基础

作为追求盈利的市场主体，企业需科学配置人力、财力、物力等资源，以低成本高产出为准则，精准利用有限资源。根据企业组织架构和技术需求，精心制定并落实人力资源规划，确保在数量上满足企业发展所需。同时，通过精准培训、有效开发、深入沟通、合理激励等措施，激发员工积极性，从质量上保障企业的人力资源需求。企业需不断优化资源配置，提升人力资源使用效率，以推动企业的持续稳健发展。

目前，国内外众多大型企业和组织，为满足发展过程中的生产经营需求，普遍设立了专职的人力资源管理部门，使得人力资源管理工作固定化和常态化。同时，社会上涌现出众多专业的人力资源咨询策划机构，这不仅是社会分工细化的体现，更是当前人力资源市场竞争日趋激烈的必然结果。这些机构的出现，不仅为企业提供了更加专业、高效的人力资源服务，也推动了整个行业的进步与发展。目前，社会上主要有三种类型的公司：专业的人才或人力资源服务公司、综合性中介咨询公司以及各类人才市场。

新企业在筹备期，应依据投资规划聘请专业人力咨询机构，依据职业和岗位分析制定初步的人力资源规划，并在其指导下构建管理制度，招募合适人才。对于已成立的企业，即便内部设有专职部门，与专业人力咨询机构的合作仍不可或缺。一些知名企业通过外包人力资源管理业务，成功降低了管理成本，提升了效率。因此，无论新设还是已成立企业，与专业人力咨询机构的合作都至关重要，有助于企业更好地进行人力资源规划与管理，实现稳健发展。

人力资源管理外包就是指企业根据需要，将某一项或几项人力资源管理工作或职能外包出去，交由其他专门的企业或组织进行管理，以降低人力资源管理成本，实现效率最大化。

一、解读人力资源管理工作

（一）人力资源管理的任务

人力资源作为企业的关键资产，其稀缺性、独特性和难以复制的特性使对其的管理显得尤为重要。现代人力资源管理涵盖了从人力资源的获取与整合，到激励与保持，再到控制与调整以及开发的全过程。这一过程不仅关乎企业人才的引进与培养，更涉及人才的激励与潜能挖掘。因此，企业必须高度重视人力资源管理，通过科学有效的方法，不断提升人力资源的价值和效能，为企业的可持续发展提供有力支撑。人力资源管理的核心任务在于精准识才、精心选才、善用人才、精心育才、留住英才，亦可概括为"如何吸引人才、如何有效运用人才、如何科学管理人才"。通过这一系列的活动，企业能够建立起高效的人力资源体系，为企业的长期发展提供有力的人才保障。

1. 精准识才

精准识才，无疑是人力资源管理工作的基石。识才，意味着要树立正确的人力资源管理理念，深入理解和把握人才的心理与行为规律，敏锐洞察其心理需求的细微变化。这一过程必须以科学的人才观念为指引，借助先进的人才测评技术和手段，才能精准识别出与企业需求相契合的优秀人才。只有夯实这一基础，人力资源管理才能更加精准有效，为企业发展提供坚实的人才保障。

2. 精心选才

精心选才，是人力资源管理工作的首要环节，也是人才招募与选拔的起点。选才工作必须立足于深入的岗位分析，建立和完善岗位说明书，以确保选拔工作的针对性和有效性。同时，设计科学的选拔方案，借助先进的选拔工具和手段，能够进一步提升选拔的信度和效度，为企业选拔出真正符合需求的人才，奠定坚实的人才基础。

3. 善用人才

善用人才，用才是"核心"。企业人力资源管理的出发点和落脚点在于用才，即通过对人力资源的合理配置和使用，达到人尽其才、才尽其用，同时达成组织既定的目标。企业要用好人才，一是应在企业发展战略的基础上制定人力资源战略规划，并分解制订科学合理的年度招聘计划，严格界定需引进人才的数量、层次和结构等内容；二是在人力资源配置过程中，须做到知人善任，量才录用，任人唯贤，建立和完善人员流动机制和人事管理制度。

4. 精心育才

精心育才，是推动企业发展的强大动力。育才的核心在于悉心培养人才，旨在激发员工的工作热情，提升其职业素养，并为其规划明晰的职业生涯，使其逐步成长为职业领域的专家能手。在这一过程中，管理者应扮演好教师、教练和专家的角色，为员工的成长提供有力指导。育才工作必须以企业的发展战略为指引，既要关注当前需求的培训，更要着眼于满足未来发展的需要，致力于构建一套科学、系统的培训与开发体系，为企业的长远发展提供源源不断的人才动力。

5. 留住英才

留住英才，是人力资源管理工作的终极目标。为实现这一目标，企业必须采取切实有效的激励措施，构建科学合理的考核与薪酬体系，确保人才能够忠诚于企业，减少人才流失的风险。对于那些已经展现出优秀能力和业绩的"现实人才"，企业应及时给予奖励和晋升机会，进一步激发他们为企业贡献才智的热情。而对于那些具有潜力但尚未充分展现的"待开发人才"，企业应提供及时的培训与发展机会，帮助他们迅速成长为企业的中坚力量。通过这些举措，企业能够建立起一个稳定、高效的人才队伍，为企业的持续发展提供有力保障。

拓展阅读

小米十大用人法则，无非是让员工"爽"

小米公司是一家充满活力和创新精神的企业，其在智能硬件、电子产品、智能电动汽车等领域的持续投入和创新，使其在全球市场上取得了显著的成绩。同时，小米公司也注重员工的成长和发展，以及履行社会责任，展现了一家优秀企业的良好形象。小米公司的用人之道融合了战略思维、创新理念以及人文关怀，形成了一套独特且高效的人力资源管理体系。其十大用人法则包括：

1. 团队第一，产品第二。
2. 创始人最重要的工作之一——找人。
3. 合伙人制——八个各当一面的合伙人。
4. 用最好的人——一个靠谱的工程师顶一百个人。
5. 寻找最合适的人——要有创业心态。
6. 天理即人欲——给足团队利益，让员工"爽"。
7. 解放团队——忘掉关键绩效指标（KPI），组织结构扁平化。
8. 让员工成为粉丝，让粉丝成为员工。
9. 人比制度重要——让员工发自内心热爱工作。
10. 人是环境的孩子——用环境塑造人。

资料来源：https://www.sohu.com/a/163517944_306510（2024-05-05）。

（二）人力资源管理的工作要素

从劳动管理科学和职业科学的角度出发，人力资源管理工作主要包括以下五个要素：

1. 工作对象

企业人力资源管理的核心工作对象是企业的员工，从事人力资源管理工作的人员，首要之务便是树立公正无私、以人为本的价值观，以及对员工高度负责的态度。公正，意味着在处理员工事务时要公平、公开、公正，不偏不倚；以人为本，意味着要尊重员工的个性与需求，关注员工的成长与发展；对员工负责任，则意味着要全心全意为员工着想，为他们提供良好的工作环境与发展机会。这样的态度，是人力资源管理工作的基石，也是企业持续发展的重要保障。

2. 管理工具

在人力资源管理实践中，一系列实用工具发挥着不可或缺的作用，主要包括：基本管理工具，用以保障日常运营的顺畅；人力资源规划工具，助力企业预见并适应未来的人才需求；分析工具，帮助企业深入洞察员工和组织的特性；招聘与培训工具，用于精准选拔和培养人才；绩效考核工具，客观评估员工贡献；薪酬管理工具，确保激励与回报的公平合理；劳动管理工具，维护劳动关系的和谐稳定。这些工具共同构成了人力资源管理的有力武器，助力企业实现人力资源管理的高效与精准。

3. 工作组织

企业进行人力资源管理时，通常采取两种组织形式：第一种是由企业内部设立的人力资源管理部门负责相关工作，确保人力资源管理的专业性和连续性。第二种则是借助外部力量，委托专业的人力资源管理咨询公司来处理。一些企业会向这些专业机构寻求业务指导，而另一些企业则选择将部分人力资源管理活动完全外包给这些专业公司，以便自身能够更专注于其他核心业务。这种外包形式使得人力资源管理更加高效和灵活，成为现代企业管理的新趋势。

4. 主体流程

人力资源管理的主体流程紧密围绕"识才、选才、用才、育才、留才"五大任务展开。首先制定人力资源规划，为企业的长远发展提供人才保障；接着进行职位分析与设计，明确岗位需求。随后通过人员招聘选拔优秀人才，再进行员工培训，提升员工业务能力，促进员工个人发展。合理进行员工安排与调配，实现人力资源的优化配置。同时，实施员工绩效管理和薪酬管理，激励员工积极工作。最后加强劳动关系管理，构建和谐劳动关系。如图1-5所示。在管理实践中，这些工作是一个互相联系、互相作用的整体。

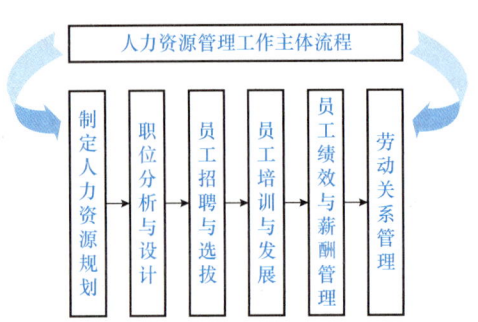

图 1-5　人力资源管理工作主体流程

我们可以这样理解这一流程：无论是即将成立的新企业，还是已成立的老企业，都需要制定"人力资源规划"。根据经营目标和范围，确定企业的"工作内容和岗位数量"，即进行"职位分析与设计"。接着开始招聘相应人员，并对其进行培训，使其能够尽快进入相应的工作岗位（包括人员招聘、培训与开发、员工安排与调配）。员工上岗之后，要对其进行"绩效考核"，在此基础上发放试用期薪酬或正式薪酬，并与其签订劳动合同（包括绩效管理、薪酬管理和劳动关系管理）。长此以往，实现良性循环的可持续发展。

5. 专业工作要求

人力资源管理人员在履行职责时，应坚守职业道德，始终保持客观公正的态度，对待每一位员工都要公正无私，绝不掺杂个人主观意愿或偏见。在管理活动中，他们应坚守原则，不受任何外界因素或压力的干扰，确保管理决策的公正性和合理性。同时，人力资源管理人员应具备高度的责任心、诚心和爱心，以员工成长为己任，全心全意地帮助他们实现个人价值。通过这样的努力，人力资源管理人员能够促进员工与企业共同发展，从而实现双赢的目标。

案例启示

李书福与员工并肩前行的吉利时光

李书福，吉利控股集团的董事长，其对员工的深情厚谊和细致关心，赢得了广大员工的赞誉。在他的领导下，吉利汽车不仅实现了业务的快速发展，更建立了一个充满关爱和温暖的工作环境。

李书福深知员工是企业最宝贵的财富，因此他始终将员工的利益放在首位。在吉利汽车的生产线上，每一位员工都能感受到李书福的关心和支持。他时常深入车间，与员工面对面交流，了解他们的工作和生活情况，倾听他们的意见和建议。

有一次，一位员工在生产过程中遇到了技术难题，无法顺利完成任务。李书福得知后，亲自来到现场，与员工一起探讨解决方案。他不仅耐心地听取员工的描述，还亲自操作示范，直到员工完全掌握了技术要领。这位员工深受感动，表示要更加努力地工作，回报李书福的关心和帮助。

除了关心员工的工作情况，李书福还非常注重员工的福利和生活质量。他推行了一系列员工福利政策，包括提供住房补贴、设立健康保险、开展文化活动等，让员工在吉利汽车感受到家的温暖。同时，他还鼓励员工参与企业决策和管理，让他们真正成为企业的主人。

在李书福的领导下，吉利汽车不仅实现了业务的快速发展，更建立了团结、和谐、积极向上的企业文化。员工们为能够在这样一个关心员工、注重员工福利的企业工作而感到自豪和骄傲。他们与李书福一起，共同谱写了吉利汽车的辉煌篇章。

由此可以看出，一个优秀的领导者应该尊重员工、关心员工、信任员工，与员工共同成长、共同奋斗。只有这样，才能建立起一个团结、和谐、高效的团队，实现企业的持续发展和创新。

讨论：人力资源管理中管理者应该具备怎样的品质？说明缘由。

（三）人力资源管理的工作内容

为确保组织的顺利运行和员工的全面发展，人力资源管理的工作内容涵盖以下六个方面：

1. 制定人力资源规划

人力资源规划是人力资源管理的起点，其核心在于依据企业的长远发展战略，精心策划和安排企业的人才需求计划。通过这一规划，我们旨在确保企业在关键时刻和关键岗位上能够拥有合适的人才支持，进而推动企业的目标实现。此举不仅确保人力资源管理活动始终与企业的战略方向和目标保持高度一致，同时促进人力资源管理各环节间的协调与配合，避免内部冲突和矛盾。在实施人力资源规划的过程中，我们同样坚守法律和道德的底线，致力于创造一个公平、公正的就业环境，为每一位求职者提供平等的就业机会。

2. 职位分析与设计

职位分析与设计在人力资源管理中占据基础而重要的地位。通过细致地对企业工作任务进行层层分解，我们根据不同的工作内容设定各具特色的岗位，并明确规定每个岗位所需承担的具体职责、工作条件以及任务要求，进而形成详尽的岗位描述和任职说明。这些职位分析与工作设计的成果，不仅为人力资源规划的编制提供了重要依据，还为员工招聘、选拔、配置、绩效考核以及薪酬分配等工作提供了有力的指导与支持。

3. 员工招聘与选拔

根据人力资源的规划或供需计划而开展的招聘与选拔、录用与配置等工作是人力资源管理的重要活动之一。要完成组织的目标，企业用招聘来定位和吸引申请具体职位的人。招聘的目的在于迅速、合法和有效地找到企业所需要的人员。在这个过程中，企业需要采用科学的方法和手段对所需要的人员进行测评和选拔。

4. 员工培训与发展

员工培训与发展是人力资源管理中的关键组成部分，其旨在通过系统性的培训活动，提升员工个人、团队乃至整个企业的知识水平、技术能力、工作态度以及工作绩效。这一过程不仅要增强员工当前的工作能力，更要进一步开发员工的潜能，使他们能够在未来的工作中展现出更高的效能和创造力。

5. 员工绩效与薪酬管理

绩效与薪酬管理是人力资源管理中紧密相连的两个关键环节，它们共同作用于激励员工实现目标、提高工作表现，并确保员工获得与其贡献相匹配的回报。

（1）绩效管理是指企业通过各种措施对员工工作表现进行评估的过程。首先，设定明确的绩效目标是关键，这有助于员工明确工作方向，并为他们的努力提供了明确的指引。制定评估标准时，应确保标准既具有挑战性又具有可实现性，从而激发员工的积极性和创造力。定期进行绩效评估能够及时发现员工在工作中存在的问题和不足，为他们提供有针对性的指导，帮助他们改进工作。

（2）薪酬福利管理则是基于绩效管理的结果，为员工提供相应的回报。确定薪酬标准时，应充分考虑员工的绩效表现、岗位价值以及市场水平等因素，确保薪酬的公平性和竞争力。制定薪酬政策时，应注重激励与约束相结合，既要能够激发员工的工作动力，又要能够规范员工的行为。设计福利计划时，应根据员工的需求和企业的实际情况，提供多样化的福利选项，如健康保险、员工培训、带薪休假等，以增强员工的归属感和满意度。

6. 劳动关系管理

为了激发员工的工作热情，组织应当致力于营造一个积极向上的工作环境，包括构建和谐的员工关系氛围，以及确保员工的身心健康与安全。为此，企业应设立有效的预防措施，以维护员工的身体健康和心理健康。同时，建立畅通无阻的沟通渠道也是劳动关系管理的核心内容之一，这对于促进员工间的交流、增强团队合作以及提高工作效率具有至关重要的作用。

二、了解人力资源管理的职业方向与岗位设置

（一）人力资源管理的职业方向

人力资源管理的职业方向是多样且广阔的，涵盖了多个专业领域和层级。

（1）从基础层面来看，初入行业者通常从事人力资源管理员的工作，负责员工档案管理、日常考勤、社保公积金缴纳等基础性工作，以及协助进行招聘、培训和员工关系管理等。

（2）随着经验和能力的提升，职业发展路径逐渐拓宽。一方面，可以向助理人力资源管理师的方向发展，更多地参与到招聘选拔、绩效考核、薪酬福利管理等核心工作中，成为团队不可或缺的一员。另一方面，也可以专注于某一特定领域，如招聘专员、培训专员、薪酬福利专员等，通过深耕细作成为该领域的专家。

（3）在职业发展的更高层次，人力资源管理师和高级人力资源管理师成为追求的目标。这些职位不仅要求具备全面的人力资源管理知识和技能，还要求具备战略眼光和领导能力，能够参与组织战略的制定和实施，成为组织高层管理团队的重要成员。

（4）随着人力资源管理领域的不断发展和创新，一些新兴的职业也逐渐浮现。例如，人力资源数据分析师、人才发展顾问、员工关系管理专家等职位，要求从业者具备更加专业化和精细化的技能和知识，以适应不断变化的市场需求。

知识链接

我国企业人力资源管理机构

1. 综合型的中介咨询机构。这类机构包括一些国际咨询服务公司以及会计师事务所，例如麦肯锡咨询公司、德勤会计师事务所。这类机构的职能在于帮助客户企业进行人力资源的策略性规划。

2. 专业的人才或人力资源服务机构。这类机构会进入各细分市场，通常提供专业HR的配套服务，包括薪酬体系设计、员工培训、职业规划、政策咨询。市场上这类公司通常名为"人力资源管理顾问有限公司""人才服务有限公司""职业人力资源服务中心""人才信息服务有限公司""人才咨询服务有限公司""人力资源开发中心""人力资源服务有限公司""人力资源有限公司"等。国际盛行的"猎头"公司，也属于这类公司。

3. 人才市场和劳动力市场。这类机构依托政府支持低成本运作，提供低端市场的招聘、行政管理、员工档案管理、劳动关系管理等服务。

4. 新兴的科技公司。这类公司更多专注于高科技和传统行业的结合，如网络招聘等。

（二）人力资源管理岗位的设置

1. 人力资源管理工作职位分类

人力资源管理人员的职位名称和所属部门在不同组织中的确存在差异，但核心工作内容大致相同。以下是对人力资源管理工作职位的进一步细化：

（1）按从业者的工作性质划分为以下两种类型：

1）实际操作类：①人事助理：在企事业单位中，协助处理日常人事事务，如员工档案整理、考勤统计、入职离职手续办理等。②人事专员：负责某一模块的人事工作，如招聘、员工关系、培训等，具备更专业的知识和技能。③人事主管：负责整个部门的人事管理工作，制定人事政策，监督人事工作的执行，具备管理和领导能力。

2）人力资源咨询服务类：①职业规划师：为个人或企业提供职业发展规划咨询服务，帮助个人明确职业目标，规划职业发展路径。②心理咨询师：为企业员工提供心理咨询服务，帮助他们解决工作、生活中的心理问题，提升工作满意度和幸福感。③企业法律顾问（劳动关系、劳动争议类）：为企业提供劳动法律咨询服务，处理劳动关系纠纷和劳动争议案件，确保企业合规运营。

（2）按职能模块划分为以下六种类型：

1）招聘类：①招聘专员：负责发布招聘信息、筛选简历、安排面试等招聘工作。②招聘主管：负责整个招聘团队的管理，制定招聘计划，优化招聘流程。

2）培训类：①培训专员：负责设计培训课程、组织培训活动、评估培训效果等工作。②培训主管：负责培训计划的制定、培训资源的整合以及培训团队的管理。

3）考核类：①考核专员：负责设计绩效考核体系、收集考核数据、进行绩效评估等工作。②考核主管：负责制定考核政策、监督考核过程、处理考核申诉等工作。

4）薪酬福利类：①薪酬福利专员：负责员工薪酬的计算、福利政策的制定和实施等工作。②薪酬福利主管：负责薪酬福利体系的优化、薪酬福利预算的制定以及薪酬福利政策的解释和推行。

5）劳动关系类：①劳动关系专员：负责处理员工关系问题、维护员工关系和谐稳定等工作。②劳动关系主管：负责制定员工关系管理政策、解决重大员工关系问题以及优化员工关系管理流程。

6）综合业务类：①人力资源经理：负责整个人力资源部门的管理和运营，制定人力资源战略和政策。②人力资源总监（行政副总裁）：负责制定企业的人力资源战略，参与高层决策，为企业的长远发展提供人力资源保障。

（3）按职位的级别、层次划分为以下三种类型：

1）初级职位：①人力资源文员：负责基础的人事行政工作，如文件整理、信息录入等。②人力资源助理：协助处理日常人事事务，具备基本的人事知识和技能。

2）中级职位：①人力资源专员：负责某一模块的人事工作，具备较专业的知识和技能。②人力资源主管：负责某一部门或模块的人事管理工作，具备一定的管理和领导能力。

3）高级职位：①人力资源经理：负责整个人力资源部门的管理和运营，具备全面的管理能力和战略眼光。②人力资源总监（行政副总裁）：负责制定企业的人力资源战略，参与高层决策，具备卓越的战略规划能力和领导力。

2. 人力资源管理工作职责分类

人力资源管理人员的核心职责可概括为以下三类：

（1）战略性的管理活动是关键，涉及人力资源规划、劳动关系管理、企业文化建设以及组织变革等，这些活动需要人力资源管理部门深入参与，并从专业视角为高层决策提供重要参考。

（2）业务性的管理活动占据重要地位，包括工作分析与设计，人员招聘、培训与发展，员工使用与调配，绩效管理，薪酬管理，劳动关系管理和职业生涯管理等，这些活动直接关系到企业日常运营和员工个人成长。

（3）行政性的管理活动也不可忽视，它们涉及员工纪律监督、档案管理、手续办理、人力资源信息保存、员工服务及福利发放等日常行政事务。

在一些规模较小的企业中，人力资源管理部门可能并不单独设置，而是与行政工作合并，由行政部、人事部、办公室或综合部等部门履行相关人事管理职责。因此，在这些企业中，行政主管、行政助理、办公室主任、文员等岗位同样承担着人力资源管理的重要职责，他们的工作也是人力资源管理的重要组成部分。

而在中等规模的企业中，通常会有专门的人力资源管理部门，与其他业务部门处于同级，参与公司的规划。如图1-6所示。

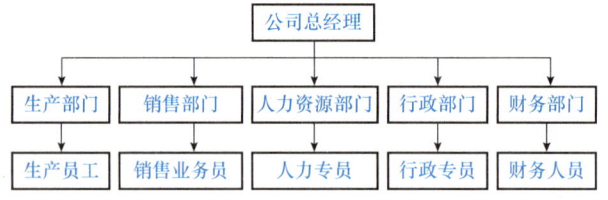

图1-6 企业组织中专门化的人力资源管理部门

（三）人力资源管理工作的意义

人力资源管理工作的意义深远且广泛，它不仅关乎企业的运营效率与员工的个人发展，更在整体社会经济的健康发展中扮演着举足轻重的角色。

（1）人力资源管理工作对于企业而言具有战略性意义。通过对人力资源的科学规划和合理配置，企业可以确保每个岗位都拥有最合适的人才，从而最大限度地发挥员工的潜能。这有助于提升企业的运营效率，增强企业的竞争力，为企业的长期发展奠定坚实的基础。同时，人力资源管理部门还参与企业文化建设和组织变革等战略活动，为企业的可持续发展提供有力的支持。

（2）人力资源管理工作对于员工的个人发展至关重要。通过招聘、培训、绩效考核和薪酬管理等环节，人力资源管理部门帮助员工明确职业发展方向、提升职业技能，从而实现个人价值。这不仅有助于员工的个人成长，更能激发员工的工作热情和创造力，为企业的发展贡献更多的力量。

（3）人力资源管理工作还有助于促进社会的和谐稳定。通过有效的劳动关系管理和员工服务，人力资源管理部门能够缓解企业与员工之间的矛盾，维护员工的合法权益，营造和谐的劳动氛围。这有助于提升员工的满意度和忠诚度，降低企业的离职率，为社会的稳定提供有力的保障。

拓展阅读

管理之道——知人善任

燕昭王是燕国的国君，他一心想要招揽人才来治理国家，但许多人怀疑他并非真心求贤，只是做做样子。因此，尽管他努力寻找，却始终未能找到能够治国安邦的英才，这让他整日心情郁闷。

有一天，智者郭隗给燕昭王讲了一个故事。故事说的是，某个国家的国君愿意出千两黄金购买千里马，然而三年过去了都没有找到。直到三个月后，国君的手下终于发现了一匹千里马，但遗憾的是，这匹马已经死了。尽管如此，国君的手下仍然用五百两黄金买下了这匹死马。国君为此非常生气，问手下为何要这么做。手下回答说："你愿意花五百两黄金买一匹死马，那么对于活马，你自然会更慷慨。我们的举动定能吸引天下人献上活马。"果然，不久后，就有人送来了三匹千里马。

郭隗以此故事为喻，对燕昭王说："大王若想招揽人才，首先应从我郭隗开始。若我这样的平凡之人都能得到您的重用，那么比我更有才能的人必定会闻风而来。"

燕昭王深受启发，他采纳了郭隗的建议，拜郭隗为师，并为他建造了宫殿。这一举动很快就在各国间传开，引发了"士争凑燕"的局面。魏国的军事家乐毅、齐国的阴阳家邹衍、赵国的将领剧辛等人才纷纷投奔燕国。一时间，原本人才匮乏的燕国变得人才济济。

在这些贤才的辅佐下，燕国内乱得治，外患得平，逐渐从一个满目疮痍的弱国崛起为一个富裕兴旺的强国。最终，燕昭王兴兵报仇，成功将齐国打得只剩下两个小城，展现了燕国的强大实力。

管理之道的核心在于用人。企业只有做到唯贤是举、唯才是用，并不断完善人才培养和发展机制，才能在激烈的市场竞争中立于不败之地，实现持续稳健的发展。

任务三　数字化赋能下的人力资源管理

随着数字化浪潮汹涌而至，人力资源管理正迎来前所未有的变革。在这一时代背景下，传统的人力资源管理模式已难以满足企业快速发展的需求，数字化赋能成了提升人力资源管理效率与效果的必然选择。

一、数字化时代人力资源管理的变革

在当前的数字经济大潮中，数字化正为组织带来前所未有的动力，人力资源管理领域更是涌现出诸多创新实践。数字技术在企业人力资源管理中的角色越发关键，大数据、人工智能和云计算等先进技术为传统人力资源管理带来了根本性的变革。这些技术不仅为传统模式提供了数字化的替代方案，更深刻改变了企业的组织结构和工作性质。智能技术的引入彻底革新了传统人力资源的功能，显著降低了管理成本，为人力资源管理带来了持续增长的优势和潜力。

（一）数字技术的深度渗透

随着科技的日新月异，数字技术正以前所未有的速度和方式重塑企业组织形态。数字化进程如火如荼地推进，不仅深刻改变了企业的运营方式，更颠覆着传统的人力资源管理模式。在这场数字革命的浪潮中，企业人力资源管理正迎来全新的变革机遇。

1. 大数据的广泛应用

大数据在人力资源管理中扮演着越来越重要的角色。通过深入分析候选人的简历、面试表现等多维度数据，企业能够构建精准的招聘评估模型，从而有效筛选出更具潜力的候选人。同时，大数据在员工绩效评估中也发挥着关键作用，它可以帮助企业收集并分析员工的工作数据、绩效达成情况、客户满意度等信息，为奖惩措施和培训计划的制定提供科学依据。

在培训与发展领域，大数据同样展现出巨大价值。通过分析员工的学习数据、培训成绩等，企业能够制定个性化的培训计划，提升培训效果。此外，大数据还能揭示员工离职的深层次原因，帮助企业及时采取措施，提高员工满意度和留存率。

然而，大数据的应用也需关注隐私保护和数据安全等问题，确保在合法、合规的前提下发挥其最大价值，为企业和个人创造更多机遇。

拓展阅读

西门子 HR 管理的数字化变革

西门子积极推动 HR 管理的数字化变革，使人力资源部门能够获取更多员工数据。这些数据不仅反映现状，还能通过持续分析进行预测。西门子中国人力资源部与数字化工业集团合作，利用员工薪酬和业务数据开发机器学习模型，以评估薪酬理念实施情况。这一模型提供了更深入的分析，为业务主管提供了基于数字模型的精准薪酬定位和预测。过去，业务部门在招聘时依赖模糊的数据和市场经验，而现在通过新开发的工具，管理者能更客观地确定薪酬水平。这仅是 HR 数字化的一例，它展示了数字化在人才管理和 HR 服务产品方面的巨大潜力。西门子正努力整合现有和新开发

的数字化工具，提供端到端的解决方案，以支持业务部门做出更明智的决策。

2. 人工智能的发展

1956年，约翰·麦卡锡首次提出人工智能概念，如今它已发展成集制造智能机器与智能计算机程序于一体的科学工程。通过模拟人脑复杂工作，人工智能引领我们进入智能时代。其衍生应用如定位技术、语音技术、人脸识别及虚拟现实正深入生活各领域。

在"2023 HRoot人力资本论坛"上，埃森哲发布报告指出，人工智能通过数据、技术和人才激发企业增长潜力，实现生产力大幅提升。在这场智能化浪潮中，人力资源管理者受益匪浅。人工智能简化了流程，提升了效率，带来全新管理模式。报告显示，众多企业已步入人力资源管理数智化阶段。新一代信息技术为企业培训和管理注入新活力，推动自动化进程，降低成本。滴滴出行等共享平台借助人工智能实现高效劳动者管理，展现了未来人力资源管理的全新面貌。

案例启示

应用于人力资源管理领域的 AI 技术

应用于人力资源管理领域的 AI 技术种类繁多，包括专家系统、模糊逻辑、人工神经网络、数据挖掘、遗传算法、机器学习、自然语言处理以及虚拟现实/增强现实技术等。这些技术的发展不仅改变了传统的组织结构和劳动关系，还催生了新的管理方式和管理理念，推动了组织管理的智能化转型。《中国人力资源管理数智化发展白皮书（2021版）》数据显示，高达34.5%的被调研企业已经积极推动人力资源管理向数智化方向发展，这充分证明了 AI 在组织有效人力资源管理中的核心作用。

实际上，不少企业已经成功应用 AI 技术实现了人力资源管理效率的提升。例如，谷歌推出的 Google Hire 系统，能够帮助企业高效追踪应聘者并协调面试安排，大大提高了招聘流程的效率和精准度。另外，MIT Media 实验室设计的在线培训师，能够根据员工的个人特性为其量身打造沉浸式培训体验，有效提升了培训效果。IBM 开发的 Watson 系统则能够全面考察员工的工作绩效和未来发展潜力，为企业的人才管理和决策提供有力支持。这些实例充分展示了 AI 技术在人力资源管理中的广泛应用和深远影响。

3. 云计算技术

2006年，谷歌在搜索引擎大会上首次提出了"云计算"这一概念；随后亚马逊也推出弹性计算云服务，使云计算成为远程并行框架的代名词。IBM 在2007年的技术白皮书中对云计算进行了标准化定义，将其描述为按需提供计算资源的庞大资源池。美国国家标准与技术研究院则进一步指出，云计算是一种按使用量付费的模式，为用户提供便捷、按需的网络访问，轻松进入可配置的计算资源共享池。云计算技术凭借其高度综合性和系统性，依托大数据资源展现出强大的存储能力，为使用者提供丰富的资源服务。其中，云计算的数据收集与共享能力尤为突出，能够打破时空限制，实现实时数据共享，提高工作效率，为团队协同工作带来极大便利。云计算技术正逐步改变着我们的工作和生活方式，展现出巨大的发展潜力。

在人力资源管理领域，云计算的崛起正引领着行业的深刻变革。社保云、红海云等平台，正是凭借云计算的强大能力，实现了人力资源全过程的数字化管理，从选拔、任用、培育、评价到留存，无一不彰显其重要性。这些平台通过深度挖掘人力资源数据，打造员工数据库与人才评定体系，为企业提供更为精准、高效的管理服务。

随着企业规模的扩大，人力资源部门面临着处理海量、复杂数据的挑战。云计算的出现，犹如一把利剑，使这一难题迎刃而解。其强大的分析整理能力，能够将海量设备的数据信息整合在一起，形成强大的综合系统，实现多设备并行工作，优化人力资源配置。同时，云计算还确保了信息的集中保存与计算，提升了操作的稳定性，大大提高了工作效率。

前瞻性的企业已率先将云计算应用于管理工作中，构建人力资源数据智能平台。这些平台不仅深入探究各类数据间的联系，还结合逻辑关系进行转换，实现了对海量数据的系统、真实管理。此外，基于云计算的人力云模型，更是为企业在全球范围内获取人才资源提供极大便利。

权威报告显示，全球云计算市场正迅猛增长，预计不久将达到万亿美元规模，中国市场的增速更是令人瞩目。这一趋势预示着，云计算将进一步推动企业人力资源管理模式的创新与发展，为企业的长远发展注入源源不断的动力。云计算的普及和成效，使其成为企业人力资源管理的新引擎，引领行业走向更加智能化、高效化的未来。

（二）数字经济的迅猛发展

数字经济已成为当前时代的鲜明特征，是互联网发展的高级阶段，它通过网络平台实现经济的快速增长，摒弃了传统以门店为核心的经济模式。尽管学术界对其定义尚无定论，但普遍认同其以数字化知识和信息为关键生产要素，以现代信息网络为载体，以信息通信技术的有效应用为推动力。数字经济不仅实现了实体经济与虚拟经济的深度融合，随着信息技术的快速发展，其渗透性更日益凸显。如今，数字经济已成为企业提升管理水平、增加效益和实现高质量发展的战略选择，为企业的未来发展注入了新的活力与机遇。

1. 数字经济提升组织管理效率

在企业发展的征途上，信息数据如潮水般涌现，人力资源部门需精心整理与评估这些数据。在数字经济的大潮中，众多高科技信息技术被引入人力资源管理实践，其中以大数据为基础的管理方式，深度挖掘了人力资源的潜在价值。比如，IBM 的 Watson Recruitment 应用，能够基于工作需求智能推荐最佳候选人。这些新技术和新手段不仅优化了人力资源配置，还打造了更加人性化和科学化的管理环境。微观上，数据技术提升了员工满意度；宏观上，数字工具展现出强大的可操作性和可转换性，显著提高了管理效率和结果有效性，降低了成本，弥补了传统管理的不足，推动了企业的可持续发展。

2. 数字经济增强组织核心竞争力

在大数据的时代背景下，企业数据资源与技术、管理、人力资本的融合，成为其核心竞争力的重要来源。借助数字化、信息化技术，企业创新地重塑员工体验，以数字化驱动人力资源。从信息化升级到数据化能力，再到人力资源运营转型，平台化管理成为支撑，形成人力资源管理数字化的闭环。通过数据、服务、系统的结合，推动企业数字化变革，变革企业文化、组织形态、领导力，激发组织价值创造和员工主观能动性，进而提升企业生产力和竞争力，促进组织绩效增长。新希望集团"创新与电商事业部"的尝试，是人力资源驱动创新的典范，为其他企业人力资源管理转型提供了借鉴，展现了人力资源管理向业务线倾斜、以创新为导向的先导性文化氛围。

3. 数字经济推动企业创新发展

互联网技术的快速发展和广泛应用，推动了数字基础设施不断完善，也使整个经济社会被互联网紧紧联系在一起，人们可以便捷地在网络上获得多种数据信息。由于数字经济的产生对互联网技术具有较强的依赖性，数字信息会在极短的时间内突破时空的局限，从而很容易形成一定的商机，带动经济业态和商业模式快速更新。在数字经济时代，数字经济和实体经济得到了深层次的融合与发展，大数据已经成为推动社会经济发展的关键要素之一。

自 2014 年阿里巴巴与京东引领电商企业上市潮，到 2015 年 P2P 借贷模式兴起，再到 2016 年人工智能崭露头角，直至 2018 年区块链技术崭露锋芒和 2019 年 5G 技术诞生，数字经济为企业带来了前所未有的机遇与挑战。传统经营管理模式已难以适应新时代发展需求，企业战略亟待革新。积微物联公司从钢铁行业起步，不仅深耕线下实体，扩展产业园，还打造数字化智慧园区，同时壮大线上平台，推动智慧升级，构建智能制造体系。凭借数字经济的助力，积微物联公司年营收突破200亿元。在数字经济时代，企业需顺应时代潮流，探索新的管理路径，创新组织改革，完善数字化建设，以提升人力资源管理实效，推动企业持续创新发展。

案例启示

南航搭建高效人力资源管理职能共享平台

南航与用友携手，共同搭建起一个高效的人力资源管理职能共享平台。该平台通过精细化的分类管控，实现了对下属单位的全面监管，特别是在人工成本和培训费用等方面，通过线上流程层层审核监控，确保了每一笔支出的合规性和经济性。

此平台不仅提升了人力资源管理的业务协同性和共享服务水平，更大幅提高了管理效率。过去那些隐性的成本，如打印和发放工资单等烦琐事务成本，现在得到了极大的节省，从而实现了经济效益的大规模提升。

具体而言，该平台成功优化了51条业务流程，使得飞行小时费的核算时间大幅缩短，达到了惊人的75%。同时，员工对人力资源服务的满意度也有了显著提升，上升了23%。这一显著的改进不仅增强了南航的内部运营效率，也为员工提供了更为便捷和满意的服务体验。

这充分展示了南航与用友合作共建的人力资源管理职能共享平台的强大功能和显著成效，为其他企业提供了有益的借鉴和启示。

（三）国家政策的大力支持

当前，我国经济正步入新常态，面临多重挑战。随着人口红利逐渐消退，传统生产要素在推动经济增长方面的速度开始放缓。在这一背景下，数字技术作为新的生产要素，正有效驱动着企业的发展。国家也开始深刻认识到数字商务在改造提升传统动能、培育发展新动能中的关键作用。见表1-1。

表1-1 部分数字经济相关通知、规划、报告、方案

发布部门	发布日期	政策名称	相关内容
国务院	2015年8月	促进大数据发展行动纲要	以企业为主体，营造宽松公平环境，加大大数据关键技术研发、产业发展和人才培养力度，着力推进数据汇集和发掘，深化大数据在各行业的创新应用，促进大数据产业健康发展
国务院	2017年7月	新一代人工智能发展规划	推动人工智能与各行业融合创新，在制造、农业、物流、金融、商务、家居等重点行业和领域开展人工智能应用试点示范，推动人工智能规模化应用，全面提升产业发展智能化水平
国务院	2018年3月	2018年政府工作报告	做大做强新兴产业集群，实施大数据发展行动，加强新一代人工智能研发应用，在医疗、养老、教育、文化、体育等多领域推进"互联网+"
国务院国有资产监督管理委员会	2020年8月	关于加快推进国有企业数字化转型工作的通知	推动新一代信息技术与制造业深度融合，打造数字经济新优势等决策部署，促进国有企业数字化、网络化、智能化发展，增强竞争力、创新力、控制力、影响力、抗风险能力，提升产业基础能力和产业链现代化水平

续表

发布部门	发布日期	政策名称	相关内容
商务部、中央网络安全和信息化委员会办公室、工业和信息化部	2021年7月	关于印发《数字经济对外投资合作工作指引》的通知	推动数字经济对外投资合作，立足新发展阶段，贯彻新发展理念，深入实施数字经济战略，坚持企业主体、政府引导、市场运作的原则，坚持创新驱动发展，统筹发展和安全，充分利用两个市场两种资源，着力推动技术进步，着力培育新业态新模式，积极参与全球数字经济合作与竞争，更好服务构建新发展格局
国务院	2022年1月	关于印发"十四五"数字经济发展规划的通知	数字经济是继农业经济、工业经济之后的主要经济形态，是以数据资源为关键要素，以现代信息网络为主要载体，以信息通信技术融合应用、全要素数字化转型为重要推动力，促进公平与效率更加统一的新经济形态。数字经济发展速度之快、辐射范围之广、影响程度之深前所未有，正推动生产方式、生活方式和治理方式深刻变革，成为重组全球要素资源、重塑全球经济结构、改变全球竞争格局的关键力量。"十四五"时期，我国数字经济转向深化应用、规范发展、普惠共享的新阶段。为应对新形势新挑战，把握数字化发展新机遇，拓展经济发展新空间，推动我国数字经济健康发展，依据《中华人民共和国国民经济和社会发展第十四个五年规划和2035年远景目标纲要》制定本规划
中共中央、国务院	2023年12月	数字中国建设整体布局规划	到2025年，基本形成横向打通、纵向贯通、协调有力的一体化推进格局，数字中国建设取得重要进展。数字基础设施高效联通，数据资源规模和质量加快提升，数据要素价值有效释放，数字经济发展质量效益大幅增强，政务数字化智能化水平明显提升，数字文化建设跃上新台阶，数字社会精准化普惠化便捷化取得显著成效，数字生态文明建设取得积极进展，数字技术创新实现重大突破、应用创新全球领先，数字安全保障能力全面提升，数字治理体系更加完善，数字领域国际合作打开新局面。到2035年，数字化发展水平进入世界前列，数字中国建设取得重大成就。数字中国建设体系化布局更加科学完备，经济、政治、文化、社会、生态文明建设各领域数字化发展更加协调充分，有力支撑全面建设社会主义现代化国家
国务院	2024年3月	2024年政府工作报告	深入推进数字经济创新发展。制定支持数字经济高质量发展政策，积极推进数字产业化、产业数字化，促进数字技术和实体经济深度融合。深化大数据、人工智能等研发应用，开展"人工智能+"行动，打造具有国际竞争力的数字产业集群

为了支持中小企业数字化转型，政府还计划从2022年到2025年分三批支持地方开展中小企业数字化转型试点，并打造一批小型化、快速化、轻量化、精准化的数字化系统解决方案和产品，形成一批可复制可推广的数字化转型典型模式。

（四）组织发展的时代变革

随着信息技术的飞速发展，传统人力资源管理方式已逐渐显露出局限性，难以满足企业长远发展的迫切需求。为此，一些具备前瞻性思维的企业开始积极探索数字化人力资源管理的可能性，以推动企业管理模式的创新与升级。

1. 传统人力资源管理的局限性日益凸显

在数字化浪潮下,组织面临着日益加剧的竞争压力与瞬息万变的环境挑战。这种高度不稳定、充满不确定性的复杂环境,既为组织带来了发展的契机,也暗藏着潜在的威胁。为应对这些挑战,组织必须展现出更强的创新力和创造力。知名人力资源行业分析师乔斯·伯森在其《2021 年人力资源科技——权威指南》中指出,人力资源市场正迎来前所未有的机遇。企业正逐渐将传统的"人力资源管理技术"转变为更为智能的"人力资源管理科技",力求通过科技手段优化员工体验,提升工作效能,从而在激烈的竞争中立于不败之地。

商业环境日新月异,传统的人力资源管理模式已难以应对当今的复杂挑战。传统部门反应迟缓,难以快速响应内部客户和外部环境的需求。因此,管理者需重新思考人力资源的运作方式,以更好地支持企业活动。人力资源部门需调整战略和实践,激励员工创新,提升组织对外部竞争环境的响应能力,优化产品和服务。这一巨大商机吸引了谷歌、微软、Meta 等国际科技巨头纷纷涉足。人力资源软件和生产力软件的界限日益模糊,巨头们竞相利用生产力系统提供解决方案。与此同时,Workday、SAP、甲骨文等人力资源数字化产品供应商也积极参与市场竞争,人力资源管理科技市场争夺战愈演愈烈。

2. 数字化提升人力资源管理作用的成功实践

全球管理大师拉姆·查兰在第四届"人才经济论坛"上深刻指出:"我们身处一个瞬息万变的时代,转型升级已不再是选择,而是生存的必需。只有超越外部变化的速度,个人和组织方能赢得未来。"数字化人力资源管理的应用,不仅显著节省了工作时间,加速了业务流程的运行,更保证了分析结果的准确性,从而大幅提升了员工的接受度和满意度,有效降低了人力资源人员的离职率。自动化的引入大大减轻了行政负担,显著提高了雇佣效率和生产率,同时降低了运营成本和人员配置成本。信息技术赋予了人力资源专业人员更多的信息自主权和外部专业联系,使他们能够为客户提供更加迅速和精准的信息响应。技术成为组织前进的阶梯,促使人力资源管理专业人员为组织创造更多价值。

以平安集团的 HR-X 系统为例,它不仅有效解决了传统人力资源管理中遇到的各种问题,更重要的是实现了人力资源管理模式的创新变革。该系统以赋能业务为核心,将人力资源管理工具全面嵌入业务主管的管理工作中。通过创造性地构建"员工全景档案平台、绩效画像、大数据识人"等功能,使业务方能够更智能、更便捷地在业务过程中管理人、发现人、激励人。同时,该系统也促进了 HR 员工自身向科技人才、数据人才转型,为组织的未来发展注入了新的活力。

二、数字化时代人力资源管理面临的挑战

数字化时代,人力资源管理面临的挑战主要体现在以下三方面:

1. 数字化时代数据安全与隐私保护的挑战

数字化时代,企业面临着诸多数据安全和隐私保护的挑战。

(1)由于企业数据规模庞大且不断增长,数据的安全性和保护变得更加复杂和困难。

(2)网络攻击和数据泄露的风险日益增加,恶意行为者利用漏洞进行数据入侵的可能性增加。

(3)随着信息的数字化和共享,个人隐私受到更多关注,企业需要加强对个人隐私的保护,防止个人信息被滥用或泄露。

(4)跨境数据传输和合规性成为挑战,企业需遵守涉及数据保护和隐私的法律法规。

2. 数字化时代技能匹配度不足的挑战

数字化时代，由于技术的快速发展和变革，企业面临着技能匹配度不足的挑战。很多员工可能缺乏足够的数字化技能和知识，不了解项目管理软件、数据分析工具或机器学习算法等，这就导致企业在数字化转型过程中面临找寻具备适应性技能人才的困难。数字化时代的工作流程更强调数字能力和信息处理能力。例如，数字化营销需要对社交媒体和在线广告平台有深入的理解，而供应链数字化则需要掌握物联网和大数据分析等技术，如果员工缺乏这些相关技能，将难以适应工作需要。数字化转型还改变了岗位的能力需求和职责，一些传统职位可能会被自动化或新技术取代，从而导致员工需要学习新的技能或从事新的工作。如果企业无法提供相应的培训和发展机会，员工的技能匹配度将受到影响。

3. 员工对数字化转型接受度的挑战

在数字化转型的过程中，员工对于变革的接受度是一个重要挑战。一些员工可能因为对新的技术和工作方式缺乏了解或信心，对数字化转型产生不适应或抵触情绪，他们担心自己的工作岗位被取代或变得无关紧要，从而对公司政策和决策产生怀疑甚至不配合。此外，员工也可能面临难以适应新工作流程和技术的挑战。数字化转型带来了新的工作方式、工具和技能需求，员工需要不断学习和适应新的知识和技术，才能够将之有效地运用到工作中。然而，一些员工不愿意投入时间和精力去学习和改变，导致他们在数字化转型中感到困惑和被动。

数字化时代的人力资源管理面临着多方面的挑战，需要企业不断创新和改进，以适应快速变化的市场环境。

知识链接

讨论：数字化的应用为生活带来了哪些便利以及数字化有哪些隐患？

三、人力资源管理数字化赋能的提升路径规划

人力资源管理数字化赋能的提升路径可以从很多方面进行规划，以促进企业不断发展。

（一）技术升级与数据整合

1. 引入先进系统

在推进人力资源管理数字化的进程中，选择适合企业需求的人力资源管理系统是至关重要的一步。企业需要深入调研市场上的各类系统，综合考虑其功能、易用性、成本等因素，挑选出最符合自身需求的系统。接下来，与系统提供商紧密合作，进行定制化开发，这一关键环节不仅能确保系统与企业现有的业务流程完美融合，还能最大程度地发挥系统的效能。通过这一系列的合作与调整，企业能够建立起一套既先进又实用的人力资源管理系统，为人力资源管理的数字化赋能奠定坚实基础，进而推动企业的整体发展。

2. 数据整合与管理

在人力资源管理数字化赋能的过程中，数据的管理与安全至关重要。为此，企业首先需要建立一支专业的数据整合团队，他们负责数据的清洗、整合和标准化，确保数据的质量和可用性。同时，设立明确的数据质量标准，为数据的收集、处理和使用提供明确的指导和规范，保证数据的准确性和一致性。此外，数据的安全性也不容忽视。企业应采用先进的加密技术，为数据提供坚实的保护屏障，防止数据泄露和非法访问。通过这些措施的实施，企业不仅能够建立起一套完善的数据管理体系，还能够确保数据的安全与可靠，为人力资源管理的数字化赋能提供有力的支撑。

3. 数据深度挖掘

在人力资源管理数字化赋能的过程中，大数据和人工智能技术的应用发挥着至关重要的作用。通过对员工数据进行聚类、关联规则挖掘等处理，企业能够深入挖掘员工行为的内在规律，发现潜在的人才价值和业务需求。这些挖掘结果不仅有助于企业更精准地把握员工的特点和需求，还能为企业的决策提供有力支持。因此，企业应积极引入大数据和人工智能技术，提升人力资源管理的智能化水平，为企业的可持续发展注入新的动力。

（二）招聘流程优化

1. 数字化招聘平台

在数字化赋能人力资源管理的过程中，招聘渠道的拓展与优化是不可或缺的一环。企业通过建立自有招聘网站或 App，能够更直接、高效地进行人才招募，展示企业文化与岗位优势。同时，与主流招聘网站建立合作关系，能够进一步扩大招聘范围，吸引更多优秀候选人。此外，利用社交媒体进行职位推广，也是一种高效且低成本的招聘方式，有助于企业精准触达目标人群，提升招聘效果。通过综合运用这些渠道，企业能够更有效地吸引和选拔优秀人才，为企业的长远发展提供有力的人才保障。

2. 自动化简历筛选

在数字化赋能的人力资源管理中，简历筛选是一项重要任务。通过设定关键词和筛选条件，企业可以自动筛选出符合要求的简历，大大提高了筛选效率。同时，采用自然语言处理技术，可以对简历内容进行深度解析和评估，从而更准确地判断候选人的能力、经验和潜力。这种技术不仅可以识别简历中的关键信息，还能分析文字背后的含义，为企业提供更加全面、客观的候选人评估。通过这些数字化手段的应用，企业能够更快速、精准地找到合适的人才，为企业的发展提供有力的人才支持。

3. 市场洞察与策略制定

在数字化赋能的人力资源管理中，深入分析招聘数据至关重要。通过对招聘数据的深入挖掘，企业可以洞悉行业趋势，了解竞争对手的招聘策略，为自身的招聘活动提供有效指导。基于这些市场洞察结果，企业可以针对性地调整招聘策略，优化招聘流程，提高招聘效率。这种数据驱动的招聘策略不仅能够降低招聘成本，还能提升招聘质量，为企业吸引更多优秀人才。因此，企业应重视招聘数据的分析与应用，实现招聘活动的数字化赋能，为企业的持续发展注入新的活力。

（三）培训与发展个性化

1. 制定个性化培训计划

在人力资源管理数字化赋能的过程中，员工的职业发展与学习需求同样重要。企业应深入分析员工的职业发展目标和学习偏好，了解他们的个人成长期望和学习方式。基于这些分析结果，企业可以为员工制定个性化的培训计划和学习路径，提供符合他们需求的课程和资源。这样的精准培训不仅能够提升员工的专业技能和综合素质，还能增强员工的工作满意度和忠诚度。通过数字化赋能，企业可以更有效地支持员工的职业发展，为企业的长远发展奠定坚实的人才基础。

2. 在线学习平台与资源

在数字化赋能人力资源管理的背景下，企业需积极选择适合自身需求的在线学习平台，为员工提供多样化的在线课程和学习资源。这样的平台能够为员工提供灵活便捷的学习方式，满足他们个性化的学习需求。同时，企业还应积极与外部培训机构合作，引入优质课程和培训师资源，以丰富学习内容，提升培训质量。通过整合内外部资源，企业能够为员工打造一个全面、高效的学习环境，促进员工的持续成长与发展，为企业的长远发展提供有力的人才保障。

3. 培训效果评估与优化

在人力资源管理数字化赋能中，培训效果的评估与优化是关键环节。企业应设定明确的评估指标，如学习时长、完成率和考试成绩等，以全面衡量员工的培训效果。通过收集和分析这些数据，企业可以了解员工的学习进度和掌握知识的情况。基于评估结果，企业可对培训计划进行及时的迭代和优化，调整课程内容和教学方式，以更好地满足员工的学习需求。这样的闭环管理能够不断提升培训质量，促进员工的个人成长，为企业的持续发展注入活力。

（四）绩效管理与激励创新

1. 数字化绩效管理体系

在人力资源管理数字化赋能的进程中，建立数字化的绩效管理系统至关重要。该系统能够实现绩效目标的在线设定、跟踪和评估，提升绩效管理的效率和准确性。同时，借助移动应用，员工可以方便地进行绩效自评，上级也能随时进行评价，加强了绩效反馈的及时性和互动性。这样的数字化绩效管理方式不仅简化了烦琐的纸质流程，还增强了绩效管理的透明度和公正性，有助于激发员工的工作积极性和创造力。因此，企业应积极推动绩效管理的数字化升级，为企业的可持续发展提供有力支持。

2. 数据分析与绩效改进

在人力资源管理数字化赋能中，绩效数据的深度分析是提升员工绩效的关键。通过对绩效数据的精细分析，企业可以清晰地识别出高绩效和低绩效员工的特征和行为模式，从而深入了解绩效差异的根源。基于这些分析结果，企业能够制定出更具针对性的绩效改进计划，为不同层级的员工提供个性化的提升方案。这样的数据驱动方法不仅有助于优化绩效管理体系，还能激发员工的潜能，推动企业整体绩效的持续提升。

3. 激励机制创新

在人力资源管理数字化赋能过程中，绩效管理的优化与激励机制的完善是相辅相成的。企业应将绩效与薪酬、晋升等核心要素紧密结合，设立明确的奖励机制，确保员工的付出得到应有的回报。同时，非物质激励措施同样不可或缺，员工表彰、晋升机会等能够激发员工的内在动力，增强他们的归属感和成就感。通过综合运用物质和非物质激励手段，企业能够构建一个公平、有效的激励体系，激发员工的工作热情，推动企业持续稳健发展。

（五）员工关系与文化塑造

1. 数字化沟通渠道

在人力资源管理数字化赋能的过程中，加强员工间的交流与沟通至关重要。企业应建立内部社交平台或论坛，为员工提供一个便捷的交流渠道，促进信息共享和团队合作。同时，利用邮件、短信、App 推送等数字化手段，企业可以迅速传达重要信息和政策，确保员工及时了解并响应。这种多元化的沟通方式不仅提高了沟通效率，还增强了员工的参与感和归属感，有助于构建积极、和谐的企业文化氛围。通过持续优化沟通机制，企业能够推动人力资源管理的数字化升级，为企业的发展提供有力支持。

2. 企业文化传播

在人力资源管理数字化赋能的过程中，企业文化的传播与建设同样重要。企业可以通过数字化平台发布企业文化故事、价值观等内容，让员工更深入地了解企业的核心精神和价值观。同时，举办线上文化活动，如线上讲座、文化分享会等，不仅为员工提供轻松愉快的交流机会，也进一步增强员工对企业文化的认同感和归属感。这样的数字化手段不仅丰富了企业文化的传播形式，也提高了传播效率，为企业的文化建设注入了新的活力。

3. 员工需求与期望分析

在人力资源管理数字化赋能的进程中，利用数据分析工具深入挖掘员工需求和期望是关键一步。通过对员工数据的细致分析，企业能够更准确地把握员工在职业追求、发展期望以及工作满意度等方面的信息。基于这些分析结果，企业可以针对性地调整企业文化和管理策略，优化工作环境和激励机制，从而提升员工的满意度和忠诚度。这种数据驱动的管理方式有助于企业构建更加人性化、高效的人力资源管理体系，为企业的可持续发展奠定坚实基础。

制定明确的数字化赋能目标，确保路径规划与企业战略保持一致。关注员工的体验和反馈，确保数字化赋能措施能够真正满足员工的需求。不断学习和借鉴行业最佳实践，持续优化和提升人力资源管理数字化水平。通过以上措施的实施，企业可以逐步实现人力资源管理的数字化赋能，提升管理效能，为企业的可持续发展提供有力支持。

案例启示

美国劳工部的数据揭示了员工离职带来的巨大成本，这引发了企业采用数字技术预测离职概率的迫切需求。IBM、谷歌等巨头已采用AI技术成功预测离职，准确率高企。而印度的一家HR分析平台更是通过聊天机器人分析员工情绪，实现了离职概率的精准预测。

然而，2022年2月，一款员工行为监测系统的曝光引发了社会热议。该系统能提前识别有离职意向的员工，详细记录其求职行为及关键聊天记录。官网显示，该系统能评估离职风险等级，并给出判定依据，甚至能分析员工怠工情况，列出怠工最严重的部门和员工。但律师指出，企业在未经告知或未基于合法人力资源管理条件的情况下处理员工个人信息，可能违反个人信息保护法，面临法律风险。

这充分凸显了数字化技术在人力资源管理中的双刃剑效应。企业在追求效率的同时，必须确保尊重和保护员工的个人隐私权，遵守相关法律法规，以实现可持续发展。

讨论：你是怎么看待企业使用数字技术来预测员工的离职概率的？企业利用数字技术判断员工的离职概率，对于员工而言会有哪些影响？

四、数字化时代人力资源角色的新定位

数字化时代，人力资源部门的角色发生了显著的变化，其新定位更加侧重于数据驱动、战略协作和员工体验。主要体现在以下三方面：

（1）人力资源部门成了数据驱动的管理者和分析师。他们不仅利用大数据、人工智能等先进技术，收集和分析员工的行为数据、绩效数据、培训数据等，还通过数据洞察来优化招聘、培训、绩效管理等流程。这使得人力资源决策更加科学、精准，提高了人力资源管理的效率和效果。

（2）人力资源部门成为了企业重要的战略合作伙伴。他们与业务部门紧密合作，参与制定企业战略，提供人力资源方面的专业建议和解决方案。人力资源部门通过深入了解业务需求，为企业提供合适的人才和人力资源配置，确保企业战略的有效实施。

（3）人力资源部门更加注重员工体验度和满意度。他们致力于打造良好的企业文化，关注员工的职业发展和成长，提供个性化的培训和发展机会。同时，人力资源部门还积极倾听员工的反馈和需求，为员工创造更好的工作环境和条件，提高员工的满意度和忠诚度。

思政课堂

功以才成、业由才广

盐城位于江苏沿海中部，濒临黄海。2021 年，当地以为促进社会经济发展提供人才支撑为出发点，推出"黄海明珠人才计划"。实施三年来，全市累计引进重点高校优秀毕业生 5 368 人。人才的引进，有效优化了该市人才结构，为当地社会经济发展注入了强劲的青春动能。

2024 年 1 月 19 日发布的"黄海明珠人才计划 2.0 版"在现行人才政策的基础上，充分借鉴了周边地区经验做法，广泛征求了各方面的意见建议，出台《关于深入实施"黄海明珠人才计划"的若干政策》（以下简称《若干政策》），共 8 大部分 39 条措施。《若干政策》聚焦绿色低碳战略性新兴产业人才引进，重点突出绿色低碳、数字经济、海洋产业、金融等领域人才队伍建设。对能引领盐城产业发展，并取得重大经济社会效益的顶尖人才（团队）实行"一事一议"，创业类人才（团队）最高可获 1 亿元人才综合资助、创新类人才（团队）最高可获 5 000 万元综合资助。

"摒弃惯性思维、大胆探索，更加注重人性化、市场化、法治化，完善人才评价机制，为人才松绑、向用人主体授权，以人才发展体制机制创新来推进人才发展现代化。"盐城市委组织部相关负责人说，此次发布的新政，着眼盐城当前及今后一段时期经济社会发展需要，尤其是建设绿色低碳发展示范区对人才的迫切需求，加大对产业人才和平台载体聚才的支持力度，着力提升人才对产业发展的支撑力。

近年来，盐城通过实施"万千学子聚盐""驻盐高校学子留盐"两大行动，累计引进高校毕业生 11.1 万人，历史增幅最高，超 85% 在民营企业，为产业发展提供了有力人才支撑。《若干政策》提出，通过深化名校优生"汇盐行动"、万名学子"聚盐行动"、驻盐院校学子"留盐行动"、博士后人才"集聚计划"和实施青年大学生"储英计划"，广泛汇聚优秀青年人才。

"黄海明珠人才计划"体现了黄海之城惜才爱才、求贤若渴的城市胸襟，一大批心怀梦想、笃定前行的才俊精英加入盐城，"一人带全家""一人带几家"的情景在盐城时常上演。毕业于清华大学、已在盐城工作两年多的范姗姗说："盐城一以贯之为我们提供生活定居的物质保障、职业发展的政策和锻炼成长的广阔舞台，是我能够在不确定性和变化中不断成长的力量源泉。"

人才政策只有升级版，没有最终版。盐城市委组织部相关负责人表示，下一步，盐城将努力打造更系统集成的政策体系参与人才拼抢，为盐城人才队伍建设、绿色低碳示范区建设注入新的强劲动能。

在知识经济勃兴的今天，人才成为企业的核心竞争力。为了领先市场，企业必须精准吸引并牢牢留住人才，同时激发其创新性和积极性。

每位员工都有其独特之处，人力管理者需从不同领域招揽英才，并在日常中发现并放大员工的亮点，巧妙地将他们放在最合适的职位上，最大化其价值。这既是人才识别的艺术，也是人才应用的智慧。

优秀的人力管理者，应专注于挖掘团队中每个人的潜能。没有无能的员工，只有不会发掘员工潜能的管理者。我们需要持续自我提升，树立科学的管理观念，并培养良好的职业素养。以更为高效和科学的方式来管理人力资源，肩负起社会责任，为企业的长远发展助力。我们要坚信，在正确的引导下，每位员工都能为企业贡献自己的力量

课后练习

故事分享会

练习目的：

1. 加强对人力资源管理的理解，加深对人力资源职业的认识。
2. 理解数字化为人力资源管理带来的深刻影响。

作业要求：

1. 找一找古今中外关于人力资源管理的名言、故事或案例并讲解，分析并体会人才及其管理的重要性。
2. 结合现实工作生活的发展，谈一谈为什么要进行人力资源数字化转型。

项目二 人力资源规划

CHAPTER 2

学习目标

○ 理解人力资源规划的内涵及意义；
○ 掌握人力资源规划的内容及程序；
○ 了解数字环境下的人力资源规划；
○ 理解人力资源供需预测及平衡机制；
○ 理解数字环境下的人力资源管理与数据分析。

思政目标

○ 树立正确的求职观；
○ 增强团队与集体意识。

案例导入

珠江啤酒：与人力资源数字化转型"干杯"

广州珠江啤酒股份有限公司（以下简称"珠江啤酒"）成立于 1985 年，是一家以啤酒酿造产业和啤酒文化产业双核驱动、双主业协同发展、包装产业配套发展的大型现代化国有控股企业。珠江啤酒于 2010 年 8 月 18 日在深交所上市，品牌价值位列中国百强，享有"南有珠江"的美誉。

作为广货"珠江水"的品牌代表，珠江啤酒在改革开放的潮流中不断创新变革、转型升级、发展壮大。如今，珠江啤酒积极融入城市发展大局，以智能制造、数字化运营"双引擎"共同驱动，继续实施"品类创新＋文化创造"发展新模式，推动啤酒酿造产业和啤酒文化产业"双主业"协同发展。人力资源管理作为企业竞争力的核心要素，通过转型，构建从管控向赋能转变的人才管理机制，像经营客户一样经营员工，赋能员工，激活组织。

加速人力资源管理转型

随着公司业务的快速发展，对管理的要求不断提高，原有系统已不能满足需求，亟须一套在功能覆盖、技术架构、用户体验、移动服务、数据利用与共享等方面全面支持总部人力资源管理业务、满足子公司标准化业务管理需要的一体化平台。

珠江啤酒通过数字化、流程化的系统建设，实现人员信息指标、成本信息指标、关键人员指标的实时呈现，打造共享服务平台，在提升业务管控精细化、风险管控精细化的同时，实现人力—业务一体化，人员、信息、沟通渠道的融合与畅通，数据的关联与共享，全面支撑了集团化管控，为珠江啤酒人力资源管理与数字化转型的战略落地提供有力的支撑。

人员管理实现精细化管控

由于珠江啤酒拥有多家下属企业，人员分布广，总部外派到下属企业的管理人员、技术员工的人员编制、薪酬核算归属总部，而考勤、日常培训在下属企业进行管理。通过系统多任职架构，分业务权限控制，实现人力成本管理与操作。

工时管理删繁就简

作为生产型企业，工厂遍布各地，产品线丰富，涉及大量员工的管理，生产线工时管理具有复杂性。通过系统考勤管理，为下属企业提供灵活计算员工出勤工时的功能，便于调班、调休假、加班等考勤数据的统计，同时提供移动端【工时银行】的功能，员工可随时随地查询本人假期余额。

建立培训全过程管理

珠江啤酒下设多个企业，公司类型多样，培训需求各有特点。通过系统搭建线上培训框架和体系，实现了从培训需求收集、分析，计划制定，培训活动开展到培训评估的全周期过程管理，全面覆盖培训预算管控、培训过程实时监测，为培训专员提供对整个培训过程的全过程可追溯、全流程可视化等便捷功能。

业务风险预警自动化管控

生产型企业具有人员结构复杂的特点。系统可设置自定义预警，灵活设定预警提前时间、预警接收用户及接收方式等，实现实习期、转正、合同到期、上下班考勤、绩效评分等自动提醒，并且预警提示直接关联业务模块跳转办理。

珠江啤酒携手浪潮云ERP搭建人力资源管理系统，将"数据管理、信息管理"延伸到"流程管理、自助服务"，为全体员工、部门主管、高层领导、业务决策者、潜在员工打造完整人力资源管理架构服务体系，通过触手可及的业务数据、人员报表、分析模型帮助主管领导更好地组建团队，为全体员工更好地提供业务支持与服务，助力实现"百年老店"的宏伟目标。

资料来源：https://baijiahao.baidu.com/s?id=1692385976748712472&wfr=spider&for=pc（2024-05-05）。

珠江啤酒在人力资源管理方面的数字化转型是一个值得称赞的举措。珠江啤酒通过搭建人力资源管理系统，更好地实现了对人员信息、成本、关键指标等的管理，提供了从数据管理到流程管理的全方位服务。珠江啤酒人力资源管理的数字化转型，提升了管理效率与精确度，实现了人力与业务一体化，优化了员工福祉与培训，降低了业务风险，构建了完整的服务体系。

珠江啤酒在人力资源管理方面的数字化转型是一个成功的案例。它不仅提高了企业的管理效率，还为员工提供了更好的服务体验。这种转型模式值得其他企业借鉴和学习。

知识框架

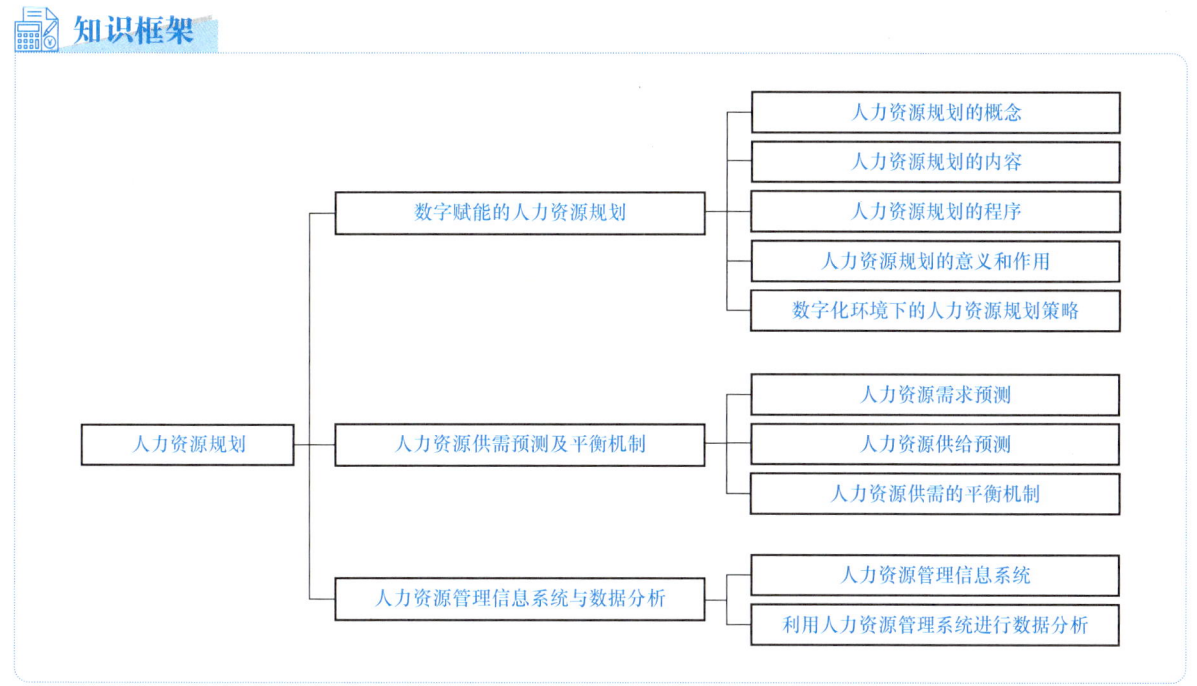

任务一　数字赋能的人力资源规划

一、人力资源规划的概念

人力资源规划有广义和狭义之分。广义的人力资源规划往往包括人力资源战略规划、人员供求规划、培训与开发规划、绩效规划、薪酬福利规划、员工关系规划以及中高层管理人员的接班或继任计划等与人力资源有关的各种规划活动。狭义的人力资源规划则专指组织的人员供求规划，即根据组织未来的人力资源需求和供给分析，找出供求之间的差距或矛盾，从而帮助组织制定未来平衡人力资源供求关系的各种相关计划。本节所讲的人力资源规划是指狭义的人力资源规划。这种人力资源规划可以被定义为组织根据自身的战略和经营需要，采用科学的手段预测未来可能会面临的人力资源需求和供给状况，制定必要的人力资源获取、利用、保留和开发计划，满足组织对于人力资源数量和质量的需求，在帮助组织达成战略目标的同时，确保组织对人力资源使用更加合理和高效。

人力资源规划包含三层含义：

（1）制定人力资源规划的目的是实现组织的战略目标。组织的外部环境处于不断变化之中，组织的战略目标也会因此而不断进行调整，人力资源规划必须适应这些变化和要求，对人力资源需求和供给进行科学预测和分析，以保证组织在近期、中期和远期都能获得所需的人力资源，从而增强竞争优势。

（2）组织应制定科学的人力资源政策和措施，以保证对人力资源需求的满足。例如内部人员的轮换调剂、职位升降、外部招聘、人员培训以及奖惩机制等都要切实可行，以保证人力资源各项计划的实现。

（3）在促进组织目标实现的同时，要重视员工的个人利益诉求。组织的人力资源规划要创造条件和完善管理机制，充分调动每个员工的积极性、主动性和创造性，提高工作效率，从而实现组织的目标。同时，组织也要关心每个员工的利益和要求，使他们在为组织做出贡献的同时实现个人目标和职业生涯发展。只有在组织目标与个人目标相统一和兼容的情况下，才能吸引和招聘到组织所需要的人才，也才能留住和培养这些人才，从而满足组织对人力资源的动态需求。

知识链接

人力资源规划与人力资源战略之间的关系

人力资源规划与人力资源战略之间的关系，主要有以下六方面：
1. 人力资源战略是人力资源规划的前提；
2. 人力资源规划是人力资源战略的延伸；
3. 科学的人力资源战略可以保证人力资源规划的正确方向和目标；
4. 科学合理的人力资源规划可以推进人力资源战略的具体化，将其目标落到实处；
5. 两者是相辅相成、缺一不可的工作，有先后次序；
6. 两者是层面不同的工作，战略要高于规划，规划落实战略。

可以看出，人力资源规划来源于人力资源战略的内容，而人力资源战略又是组织战略的一部分，用以支撑和落实组织战略，因此，人力资源规划的制定必须基于组织战略，并根据组织战略进行适时、动态的调整。

二、人力资源规划的内容

人力资源规划包括总体规划和业务规划。总体规划是指在一定计划期企业人力资源的大目标、大规划；业务规划是指总体规划统领下这一计划期的各项专业规划。如图 2-1 所示。

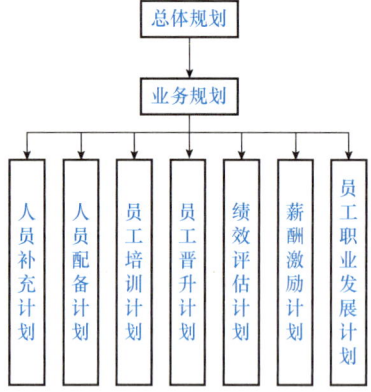

图 2-1　人力资源规划工作内容

（一）总体规划

人力资源总体规划是指企业根据一定时期人力资源的总目标而制定的总体人力资源数量、质量、岗位供需状况及其预算的安排。在总体规划中，最主要工作就是人力资源供给和需求的情况预测。具体包括需求和供给的预测值分别是多少，预测依据是什么，得出人力资源净需求①，即需求与

---
① 人力资源净需求是指在企业人力资源规划工作中，运用科学的方法对企业人力资源的需求和供给进行预测，得到的人力资源供给和需求量化的比较结果。很大程度上，进行人力资源规划的目的就是希望得出这一结果。

预测比较的结果怎样，采取什么样的指导原则和总体政策实现企业人力资源供需平衡等。在编写时，要阐明计划期企业各人力资源需求和配置的总框架；阐明与人力资源具体管理工作有关的重大原则、方针政策，如人才的招聘、晋升、降职、培训与发展、奖惩和工作福利等政策，确定人力资源投资预算等。

（二）业务规划

业务规划是指在总体规划指导下的各种专项业务规划，每一项业务规划都应包括目标、任务、政策、实施步骤以及预算等。业务规划具体包括人员补充计划、人员配备计划、员工培训计划、员工晋升计划、绩效评估计划、薪酬激励计划、员工职业发展计划等内容。有效实施这些规划是总体规划得以实现的重要保证。

（1）人员补充计划。为了确保组织在人员流动、业务拓展或新项目启动时能够及时、有效地补充所需人员，保障业务的连续性和稳定性，企业必须做好人力资源补充规划，在预测基础上，对未来一定时期所需人力资源的类别、数量及补充方式进行事先安排。这就需要在人员招聘、安排和使用上用发展的眼光来看问题，制订出合理的人员补充计划，使企业在每一个发展阶段都有恰当的人选胜任工作。与人员补充计划相关的人力资源政策与措施包括员工退休政策、工作分析、新员工的招聘、冗员及不适应岗位者的解聘。

（2）人员配备计划。人员配备计划是根据企业发展需要，在工作分析基础上，制订企业经营活动需要设立的职位、用人数量及人员的标准等计划。其目的是提高人力资源使用效率，因人设位，使企业内部人力资源合理流动，以适应企业的发展。当企业要求某种职务的人员同时具备其他职务的经验或知识时，就应使之有计划地流动，以培养高素质的复合型人才；当上层职位较少而等待提升的人较多时，可通过人员配备计划进行人员的水平流动，减少员工的不满，等待上层职位空缺；当企业人员过剩时，可通过人员配备计划改变工作分配方式，对企业中不同职位的工作量进行调整，解决工作负荷不均的问题。与该计划相关的人力资源政策和措施包括岗位轮换制度、岗位责任制度与资格制度和企业内部员工流动制度。

（3）员工培训计划。员工培训计划旨在提升员工的技能、知识和工作态度，从而提高工作效率和质量，促进个人和组织的共同发展。员工培训计划是通过内部的努力为企业发展准备所需人才。员工培训计划包括接受培训的人员、培训目标、培训内容、培训方式、培训费用等项目的设计和预算。

（4）员工晋升计划。员工晋升计划就是根据组织的人员分布状况、组织的层级结构、组织发展趋势和人才价值观等，制定人员的提升政策。对于组织来说，把有能力的人提升到适合其能力和承担责任更大的工作岗位上去，对于调动其积极性是非常重要的，同时也体现了劳动力使用的经济原则和效率原则。对于员工来说，晋升为其提供了充分发挥作用的舞台，可以满足其多种心理需要，因为这不仅意味着个人现实利益的满足，也意味着随着工作责任的增加，挑战性和自尊增强，其更高层次的精神需求得到满足，从而产生更大的工作动力，使组织获得更大的利益。员工晋升计划一般用晋升率、平均年资、晋升时间等指标来表述。

（5）绩效评估计划。绩效评估计划是指根据思想品质、知识水平、各种能力、实际业绩等，对企业员工进行科学、合理的评价，从而为其合理使用、晋升、培训和奖励提供科学依据，目的是提高绩效，增强组织凝聚力，改善企业文化。与绩效评估计划相关的人力资源政策与措施包括奖罚制度和沟通机制。

（6）薪酬激励计划。薪酬激励计划是为了有效提高员工工作的积极性，进而提升效率，最终促进企业整体发展而采取的一项重要管理策略。企业通过薪酬激励计划，可以在预测企业发展的基础上，对未来薪酬总额进行测算和推测，并确定未来时期的激励政策，如激励方式的选择、激励倾斜的重点等。与该计划相关的人力资源政策与措施包括薪酬制度、奖励计划和福利计划。

（7）员工职业发展计划。员工职业发展计划是企业对员工的职业发展做出安排，主要目标是帮助员工实现自我价值，提升职业竞争力，并助力企业长期发展。与该计划相关的人力资源政策和措施包括员工职业计划、员工培训计划。

三、人力资源规划的程序

人力资源规划是一个复杂且需要长期进行的过程，其目的在于确保企业的人力资源能够满足其战略和运营需求，并为企业的长期发展提供有力支持。人力资源规划的程序如图2-2所示。

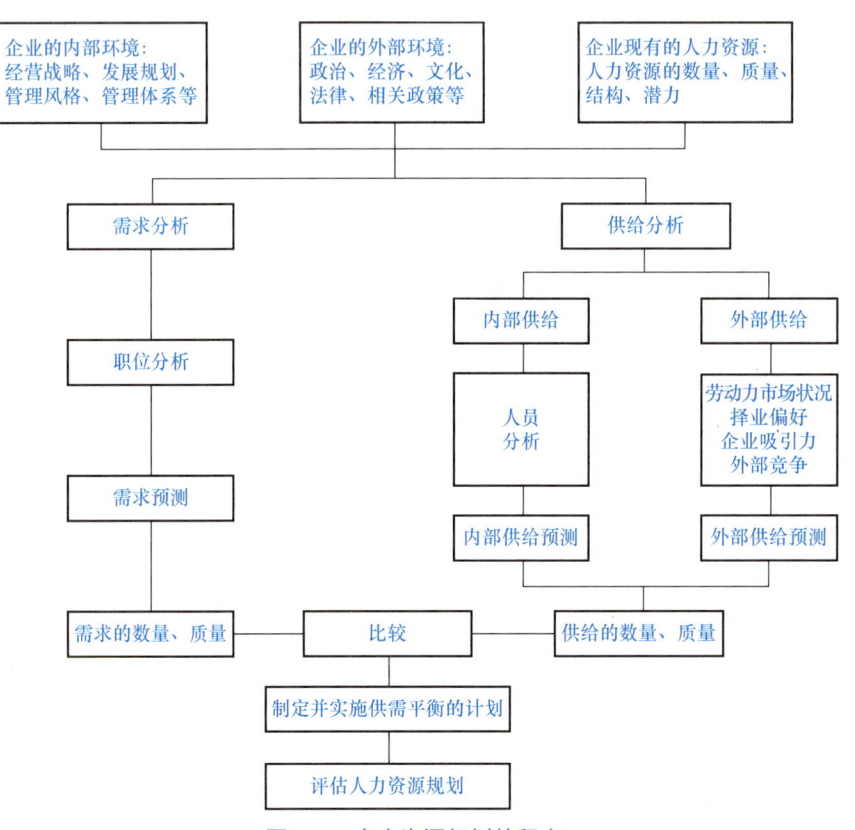

图2-2　人力资源规划的程序

由图2-2可以看出，人力资源规划的程序一般包括四个步骤：准备阶段、预测阶段、实施阶段和评估阶段。

（一）准备阶段

由于影响企业人力资源供给和需求的因素很多，为了能够比较准确地做出预测，需要收集和调查与之有关的各种信息，主要包括：

（1）外部环境的信息。包括两类：一是经营环境的信息，如社会的政治、经济、文化、法律环境等；二是直接影响人力资源供给和需求的信息，如外部劳动力市场的供求状况、政府的职业培训政策、国家的教育政策、竞争对手的人力资源管理策略等。

（2）内部环境的信息。包括两类：一是组织环境的信息，如企业的发展规划、经营战略、生产技术、产品结构等；二是管理环境的信息，如公司的组织结构、企业文化、管理风格、管理体系（管理层次与跨度）、人力资源管理政策等。

（3）现有人力资源的信息。对企业现有人力资源的数量、质量、结构和潜力等进行盘点。根据经验，盘点的资料应当包括员工的基本情况、受教育情况、工作经历、工作业绩记录、工作能力和态度等方面的信息。只有及时准确地掌握企业现有人力资源的状况，人力资源规划才有意义。需要借助完善的人力资源信息系统，以及时更新、修正和提供相关的信息。

（二）预测阶段

这一阶段的主要任务就是在充分掌握信息的基础上，采用有效的预测方法、对企业在未来某一时期的人力资源供给和需求做出预测。在整个人力资源规划中，这是最关键的一个部分，也是难度最大的一个部分，直接决定了规划的成败，只有准确地预测供给和需求，才能采取有效的措施进行平衡。

（三）实施阶段

供给和需求预测出来以后，就要根据两者之间的比较结果，通过人力资源的总体规划和业务规划，制定并实施平衡供需的措施，满足企业对人力资源的需求。人力资源的供需达到平衡，是人力资源规划的最终目的，进行供给和需求的预测就是为了实现这一目的。

在制定相关的措施时要注意，应当使人力资源的总体规划和业务规划与企业的其他计划相互协调。只有这样，才能有效实施。例如，财务预算没有增加相应的经费，那么人员的招聘计划就无法开展。

（四）评估阶段

对人力资源规划实施的效果进行评估是整个规划过程的最后一步，由于预测不可能做到完全准确，因此人力资源规划也不是一成不变的，它是一个开放的动态系统。人力资源规则的评估包括两层含义：一是指在实施的过程中，要随时根据内外部环境的变化修正供给和需求的预测结果，并对平衡供需的措施进行调整；二是指要对预测的结果以及制定的措施进行分析，对预测的准确性和措施的有效性做出评价，找出存在的问题以及有益的经验，为今后的规划提供借鉴和帮助。

四、人力资源规划的意义和作用

人力资源规划通过对组织在不同时期、不同内外部环境、不同组织战略目标下的人力资源供需情况进行预测，不仅可以确保组织在需要的时候能够获得所需的各种人力资源，而且有助于确保组织员工队伍的精简和高效，因此，科学、可靠的人力资源规划工作对于一个组织来说意义重大。

（1）人力资源规划有利于组织战略目标的实现。任何一个组织的战略规划最终都要依靠人来执行，因此，在缺乏有效的人力资源规划的情况下，再好的战略都有可能会落空。人力资源规划恰恰能够根据组织的战略部署，依据组织在战略进程中的不同阶段对人力资源的需求，在考虑到未来可能的人力资源供给状况的前提下，帮助组织制定相应的对策来平衡人力资源的供求关系，从而确保组织战略的顺利实施。由于组织在实施战略规划的过程中，其外部环境经常会发生各种各样的变化，且内部也在不断进行变革，因此，组织必须在综合考虑各种可变因素的情况下，制定切实可行的人力资源规划，从而在一个不稳定的、具有较高风险的环境中努力实现自己的战略目标。

（2）良好的人力资源规划有利于组织整体人力资源管理系统的稳定性、一致性和有效性，有利于组织的健康和可持续发展。由于组织的内外部环境在不断发生各种变化，因此，如果一个组织缺乏有效的人力资源规划或者规划工作做得较差，往往不得不被动应对环境的变化。在这种情况下，组织很可能需要采取一些比较激烈的人力资源管理行动，比如，大规模裁员或在短时间内被迫大规模招募员工，这些做法不仅对组织不利，而且有可能对员工个人产生较大的不利影响。因此，良好的人力资源规划不仅有利于组织长期保持较好的运行态势，而且有利于保持员工队伍的稳定性和可靠性，使组织能够保持人力资源管理系统乃至组织文化的一致性和稳定性，从而为组织在劳动力市场上赢得良好的声誉。不仅如此，良好的人力资源规划还会对招募甄选、培训开发、员工关系等其他各种人力资源管理工作的有效实施产生较好的指导作用。

（3）良好的人力资源规划有助于组织对人工成本的合理控制。很显然，组织一方面期望自己能够在需要的时候获得必要的人力资源，不至于由于人手不足或者人员质量达不到组织的工作要求而发愁；另一方面也希望组织中不会长期充斥着一批得不到有效利用的冗员。良好的人力资源规划恰恰可以为组织同时实现这两个方面的目标提供便利条件，因为它能够有效地预测组织在不同时期和阶段的人力资源需求，然后根据对内部和外部劳动力供给情况的预测，帮助组织选择低成本的有效方式来平衡人力资源供求矛盾，这样就可以帮助组织避免人力资源的浪费，从而节省人工成本的支出。

拓展阅读

华为人力资源管理体系发展史[①]

华为的人力资源管理之路，经历了从初始的人事管理到高度战略化管理的转变。让我们一同回顾这段精彩的历程。

在华为人力资源管理1.0阶段，也就是1996年之前，华为的人力资源管理还处于初级阶段，更多地表现为传统的人事管理。那时，公司对于人才的选拔和评估相对简单，只要有专业技能，华为就会慷慨地给予高薪。然而，随着《华为基本法》的出台，华为的人力资源管理开始有了明确的哲学基础。华为认识到，人力资源管理的核心在于价值的分配，劳动者和企业家共同为客户创造价值，而华为存在的意义正是帮助客户实现价值的增值。在这个阶段，华为开始构建基础的人事服务体系，并确立了一系列人力资源管理的原则和概念。

进入华为人力资源管理2.0阶段，即1996年至2009年，华为的人力资源管理逐步走向成熟。公司开始注重人才的开发和培养，如同研发部门致力于产品和技术的创新一样。在这一阶段，华为不断完善人力资源管理制度，实现了对人才的有效梯队管理，并建立了包括干部管理机制在内的一系列机制。华为明确提出，人力资本的增值应优先于财务资本的增值。这一阶段，华为的人力资源管理更加聚焦于人才的发掘和培养。

随着华为人力资源管理3.0阶段的到来，即2009年至2013年，华为的人力资源管理进一步转型为HRBP模式。在这一阶段，华为的人力资源管理中心开始从专业价值向业务伙伴转变，致力于支撑业务的成功。华为提出了"三化合一"的战略，即业务差异化、支撑业务服务化和运营业务数字化。这一战略的实施极大地提升了华为人力资源管理的效率。

最后，华为人力资源管理4.0阶段，即2013年至今，华为的人力资源管理进一步升级为战略人力资源管理。在这一阶段，华为将价值链管理作为人力资源价值贡献的实现路径，将人力资源的价值创造和价值评价紧密串联起来。华为的人力资源管理不再是简单的支持职能，而是成为企业主价值链上的关键一环。通过人力资源管理体系，华为将价值直接传递到客户端，实现了人力资源向利益的顺畅转化。在这个阶段，华为的人力资源管理全面面向客户满意度，根据客户满意度制定人力资源战略，实现了与一线作战单元的紧密协同。华为的人力资源管理已经驶入了以客户价值为驱动的快车道。

[①] 龙波.华为的人力资源管理体系是怎么形成的［J］.国企，2021（17）：58-59.

五、数字化环境下的人力资源规划策略

在数字环境下，人力资源规划面临着新的挑战和机遇。数字化时代以信息技术为核心，涵盖了云计算、大数据、人工智能等多个领域。这些技术对企业的人力资源管理产生了深远影响，使得人力资源规划需要更加注重数据驱动和智能化决策。为了更有效地应对这些变革并优化人力资源管理，以下提供一些关键策略：

（一）数据驱动的决策制定

在数字化时代，数据成了企业决策的重要依据。人力资源团队需要借助先进的人力资源管理系统和数据分析工具，收集、分析和解读大数据，以洞察人才市场的趋势和企业内部的人才状况。例如，通过分析员工绩效数据、招聘数据等，可以更准确地预测未来所需的人力资源配置，并制定相应的招聘计划和人才培养策略。

（二）智能化人力资源管理

人工智能技术可以辅助人力资源管理中的多个环节，如招聘、培训和绩效管理。借助智能招聘平台，企业可以快速筛选和匹配人才；通过人工智能推荐系统，可以为员工定制个性化的培训计划；而智能绩效管理系统则能实时监测和评估员工的工作表现，为人力资源规划提供有力支持。

知识链接

几种常见的智能化人力资源管理活动

人才盘点

人才盘点动态地将组织需求与人才供给相匹配，增强了组织的核心竞争力，促进组织战略的达成。人才盘点的概念最早由美国通用电气公司提出，后在全球各地的企业中推广开来，不断发展完善，现今人才盘点已经成为企业重要的人力资源管理活动之一。企业盘点内部人才的优势、待发展领域、职业发展的可能路径、职业空缺风险以及现在和未来的继任者，通过系统评估目前内部的人才数量、质量、结构，建立起企业的人才账本，把员工能力透明化、数据化和结构化，从而加强员工自我认知、提升员工能力，撬动业务战略与决策。从更加通俗的层面来说，人才盘点，是"一桌子"人，通过引入多方数据（包括履历、经验、绩效、胜任情况、多方评价等），在企业内部通过充分的信息沟通和讨论，最终对某些关键岗位的关键人才的任用评价、管理建议与人才发展路径等达成共识的过程。

人才画像

人才画像概念的来源可以追溯到美国"交互设计之父"阿兰·库珀（Alan Cooper）提出的"Persona"概念。Persona 原意是指"人物角色"或"虚拟代表"，它是对真实用户的抽象和概括，用于描述和理解目标用户群体的特征、行为和需求。在人力资源管理领域，人们根据阿兰·库珀的 Persona 原理，进一步发展和应用了"人才画像"的概念。人才画像以人才为对象，结合人力资源管理实践中的各类数据，通过定性和定量的方法，刻画出组织所需要的某类人群或某类岗位人才共同的背景、能力等特征。在数智时代，AI 算法让人才画像更具数字化应用价值。全面收集人力资源管理过程中产生的数据，使用大数据分析数据之间的联结，刻画精确的人才画像，可科学地评估和量化员工的能力和潜力，为组织选用人才和决策提供数据支撑。

人力资源数据分析

人力资源数据分析是借助数据分析工具和手段，对人力资源相关的数据进行收集、处理、分析和解释的过程，其目的在于引导和呈现人力资源管理的价值创造，发现问题，驱动决策，并引领变

革。在运用数据分析给人力资源管理提质增效时，要注意各个技术工具的兼容性，保持人力资源管理整体的一致性。人力资源管理涵盖六大模块：人力资源规划、招聘与选拔、培训、绩效管理、薪酬管理、员工关系管理。数据分析与人力资源管理的结合惠及这六大模块的各个流程。其中，人力资源数据分析的结果应用可以归纳为三个方面：第一，提升效率。例如，机器人帮助查询相关请求如休假、工资单，智能会议管理及行动计划等提醒，简历自动化筛选和匹配，雇用前远程面试。第二，改善员工体验。例如，智能化学习平台精准推送员工需要的内容和学习任务，通过员工工作偏好、能力工作匹配，开展虚拟场景培训。第三，智慧管理决策。例如，利用数据模型识别合规错误、与欺诈和不当行为相关的行为模式，建立离职风险预测模型，精准化人才识别（基于问题、视频／声音、游戏化测试、文本／图片分析的人才评价）。

（三）灵活的组织结构和流程设计

1. 灵活的组织结构设计

（1）扁平化结构：去除或合并中层管理职位，使决策过程更加迅速和直接。赋予员工更多的自主权和决策权，鼓励员工主动承担责任。

（2）项目制团队：根据项目需求组建跨职能团队，团队成员来自不同部门，共享资源和知识。项目完成后，团队成员可以回到原部门或参与其他项目，保持组织的灵活性。

（3）网络组织：利用数字化工具，如协作平台和即时通信工具，实现远程团队的高效沟通与合作。可以灵活调配分散在不同地区甚至国家的员工，形成虚拟团队。

（4）柔性岗位：设定灵活的工作岗位，根据业务需要随时调整员工职责和工作内容。员工可以根据自身技能和兴趣选择适合的工作岗位，提高工作满意度和效率。

（5）员工自治：鼓励员工自我管理、自我驱动，减少对上级的依赖。通过设立目标、提供资源和支持，让员工自主完成工作任务。

2. 灵活的流程设计

（1）数字化流程：利用数字化工具实现业务流程的自动化和智能化，减少人工干预和错误。通过数据分析优化流程，提高效率和准确性。

（2）敏捷开发：借鉴软件开发中的敏捷方法，将大型项目分解为小模块，逐步迭代和完善。通过不断试错和调整，确保项目快速响应市场需求变化。

（3）简化流程：去除冗余环节和审批步骤，缩短流程周期。通过优化流程，减少资源浪费和提高客户满意度。

（4）协同办公：设立协同办公平台，实现各部门之间的信息共享和协同工作。通过实时沟通和协作，提高问题解决速度和整体运营效率。

（5）灵活调整：根据市场变化和客户需求，灵活调整业务流程和资源配置。通过持续学习和创新，确保企业始终保持竞争优势

（四）员工的培训与发展

在数字化时代，企业构建数字化学习平台，为员工提供个性化的培训与发展机遇。该平台汇集丰富的在线课程，如视频教程、电子书籍等，涵盖专业技能和通用素质，助力员工紧跟行业前沿。自主学习环境让员工灵活安排学习时间，并通过进度跟踪和反馈实现自我提升。

借助人工智能技术，企业能依据员工学习历史、能力和职业规划，制定个性化培训计划，确保学习内容既实用又前瞻。培训计划定期调整，以满足企业和员工的动态需求。

在平台上，员工可参与社交学习，与行业专家和导师互动，通过团队协作项目提升协作和问题解决能力。此外，学习奖励机制和职业发展规划激励员工持续学习，为个人职业价值最大化奠定基础。通过数字化学习平台，员工能够全方位提升能力，迎接职场挑战。

（五）加强数据安全和隐私保护

建立完善的数据安全管理制度和技术手段，确保人力资源数据的安全性和保密性；加强对员工隐私的保护，避免数据泄露和滥用风险。

> **拓展阅读**

人力资源规划金句

"组织如果拥有一位不可取代的人，则组织已经犯了管理失败的罪过。"

——彼得·德鲁克

这句话强调了人力资源规划中应避免对特定人才的过度依赖，注重构建互补性的团队，以及培养和发展多元化的人才。

"一家企业最重要的东西：第一是人才，第二是人才，第三还是人才。"

——王永庆

这句话凸显了人才在企业发展中的重要地位，强调了人力资源规划对于企业的关键作用。

"员工一旦被雇用，就被视为合作者，非赚钱机器。"

——藤田田

这句话提醒我们在人力资源规划中要注重员工的价值和尊严，将其视为企业的重要合作伙伴，而非仅仅作为实现利润的工具。

"没有完美的个人，只有互补性的完美团队。"

——梅雷迪思·贝尔宾

这句话强调了人力资源规划中团队建设的重要性，通过发掘和利用不同人才的优点，构建出互补性强、高效协作的团队。

任务二　人力资源供需预测及平衡机制

人力资源预测在人力资源规划中占据着举足轻重的地位。通过精确的人力资源预测，企业能及时发现人力资源的缺口或过剩，从而调整策略以避免人力不足或人浮于事的现象。为了保障人力资源规划的科学性和合理性，企业必须对未来一段时间内的人力资源需求和供给进行准确预测。这种预测建立在深入评估和合理预言的基础之上，旨在推测未来人力资源的状况。它具体分为人力资源需求预测和供给预测两部分，两者共同构成了人力资源预测的核心内容，对于企业的长远发展至关重要。

一、人力资源需求预测

（一）人力资源需求预测需考虑的因素

对人力资源需求进行预测，不同的企业有不同的思路，为了便于理解和操作，我们依据职位分析来预测人力资源需求。企业的职位数量与种类直接决定了其对人力资源的需求。简而言之，企业设立多少职位，便需要相应数量的人员；职位的性质决定了所需人员的专业技能。因此，通过预测企业内部职位的变动情况，我们就能相应地预测出人力资源的需求，这既涉及人员数量的增减，也包括人员结构的变化。这种以职位为基础的需求预测方法，既实用又直观，有助于企业做出更精准的人力资源管理决策。预测职位变动时通常需要考虑以下4个因素：

1. 企业发展战略及经营规划

企业的发展战略及经营规划直接影响未来的职位设置。例如，若企业决定扩张，职位数量将增加；若调整经营领域，职位结构会随之变化。这种动态调整，是企业发展中不可避免的重要环节，需要灵活应对，以满足不断变化的市场需求。

2. 企业产品和服务的需求

从经济学角度看，企业对人力资源的需求属于派生需求，它源于顾客对企业产品和服务的需求。这两种需求紧密相连，呈现正相关关系。当顾客对产品和服务的需求上升时，企业应增加职位以满足市场需求；反之，则应缩减职位。这种产品和服务需求的变化，会直接影响企业的经营规模，从而要求企业在人力资源管理上做出相应的灵活调整。

3. 职位的工作量

若某一职位的工作量不饱和，企业应考虑合并相关职位，从而减少职位数量；反之，若职位工作量过大，则应增设职位以分担负荷，增加职位数量。为衡量职位工作量的合理性，我们可借助之前章节提到的职位分析来进行评估。这样，企业可以更有效地配置人力资源，确保每个职位的工作量既不过少也不过多，实现人力资源的优化配置。

4. 生产效率的改变

在稳定的环境下，生产效率的变化会直接影响职位的数量。当生产效率提升时，同一职位能够承担的工作量会随之增加，这意味着企业可以减少部分职位；相反，如果生产效率降低，为了维持相同的产出，企业需要增设更多的职位。但需要注意的是，除了生产效率，还有其他诸多因素也会影响职位的设置，如企业开展的培训项目、薪酬体系的调整，以及员工个人能力和工作态度的转变等。重要的是，我们在分析这些因素时，都是基于其他条件保持不变的假设。然而，在实际情况中，多种因素可能会同时产生影响，导致最终的结果变得复杂多变。例如，当员工生产效率提升时，即便市场对产品和服务的需求在增长，企业也可能无须增加职位，因为生产效率的提升已经抵消了部分需求增长带来的压力。综上所述，通过综合考虑各种因素，我们可以预测出企业未来职位设置的变化趋势，进而估算出未来一段时间内企业的人力资源需求。

（二）人力资源需求预测的主要方法

在对人力资源需求进行预测时可采用定性预测法和定量预测法两种方式。其中，定性预测法包括经验预测法和德尔菲法两种。定量预测法主要包括比率分析法、趋势预测法、回归分析法和投资回报分析法。

1. 经验预测法

这是一种基于历史数据和专家经验判断的人力资源需求预测方法，也常被称作直觉预测法或管理估计法。它主要依赖管理人员的直觉与丰富经验来进行预测。在实际运用中，各部门负责人会依据未来一段时间内的部门工作量，来预估本部门的人力资源需求。这些预测结果随后会被汇总到高级管理层进行综合平衡，以决定组织未来整体的人力资源需求。此方法的优势在于其迅速且简便，无须复杂的数学模型或庞大数据支持。其缺点在于预测结果的准确性高度依赖于管理者的个人经验与直觉。因此，它更适用于短期预测，以及那些规模不大、经营环境稳定、人员流动率较低的企业。

2. 德尔菲法

德尔菲法（Delphi method）也称为专家调查法，是20世纪40年代末由美国兰德公司率先使用的一种预测方法。该方法的核心在于通过匿名的方式征询专家的意见，对预测的问题进行多轮次的整理、归纳、统计和反馈，直至得到相对一致的专家意见。它的做法是，首先邀请一个某一领域中大约由30名专家或富有经验的管理人员组成的研究小组，但是这个研究小组中的人彼此之间并不见面，也不进行沟通。此外，还要有一位研究主持者在专家之间充当传递、归纳和反馈信息的角色。然后，研究主持者会将需要回答的问题分别邮寄给研究小组中的这些专家，让他们各自独立回答问题。接着，研究主持者将大家的回答收集起来，进行统计分析，形成新的问题，再寄给专家进行独立回答。一般情况下，经过几轮的意见反馈之后，对所要研究问题的看法会逐渐趋于收敛。最后，研究者便可以据此对某一问题做出预测。

德尔菲法的主要特点为匿名性、反馈性和统计性。匿名性意味着专家组成员不直接见面，而是通过函件交流，这有助于消除权威的影响，使专家更有可能表达出那些不受欢迎的观点。反馈性则体现在需要若干轮信息反馈，使得最终结果能够较为客观、可信地反映专家的想法和对信息的认识。统计性则体现为对诸多专家的意见进行统计学处理，以概率的形式反映专家意见的集中度。不过，在实施德尔菲法时也要注意一些问题，比如：专家的人数不能太少，至少要达到20～30人；专家的挑选要有代表性；问题的设计要合理，不要让专家一次回答过多的问题；向专家提供的资料和信息要相对充分，从而使他们能够进行预测和判断。

3. 比率分析法

比率分析法是一种基于某种关键的经营或管理指标与组织的人力资源需求量之间的固定比率关系，来预测未来人力资源需求的方法。

假设某家制造公司在过去几年里，随着销售额的增长，其员工数量也在相应地增加。历史数据显示，每当销售额增加1 000万元，公司员工数量需要增加10人以满足业务需求。现在，公司计划在未来一年内实现销售额增长2 000万元的目标。根据比率分析法，首先确定销售额增长与员工数量增加之间的比率关系。在这个例子中，比率是销售额每增加1 000万元，员工数量增加10人。接下来，应用这个比率来预测未来的人力资源需求。既然计划中的销售额增长是2 000万元，那么按照过去的比率，公司需要增加的员工数量就是20人。然而，这只是一个初步的预测。在实际应用中，还需要考虑其他因素，如员工的技能水平、工作效率、市场变化等，以及公司内部可能的人员调整和优化。因此，基于比率分析法的预测结果应该作为一个参考，而不是绝对的决策依据。此外，还需要注意的是，比率分析法假设过去的比率关系在未来仍然适用。然而，实际情况可能并非如此。市场环境、技术进步、公司战略等因素都可能影响这一比率关系。因此，在使用比率分析法进行人力资源预测时，需要谨慎考虑其局限性，并结合其他预测方法和实际情况进行综合分析。

4. 趋势预测法

趋势预测法实际上是一种简单的时间序列分析法。它是根据一个组织的雇佣水平在最近若干年的总体变化趋势，来预测组织在未来某一时期的人力资源需求数量的方法。以某公司为例，具体的操作方法如下：首先，我们需要统计该公司在2014年至2023年（共计10年）每年年底的全体员工数（或细分为销售人员、生产人员、职能管理人员等各类人员数量），详情见表2-1。接着，利用这些数据，在坐标图上以年份为横轴、员工人数为纵轴，绘制出一幅如图2-3所示的散点图。虽然散点图可能无法呈现出平滑的变动曲线，且可能包含不规则的变化，但此图能大致揭示该公司在2014年及以后的人力资源需求变动趋势。

在进行趋势预测时，我们不仅可以基于年份，还可以将横坐标替换为销售额、产量等其他影响人力资源需求的关键指标。这种方法在人力资源需求预测领域具有较高的实用性，但鉴于其相对粗略，预测的准确度可能较低。

值得注意的是，这种预测方法基于一个前提，即假设组织的技术、经营环境等关键因素在未来一段时间内不会发生显著变化。因此，在实际应用中，必须谨慎行事，确保组织的经营环境及重要技术确实保持稳定，才能从中发现未来人力资源需求的简单规律。

表 2-1 某公司 2014—2023 年历年年末总人数

年份	2014	2015	2016	2017	2018	2019	2020	2021	2022	2023
人数	510	480	490	540	570	600	640	720	770	820

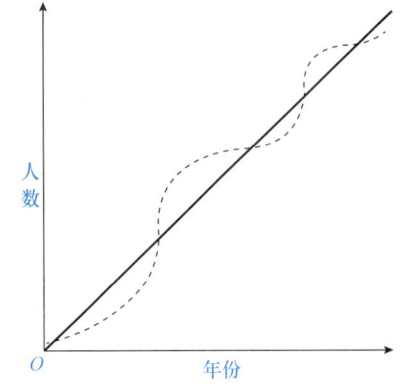

图 2-3 人力资源需求预测的趋势分析法

5. 回归分析法

回归分析法是一种定量的预测技术。它通过分析历史数据，找出自变量和因变量之间的相关性，并据此建立回归模型，从而预测未来的人力资源需求。主要做法是，首先建立人力资源需求数量与其影响因素之间的函数关系，然后将这些影响因素的未来估计值代入函数，从而计算出组织未来的人力资源需求量。组织对人力资源的需求总是会受到某个或某些因素的影响，回归分析法的基本思路就是要找出那些与人力资源需求关系密切的因素，然后根据得到的人力资源需求数量以及这些因素的历史数据来确定它们之间的关系，从而建立一个回归方程，再根据这些影响因素的未来可能值以及确定的回归方程来预测组织未来的人力资源需求。

根据回归方程所涉及的自变量个数多少，可以将回归分析法划分为一元回归分析法和多元回归分析法两种。在一元回归中，只涉及影响人力资源需求的一个变量，因此建立回归方程时相对比较简单；在多元回归中，涉及的影响人力资源需求的变量比较多，所以在建立方程时要复杂一些。不过，多元回归能够考虑到更多的人力资源需求影响因素，因此，它的预测准确性往往要高于前者。回归分析法也可以划分为线性回归和非线性回归两种类型。由于非线性回归方程建立比较复杂，为了便于操作，在实践中经常采用线性回归分析法来进行预测。下面举例说明一元线性回归分析法的运用。

假设某家医院想要预测明年需要的护士数量，那么，首先这家医院要选择一个与护士需求量（因变量）高度相关的自变量（这里选用医院的病床数作为自变量），病床床位数和护士人数的对应数据见表 2-2。

表 2-2 某医院病床床位数和护士人数的对应数据

床位数（张）	注册护士人数（名）
200	180
300	270

续表

床位数（张）	注册护士人数（名）
400	345
500	460
600	550
700	620
800	710

将病床数设为 x，护士人数设为 y，两者之间的线性关系可表示为 $y=a+bx$，将上述两列数据代入该方程，则可以计算出 a 和 b 分别为：$a=2.321$，$b=0.891$。因此，回归方程可确定为 $y=2.321+0.891x$（a 和 b 分别代表一元线性回归方程的截距和斜率）。也就是说，该医院每增加 10 张床位，就需要大约增加 9 名护士。因此，如果该医院明年准备将病床增加到 900 张，则总共需要的护士人数为：$y=2.321+0.891\times900\approx804$（名）。

知识链接

回归方程

回归方程是样本资料通过回归分析所得到的反映一个变量（因变量）对另一个或一组变量（自变量）的回归关系的数学表达式。这种数学表达式用于解释和预测因变量与自变量之间的关系。回归方程不仅可以解释现在个案内部隐藏的规律，明确每个自变量对因变量的作用程度，还可以基于有效的回归方程，形成更有意义的数学方面的预测关系。

回归方程的斜率和截距是回归模型中的两个关键参数，它们共同决定了回归线的形状和位置。

斜率：回归方程的斜率表示自变量每变化一个单位时，因变量平均变化多少个单位。斜率反映了自变量对因变量的影响程度。当斜率为正时，表示自变量和因变量之间存在正相关关系；当斜率为负时，表示自变量和因变量之间存在负相关关系。斜率的绝对值越大，说明自变量对因变量的影响越强烈。

截距：回归方程的截距表示当自变量为零时，因变量的预测值。截距可以理解为回归线在 y 轴上的截点，它表示了当自变量取值为零时，因变量的基准水平。截距并不直接反映自变量和因变量之间的关系强度，但它对于回归模型的完整性和准确性至关重要。

6. 投资回报分析法

投资回报分析法是一种依据雇用一名新员工带来的成本和收益确定是否增加人员雇用的劳动力需求分析方法。比如，可以选定一个对某个具体的岗位和企业来说都最合适的时期计算新员工在这一时期创造的货币收益。

假设某公司计划在未来一年内扩大业务规模，预计需要新增 50 名员工来支持业务发展。为了确定最佳的人力资源投资策略，公司决定采用投资回报分析法来评估不同招聘和培训方案的效益。首先，公司进行了人力资源需求预测，通过市场调研、业务规划以及历史数据分析等方法，确定了未来一年内需要新增的员工数量、岗位类型以及技能要求。接着，公司制定了两个不同的招聘和培训方案：方案一是通过招聘网站和猎头公司寻找合适的候选人，提供基本的入职培训，预计招聘成本为每人 2 万元，培训成本为每人 1 万元。方案二是与高校合作开展校园招聘，选拔优秀的应届毕业生进行定向培养，预计招聘成本为每人1.5万元，但需要额外投入每人2万元的培训成本用于定向培养。然后，公司使用投资回报分析法对两个方案进行了评估。根据预测，新增员工将为公司带来额外的业务收入，同时也会产生一定的运营成本。通过计算每个方案的ROI（投资回报率），公司发现方案一的ROI较高，即预期收益相对于投资成本更为可观。最后，基于投资回报分析的结果，公司选择了方案一作为人力资源投资策略，并通过招聘网站和猎头公司寻找合适的候选人，提供基本的入职培训。在实施过程中，公司还不断监控和调整策略，以确保投资回报的最大化。

综合来看，在人力资源需求预测方法中，定量方法在准确预测组织未来的人力资源需求方面可能是非常有效的。在相关条件能够满足的条件下，它得到的预测结果比仅运用主观判断的方法得出的结果要精确得多。然而，由于市场和组织内部的各种情况都在变化，利用经验数据和历史趋势来进行人力资源需求预测的严格条件可能无法达到，这样，使用定量的统计学方法进行预测也是有局限性的。在缺乏历史数据或者环境变化很大的情况下，依靠专家通过长期积累的经验来进行主观的人力资源需求预测的做法可能就是唯一可以选择的途径了。由于这两种预测方法各有优缺点，所以在进行人力资源需求预测时，可以将两种方法结合使用。

二、人力资源供给预测

（一）人力资源供给预测的概念

人力资源供给预测是指一个组织对自己在未来的某一特定时期内能够获得的人力资源数量、质量以及结构等进行的估计。组织内部供给预测要考虑组织内部的相关因素，如人员年龄分布、人员升降、离职、退休和新进员工等情况，核查填充预计空缺职位的员工能力和其他任职条件，进而确定每个空缺职位的接替人选。组织外部供给预测是根据组织发展要求，预测劳动力市场可能提供组织所需的人力资源情况。它要求对劳动力市场的供求状况有较好的了解和预测，制定周密的招聘方案，以便在人才市场竞争中占据主动，确保组织发展过程中能获取可靠的人力资源。

（二）人力资源供给预测的主要方法

与人力资源需求预测一样，人力资源供给预测实际上也可以采取主观判断法和历史统计模型分析法。与人力资源需求一样，人力资源供给的历史变化趋势可能并不总是能够作为预测未来人力资源供给的可靠指标。因此，人力资源供给的统计学预测方法也同样需要用专家主观判断法来加以补充。

下面介绍三种人力资源供给预测的方法：

1. 组织人员替换法

组织人员替换法是一种针对组织内部特定职位的人力资源供给预测方法。这种方法的核心在于确定未来能够承担某一职位工作的合格候选人，从而预测组织内部的人力资源供给情况。在实施组织人员替换法时，首先需要识别组织内部的关键职位或特定职位。这些职位可能是因为业务扩展、人员退休、晋升等原因而出现空缺。接下来，人力资源部要评估现有员工的能力、绩效和潜力，以确定哪些员工具备填补这些空缺职位的资格和潜力。在评估过程中，人力资源部门要考虑多种因素，如员工的教育背景、工作经验、技能水平、绩效表现以及职业发展规划等。通过综合考虑这些因素，人力资源部门可以筛选出那些具备潜力且愿意在未来承担更高职位责任的员工。

下面我们以某公司为例，看一下如何运用组织人员替换法进行人力资源供给预测。假设该公司的人力资源部门预测由于业务扩展或人员晋升等原因，销售经理职位在未来可能出现空缺。接下来，人力资源部门开始评估现有销售团队的员工。他们综合考虑了员工的销售业绩、客户关系、领导能力、沟通能力以及未来职业发展规划等因素。经过评估，人力资源部门筛选出几位表现出色且具备晋升潜力的销售经理候选人。这些候选人目前可能担任销售团队的基层职位，但由于他们的工作表现优秀，且展现出了良好的领导能力和团队合作精神，因此被视为未来晋升销售经理职位的合适人选。在确定了候选人之后，人力资源部门还需要进一步分析这些员工是否愿意接受晋升。他们可能会与员工进行一对一的沟通，了解他们的职业发展规划和个人意愿。通过与员工的交流，人力资源部门可以更加准确地预测哪些员工将在未来成为销售经理职位的合适人选。

组织人员替换法主要强调了从组织内部选拔合适的候选人担任相关职位尤其是更高一级的职位，它有利于激发员工士气，降低招聘成本，同时还能为未来的职位填补提前做好筛选候选人的准备。

2. 马尔可夫分析法

马尔可夫模型是应用概率论中马尔可夫链的理论和方法来研究随机事件变化并借此分析和预测未来变化趋势的方法。运用马尔可夫模型预测人力资源供给的基本思路是：找出过去一段时期组织内部人员在各类职位之间变动的概率，以此推测未来人力资源变化的趋势。其基本的假设是：组织过去一段时期人力资源变动的模式和概率与未来趋势大致相同。若时间序列的状态转移概率随不同的时刻在变化，则不宜使用这一方法。事实上，人力资源变动很难长期保持同一状态的转移概率，因此，马尔可夫模型一般适用于短期的人力资源供给预测。

运用马尔可夫模型预测组织人力资源供给分为两个基本步骤[①]：

第一步，编制人员变动矩阵表。以前几年的人员变动统计数据为基础，用马尔可夫模型分别计算出每一类职位人员流向另一类职位的平均概率，然后，编制人员变动矩阵表。马尔可夫模型的基本表达式为：

$$P_{ij} = \frac{\sum_{ij}^{k} M_{ij}(t)}{\sum_{i}^{k} N_{i}(t-1)} \quad (2-1)$$

式中：P_{ij}——i 类职位人员流向 j 类职位人员的概率；

M_{ij}——i 类职位人员流向 j 类职位人员的数量；

N_i——i 类职位人员数；

t——时间序列项数；

k——职位类别数。

例如，某组织 2020 年、2021 年、2022 年 A 类职位人员数分别是 95 人、90 人、100 人，2021 年、2022 年、2023 年流入 C 类职位人员数分别为 5 人、4 人、5 人，则三年内 A 类职位人员流向 C 类职位人员的平均概率是：

$$P = \frac{5+4+5}{95+90+100} = \frac{14}{285} = 0.05 \quad (2-2)$$

按此公式分别计算出该组织中各类职位之间人员变动的平均概率，然后编制人员变动矩阵表，如表 2-3 所示。以 A 类职位为例，留在原职位的平均概率为 0.80，流向 B 类职位的平均概率为 0.04，流向 C 类职位的平均概率为 0.05，流向 D 类职位的平均概率为 0.05，人员离职的平均概率为 0.06。

[①] 吴志华，刘晓苏. 公共部门人力资源管理［M］. 上海：复旦大学出版社，2007：72-73.

表 2-3 某组织人员变动矩阵表

职位类别	变动概率			
	从 A 类流入	从 B 类流入	从 C 类流入	从 D 类流入
A 类	0.80	0.07	0.05	0.01
B 类	0.04	0.75	0.06	0.00
C 类	0.05	0.08	0.76	0.01
D 类	0.05	0.04	0.05	0.78
离职	0.06	0.06	0.08	0.20

第二步，预测未来的人员变动（供给）情况。将前一年的每类职位人员数量与每类职位人员的变动概率相乘，计算出预测年份每类职位人员的内部供给数，然后分别汇总得出各类职位人员的内部供给数。假设该组织 2022 年各类职位人员数分别是：A 类 100 人、B 类 140 人、C 类 65 人、D 类 20 人，由此便可预测 2023 年该组织各类职位人员的供给数，详情见表 2-4。同样以 A 类职位为例加以说明，留在原职位上的人员数为 100×0.80，即 80 人，按此方法可计算出，A 类流入 B 类、C 类和 D 类的人员数分别为 4 人、5 人、5 人。以此类推即可统计出其他各类职位人员的内部供给数，最后进行汇总得出上述各类职位人员的内部供给数分别为 93 人、113 人、65 人、30 人。

表 2-4 某组织 2023 年人员内部供给预测

职位类别	供给				
	从 A 类流入	从 B 类流入	从 C 类流入	从 D 类流入	总计
A 类	80	10	3	0	93
B 类	4	105	4	0	113
C 类	5	11	49	0	65
D 类	5	6	3	16	30

根据预测，2023 年该组织 A 类职位人员将减少 7 人，B 类职位人员将减少 27 人，C 类职位人员数量不变，D 类职位人员将增加 10 人。这些人员内部变动预测数据可以帮助组织更好地制定人力资源规划。

3. 技能清单法

技能清单是一个反映员工工作能力特征的列表，包括员工的教育背景、工作经历、培训情况、所掌握的技能及相应的证书等内容。技能清单是对员工竞争力的反映，可以用来帮助预测潜在的人力资源供给。人力资源规划不仅要保证为企业的空缺岗位提供相当数量的员工，还要保证这些员工的质量，因此有必要建立员工能力的记录。技能清单主要服务于晋升人选的确定、职位调动的决策、对特殊项目的工作分配、培训、职业生涯规划等。技能清单可以包括所有的员工，也可以只包括部分员工。表 2-5 就是技能清单的一个例子。

表 2-5 技能清单示例

姓名		职位			部门	
出生年月		婚姻状况			到职日期	
教育背景	类别	学校	毕业日期	主修科目		
	大学					
	硕士					
	博士					
技能	技能种类					
	所获证书					
训练背景		训练主题		训练机构		训练时间
志向		你是否愿意担任其他类型工作			是	否
		你是否愿意到其他部门去工作			是	否
		你是否接受工作轮换以丰富工作经验			是	否
		如有可能，你愿意承担哪种工作				
你认为自己需要接受何种训练		改善目前的技能和绩效				
		晋升所需要的经验和能力				
		你认为自己现在可以接受哪种工作的指派				

三、人力资源供需的平衡机制

人力资源供需的平衡机制是建立在对人力资源供需预测的基础上的，人力资源供需平衡是人力资源规划工作的核心和目的。组织的人力资源供需关系问题可分为三种情况：一是供过于求，二是供不应求，三是供求总量平衡但结构失衡。人力资源供需的平衡机制就是对这三种情况进行调整。

(一) 人力资源供过于求的调整

人力资源供过于求指的是组织内部的人力资源数量超过了企业当前运营和发展所需的人员数量。这种情况可能由于企业生产效率的提高、业务量的缩减、行业环境的变迁或技术进步导致某些岗位变得不再必要等因素造成。

当人力资源供过于求时，组织可采取下列方式进行应对：

1. 限制雇佣

即首先不再从组织外部招聘新人，而是努力通过内部人员的灵活调配来满足组织当前的需要，然后再通过自愿离职以及退休的方式自然减员。

2. 合并和关闭某些机构

当组织内部出现机构臃肿、人浮于事的情况时，可以通过合并或关闭一些不盈利或效率低下的机构来优化组织结构，提高人力资源利用效率。

3. 裁员

裁员是一种最无奈但同时也是解决组织所面临的人力资源需求不足及其与供给之间的矛盾的最简单、直接、有效的方式。进行裁员时，首先需要制定优厚的裁员政策，比如给裁员者发放优厚的失业金等；然后裁减那些主动离职的员工；最后裁减工作考核成绩低下的员工。但是，裁员这种方法，一方面，可能会受到国家法律的制约，还有可能会受到工会的质疑和挑战，因而需要付出较高的成本；另一方面，组织如果一贯采取这种做法，也会影响组织在劳动力市场上的形象，不利于组织未来人力资源招聘工作的开展。

4. 工作分享

工作分享就是组织通过缩短员工的平均工作时间、灵活调整工作时间而调整付薪办法，创造更多的工作岗位，避免裁员。工作分享不是对工作的简单平均分享，而是建立在发达的生产力水平之上，以扩大就业、兼顾效率和公平为原则，通过对劳动的分割，让更多的人分享工作，实现更多的人就业。

5. 加强培训工作

组织可以通过加强培训工作，提高员工的整体素质，使员工掌握多种技能，增强他们的竞争力。这样不仅可以提高员工的工作效率，还可以为组织的发展储备更多的人才。同时，也可以鼓励部分员工自谋职业，以减轻组织的人力资源压力。

（二）人力资源供不应求的调整

人力资源供不应求，即组织现有员工的数量、技能或经验无法满足组织运营、扩张或新项目开展的需要。这通常表现为关键岗位人才短缺、员工技能与企业需求不匹配或员工流失率过高等问题。当人力资源供不应求时，组织可采取以下方式进行应对：

1. 内部调配

将符合条件且处于相对富余状态的人调往空缺职位，以填补人力资源的缺口。

2. 培训和晋升

如果高技术人员出现短缺，应拟定培训和晋升计划，通过内部培训提升现有员工的技能水平，或者通过晋升来激励员工并填补高层次的职位空缺。

3. 外部招聘

在企业内部无法满足人力需求时，应拟定外部招聘计划。可以通过校园招聘、社交媒体、招聘网站等多种渠道进行招聘，以扩大招聘范围，吸引更多的人才加入。

4. 提高员工福利待遇

在人力资源供不应求的情况下，企业可以通过加薪、提供更好的福利（如健康保险、休假政策、培训机会等）和改善工作环境来提升员工的满意度和留任率。

5. 优化工作计划

根据《中华人民共和国劳动法》等相关法规，制定延长工时并适当增加报酬的计划，作为短期应急措施。同时，提高工作效率，尝试以机器替代人力资源，减少对人力资源的依赖。

6. 聘用临时工或兼职工

制定聘用非全日制或全日制临时用工计划，如返聘已退休者、聘用小时工或短期合同工等，以应对短期的人力资源短缺。

7. 员工关怀与沟通

建立员工关怀机制，加强员工之间以及员工与管理层之间的沟通，了解员工的需求，提高员工的满意度和归属感。

（三）人力资源总量平衡但结构失衡的调整

人力资源总量平衡但结构失衡，指的是组织内的人力资源在数量上达到或接近所需，但在具体的技能、经验、职位匹配等方面存在不平衡，导致部分岗位人员过剩，而其他关键岗位却人才紧缺。这种失衡可能会影响到组织的运营效率、项目执行和长期发展。

当人力资源总量平衡但结构失衡时，组织可采取下列措施进行调整：

1. 内部岗位调整与轮换

对员工进行内部岗位调整，将有能力的员工调配到更能发挥其特长的岗位上。实施岗位轮换制度，让员工在不同岗位上积累经验，提升多方面的能力，同时也有助于发现员工的潜力和兴趣所在。

2. 培训和再教育

针对结构失衡的具体情况，设计并实施相应的培训计划。例如，如果某一技能或知识领域缺乏人才，可以组织相关培训来提升现有员工在该领域的能力。鼓励员工参与再教育和进修课程，以提升个人技能和知识水平，更好地适应组织发展的需要。

3. 招聘与选拔

在招聘新员工时，注重选拔具备组织所需特定技能或经验的人才，以弥补结构失衡的短板。通过校园招聘、社会招聘等多种渠道，积极寻找并吸引具备所需技能的优秀人才加入组织。

4. 激励机制与职业规划

建立完善的激励机制，鼓励员工向组织需要的方向发展自己的技能。与员工进行职业规划讨论，帮助员工明确职业发展方向和目标，了解如何通过自己的努力来适应组织的需要。

5. 组织结构与流程优化

审视并优化组织结构，确保各部门和岗位的职责清晰、分工合理。改进工作流程，提高工作效率，减少对特定人才的过度依赖。

6. 外部合作与资源共享

考虑与其他组织或机构进行合作，共享资源以弥补自身在某些领域的不足。通过外包、咨询顾问等方式，获取外部专家的知识和经验，以解决结构失衡带来的问题。

拓展阅读

在人力资源供需平衡方面表现突出的国内企业

字节跳动：通过精准的数据分析和预测，字节跳动在对人力资源需求进行科学规划的同时，还建立了高效的招聘体系，通过多元化的招聘渠道和严格的选拔标准，确保吸引到与公司需求相匹配的人才。在员工培养方面，字节跳动注重内部培训和个人成长，为员工提供了广阔的职业发展空间。此外，该公司还通过合理的薪酬和福利制度，有效激励员工，降低了员工流失率。

海尔集团：海尔在人力资源供需平衡方面有着显著成就。海尔通过实施"人单合一"的管理模式，将员工与用户需求紧密连接，实现了人力资源的高效配置。在招聘方面，海尔注重人才的潜力和综合素质，而非仅仅关注学历和经验。在培训方面，海尔建立了完善的培训体系，通过内部培训、外部学习等方式，不断提升员工的专业技能和综合素质。此外，海尔还注重员工的职业生涯规划，为员工提供多元化的职业发展路径。

格力电器：格力在人力资源供需平衡方面有着不俗的表现。格力通过优化招聘流程、加强内部培训、完善激励机制等措施，实现了人力资源的稳定供给和高效利用。格力电器注重员工的个人成长和职业发展，通过提供丰富的培训资源和晋升机会，激发员工的工作积极性和创造力。

华为：作为中国领先的科技企业，华为在人力资源供需平衡方面有着独特的做法。华为通过构建完善的招聘体系，吸引和选拔了大量优秀人才。同时，华为注重员工的培训和发展，通过内部培训和外部学习等方式，不断提升员工的专业技能和综合素质。此外，华为还建立了科学的绩效管理体系，通过激励和约束机制，实现了人力资源的优化配置。

阿里巴巴：阿里巴巴在人力资源管理方面有着丰富的实践经验。阿里巴巴通过大数据和人工智能技术，精准分析人力资源需求，实现人才的精准匹配。同时，阿里巴巴注重员工的职业规划和发展，为员工提供了广阔的职业发展空间和晋升机会。这些措施有效地平衡了阿里巴巴的人力资源供需关系，为公司的快速发展提供了有力的人才保障。

腾讯：作为国内互联网行业的领军企业，腾讯在人力资源供需平衡方面有着出色的表现。腾讯通过建立完善的员工培训体系，不断提升员工的专业能力和综合素质。同时，腾讯还非常注重员工激励，通过提供具有竞争力的薪酬福利和职业发展机会，降低了员工流失率，实现了人力资源的稳定供给。

任务三　人力资源管理信息系统与数据分析

人力资源管理信息系统是在信息技术快速发展、企业规模扩大、管理复杂性增加以及企业对高效人力资源管理需求不断提升的背景下产生的。这一系统的出现极大地促进了人力资源管理工作的效率和准确性，成了现代企业不可或缺的管理工具。

一、人力资源管理信息系统

（一）人力资源管理信息系统的含义

人力资源管理信息系统（Human Resource Management Information System，HRMIS）指通过建立一种信息平台，将信息技术与人力资源管理技术融入组织的管理实践活动之中，从而使之适用于企业和部门的具体需要，能够处理包括规范和例外的、普遍存在和特殊的、相对简单的和错综复杂的情境的结构工具。人力资源管理信息系统的开发和应用，无论是理论分析还是实践检验，都证明有助于企业定义与优化人力资源管理的业务流程，提高工作效率，改善服务质量，并提供基于信息的决策支持，成为企业人力资源管理信息化、职业化、个性化的工作平台。

人力资源管理信息系统可以为企业提供整合的、集中的信息源，从而建立易访问、易查询的信息库。人力资源规划工作包括定性工作和定量工作。其中定性工作包括管理制度的制定、薪酬水平的制定、绩效考核标准的制定等。这些工作必须依据企业战略和企业文化进行，需要经过主观思考和判断才能完成。定量工作是根据既定的制度和流程完成对客观事务的处理，如人力资源数量统计、员工素质要求等，这类工作一般是事务性工作，但又是需要经常处理的重复性工作。因此，企业管理人员可以依赖人力资源管理信息系统及时有效地获取信息以摆脱烦琐的日常工作。著名国际人力资源领域专家斯宾塞（Spencer）在《重组人力资源》一书中指出，人力资源管理者往往将大部分时间和精力放在行政事务处理上，相比之下，花在战略规划上的时间和精力却很少。然而，两者的投入与其产出是呈反比关系的。根据斯宾塞的研究，人力资源成本和价值增值的关系如图2-4所示。

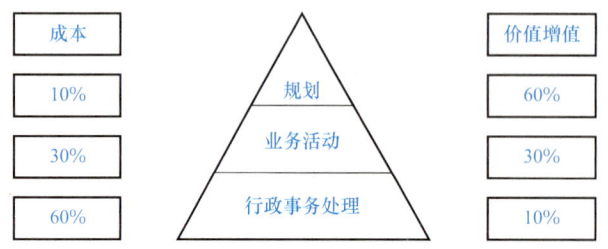

图2-4　人力资源成本与价值增值关系

（二）人力资源管理信息系统的结构

人力资源管理信息系统的结构通常可以分为以下几个关键部分：

1. 数据层

这一层是系统的基础，主要负责数据的存储和管理。它涵盖了员工的基本信息、薪资数据、绩效记录、培训历史等关键人力资源数据。这些数据被存储在数据库中，以便高效查询和进行数据分析。

2. 业务逻辑层

业务逻辑层是系统的核心，它处理各种人力资源业务流程，包括但不限于招聘流程、员工培训、绩效评估和薪酬福利计算等。业务逻辑层确保这些流程按照既定的规则和逻辑进行。

3. 用户界面层

用户界面层是系统与用户交互的窗口。它提供了直观易用的界面，使用户能够轻松访问系统功能和数据，通常包括员工自助服务门户、管理员界面和报表展示工具等。

4. 集成层

集成层负责人力资源管理信息系统与其他企业系统，如财务系统、考勤系统、ERP系统等的集成。通过API（应用程序接口）或其他集成技术，确保数据在不同系统间的流动和同步。

5. 安全层

安全层是保护系统免受未经授权的访问和潜在威胁的关键。它包括身份验证、访问控制、数据加密和审计日志等安全措施。

6. 报告和分析模块

这个模块允许用户生成各种报告和分析，如员工绩效报告、薪资分析报告、招聘统计等。这些报告帮助管理层做出基于数据的决策。

（三）人力资源管理信息系统的功能

1. 员工信息管理

系统可以记录和存储员工的详细信息，如个人信息、教育背景、工作经历、家庭情况等。这有助于企业全面了解员工，为人力资源决策提供数据支持。

2. 对员工的招聘

系统可以协助管理招聘流程，包括发布招聘信息、筛选简历、安排面试等。这提高了招聘的效率和准确性，有助于企业更快地找到合适的人才。

3. 培训与发展

系统可以帮助企业制定和实施员工培训计划，追踪员工的培训进度和效果。通过系统分析，企业可以了解员工的培训需求，为员工提供有针对性的培训和发展机会。

4. 绩效管理

系统支持设定绩效指标、收集绩效数据、进行绩效评估等功能。这有助于企业客观、公正地评价员工的工作表现，为薪酬调整、晋升等提供决策依据。

5. 薪酬福利管理

系统可以自动化计算员工的薪资和福利，确保薪酬发放的准确性和及时性。同时，系统还可以帮助企业进行薪酬分析，优化薪酬结构，提高员工满意度。

6. 员工关系与沟通

系统提供员工自助服务功能，员工可以通过系统查询个人信息、薪资明细、请假记录等。此外，系统还支持企业内部沟通功能，如公告发布、员工反馈等，有助于建立良好的员工关系。

7. 数据分析与报告

系统可以生成各种人力资源相关的报告和分析，如员工流动率分析、薪资水平分析、绩效分析等。这些报告有助于企业发现人力资源管理中的问题，制定改进措施。

8. 法规遵从与档案管理

系统可以帮助企业确保人力资源管理符合相关法律法规，如劳动法、税法等的要求。同时，系统还可以管理员工的档案资料，确保档案的完整性和安全性。

（四）人力资源管理信息系统的实施

人力资源管理信息系统的实施是一个涉及多个阶段和关键步骤的过程。以下是实施人力资源管理信息系统的详细步骤和考虑因素：

1. 需求分析

（1）在实施之前，组织需要明确其需求。这涉及与各个部门和利益相关者进行沟通，了解他们共同的需求和问题。

（2）通过需求分析，确定系统应具备的特征和功能，确保系统能够满足组织的特定业务需求。

2. 选择合适的系统

（1）根据需求分析的结果，选择适合的人力资源管理信息系统。

（2）考虑系统的功能、易用性、可扩展性和安全性等因素。

（3）通过对不同供应商的系统进行对比和演示，最终选择最合适的系统。

3. 环境配置与系统定制

（1）根据企业的现状和需求，配置硬件和软件环境。

（2）对所选系统进行定制和配置，以适应企业的业务流程和管理要求。

4. 数据迁移与整理

（1）将现有的人力资源数据迁移到新系统中。

（2）对数据进行整理和清洗，确保数据的准确性和完整性。

5. 培训与推广

对相关人员进行系统操作培训，包括管理层、人力资源部门和员工。确保他们能够熟练使用新系统，并理解系统如何支持他们的日常工作。

6. 上线测试

（1）在测试环境中进行系统的上线测试，确保系统的功能、性能和安全性符合预期。

（2）根据测试结果，对系统进行必要的调整和优化。

7. 正式上线与支持

（1）在测试成功后，正式启用人力资源管理信息系统。

（2）提供持续的技术支持和维护服务，确保系统的稳定运行和持续改进。

8. 持续改进与优化

（1）根据用户的反馈和业务需求的变化，对系统进行持续改进和优化。

（2）保持系统的有效性和适应性，以满足企业不断变化的人力资源管理需求。

在整个实施过程中，还需要注意以下几点：

（1）明确项目实施的范围和目标，确保所有相关人员对实施计划有清晰的认识。

（2）确保系统供应商、人力资源部、信息部门之间的合作沟通畅通，确保项目的顺利进行。

（3）评估系统的实施效果，通过收集反馈和数据分析，了解系统的实施是否达到预期目标，并据此进行必要的调整和优化。

（五）人力资源管理信息系统的评估

人力资源管理信息系统的评估是一个综合性的过程，旨在确保系统能够满足组织的需求并有效支持人力资源管理活动。以下是一些关键步骤和考虑因素，用于评估人力资源管理信息系统：

1. 明确评估目标和标准

在进行评估之前，需要明确评估的目标和标准，包括确定系统需要满足哪些业务需求、优化哪些流程、提高哪些效率等。同时，还需要设定评估的具体指标和标准，以便对系统进行量化评估。

2. 系统功能评估

（1）招聘与选择：评估系统是否支持简历筛选、面试安排、候选人跟踪等功能，以及这些功能是否高效易用。

（2）培训与发展：评估系统是否提供培训需求分析、培训计划制定、培训效果评估等功能，以及这些功能是否能够满足组织的培训需求。

（3）绩效管理：评估系统是否支持目标设定、绩效评估、反馈与改进等功能，以及这些功能是否能够促进员工绩效的提升。

（4）员工信息管理：评估系统是否能够准确、完整地记录员工的基本信息、工作经历、教育背景等，以及是否支持员工信息的查询、统计和分析。

3. 系统性能评估

（1）稳定性：评估系统的运行是否稳定，是否容易出现故障或卡顿现象。

（2）安全性：评估系统是否具备足够的安全措施，如数据加密、权限管理等，以保护员工信息和企业数据的安全。

（3）易用性：评估系统的界面是否友好，操作是否简便，用户是否能够快速上手并熟练使用。

4. 用户满意度调查

通过问卷调查、访谈等方式收集用户对系统的意见和建议，了解用户对系统的满意度和不满意的原因，以便对系统进行改进和优化。

5. 成本效益分析

对人力资源管理信息系统的投入和产出进行分析，评估系统的成本效益，包括系统的购买成本、维护成本、培训成本等，以及系统带来的效率提升、成本节约等好处。

6. 与其他系统的集成能力

评估人力资源管理信息系统是否能够与其他企业系统（如财务系统、ERP 系统等）进行集成，实现数据的共享和交互，以提高工作效率和减少重复劳动。

综上所述，人力资源管理信息系统的评估是一个全面而复杂的过程，需要综合考虑多个方面的因素。通过科学的评估方法和工具，可以确保系统能够充分发挥其作用，为组织的人力资源管理提供有力支持。

拓展阅读

目前市场上优秀的人力资源管理信息系统

目前，市场上存在众多优秀的人力资源管理信息系统。这些系统各具特色，能够为企业提供全面、高效的人力资源管理解决方案。以下是一些在市场上备受认可的人力资源管理信息系统：

Workday：作为全球 HR 管理软件领导品牌，Workday 以其创新性和稳定性受到广泛赞誉。它提供端到端的集成系统，涵盖招聘、培训、绩效管理等各个方面，帮助企业实现高效的人力资源管理。

SAP SuccessFactors：作为 SAP 软件解决方案的一部分，SuccessFactors 专注于提供企业级的人力资源管理解决方案。其系统稳定、功能全面，适用于大型成熟企业。

ADP：ADP 是全球知名的人力资本管理与薪酬解决方案提供商，其系统在美国拥有庞大的用户基础，能够满足复杂的薪酬和人力资源管理需求。

北森 Beisen：北森是国内领先的一体化 HR SaaS 及人才管理平台，提供云端 HR 软件、人才管理技术和平台的端到端整体解决方案，帮助企业实现人力资源管理的数字化和智能化。

肯耐珂萨 knx：肯耐珂萨作为本土企业，专注于员工全生命周期管理，其人事管理系统功能模块完整，数据流转性强，能够满足各行业企业的复杂需求。

除了以上提到的系统，还有许多其他优秀的人力资源管理信息系统，如泛微聚才林、Zoho People、简道云 HRM、Oracle HCM Cloud 等。

二、利用人力资源管理系统进行数据分析

利用人力资源管理系统（HRMS）进行数据分析是一个涉及多个方面的复杂过程，它有助于企业更深入地理解员工绩效、满意度、离职率等关键指标，从而做出更明智的决策。以下是对人力资源管理系统数据分析的详细探讨：

1. 关键指标分析

这是人力资源数据分析的基础。通过对关键指标的统计和分析，企业能够直观地了解员工绩效、满意度和离职率等。对员工满意度调查结果的分析可以揭示员工对企业文化、管理制度等方面的评价，从而指导企业进行有针对性的改进。

2. 数据挖掘分析

数据挖掘分析是一种更为深入和细致的方法，它利用统计学和机器学习来挖掘隐藏在数据中的有价值信息。通过数据挖掘，企业可以发现员工行为模式、趋势和异常，从而更准确地预测员工绩效和离职风险。

3. 文本分析

在大数据时代，企业不仅收集和分析结构化的数据（如绩效评估表、满意度问卷），还分析非结构化的文本数据（如员工邮件、内部交流记录）。文本分析技术可以提取关键词、情感倾向等信息，从而了解员工对企业的态度和观点。

4. 可视化分析

可视化分析将数据以图形化形式展示，帮助用户更好地理解和分析数据。通过图表、图像等形式，可以直观地展示员工绩效、离职率等关键指标的变化趋势，便于管理层做出决策。

在实际应用中，人力资源管理系统数据分析在多个方面展现了其价值：

1. 人才招募与筛选

通过数据分析技术，企业可以快速筛选出符合岗位要求的候选人，提高人才招募的效率和准确性。

2. 绩效评估与激励机制

借助大数据分析，企业可以从多个维度进行客观评估，避免单一主管主观判断带来的误导和不公平。

3. 预测员工离职

通过分析员工数据，企业可以建立离职模型，预测可能离职的员工名单，并采取针对性措施减少人才流失。

然而，利用人力资源管理系统进行数据分析也面临一些挑战，如数据质量问题、分析方法的选择和解释等。因此，企业需要不断学习和实践，以提高数据分析的准确性和有效性。

小红书：打造人才驱动型企业的典范

在当今激烈的商业竞争中，小红书以其独特的人力资源管理策略脱颖而出，为业界提供了宝贵的经验。首先，小红书极为重视员工的成长与发展，构建了涵盖新员工入职培训、专业技能提升及领导力发展在内的全面培训体系。通过内部培训、外部研修和在线学习等多种方式，小红书为员工提供了持续学习的机会，助力他们适应快速变化的市场环境。这一做法不仅提升了员工技能水平和工作效率，更为公司的长远发展奠定了坚实的人才基础。

在福利待遇方面，小红书同样不遗余力。公司致力于为员工打造舒适的工作环境，提供"五险一金"、带薪休假、商业保险等完善的福利保障，满足员工的基本生活需求。此外，公司还关注员工的身心健康，提供健康保险、定期体检、员工食堂和健身房等设施，让员工感受到公司的关怀与温暖。这些举措不仅提升了员工的生活质量，也增强了员工的归属感和忠诚度。

在人才招聘与选拔上，小红书坚持高标准、严要求。公司注重人才的潜力和与企业文化的契合度，通过多轮选拔确保选拔出的人才能够符合公司的战略需求和业务发展。同时，公司积极拓宽招聘渠道，通过校园招聘、社会招聘和内部推荐等方式，吸引更多优秀人才加入公司，为公司的发展注入新活力。

在员工关怀与激励方面，小红书同样做得十分出色。公司定期进行员工满意度调查，倾听员工的声音，及时解决员工遇到的问题。同时，公司设立了员工表彰制度，对在工作中表现突出的员工进行表彰和奖励，以激发员工的工作积极性和创造力。这种关怀与激励的做法让员工感受到自己的价值和重要性，进一步增强了员工的归属感和工作动力。

最后，小红书注重企业文化的建设。公司倡导创新、协作、开放和尊重的价值观，通过举办各种文化活动和团队建设活动，增强员工的凝聚力和向心力。同时，公司鼓励员工关注社会、参与公益活动，提高员工的社会责任感和公民意识。这种积极向上的企业文化氛围不仅让员工在工作中更加投入和热情，也为公司的长远发展奠定了坚实的基础。

在当今激烈的市场竞争中，小红书凭借其独特的人力资源管理战略，不仅稳固了市场地位，还深刻践行了社会主义核心价值观，充分展现了以人为本、公平正义与和谐共进的理念。

作为人力资源从业者，我们应从小红书的策略中提炼智慧，将社会主义核心价值观渗透进每日工作中。要秉持人本精神，细心聆听员工的心声，挖掘员工的成长可能；同时，要坚守公平与正义，为每位员工提供均等的进步平台和公正的待遇。企业文化建设也不容忽视，应积极传播社会主义核心价值观，营造正向工作氛围。此外，强化社会责任感，鼓励员工关注时事热点，培养正确的职业观念，并加强团队协作精神。通过这些努力，不仅能够提升企业内部的凝聚力和向心力，还能为社会的和谐发展贡献力量。

人力资源管理信息系统实操

练习目的：

1. 加深对人力资源管理的理解。

2. 对数字化环境下的人力资源管理形成更为直观的认识。

作业要求：

1. 选择一个目前市场上的人力资源管理信息系统，了解它由哪些模块构成以及它是如何进行人力资源管理的。

2. 利用人力资源管理信息系统进行数据分析。

项目三 职位分析与胜任素质模型

CHAPTER 3

学习目标

○ 认识职位分析和设计的概念；
○ 了解职位分析的目的与作用、遵循的基本原则；
○ 了解数字化环境下职位要求以及如何应用职位分析；
○ 理解职位分析的实施步骤详解及分析方法；
○ 了解职位说明书如何编写；
○ 了解胜任素质与胜任素质模型的含义；
○ 理解胜任素质的构成要素与核心特征；
○ 理解胜任素质模型的建立。

思政目标

○ 树立正确职业观；
○ 爱岗敬业，具备使命意识。

案例导入

关羽大意失荆州

关羽大意失荆州的故事发生在三国时期，是一个著名的历史典故。荆州占据天时地利，对蜀吴两方都非常重要，一直是曹操和孙权想要争夺的地方。然而，镇守荆州的将领关羽勇猛异常，所以孙权和曹操一直没有得逞。后来，曹操趁关羽出兵攻打自己管辖的襄樊地区时，听取司马懿之计，暗中联合东吴夹击关羽。东吴的大将军吕蒙接到消息后，一边派人给关羽献上礼物以示友好，一边却暗中出兵准备偷袭荆州。关羽收到礼物后，以为吕蒙对其并无威胁，于是带出了大半的军队去围攻樊城。而吕蒙趁机扮作商队，靠着夜色骗过了荆州的守军，偷袭占领了荆州。知道荆州被吕蒙占领后，关羽非常生气，樊城也久攻不下，只好退守到麦城。

关羽一时大意从而丢失荆州，这是对蜀汉政权实力的一次大削弱，也是关羽军事生涯中的一大败笔。

在《资治通鉴》的记载中，关羽丢掉了荆州并非"一时大意"，而是背后一系列管理疏忽和战略误判的累积。

首先，从外交角度看，刘备集团与东吴的联盟关系是其重要的战略支撑。然而，随着刘备势力的扩张，孙权产生了深深的忌惮。关羽在处理与东吴的外交关系时，不仅拒绝了孙权的联姻提议，还在北伐过程中公然侵犯东吴领土抢夺粮草，这无疑加剧了双方的矛盾，使得孙权找到了出兵的借口。

其次，在内部管理上，关羽的失误同样明显。北伐时，他将后方交给能力有限的傅士仁等人管理。这些人无法有效支持前线的军需，导致关羽在战场上屡屡受挫。同时，关羽对后方安全的判断过于乐观，受到吕蒙的蒙蔽，将大量兵力抽调到前线，使得后方空虚，为东吴的进攻提供了机会。

最后，当关羽得知荆州失守时，他并没有立即采取行动，反而带着大军慢慢回程，试图与吕蒙谈判。吕蒙则利用这个机会，迅速安定江陵的治安，赢得了民心，使得关羽的军队在回程中军心涣散，最终一败涂地，彻底失了荆州。

从小说描述中，关羽的英雄主义性格使他成为杰出的将领。然而，刘备在人力资源管理上未能精准分析职位需求，错误地将关羽置于领导高位。这种因人设岗的做法，导致了集团管理层人员配备的不合理。在现代人力资源管理的视角下，合理的职位分析与设计至关重要，应根据岗位需求匹配合适的人才，而非仅凭个人情感或能力特长进行安排，这样才能确保组织的稳定和高效运行。

知识框架

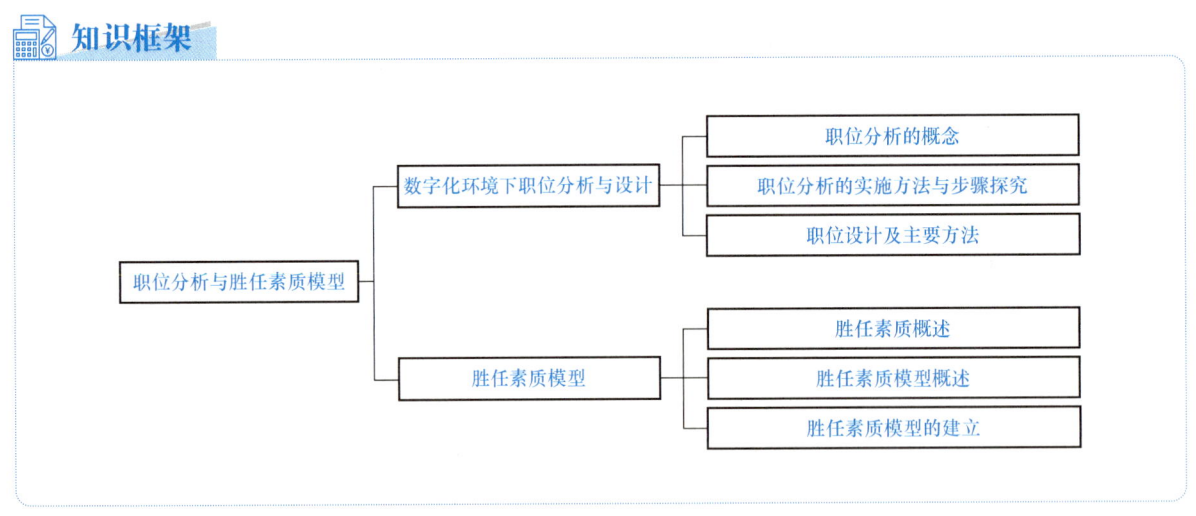

任务一　数字化环境下职位分析与设计

人力资源管理，其实质是对组织内部人员的具体管理。这种管理并非空中楼阁，它紧密依托于组织所执行的各项实际活动。而每一项活动，最终都需由具体职位上的工作来承载和体现。因此，深入了解这些职位上的工作活动，对优化人力资源管理至关重要。而完成这一任务的关键，就在于职位分析。它不仅是洞察组织内部运作的窗口，更是人力资源管理得以精准实施的重要基石。简而言之，职位分析是人力资源管理不可或缺的一环，它为管理提供了具体的、有针对性的依据，使管理更加精准、高效。

一、职位分析的概念

（一）什么是职位分析

职位分析（job analysis），是指采用专门的方法获取组织内职位的重要信息，并以特定格式把该职位相关信息描述出来，从而使其他人能了解该职位的过程。

简单来讲，是对工作内容的全面剖析，旨在明确工作的6个"w"和1个"h"，即用谁做（who）、做什么（what）、何时做（when）、在哪里做（where）、如何做（how）、为什么做（why）、为谁做（whom）。通过收集、分析和整合相关信息，企业能够全面、系统地认识工作全貌。这一过程不仅揭示了"某项工作的具体内容和职责"，还解答了"谁最适合执行此项工作"。因此，职位分析为企业的管理活动提供了详尽而关键的工作信息，是优化人力资源配置、提升组织效能的重要基石。

职位分析之后，会形成详尽的职位描述和职位要求。描述部分通过书面阐述，揭示了工作涉及的活动、所需设备以及工作环境等信息。而要求部分则明确了胜任此工作的员工必须具备的技能、知识、能力和其他个人特质。这些成果对于人力资源管理至关重要，与员工的选拔、培养、薪酬设定、工作监控以及激励措施等各环节紧密相连。它们共同构成了人力资源管理的基石，确保组织能够高效运转，实现人力资源的最大化利用。

职位分析旨在解答两大核心问题：

（1）职位描述——这一职位具体负责哪些工作？这涵盖了职位名称、职责范围、工作细节、环境及时间要求等全方位内容，为我们提供了职位活动的全面视图。

（2）职位要求——什么样的人最适合担任这一职位？这涉及应聘者的资格标准，如专业背景、年龄范围、知识能力需求、必要证书、工作经验及心理素质等，确保了人力资源与职位需求的精准匹配。

通过深入分析这两个问题，我们能为人力资源管理提供有力支撑，确保组织内部各职位的高效运作与人员的合理配置。

（二）与职位分析有关的概念

职位分析与职位及其工作活动紧密相连，因此明确相关概念至关重要。我们需对职位的性质、职责及要求有清晰认识，以确保分析准确到位。澄清这些概念，有助于我们更好地进行职位分析，优化人力资源管理。

（1）行动（action）：指工作活动中不便再继续分解的最小单位。比如，打印文件的第一件事就是打开文件，打开文件就是一个行动。

（2）任务（task）：指工作活动中为达到某一目的由相关行动直接组成的集合，是对一个人从事的事情所做的具体描述。比如复印文件，为了达到最终的工作目的，工作人员必须从事以下具体行动：①启动打印机；②将纸张放入打印机内；③将要复印的文件放入打印机相应位置；④按动按钮进行文件复印。也就是说，复印文件这一任务，是上述四项行动集合而成的。

（3）职责（responsibility）：指由某人在某一方面承担的一项或多项任务组成的相关任务集合。比如，监控员工满意度是人力资源部经理的核心职责之一，这涵盖了多项具体任务。首先，需设计满意度调查问卷，以确保调查内容的全面与准确。接着实施问卷调查，收集员工的真实反馈。其次，对问卷结果进行统计分析，揭示满意度状况。再次，向企业高层汇报调查结果，提供决策依据。最后，根据调查结果采取相应措施，不断提升员工满意度，促进组织和谐发展。

（4）岗位（position）：指一个人来完成的由一项或多项相关职责组成的集合。例如，人力资源部经理岗位的核心职责涵盖了多个方面：负责员工的招聘与录用，确保人才选拔精准高效；推进员工的培训与开发，助力员工成长；管理企业薪酬与绩效，激发员工积极性；同时，维护良好的员工关系，营造和谐工作氛围。

在理想状态下，组织中的每个岗位与人员应一一对应，即岗位数与人员数相等。然而，实际情况并非如此简单。以倒班工人为例，尽管他们的工作内容相同，仅工作时间有所差异，但此时岗位数量并不等同于人员数量，人员数往往超出岗位数。这是因为同一岗位在不同时间段可能需要不同的人员来执行相同的工作任务。这种不对应的情况在现实中时有发生，体现了组织运作的复杂性和灵活性。

（5）职位（job）：指一个或一组职责类似的岗位所形成的组合。职位可能只涉及一个岗位，也可能涉及多个岗位。

（6）职位族（job family）：指企业内部具有非常广泛的相似内容的相关工作群，又称为职位群。比如，企业内的技术职位构成技术类工作族，而销售职位则形成销售类工作族。这两类工作族分别涵盖了企业内的技术与销售岗位。

（7）职业（occupation）：指由不同组织中的相似工作组成的跨组织工作集合。比如，警察职业、教师职业等。

（8）职业生涯（career）：指一个人在其工作生活中所担任和从事的一系列职位、工作。例如，有人起初是学校的老师，后转型为政府机关的公务员，最终成为公司经理。老师、公务员、经理，这些角色变迁勾勒出了他丰富的人生轨迹。也有人虽然始终坚守同一职业和单位，却经历了从办事员到主管，再到副经理、经理，直至副总经理的阶梯式晋升。办事员、主管、副经理、经理、副总经理，这些职位的递进，同样构成了他独特的职业生涯。无论哪种方式，职业生涯都是个人成长与变迁的生动写照。

（三）职位分析的目的

数字化时代，职位分析的重要性越发凸显，它不仅深入剖析各个职位的工作内容、职责要求及人员适配性，还结合数字化管理工具和技术，为企业的人力资源管理提供更为精确、全面的信息。通过职位分析，企业能够明确每个职位的具体职责和所需技能，为招聘、培训、绩效评估等管理活动提供有力支撑，同时优化组织结构，提高工作效率，确保人力资源的合理配置和高效利用。

具体来说，数字化管理下的职位分析具有以下几个目的：

（1）明确数字化工作职责：职位分析帮助企业清晰地定义在数字化环境下各个职位的具体职责和工作内容，确保员工能够准确理解如何在数字化平台或工具上执行其职责。

（2）精准确定人员需求：结合数字化技能库和数据分析，职位分析能够精准地确定各个职位所需的人员数量、技能和素质要求，为招聘和选拔具备数字化技能的员工提供科学依据。

（3）优化数字化工作流程：通过对职位的数字化分析，企业能够发现工作流程中的数字化瓶颈和不足之处，进而利用数字化工具和技术进行优化和改进，提升整体工作效率。

（4）定制数字化培训方案：职位分析结果为员工的数字化培训提供了定制化的指导，企业可以根据员工的实际情况和职位的数字化要求，制定有针对性的培训计划，提升员工的数字化素养和综合能力。

（5）数字化绩效评估支持：职位分析明确了各个职位在数字化环境下的绩效标准和要求，为绩效评估提供了客观、可量化的数据支持，帮助企业更加公正、科学地评估员工绩效，激发员工的工作积极性和创造力。

数字化管理下的职位分析不仅为企业提供全面、准确的人力资源信息，还支持企业的数字化转型和人才管理。通过职位分析，企业可以更加科学、高效地进行人力资源管理，实现组织目标与员工个人发展的双赢。

（四）职位分析的作用

职位分析是人力资源管理的一项基础性工作，在人力资源管理中发挥着至关重要的作用。

1. 为其他人力资源管理活动提供依据

职位分析是人力资源管理的基础平台，其他职能活动均在此基础上展开，确保人力资源的科学管理与高效运作，如图 3-1 所示。

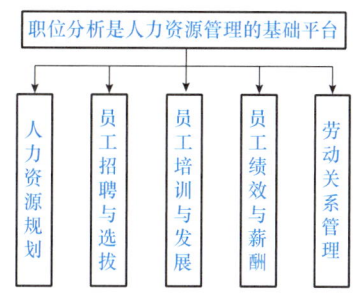

图 3-1　职位分析是人力资源管理的基础平台

（1）职位分析为人力资源规划提供了必要信息。通过深入剖析，我们可以准确判断各职位的工作量，为职位调整提供科学依据。同时，职位分析明确了各职位的任职资格，有助于预测企业内部人力资源的供给情况。因此，职位分析不仅是人力资源管理的基础，更是实现人力资源优化配置的关键步骤。

（2）职位分析为员工招聘设立了清晰的标杆。它深入剖析了每个职位所需的任职资格，为招聘录用过程提供了明确的标准。这不仅减少了主观判断的干扰，还确保了招聘过程更加客观公正。有了这样的标准，企业能够更精准地选拔合适的人才，提高招聘质量，为组织的长远发展奠定坚实的人才基础。

（3）职位分析为人员培训与发展提供了坚实的依据。它详细规定了各职位的工作内容和任职资格，使得新员工能迅速理解自身职责，进行有针对性的岗前培训。同时，职位分析还能揭示员工与职位要求间的差距，为精准培训提供指导，提升员工与职位的契合度。此外，它也为员工的职业生涯规划提供了有力支持，实现助力员工个人成长与组织发展的双赢。

（4）职位分析为制定薪酬政策提供了重要基础。根据公平理论，薪酬政策需确保公平合理。职位分析详述了各职位的职责、活动及资格要求，有助于企业评估各职位在内部的相对重要性。据此，企业可给予不同职位相应的报酬，保障薪酬的内部公平性。通过职位分析，企业能建立公正、透明的薪酬体系，激发员工积极性，促进组织和谐发展。

（5）职位分析为绩效管理提供了有力支持。通过深入分析，每个职位的工作内容和达标标准得以明确界定，为绩效考核提供了客观、具体的标准。这不仅降低了评价的主观性，还提升了考核的科学性和公正性。职位分析确保了绩效管理更加精准、有效，有助于激发员工的工作热情，推动企业整体绩效的提升。

2. 强化企业管理的溢出效应

职位分析不仅对人力资源管理至关重要，更是企业整体管理优化的关键一环。它有助于明确各岗位职责，提升工作效率，促进内部协作，为企业的稳健发展奠定坚实基础。因此，职位分析在企业管理中不可或缺。

（1）职位分析有助于员工深刻反思自身工作内容与行为，自发地查找问题所在，并积极寻求解决方案。通过这种方式，员工能够更好地履行职责，为企业的发展贡献自己的力量，实现个人与企业的共同成长。

（2）职位分析过程中，人力资源管理人员能够深入了解企业业务的核心环节和流程，这有助于提升人力资源管理在企业战略中的地位。通过深入洞察业务，人力资源部门能够为企业战略实施提供有力支撑。

（3）通过职位分析，企业高层能清晰掌握各岗位人员的工作现状，发现职责重叠与空缺，从而及时调整职位设置。这种调整有助于优化企业内部资源配置，提升协同效率，为企业的整体运营和发展奠定坚实基础。

为更直观地展示职位分析及其作用，我们运用系统模型进行表达，使其更加清晰易懂，有助于深入理解和应用职位分析，如图3-2所示。

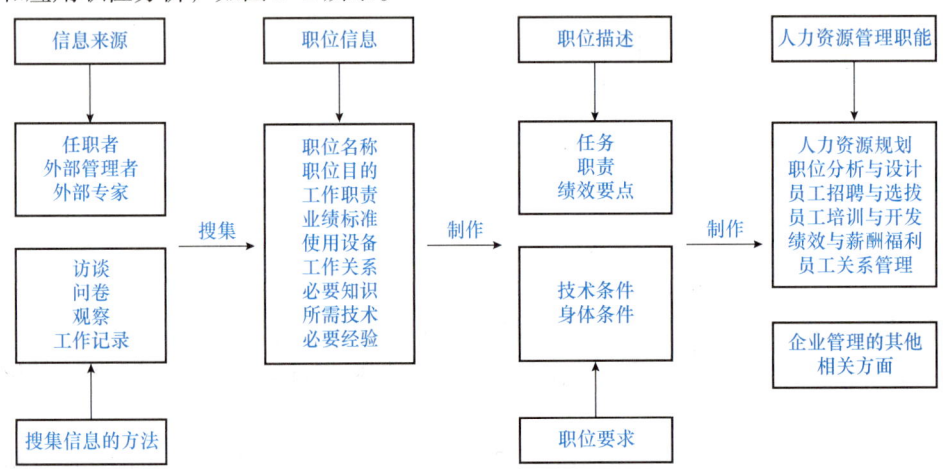

图3-2　职位分析的系统模型

案例启示

炮筒下的士兵

一位年轻的炮兵军官上任后，到下属部队视察操练情况，发现有几个部队操练时有一个共同的情况：在操练中，总有一个士兵自始至终站在大炮的炮筒下，纹丝不动。经过询问，得到的答案是：操练条例就是这样规定的。原来，条例因循的是用马拉大炮时代的规则，当时站在炮筒下的士兵的任务是拉住马的缰绳，防止大炮发射时因后坐力产生的距离偏差，减少再次瞄准的时间。现在大炮不再需要这一角色了。但条例没有及时调整，出现了不拉马的士兵依然站在炮筒下的情形。于是，这位军官向上级提出建议，改变这一情形。最终，操练条例进行了更改，这位军官受到了表彰。

显然，从职位分析的角度看，工作环境发生了变化，士兵的工作行为却没有跟着变化。

讨论：工作环境变化对工作行为的影响有哪些？

（五）数字化人力资源管理职位的要求

数字化时代带来了快速的变化和挑战，数字化人力资源管理者需要具备强大的适应能力。他们需要能够快速适应新的技术和工具、新的工作环境和新的管理方式。不断学习和适应，使其可以保持竞争力并为组织的发展做出贡献。

1. 专业技能

（1）招聘。除了基础的招聘流程，数字化人力资源管理者需要精通在线招聘平台的使用，包括社交媒体招聘、视频面试等新技术。他们还需了解如何通过数据分析来优化招聘策略，提高招聘效率和候选人质量。

（2）培训。数字化时代要求HR具备设计和实施在线培训项目的能力，包括使用在线学习平台、虚拟教室、微课程等工具，以确保员工能够随时随地进行学习。

（3）绩效管理。数字化人力资源管理者需要掌握如何利用数字化工具来跟踪和评估员工的绩效，包括使用数据分析来识别绩效模式、制定目标和反馈流程，以及利用自动化工具减少行政工作。

（4）薪酬福利HR需要了解如何设计和实施具有竞争力的薪酬福利计划，并熟悉相关的法律法规。此外，他们还需要了解如何使用数字化工具来管理薪酬数据、进行薪酬调查和预测，以及处理薪酬纠纷。

2．数据分析能力

数字化人力资源管理者需要具备基本的数据统计和分析能力，包括数据收集、整理、分析和解读。他们需要了解如何使用数据分析工具来识别趋势、预测未来需求，并为管理层提供基于数据的决策支持。他们还需要具备数据可视化的能力，能够将复杂的数据转化为易于理解的图表和报告，以便与其他部门共享和分析。

3．技术能力

（1）云计算。HR需要了解如何使用云计算技术来存储、管理和分析人力资源数据。他们需要了解云安全、数据备份和恢复等关键概念，以确保数据的完整性和安全性。

（2）移动化。随着移动设备的普及，HR需要了解如何利用移动应用来优化员工体验和提高工作效率，包括开发移动招聘应用、移动培训平台和移动绩效管理系统等。

（3）社交媒体。HR需要了解如何利用社交媒体来扩大品牌影响力、吸引潜在员工和与客户互动。他们需要熟悉各种社交媒体平台的特性和最佳实践，并制定相应的社交媒体策略。

（4）在线协作。数字化人力资源管理者需要掌握在线协作工具的使用，如项目管理软件、即时通信工具和文档共享平台等。这些工具可以帮助他们与团队成员、员工和其他部门进行有效的沟通和协作。

4．创新能力

数字化人力资源管理者需要具备创新思维和勇于尝试的精神。他们需要关注最新的数字化趋势和技术发展，并不断探索和尝试新的数字化工具和方法。通过持续的创新和改进，他们可以提高人力资源管理的效率和效果，并为组织创造更大的价值。

5．沟通能力

数字化人力资源管理者需要具备良好的沟通技巧和人际交往能力。他们需要与员工、管理层和其他部门进行有效的沟通，以确保人力资源管理的各项工作能够顺利进行。此外，他们还需要具备良好的演讲和表达能力，能够向不同层级的听众传达清晰、准确的信息。

（六）数字化管理下职位分析如何应用

在数字化管理下，职位分析的应用变得更为广泛和深入，为企业的战略发展和人才管理提供了强有力的支持。

首先，通过集成先进的数字化管理工具，职位分析能够自动化地收集、整理和分析大量的职位信息。例如，利用大数据和人工智能技术，企业可以快速分析出每个职位的关键职责、技能需求和绩效指标，为招聘、培训和绩效评估等提供数据支持。

其次，数字化管理使得职位分析更加灵活和动态化。传统的职位分析往往是静态的，难以适应快速变化的市场环境和业务需求。而在数字化管理下，企业可以实时更新职位信息，快速响应市场变化和业务需求。例如，当企业推出新产品或进入新市场时，可以迅速调整相关职位的职责和技能要求，以确保企业具备足够的竞争力。

最后，数字化管理还为职位分析提供了更加丰富的数据来源。除了传统的职位说明书和面试记录外，企业还可以从社交媒体、招聘网站、员工评价等多个渠道收集职位信息。这些数据可以帮助企业更全面地了解职位的实际情况和市场需求，为招聘和选拔提供更加准确的依据。

在实际应用中，数字化管理下的职位分析可以与其他人力资源管理模块相互协作，形成完整的人力资源管理体系。例如，在招聘过程中，企业可以利用职位分析的结果制定招聘计划，进行职位描述，并通过数字化招聘平台快速找到符合要求的候选人。在培训过程中，企业可以根据职位分析的结果制定个性化的培训计划，并通过在线学习平台为员工提供丰富的学习资源。在绩效评估过程中，企业可以利用职位分析的结果设定绩效指标和评估标准，并通过数字化绩效管理系统实现自动化的评估和反馈。

二、职位分析的实施方法与步骤探究

（一）职位分析的最佳时机

职位分析是企业人力资源管理的基石，需定期审查与更新。无论是人力资源经理还是业务部经理，都应根据工作目标、流程、企业战略和市场变化动态调整职位设置。职位分析并非一蹴而就，而是需要持续关注和适应变化。在出现新的战略目标、流程优化需求、市场形势变动或技术革新时，企业更应积极进行职位分析，以确保组织的高效运作。

（1）新企业创立之初，职位分析至关重要，它为后续人力资源管理工作奠定了坚实基础。在招聘人员时，职位分析显得尤为迫切。由于新企业各职位尚处于空缺状态，我们需依托企业组织结构、经营发展计划等信息，进行初步的职位分析。此阶段的职位分析应侧重于明确各职位的基本职责与任职资格，为后续招聘提供指导。待企业稳定运作后，我们可再对职位分析进行深化和细化，以更好地满足企业发展需求。

（2）战略调整、业务发展导致工作内容与性质变化，为确保组织高效运作，需及时进行职位分析，以适应新的业务需求。

（3）企业因技术创新与劳动生产率提升，需重新设定岗位与人员配置。职位变更之际，务必及时开展职位分析，确保分析成果的有效性与准确性，从而为企业人力资源管理提供坚实支撑，促进企业的稳健发展。

（4）为建立健全绩效考核、晋升及培训机制，确保制度的有效实施，企业需进行职位分析，明确各职位的职责与要求，为制度建设提供有力支撑。

（5）部分企业因未设立人力资源部或人力资源人员工作繁重，长期未进行职位分析，这些企业应尽快采取行动。新上任的人力资源管理者，面对人力资源工作的混乱局面，难以找到突破口时，从职位分析入手是一个明智的选择。通过职位分析，可以清晰界定各职位的职责和要求，为企业的招聘、培训、绩效考核等工作提供有力支持，推动人力资源管理的规范化和高效化。

（二）职位分析遵循的基本原则

职位分析的对象各有特点，因此采用的方法可能有所不同。但无论如何，职位分析都应遵循一系列基本原则，以确保分析的准确性和有效性。这些原则对于职位分析的顺利进行至关重要。职位分析应遵循的基本原则主要包括：

（1）客观性原则。客观性原则是职位分析的基础。这意味着在进行分析时，应客观、公正地描述职位的实际情况，避免主观臆断和偏见，确保分析结果的准确性和可靠性。

（2）全面性原则。全面性原则要求职位分析涵盖职位的各个方面，包括职责、技能、知识、工作条件等。这样才能全面了解职位的要求和特点，为人力资源管理提供全面的信息支持。

（3）针对性原则。针对性原则强调职位分析应针对具体职位进行，而非泛泛而谈。每个职位都有其独特的要求和特点，因此分析时应深入剖析每个职位的具体情况，以得出有针对性的结论。

（4）动态性原则。动态性原则意味着职位分析不是一成不变的。随着企业战略、市场环境等因素的变化，职位的要求和特点也可能发生变化。因此，职位分析应定期进行，并根据实际情况进行调整和更新。

遵循这些原则，可以确保职位分析的准确性和有效性，为企业的人力资源管理提供有力的支持。

（三）职位分析的实施步骤详解

职位分析作为人力资源管理中的关键环节，其技术性要求极高。为确保实施效果，必须严格遵循一系列步骤，并关注相关问题。整个职位分析流程通常涵盖四个阶段：首先是准备阶段，为后续工作奠定基础；其次是调查阶段，深入了解职位详情；再次是分析阶段，对收集到的信息进行系统梳理；最后是完成阶段，形成全面准确的职位分析报告。这四个阶段的有机结合，能够确保职位分析的准确性和有效性。职位分析的实施步骤如图3-3所示。

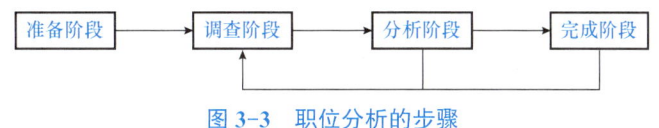

图 3-3　职位分析的步骤

1. 准备阶段

在这一阶段主要完成以下任务：

（1）明确分析目的：首先要明确进行职位分析的具体目的。是为了优化人力资源配置、提升工作效率，还是为了制定更加合理的薪酬体系或绩效考核标准。明确分析目的有助于为后续工作提供明确的指导方向。

（2）收集背景资料：收集与职位相关的各种背景资料，包括企业的组织结构、业务流程、发展战略等。这些资料有助于分析人员全面了解企业的运营状况和职位要求，为后续的分析工作提供有力支撑。

（3）设计分析方案：根据分析目的和收集到的背景资料，设计具体的职位分析方案，包括确定分析的方法（如问卷调查、访谈、观察等）、分析的内容（如职责、要求、工作条件等）以及分析的时间表和人员分工等。

（4）组织分析团队：组建一个由人力资源部门、部门主管、职位持有人等多方参与的职位分析团队。明确团队成员的职责和任务，确保他们能够积极参与并共同完成分析工作。

（5）准备相关工具：根据分析方案，准备所需的分析工具，如问卷、访谈提纲、观察记录表等。这些工具能够帮助分析人员更加系统、全面地收集和分析职位信息。

（6）沟通与培训：与员工进行充分的沟通，解释职位分析的目的和意义，消除他们的疑虑和担忧。同时，对参与分析工作的人员进行必要的培训，确保他们能够熟悉分析方法和工具，正确执行分析任务。

2. 调查阶段

这一阶段需要完成的任务主要有以下几项：

（1）制定调查计划：根据职位分析的目的和方案，制定详细的调查计划。包括确定调查的时间、地点、参与人员，以及具体的调查方法和步骤。通过制定周密的计划，确保调查工作能够有序、高效地进行。

（2）设计调查工具：根据职位的特点和分析需求，设计合适的调查工具，如问卷、访谈提纲、观察记录表等。这些工具应该能够全面、准确地收集职位信息，包括职责、要求、工作条件、工作流程等方面的内容。

（3）收集职位信息：运用设计好的调查工具，通过问卷调查、访谈、观察等方式，收集与职位相关的各种信息。这些信息可以来自职位持有人、直接上级、同事等多个角度，以确保信息的全面性和客观性。

（4）验证与补充信息：在收集信息的过程中，注意对信息的真实性和准确性进行验证。可以通过与其他来源的信息进行对比、核实，或者通过进一步的访谈和观察来补充和完善信息。

（5）整理与分析数据：对收集到的职位信息进行整理和分析，提取出关键要素和特征。包括对职责进行归纳和分类，对要求进行量化和定性描述，对工作条件和工作流程进行梳理等。通过数据分析，可以更深入地了解职位的本质和要求。

3. 分析阶段

这一阶段需要进行以下几项工作：

（1）深入分析职位要素：在归类的基础上，对职位的各个要素进行深入的分析，包括对每个要素的定义、内涵、特征等进行详细的解释和阐述，以便更加准确地把握职位的核心要求和特点。

（2）确定职位的关键要素：通过分析，识别出对职位绩效和成功至关重要的关键要素。这些关键要素可能是特定的技能、知识、能力或者工作经验等，对于职位的履行和职业发展具有重要影响。

（3）比较与评估：将分析结果与行业标准、市场情况或企业内部的其他职位进行比较，评估职位的合理性、竞争力以及可能与其他职位存在的差距。这有助于发现职位的优势和不足，为后续的职位优化和改进提供依据。

（4）编写职位分析报告：将分析阶段的成果整理成职位分析报告。报告应详细阐述职位的职责、要求、关键要素、绩效标准等方面的内容，并提出针对性的建议和措施。报告应客观、准确、具有可操作性，为企业管理者和员工提供有力的决策支持。

（5）反馈与沟通：将职位分析报告反馈给相关部门和人员，进行深入的沟通和讨论。这有助于确保分析结果的准确性和实用性，同时也有助于促进员工对职位的理解和认同，提高工作满意度和绩效水平。

4. 完成阶段

这是职位分析过程的最后一个阶段，这一阶段的任务是：

（1）完善职位分析报告：在完成阶段，首先需要对之前分析阶段所编写的职位分析报告进行完善，包括检查报告的准确性、完整性和逻辑性，确保报告内容全面、准确、清晰。同时，也可以邀请相关部门的专家和领导进行审查，提供意见和建议，以进一步完善报告内容。

（2）形成职位说明书：根据职位分析报告的内容，形成正式的职位说明书。职位说明书是职位分析的重要成果之一，它详细描述了职位的职责、工作要求、关键绩效指标、任职资格等信息。职位说明书应简洁明了，便于员工理解和执行，同时也为企业的招聘、培训、绩效管理等提供重要的参考依据。

（3）与相关人员进行沟通：完成职位分析报告和职位说明书后，需要与相关人员进行沟通，解释分析结果和具体内容。包括与职位持有人沟通，确保其了解职位的职责和要求；与上级领导沟通，汇报职位分析的结果和建议；与人力资源部门沟通，共同确定下一步的工作计划。

（4）制定职位管理计划：根据职位分析的结果，可以制定相应的职位管理计划。包括制定招聘计划，明确招聘标准和流程；制定培训计划，提升员工的技能和素质；制定绩效考核方案，确保员工的工作成果与职位要求相匹配。职位管理计划的制定有助于企业更好地管理人力资源，提升组织绩效。

（5）总结与反思：在完成阶段，还需要对整个职位分析过程进行总结和反思。包括总结分析过程中的经验教训，找出存在的问题和不足；反思分析方法的适用性和有效性，为今后的职位分析工作提供改进方向。

职位分析作为人力资源管理的重要一环，是一个持续不断、动态演进的过程。企业切勿抱有一劳永逸的幻想，认为一次性的职位分析就能满足长远需求。实际上，随着企业的不断发展变化，职位的职责和要求也会随之调整。因此，企业应随时根据需要进行职位分析，确保职位说明书能够真实、准确地反映职位的最新状态。只有这样，企业才能确保人力资源的合理配置，提升组织效能，实现可持续发展。

（四）职位分析的方法

在实践过程中，职位分析的方法多种多样，主要用以搜集与职位紧密相关的信息。依据搜集信息的不同特性，这些方法可归为两类：定性与定量。定性方法主要侧重于描述和理解职位的本质和特性，而定量方法则更注重数据的测量和统计分析。此外，按照搜集信息的方式，可分为结构性和开放性方法；而按照手段，又可分为直接和间接方法。这些方法各有特点，选择适合的方法有助于更精准、全面地了解职位，为企业的人力资源管理提供有力支持。下面我们全面介绍一下定性分析法与定量分析法。

1. 定性分析法

定性分析法主要是一些传统的方法，包括访谈法、非定量问卷调查法、观察法、关键事件技术（Critical Incidents Technique，CIT）、工作日志法、工作实践法等。定性分析法搜集的信息多以定性信息为主，叙述性信息较多，带有较强的主观色彩。

（1）访谈法，即通过面对面的交谈来搜集职位信息，是当前国内外企业广泛采用的一种成熟且有效的方法。

在实际应用中，通常会对任职者、直接上级及其他对该职位有深入了解的人员进行访谈。依据访谈对象数量的不同，访谈法可细分为个别访谈和集体访谈两种形式。个别访谈强调一对一的交流，适用于各职位间职责差异明显的情况，以便更精准地获取每位受访者的独特见解。而集体访谈则侧重于多人同时参与，当多名员工从事相同工作时尤为适用，有助于捕捉群体共识和差异，提高信息搜集的效率。这两种方法各有优势，企业可根据具体需求和情景灵活运用，以确保职位分析的全面性和准确性。在运用访谈法进行职位分析时，需注意几个关键要素：①对访谈人员进行专业培训至关重要，确保他们明确访谈目的、内容、安排，并熟练掌握访谈技巧与注意事项。②选择访谈对象需慎重，应选取对该职位有深入了解并能客观陈述主要信息的人员，以确保信息的准确性。③合理安排访谈同样重要，包括确定合适的时间和地点、制定详尽的访谈提纲以及准备必要的录音设备等。④访谈技巧的运用直接影响访谈质量，访谈人员应努力营造轻松、愉悦的氛围，鼓励被访者全面、客观地提供信息。通过注意这些关键问题，可以确保访谈法的有效实施，从而获取准确、全面的职位信息。

访谈法优点显著，能够简便迅速地搜集职位分析资料，适应性强。然而，其缺点亦不可忽视，被访谈者可能夸大职责和工作难度，导致分析资料失真扭曲。因此，在使用访谈法时，需谨慎评估其适用性，并结合其他方法以确保分析的准确性。

知识链接

访谈提纲及访谈注意事项

为保证访谈顺利进行并取得良好效果，事先准备一个提纲至关重要。提纲中应包含一系列关键问题：

1. 日常需要做哪些工作？
2. 主要工作职责有哪些？
3. 如何完成这些工作？

4. 工作地点有哪些？
5. 此项工作需要怎样的学历、经验、技能或专业证书？
6. 基本的绩效标准是什么？
7. 工作有哪些环境和条件？
8. 工作有哪些身体和心理要求？
9. 工作的安全和卫生状况如何？

在访谈过程中，还要注意以下方面：

1. 选择对工作内容最了解、最能客观描述职责的员工。
2. 快速建立融洽的感情，说明访谈的目的及选择对方进行访谈的原因，不要让对方有正在进行绩效考核的感觉。
3. 准备一份完整的访谈问题表，先问重要的问题，再问次要的问题。
4. 如果工作不是每天都相同，就请对方将各种工作责任一一列出，然后根据重要性排出次序，以免忽略那些虽不常见却很重要的问题。
5. 如果出现不同的看法，不要与员工争论。
6. 如果出现对主管人员进行抱怨的情况，职位分析人员不要介入。
7. 不要流露出对工资待遇方面有任何兴趣，否则员工会夸大自己的职责。
8. 访谈结束后，将收集到的材料请任职者和他的直属上司仔细阅读，以便做修改和补充。

（2）问卷调查法，即通过设计问卷，由员工进行填写，从而获取职位信息。这种方法适用于脑力工作者、管理工作者或者工作不确定性较大的员工，如软件设计人员、行政经理等。问卷调查法的关键在于问卷的设计，要确保问卷完整、科学、合理，以便能够准确收集所需信息。一般来说，为了保证信息搜集的效果，问题要尽量简单易懂，避免理解上的偏差；问题的范围要尽量广泛，避免出现遗漏；问卷的设计要尽量结构化。

问卷调查法优势显著，能迅速收集职位分析所需资料，节省时间和人力，费用相对较低。调查表可在工作之余填写，不影响正常工作，且样本量大，适用于广泛调查。然而，设计理想的调查表需投入大量时间、人力和物力，成本较高。此外，填写过程缺乏交流，被调查者可能不配合或填写不认真，影响调查质量。因此，在使用问卷调查法时，需权衡其优缺点，并结合实际情况合理设计问卷，确保调查结果的准确性和有效性。

知识链接

职位调查问卷

姓名：　　　　　　　　　　　　　　　职位名称：
部门：　　　　　　　　　　　　　　　部门主管：

1. 您目前所在的部门是什么？
   □行政部门　　　□销售部门　　　□技术部门　　　□生产部门
   □其他：
2. 您目前的职位是什么？
   _____
3. 您的主要工作职责是什么？（多选）
   □制定工作计划和预算
   □管理团队和人员

☐与客户沟通和谈判
☐执行技术任务或项目
☐其他：

4. 您通常在哪里进行工作？
   ☐办公室
   ☐工厂或车间
   ☐外出拜访客户
   ☐远程工作
   ☐其他：

5. 您认为完成这些工作职责需要哪些学历、经验和技能？

   _____

6. 您如何评估自己的工作绩效？
   ☐非常满意
   ☐比较满意
   ☐一般
   ☐不太满意
   ☐非常不满意

7. 您认为您的工作环境和条件如何？
   ☐非常舒适
   ☐比较舒适
   ☐一般
   ☐不太舒适
   ☐非常不舒适

8. 您的工作对身体有哪些要求？

   _____

9. 您在工作中需要面对哪些情绪或感情上的挑战？

   _____

10. 您认为工作的安全和卫生状况如何？
    ☐非常安全卫生
    ☐比较安全卫生
    ☐一般
    ☐不太安全卫生
    ☐非常不安全不卫生

11. 您对于职位改进或发展有何建议？

    _____

12. 您是否愿意提供联系方式以便我们进一步了解您的反馈？（此信息不强制填写）

    _____

（3）观察法是一种直观的职位分析方法，它要求分析人员亲自观察目标职位的实际工作情况，详细记录工作内容、形式、过程和方法，进行深入分析。这种方法能够帮助分析人员全面、深入地了解职位的要求和内容，具有显著优势。然而，观察法的适用性也有限制，它更适用于那些工作内容以身体活动为主、重复性较强且周期较短的职业，如装配线工人和安保人员等。对于脑力劳动占比较高或需处理紧急情况的间歇性工作，如律师、教师和急救站护士等，观察法可能不太适用。因此，在使用观察法进行职位分析时，需充分考虑职位特点，确保分析的准确性和有效性。

使用观察法进行职位分析时，需确保所选工作样本具有代表性，否则可能遗漏某些关键行为。在观察过程中，观察者应避免干扰员工，保持其工作自然状态，以确保观察结果的准确性。若条件允许，建议由多位观察者在不同时段进行观察，以减小观察结果的偏差。这样，我们才能更准确地了解职位的实际情况，为职位分析提供可靠依据。

（4）关键事件技术是一种重要的工作分析方法，由福莱诺格（Flanagan）在1949年的《人事评价的一种新途径》一书中首次提出。该技术主要用于识别各种工作环境下工作绩效的关键性因素，通过从行为的角度系统地观察和描述实际职务的绩效和行为，为组织提供深入的了解和决策支持。记录的内容大致有：①事件发生的原因；②有效和无效行为的特征现象；③行为的后果；④工作者可以控制的范围及努力程度的评估。

关键事件的记录可由任职者的直接主管或其他目击者完成，按照行为发生的顺序来记录。为了给确定任职资格提供事实依据，往往需要记录大量的有效和无效的关键事件，并把它们划分成不同的类别和等级。实际操作的步骤如下：①把每一关键事件记录在卡片上；②让多位有经验的职位分析者对所有卡片进行分类，分类的标准可以统一，也可以不统一，对那些分类有争议的事件要加以讨论，直到取得一致意见；③对类别予以明确的概括和定义；④资格条件比较，从关键事件分类与概括中，可能得出数个任职资格条件，其中一些可能比另一些重要，重要程度可按下面的标度区分。1代表一点也不重要、2代表有点重要、3代表重要、4代表非常重要、5代表极其重要，然后以大家的平均分数值作为各个任职资格条件的权重值。

案例启示

关键事件技术案例

一家名为"卓越科技"的公司，以出色的产品与服务在业界声名远扬。公司的销售团队，更是以其出类拔萃的表现，成为公司的金字招牌。

销售经理李华深知团队能力的关键性，决定运用关键事件技术，对团队每位成员的能力进行细致入微的剖析。与销售主管张强并肩作战，他们开始记录并分析团队中发生的每一个关键事件。

某日，销售员王明传来喜讯，他成功与一家大型企业签订了价值百万的合同。王明对客户的需求了如指掌，通过精准的产品演示和解决方案，成功赢得了客户的信任。他的沟通技巧与谈判能力，让李华与张强印象深刻。

然而，并非所有销售员都能一帆风顺。赵晓燕在跟进一个潜在客户时，因沟通不畅、反应迟钝，错失了合作机会。客户的不满与流失，让李华与张强看到了赵晓燕在沟通、应变及情绪管理方面的短板。

基于这些关键事件的分析，李华与张强为销售团队撰写了一份详尽的能力概述报告。他们发现，成功的销售员普遍具备出色的沟通技巧、敏锐的市场洞察力、卓越的谈判能力以及良好的抗压能力。这些能力，是他们在竞争激烈的市场中脱颖而出的关键。

针对赵晓燕等能力有所欠缺的销售员，公司制定了一系列个性化培训与发展计划，包括沟通技巧培训、情绪管理课程以及实战模拟演练等，旨在帮助他们提升相关能力。同时，公司还鼓励销售员之间加强交流与合作，相互学习、共同进步。

通过这个案例，我们可以看到关键事件技术在员工能力概述中的实际应用效果。通过记录和分析关键事件，公司能够更准确地了解员工的能力状况，并为他们提供个性化的培训和发展机会。而王明和赵晓燕的故事，也成了公司内部传颂的佳话，激励着更多员工努力提升自己，为公司的发展贡献自己的力量。

（5）工作日志法，要求任职者每日详细记录其工作活动。每位任职者须按时序，以日志形式记载所从事的每项活动。例如，早晨审阅稿件并提意见，随后与广告公司人员面谈广告事宜等。工作日志应以表格形式填写，实时记录，内容需包括活动的起止时间、总时长、主要任务、活动内容以及成果等。这种方法为职位分析人员展现了一个完整的工作画面，配合与任职者及其主管的面谈，信息收集效果更佳。当然，任职者可能夸大或低调处理某些活动，但详细的流水账式记录有助于减少这种偏差。通过工作日志法，我们能更准确地了解任职者的工作全貌，为职位分析和人员培训提供有力支持。

工作日志法虽然为职位分析人员提供了任职者日常工作的概况，使分析人员能够深入了解任职者所从事的主要活动及其时间分配，但是这一方法也存在一些明显的不足。

首先，工作日志法高度依赖于任职者的积极配合和准确记录。在实际工作中，任职者可能因为忙碌或其他原因忘记记录，甚至事后靠回忆补充，这必然影响记录的准确性。此外，由于需要记录大量工作细节，任职者可能会感到被监视，从而对此方法产生抵触情绪，这也进一步影响了记录的可靠性。

其次，由于遗忘、延迟记录或刻意隐瞒，工作日志中的信息可能会出现失真。如果任职者认为日志内容将用于制定工作标准或绩效评估，他们可能会故意延长工作时间，使得记录的数据失去真实性。

再次，工作日志只能提供任职者的工作活动及其时间耗费，却难以揭示各项活动的目的和重要性。在长时间的记录中，一项工作的完整流程可能会被切割成多个片段，使得整体工作流程和结果变得难以把握。

最后，工作日志法主要记录的是任职者在一段时间内的活动，对于周期性变化的工作，如生产、销售企业的淡旺季，这种方法只能反映某一时期的情况，无法全面展现职位的总体情况。

工作日志表示例见表3-1。

表3-1 工作日志表示例

日期	时间段	活动内容	耗时（分钟）	备注
4月28日	8：30—9：30	审阅稿件，提出意见	60	对排版设计进行了调整
	9：30—10：30	与广告公司协商广告事宜	60	品牌管理专员参与
	10：30—11：30	撰写季度销售报告	60	报告初稿完成
	11：30—12：00	回复客户邮件	30	解答客户的问题
	14：00—15：00	参加团队会议	60	讨论新项目推进情况
	15：00—16：00	跟进供应商订单	60	与供应商沟通交货时间
	16：00—17：00	整理客户资料	60	更新客户数据库

（6）工作实践法，即职位分析人员亲身投入所需研究的工作，旨在直接获取第一手资料。此方法优点显著，能精准掌握工作的实际流程，以及任职者体力、知识与经验方面的情况。然而，此方法有其局限性，主要适用于短期内可掌握或内容相对简单的工作，如餐厅服务员等职位。对于需要

长时间培训或涉及风险的工作，则不宜采用此方法。总体而言，工作实践法虽然直接有效，但使用时应根据工作性质和内容谨慎选择。

2. 定量分析法

针对定性方法存在的问题，为了搜集到更加量化和客观的信息，在定性方法的基础上又发展出一些定量的职位分析方法，包括：

（1）职位分析问卷（Position Analysis Questionnaire，PAQ）是利用清单确定工作要素的一种工作分析方法。1972 年由美国普渡大学教授麦考密克（E. J. McComick）等设计开发。该问卷包括 194 个标准化的问项，代表了从各种不同的工作中概括出来的各种工作行为、工作条件以及工作本身的特点。这些问项被划分为 6 个类别，并给出每一个问项的定义和相应的等级代码：

1）信息输入。包括员工在完成任务过程中使用的信息来源方面的项目。

2）思考过程。工作中所需的推理、决策、计划以及信息加工过程。

3）工作产出。识别工作的"产出"。

4）人际关系。执行工作时与其他人发生的关系。

5）工作环境。完成工作所处的物理环境和社会环境。

6）其他特征。其他与工作有关的信息，如工作安排、报酬等。

该问卷是比较普遍和流行的人员导向工作分析系统，常用于生产和技术职位的工作分析，对管理职位的适用性则不强。

（2）管理职位描述问卷（Management Position Description Questionnaire，MPDQ）是针对管理职位而设计的一种工作分析方法。1976 年由美国学者托尔诺（Walter W. Tornow）和平托（Patrick R. Pinto）设计，定型于 1984 年。早期的问卷从 13 个方面对管理工作进行评定，共 193 个问项。经过 20 多年的发展，形成从 9 个方面对管理工作进行评定的模式，具体为：

1）人员管理。通过和员工一起工作来分析其优势和不足，以提高其业绩；提供培训，培养技能，安排工作并制定绩效目标。

2）计划和组织。制定并贯彻落实短期计划，编制预算，确定资源的最优化分配和利用；将长期的计划转化成短期的操作性目标；制定操作性的政策和程序。

3）决策。在非结构性情况下，快速做出决策；允许为了解决新的或不一般的问题对已有程序做出修改。

4）组织发展。监控外部和内部可能会影响公司的因素，包括业绩指标、企业资本和资金、市场条件以及文化、社会和政治气氛。

5）控制。估计生产产品或提供服务所需的时间，并制定时间进度表；跟踪生产过程，确保产品的质量和服务的有效性；分析生产流程的有效性。

6）发言人。作为发言人，回答有关问题或对外界的抱怨做出反应；与外界沟通以促进公司与外界的关系；与外界谈判；组织活动以维护或树立公司形象。

7）协调。能和公司内部没有上下级关系的人沟通，以分享信息、按时完成工作任务、解决问题或达成目标；和同事保持良好的工作关系；协调关键员工的不一致和矛盾。

8）咨询。跟踪某一领域的技术进展，帮助公司引进新的技术，能作为专家、咨询师为其他管理人员提供咨询或解决问题。

9）行政管理。从事基本的行政管理活动，包括分析例行的信息，维护详细和准确的文档资料等。

MPDQ 是专门为评定管理职位而编制的问卷，弥补了以前的职位分析问卷对管理职位分析效果不好的不足。但是，MPDQ 的优点，同时也是它的缺点，就是在分析技术、专业等其他职位时，显得无能为力。

（3）通用标准问卷（Common Metrics Questionnaire，CMQ）是一种标准化了的职位分析问卷，由美国学者哈维（Robert J. Harvey）设计。该问卷弥补了职位分析问卷的一些不足之处，并应用了项目反应理论等新的测量理论，使之更行为化、具体化，更容易操作、评定和比较，成为当今比较流行的标准化职位分析问卷之一。该问卷从 13 个方面对职位进行分析、评定：

1）接受并实施管理。
2）知识和技能。
3）语言的运用。
4）利用视觉信息或其他感觉信息。
5）管理和业务决策。
6）内部联系。
7）外部联系。
8）主持或发起会议。
9）参与会议。
10）体力活动。
11）设备、机器和工具的使用。
12）环境条件。
13）其他特征。

（五）职位说明书

职位分析的直接结果通常表现为一份详尽的职位说明书，它全面展示了职位的职责、要求及特点，为组织提供了明确的职位描述和定位，职位说明书包括职位描述和任职资格两大部分内容。

职位描述是描述一个职位的任职者做什么、如何做以及在何种条件下做（包括职位的物理环境和组织环境）的正式的陈述性书面文件。这些有关职位的任职者所应完成的工作任务的信息又可用来编制任职资格，即职位对任职者的基本要求（包括要求任职者具备的知识、技能、能力、经验和其他方面的条件）。

需要指出的是，有些时候，企业也会使用广义的职位描述概念，这时职位描述实际上也包括任职资格，所以广义的职位描述概念实际上相当于职位说明书的概念。

职位说明书在人力资源管理中发挥着不可或缺的作用，它不仅是各项管理活动的基石，还是招聘、甄选、培训、评价等多个环节的重要参考。招聘时，职位说明书能准确传达职位的核心信息，帮助求职者了解工作内容与要求。在甄选过程中，它提供了客观的评价标准，确保选拔到合适的人才。对于新员工，职位说明书则是一部工作指南，明确职责与任务，助力他们迅速融入团队。在绩效评价时，职位说明书是评估员工工作表现的依据，确保评价公正、有效。同时，它也是培训需求分析的依据，帮助员工补齐短板，提升能力。最后，职位说明书为职位价值评估提供了客观标准，提升组织内部公平与效率。因此，精心编制职位说明书对于提升人力资源管理水平至关重要。

尽管不同的职位分析员在编写职位说明书时可能存在差异，但其所包含的核心内容和描述结果应保持高度一致。一般而言，职位说明书涵盖了多个关键要素：明确的职位标识，以便快速识别；简洁的职位综述，概括主要职责；详细列出的主要职责与任务，明确工作范围；清晰的工作联系，展示职位在组织中的位置；具体的绩效标准，作为工作成果的衡量依据；必要的职位权限，保障工作顺利进行；工作条件的描述，提供适宜的工作环境信息；任职资格，确保人员与职位相匹配。这些内容的综合，构成了全面而准确的职位说明书。

1. 职位描述

（1）职位标识。某公司会计职位的职位说明书的一部分详见表 3-2，由表格可以看出，职位标识包含以下信息：

1）"职位名称"表明职位在所属单位中的名称，通过给职位确定简明的名称，易于让初次接触此职位的人大概明了该职位的工作内容，如"分公司成本核算会计"表明该职位是在分公司从事成本核算方面的工作。

2）"所属部门"表明职位所属的部门。

3）"职位薪点"和"职位级别"可用于薪酬管理中薪资等级界定。

4）"文件编号""版本"和"页号"是为了方便查阅一份职位说明书在一个组织系统中的位置。

5）"拟定""审核"和"分析日期"表明职位说明书是何时由谁初步拟定的，同时还便于在查阅职位说明书时清楚地知道职位说明书是何时制定的、是否过时以及是否需要另行修订等。

另外，在标识中可能还包括"职位的直接上级"等方面的信息。

表 3-2 某公司会计职位说明书（节选）

职位名称：	文件编号：
	版本：
所属部门：	页号：
定员标准：	拟定
职位薪点：	审核
职位级别：	分析日期：

职位标识的确定受到组织环境的深刻影响。两个职位在标识部分的内容可能相似，但实际情况却可能大相径庭。例如，在某公司的销售部中，"经理助理"可能只是负责文秘工作的秘书；而在另一家公司，同名的"经理助理"可能实际扮演着销售经理的角色。更有趣的是，有些公司的"销售经理"职位，其实只是为销售人员提供一个更为体面的职位名称，以助其顺利开展业务。这表明，职位标识并非一成不变，而是需要根据组织的实际情况进行灵活调整，以确保其真实反映职位的职责和地位。

（2）职位概要或目的是对职位所承担的总体职责、工作性质所做的简单描述，因而可只用简单的语句勾画出职位的主要工作职责及其目的，而不必细分具体的工作任务和活动。在进行部门工作核查、分配任务时，这种简要描述尤为有用。同时，通过对职位概貌的描述，新上岗的员工能对本职工作的主要职责有一个清楚的了解；在招募和甄选的过程中也能用此信息向求职者展示职位的概况。事实上，在发布招募信息时，通常都只能给出待填补职位所承担的主要职责。

（3）职位的工作职责与任务部分列明了任职者所担任的职位在组织中承担的具体职责、所需完成的工作活动或工作内容，在必要的情况下可以列明某些工作活动的要求。

工作职责是指任职者在组织中的特定职位上所承担的责任，而工作任务是为了履行职责所需要做的更为具体的事情。在对职责和任务进行描述时，需要注意以下几点：

1）以动词开头，在动词后使用简洁明了的短语，说明动词作用的对象，在描述中尽量避免使用形容词，因为如果在职位说明书中使用形容词，几乎每一项任务都可以用形容词堆砌而成，致使需要承担的工作处于不重要的地位。

2）职责与任务项目的排序至关重要，应依据职能性任务的完成顺序、职责与任务的重要性，或按其发生的时间进行排序。系统化描述职位，有助于明确工作内容与优先级。在某些情境下，工作流程亦可作为排序的依据，确保每项任务与整体工作流程相契合。如此，职位描述更为条理清晰，便于员工理解执行，提升工作效率。

3）为准确衡量与分析工作中的时间分配与职责的重要性，建议在各项职责之后，详细注明该项工作在整体工作中的时间百分比及相对重要性。这样的标注有助于管理者和员工清晰了解各职责的权重，合理分配工作时间，确保重要任务得到优先处理。同时，这也为绩效评估和职业发展提供了有力的数据支持。

4）若条件允许，应在工作任务中明确完成时限和预期结果，确保任职者对工作目标有清晰认知，便于后续工作检查。衡量工作结果时，可综合考虑数量、质量、时间和成本等多个维度，确保评估全面而客观。此举不仅有助于提升工作效率，还能确保工作成果符合预期，促进组织目标的顺利实现。

5）在描述职位时，应使用专业词汇来准确反映其种类、复杂程度、技能要求及责任大小。对于较低层级的职位，其工作任务通常较为简单明了，易于界定操作流程和细节，工作内容也较为稳定。而高层级职位则面临更多不确定性，只能大致划定其职责范围，具体的工作要求需结合实际情况灵活确定。因此，在编写职位说明书时，应充分考虑职位特点，使用恰当的专业词汇，确保描述的准确性和可理解性，为招聘、培训、评估等工作提供有力支持。

知识链接

工作职责描述格式举例

1. 编写教学大纲："根据大学的政策和指导方针（如何做）来设计一个教学大纲（做什么），以告知学生（对谁做）本门课程的要求（为什么要做）。"
2. 保管商品："妥善储存、整理及保管所有待销的商品，以确保出库商品的优良质量。"
3. 设备检查："定期检查机器设备上的量器和负荷指示器，以发现设备可能出现问题的不正常现象。"
4. 设备保养："根据保养时间要求更换零部件以及添加润滑剂，并保持对机器设备所做的所有保养记录，以确保机器设备的正常运转，合理延长机器设备使用寿命。"

（4）工作联系揭示了任职者与组织内外其他职位间的互动关系。这些信息不仅反映了任职者所需处理的工作关系，还揭示了工作联系的频繁度、目的及其对组织的意义。了解工作联系有助于任职者更好地融入工作环境，高效完成工作任务。同时，也为组织提供了人员协作与沟通的重要参考，促进组织整体效能的提升，详见表3-3和表3-4。

表3-3　××企业人力资源经理工作联系表

工作报告对象	人力资源副总裁
监督对象	培训开发专员、招聘专员、薪酬福利专员以及秘书
工作合作对象	所有的部门经理和行政管理人员
接触的公司外部人员	外部就业机构、管理人员代理招募机构、政府人力资源和社会保障主管部门

应列出由于工作关系，在组织内外必须接触的人、公司或组织，包括用何种方式沟通（如电话、个人接触、电子邮件）。

表 3-4　职位工作联系明细表

接触对象	接触方式	接触原因	接触频率

（5）职位说明书应详细列明每项职责、任务的基本绩效要求，确保工作目标的明确性。对于生产操作和销售类职位，产出标准相对易于确定；但对于其他职位，如文员等，绩效标准的制定则更为复杂，这类职位的工作内容可能较为琐碎，不易直接衡量绩效。因此，在制定绩效标准时，需结合实际情况，考虑任职者的操作标准、工作效率和质量等因素，确保绩效评估的公正性和准确性。同时，也应鼓励员工积极参与绩效标准的制定过程，提高其工作满意度和积极性。明确职位说明书中的职责与任务绩效，有助于形成具体的工作业绩标准。相较于仅基于任职者工作态度的主观评价体系，基于职位职责的客观、具体绩效考核体系更为高效，更能真实反映员工的工作表现，促进组织目标的有效实现。

（6）职位说明书中应清晰界定职位承担者的工作权限，包括但不限于决策权、监督权以及经费预算管理权。例如，职位承担者有权批准购买一定金额以下的物品、决定员工请假或缺勤的时间、对部门内人员实施惩罚、建议为优秀员工加薪，以及参与求职者面试并作出雇用决定等。这些权限的界定有助于职位承担者明确自身职责和权力，确保工作的顺利进行。同时，也有助于组织内部管理的规范和高效运作。

（7）职位说明书应详尽描述工作环境条件，包括室内或室外工作场所，以及潜在的危险因素，如高湿、高温、粉尘、噪声等。这些信息不仅反映了职位对身体、生理的特定要求，还揭示了工作环境可能对员工身心健康造成的潜在危害。在职位评价中，这些工作环境因素将作为重要的补偿性薪资考虑因素，确保员工在面临特殊工作条件时得到合理的薪酬补偿，体现了组织对员工健康与安全的关注与尊重。

2. 任职资格

任职资格是对某一职位所需人员基本条件的详尽描述，涵盖了教育程度、培训经历、工作经验以及其他特殊要求等多个方面。它明确指出了适合从事该职位工作的人员应具备的特质，包括知识、技能、能力、工作经验、身体条件以及心理素质等。这些条件不仅是职位分析的重要成果，更是招募、甄选和培训等人力资源管理活动的重要依据。通过对任职资格的详细阐述，我们可以清晰地了解到，为了胜任职位描述中列明的各项任务，任职者需要具备哪些素质和条件。这有助于我们筛选出真正符合职位要求的人才，提升整体工作效率和团队绩效。同时，任职资格也是对职位描述的重要补充，共同构成了职位分析的完整框架。在设定职位的任职资格时，我们可采用两种主要方法。

（1）邀请对职位有深入了解的主题专家进行主观评估。针对职位描述中的每一项职责，我们可提问："为完成此项任务，任职者须具备哪些知识、技能、能力？是否需要特定的工作经验或国际认可的资格证书？对其身体条件和心理素质又有何要求？"通过整合对每项职责的回答，我们可形成任职资格的全面概述。

（2）基于统计分析，我们会对某一类职位的在职人员进行调研，分析他们身上的哪些特质对工作绩效产生积极影响。通过这种方法，我们能精准地挖掘出对任职者工作绩效至关重要的个人特征，从而确定必要的任职资格。这样的分析不仅更为客观，还能确保我们设定的条件与实际工作需求紧密相关。

需要明确的是，对于许多小型企业而言，由于缺乏专职的职位分析人员，甚至可能没有专门的人力资源管理人员，独立完成职位分析工作和编写职位说明书确实会面临一些挑战。在这种情况下，借助外部资源便成了一个可行的选择。商业机构提供的按职位名称和行业划分的职位描述信息，可以为这些企业提供有力的支持，帮助他们更高效地完成职位分析和职位说明书的编写工作。同时，政府提供的相关信息也是一个不可忽视的资源。我国在1999年正式颁布了《中华人民共和国职业分类大典》，在2022年修订的版本中，职业划分为8个大类、79个中类、449个小类、1 636个细类（职业）、2 967个工种。其中绿色职业133个（标注为L）、数字职业97个（标注为S），既是绿色职业又是数字职业的23个（标注为L/S）。

三、职位设计及主要方法

职位设计，即界定职位的工作任务及执行方式的过程，对于组织的运营至关重要。而职位再设计，则是对现有职位进行调整性设计的过程，旨在优化其功能和效果。为确保职位设计的有效性，设计者需通过深入的职位分析，全面了解职位的各个方面。同时，工作流程分析亦不可或缺，它能帮助我们明确该职位在整体工作流程中的定位。当对工作单位和特定职位的任务有了清晰的认识后，便可选择多种方式进行职位设计。这些方法各有侧重，有的强调高效工作机制，有的关注职位对任职者工作动机的影响，还有的注重安全实践或心智能力的需求。通过综合考量这些因素，我们可以设计出更符合组织需求和员工发展的职位。

（一）效率型职位设计法

效率型职位设计法旨在通过精心规划，使员工能够以最高效的方式完成任务。这种方法不仅期望组织从每位员工身上获得更高的产出和更低的成本，还力求最大限度地减轻员工的工作疲劳。它根植于工业工程学的理念，追求工作组织的简约与高效。在实践中，应用工业工程学的方法，可以显著降低职位的复杂程度，使工作变得简单易懂，即便是只经过基础培训的员工也能迅速胜任。这种设计方法往往倾向于创造出标准化和重复性高的职位，从而确保工作的一致性和高效性。效率型职位设计法不仅提升了组织的运营效率，也为员工创造了更为清晰明确的工作环境，实现了组织与员工的双赢。

这种职位设计方式，正是科学管理之父弗雷德里克·泰勒所推崇的管理方法之一。其核心在于寻找最优的工作完成方式，以达到最高效率。为实现这一目标，时间研究和动作研究成为常用手段。工程师们通过精心研究，找出最富效率的动作顺序。随后，依据求职者完成这些工作的能力进行甄选，确保员工能够胜任这种高效的工作方式。同时，公司还会针对这最优工作方式对员工进行细致的培训，使其能够在实际工作中发挥出最佳效果。此外，制定合理的薪酬结构也是关键，它能够激励员工在工作中付出最大努力，进一步推动组织效率的提升。通过这种职位设计方式，组织能够实现更高的产出和更低的成本，为企业的持续发展奠定坚实基础。

尽管效率型职位设计法为组织带来了显著的效益，但过度强调效率可能导致职位工作变得单调重复。这会使员工产生厌倦感，对工作失去兴趣和动力。为了弥补这一缺陷，多数企业会采取综合策略，将基于工业工程学的职位设计方法与其他方法相结合。这样既能确保工作效率，又能提升工作的多样性和挑战性，从而激发员工的工作热情和创造力。这样的综合策略有助于组织在保持高效率的同时，营造积极向上的工作氛围。

(二) 激励型职位设计法

企业在设计职位时，激励员工保持工作热情和满意度是不可或缺的。在竞争激烈的环境下，为了吸引和留住人才，企业不能仅局限于追求效率。特别是当企业高度依赖技能型知识员工，或致力于构建一支专注客户满意度的团队时，单纯的效率导向已无法满足需求。因此，职位设计应充分考虑对员工的激励性，确保工作内容既富有挑战性又能激发员工的积极性。这样的设计不仅有助于提升员工的工作效率，更能增强企业的凝聚力和竞争力。

职位特征模型是一种创新性工具，旨在揭示如何使职位更具激励性。由理查德·哈克曼和格雷戈·奥德海姆联手开发的这一模型从五个关键维度深入剖析了职位特性。这五个维度分别是技能多样性、任务完整性、任务重要性、自主性和反馈性，如图3-4所示。技能多样性强调职位任职者在执行任务时所需技能的广度；任务完整性则关注职位能否让任职者从头到尾完成一项完整的工作；任务重要性衡量的是职位对他人生活的影响力；自主性反映职位允许任职者在工作方式上的决策自由度；而反馈性则关注任职者能否从工作中获得关于自身工作效果的明确信息。

根据这一模型，职位在这些特征上的得分越高，其激励性就越强。通常而言，职位的激励性越强，任职者的满意度就越高，产出数量和质量也相应提升。因此，运用职位特征模型，企业可以更有针对性地设计职位，提升员工的工作能力，从而实现更高的工作效能和组织绩效。这一模型为企业提供了一个有力的工具，帮助他们构建更具吸引力和挑战性的工作环境，从而激发员工的潜力，推动组织的持续发展。

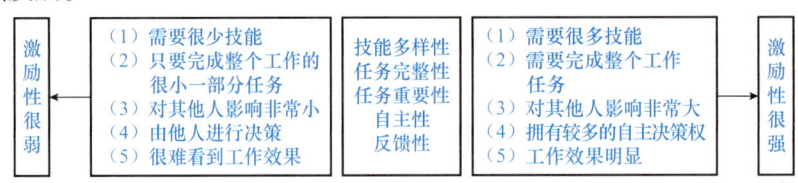

图3-4 激励型职位的核心特征

将职位特征方法运用于职位设计的具体方式包括：

（1）职位扩大化。职位扩大化是指增加一个职位所要完成的工作任务的种类，其目的是减少工作的重复性，使工作变得更有趣。职位扩大化的具体方法包括职位扩展和职位轮换。

1）职位扩展是将数个原本独立的简单职位进行融合，从而形成一个任务更丰富的综合职位。例如，将接待、打字与档案管理等职责整合，形成全新的行政专员职位。这种职位扩大化的方式操作简便，但若所合并的任务均单调乏味，那么这种职位再设计可能并不能达到预期的激励效果。虽然形式上看似增加了工作内容的多样性，但实际上若任务本身缺乏挑战性和吸引力，员工可能仍会感到厌倦，难以激发其工作热情。因此，在实施职位扩展时，应充分考虑合并任务的性质和员工的实际需求，以确保设计出的职位能真正激励员工。

2）职位轮换并非对职位本身进行改造，而是让员工在不同职位间流动。这种方法在生产团队中尤为常见。团队成员会定期更换工作内容，从而有机会接触并处理团队内的各项任务。虽然这种轮换使工作内容更加多样化，但本质上，职位仍可能包含许多重复性的工作活动。因此，虽然职位轮换为员工提供了更广泛的经验，但可能并未从根本上改变工作的单调性。要真正激发员工的工作热情，除了轮换职位，还需考虑如何提升工作的挑战性和意义，使员工在工作中获得更多的成就感和满足感。

（2）职位丰富化。职位丰富化的核心理念在于通过提升员工在工作中的决策权，实现真正的员工授权，这一思想深受弗雷德里克·赫茨伯格双因素理论的启发。赫茨伯格认为，工作的内在因素，如工作的意义，对员工的激励作用远超薪酬等外部报酬。成就、认可、成长、责任及整体工作绩效，是与激励性职位紧密相关的五大要素。

在制造类职位中，实现丰富化有多种途径。例如，赋予员工在产品质量不达标时停止生产的权力，这不仅增强了员工的责任感，也提升了工作的挑战性。同时，让每位员工负责特定工序中的多项任务，而非将任务细分给多人，有助于员工更全面地了解工作流程，提升工作满足感。对于商店销售员来说，职位丰富化可能意味着赋予其解决客户问题的权力，以及决定商品退换的自主权。这样的设计使销售员能够更深入地参与工作，增强工作动力，同时也提升了客户服务质量。

（3）自我管理工作团队。一些企业不仅针对单一职位进行丰富化设计，还通过设立自我管理工作团队，实现更广泛的员工授权。这些团队在工作过程中享有决策权，成员们可自主安排工作日程、招募新成员，并处理与团队绩效相关的问题。他们承担了许多传统上由管理层负责的任务，展现了高度的自主性。团队工作方式能够赋予职位更多激励性，如技能多样性、任务完整性等，使员工在工作中感受到更多的挑战和成长机会。这种管理方式不仅提升了员工满意度，也促进了企业整体绩效的提升。

由于团队成员肩负着重大责任，他们的职位边界往往相对宽泛，且需要共同分担多项工作任务。在日常工作中，团队成员可能需要灵活应对，随时承担团队内的各种职责。这种职位设计方式给组织带来了不小的挑战：必须为团队成员提供全面而深入的培训，确保他们掌握必要的技能，如沟通技巧、团队协作能力和决策能力等。这样，团队成员才能更好地应对各种工作场景，实现团队目标。

还有一种有效的做法是，当团队对特定工作流程或客户负责时，赋予团队全权负责的权利。团队内部可以自行决定每个成员的具体工作任务，这种灵活的工作方式有助于激发团队成员的积极性和创造力，提升工作效率和客户满意度。同时，这也要求团队成员具备高度的责任感和自主管理能力，以确保工作顺利进行。

（4）灵活的工作时间安排。为增强员工的工作自主性，组织可采用赋予灵活工作时间的方式。在充分考量组织及职位需求的前提下，灵活安排员工的工作时间，有助于提升员工满意度和工作效率。灵活的工作时间安排包括弹性工作制和职位分享两种形式。弹性工作制是一种灵活的工作时间安排政策，允许全日制员工在组织规定的框架内，根据个人情况自主决定开始和结束工作的时间。这一政策通常要求员工在特定时间段内保持工作状态，如上午10点至下午3点。员工可以根据自身需要，选择提前或延后工作时间，以确保达到全天的工作时长要求。这种灵活的工作时间安排能够满足员工在个人或家庭方面的需求，提高工作与生活的平衡度，进而增强员工的工作满意度和效率。弹性工作制的实施，不仅体现了组织对员工个人需求的尊重，也为创造更加和谐、高效的工作环境奠定了基础。

（5）职位分享是一种创新的工作安排方式，由两名非全日制员工共同承担同一职位的工作任务。这种安排有助于组织吸引和留住那些需要更多时间用于学习或照顾家庭的优秀员工。然而，这种安排也要求任职者具备良好的合作能力和协调技巧，以确保与搭档在工作细节上实现有效配合。通过职位分享，组织能够更灵活地管理人力资源，实现工作与生活的更好平衡。

（6）远程工作。灵活的工作安排不仅仅局限于工作时间的调整，更体现在工作地点的多样性上。回溯工业革命之前，许多人选择在离家近的地方，甚至是家中工作。然而，随着大规模生产技术的崛起，人们逐渐将工作场所与家庭生活场所分开，开始聚集在工厂或办公室中。但如今，随着办公场所成本的攀升以及便携式移动通信工具和计算机设备的普及，远程工作或远程办公正逐渐成为趋势。

远程工作不仅减少了企业对传统办公空间的需求，更赋予了员工前所未有的工作灵活性。它有助于员工更好地平衡工作与生活，提高工作满意度和效率。当然，远程工作的适用性因职位而异。对于某些职位，如销售、客户服务等，远程工作可能更为便捷；但对于制造类工作或需要频繁与客户面对面沟通的职位来说，远程工作可能并不现实。

值得注意的是，一些企业已经开始尝试将呼叫中心等原本集中办公的部门分散至员工家中，这种创新的工作模式不仅降低了成本，还提升了员工的工作体验。未来，随着技术的进步和管理模式的创新，我们有理由相信，远程工作将在更多领域得到应用和推广。

（三）人体工程学职位设计法

人体工程学致力于探究人的心理与工作环境间的相互作用。人在不同工作状态下，如操作重型机械或长时间面对电脑，其身体姿态及行为将直接影响健康状况和工作效率。因此，人体工程学着重分析工作环境的各种因素，如光线、空间布局及工作时间等，旨在通过优化物理工作环境，使人的工作方式更为舒适自然，进而减轻身体的紧张与疲劳。这一研究不仅有助于减少劳动者因长时间工作而引发的身体疲劳和疼痛，更能预防其他与身体健康相关的问题，从而提升工作质量，保障劳动者的身心健康。

人体工程学在职位设计中的应用已日渐广泛，尤其在体力要求较高的职位设备再设计方面。这种设计的核心目标是减少工作对任职者的体力负担，使得工作变得更为普及和易操作。同时，人体工程学也致力于机器设备和技术的改良，如调整计算机键盘高度，以预防腕管综合征等职业病。对于众多办公室职位，人体工程学也发挥着不可或缺的作用。通过确保座椅和桌子的设计符合人体工程学，可以有效减轻劳动者的工作疲劳。此外，基于人体工程学的职位再设计不仅有助于任职者更好地完成工作，还能显著提升工作效率。这种以人为本的设计理念，无疑为现代职场带来了更为健康、高效的工作环境。

（四）心理能力职位设计法

心理能力职位设计法是一种结合职位分析与员工心理能力特征的系统化管理方法，旨在通过深入剖析职位需求与员工心理能力的匹配性，提高企业的工作效率、提升员工的能力水平和士气，从而增强公司的整体绩效。

1. 心理能力职位设计法关键步骤

该方法的核心在于根据职位的特征，为员工分析出最为适合的心理能力需求。这一过程涉及以下关键步骤：

（1）明确职位特征。研究者需要详细了解职位的实际情况，包括其职责、工作内容、工作环境等，对各项工作进行分类，并明确职位的核心职责和关键绩效指标。

（2）分析心理能力需求。根据职位特征，研究者会分析出该职位所需的心理能力，如沟通能力、团队协作能力、创新能力、抗压能力等。这些心理能力是确保员工能够胜任职位并高效完成工作的关键因素。

（3）制定心理能力职位设计策略。在明确了职位的心理能力需求后，研究者会制定出相应的职位设计策略，包括在职位描述中明确心理能力要求、在招聘过程中考察候选人的心理能力、为员工提供心理能力培训和发展机会等。

（4）实施与评估。将心理能力职位设计策略付诸实践，并在实施过程中不断收集反馈，对策略进行持续优化。通过评估员工的心理能力表现，企业可以了解员工是否满足职位的心理能力需求，进而为人力资源管理提供科学依据。

2. 实施心理能力职位设计法的注意事项

在实施心理能力职位设计法时，企业需要注重以下几点：

（1）全面了解员工的心理能力：企业需要采用科学的方法全面了解员工的心理能力水平，以便为员工提供更具针对性的培训和发展机会。

（2）将心理能力要求融入职位设计：企业需要在职位设计中充分考虑心理能力需求，确保员工能够胜任职位并高效完成工作。

（3）注重心理能力的培训和发展：企业需要为员工提供心理能力培训和发展机会，帮助员工提升心理能力水平，以更好地适应职位需求。

（4）持续优化职位设计策略：企业需要不断收集反馈并优化职位设计策略，以确保其始终与企业的战略目标和市场需求保持一致。

（五）数字化管理下如何进行职位设计

在数字化管理下，职位设计需要紧跟时代的步伐，结合先进的技术工具和管理理念，以更好地适应企业的战略目标和市场需求。以下是数字化管理下职位设计的关键步骤：

1. 明确企业战略与业务需求，进行职位调研与分析

深入了解企业的长期战略目标和短期业务需求，确保职位设计与之紧密契合。分析市场趋势和竞争态势，了解行业对职位的新要求和新变化。收集并分析现有的职位信息，包括职位描述、职责、技能需求、绩效标准等。通过访谈、问卷调查等方式，收集员工、管理者和相关利益者的意见和建议，了解职位在实际运作中的问题。

2. 利用数字化工具设计职位结构

使用大数据分析工具，挖掘和分析员工行为、工作流程、客户需求等数据，发现潜在的优化点。利用人工智能和机器学习技术，预测未来的职位需求和变化，为职位设计提供前瞻性指导。根据企业战略和业务需求，设计合理的职位结构，包括职位层级、汇报关系、协作关系等。考虑数字化管理下的新型工作模式，如远程办公、灵活工时等，为职位设计提供灵活性。

3. 明确职位职责与技能要求，制定职位说明书

结合数字化管理的特点，重新定义职位的职责和技能要求，强调数字化技能和数据驱动能力。设定明确的绩效指标和评估标准，确保职位设计与企业的战略目标保持一致。

编写详细的职位说明书，包括职位名称、职责、技能要求、绩效标准、工作环境等。确保职位说明书易于理解、具体明确，能够作为招聘、培训和绩效评估的依据。

4. 实施与反馈

将新的职位设计方案付诸实践，并持续跟踪其效果。收集员工和管理者的反馈意见，对职位设计进行持续改进和优化。

5. 建立数字化管理平台

搭建一个集中管理和维护职位信息的数字化平台，实现职位信息的实时更新和共享。通过数字化平台，监控职位的绩效表现，及时调整和优化职位设计。

在数字化管理下，职位设计需要更加关注企业战略、市场需求和员工的实际需求。利用先进的数字化工具和技术，设计出更加合理、高效和灵活的职位结构，为企业的可持续发展提供有力支持。

案例启示

三个和尚没水喝

在遥远的山巅，有座古朴的小庙，庙里曾有个勤劳的小和尚，他每日默默挑水、念经、敲木鱼，守护着庙宇的宁静。然而，随着时光流转，庙宇的命运也随之改变。

最初，庙宇里只有小和尚一人，他尽职尽责，不辞辛劳。然而，不久之后，第二个和尚的到来打破了原有的平静。两人共居一庙，水的需求量也随之翻倍。小和尚觉得，独自挑水太过辛苦，便

与新来的和尚商量，决定一同抬水。虽不如从前便捷，但总算保证了水的供应。

然而，好景不长。第三个和尚的到来，让原本微妙的平衡再次被打破。三个和尚各自心怀小九九，都觉得自己挑水吃亏，于是互相推诿，谁也不愿主动提起打水之事。庙宇里，花草逐渐枯萎，老鼠横行，但三个和尚依然各自为营。

终于，一场大火降临，将庙宇化为灰烬。三个和尚虽侥幸逃出，但老住持却不幸遇难。这场悲剧，让人唏嘘不已。

从人力资源管理的角度来看，我们或许能从中得到一些启示。

倘若老住持能够提前预见庙宇的未来，从规范管理的角度入手，或许能避免这场悲剧。他可以进行职位分析，将庙宇的各项工作详细列举，如挑水、做饭、扫地等，并为每个职位制定明确的工作说明书。同时，他可以实行值日制度，确保每个人都有明确的职责和分工。这样一来，即使再有新的和尚加入，也能迅速适应庙宇的生活。或许，随着庙宇的扩大和人员的增加，新的问题还会出现。部门之间的协调变得复杂，工作效率也大幅下降。为了解决这些问题，庙宇可以进行工作设计。他们可以成立新的部门，如人力资源管理部、寺庙工会等，并提拔一批和尚担任管理职务。但有时候，这些措施并不能带来预期的效果，反而可能让庙宇陷入更加混乱的局面。

在这种情况下，裁减富余人员成了必然的选择。庙宇可以聘请专业的人力资源管理公司，对庙宇的工作进行重新设计。经过努力，庙宇终会恢复往日的宁静与和谐。

这个故事告诉我们，无论是一个小庙还是一个大企业，都需要有规范的管理制度和明确的职责分工。只有这样，才能确保组织的正常运转和持续发展。同时，作为管理者，我们需要具备前瞻性和战略性眼光，及时预见和解决潜在的问题。

讨论：
1. "三个和尚"的职位分析解决了什么问题？
2. 寺庙在进行工作设计前遇到了哪些问题？案例给了我们什么启示？

任务二　胜任素质模型

传统的人力资源管理，都是通过职位分析来确定职位说明书的职位要求。采用职位分析来确定职位要求时，主要关注的是完成工作所需要具备的知识、技能、经验等，这些对工作的完成很重要，但是有了这些并不一定就能出色地完成工作。在现代人力资源管理中，越来越多的企业开始采用胜任素质模型来分析完成工作所需要具备的深层次特征，作为职位分析所确定的职位要求的补充，弥补职位分析的不足。

一、胜任素质概述

胜任素质（Competency）也译为胜任特征、胜任力或胜任能力，是从组织战略发展的需要出发，以强化竞争力、提高实际业绩为目标的一种独特的人力资源管理的思维方式、工作方法、操作流程。著名的心理学家，哈佛大学教授麦克里兰（McClelland）博士是国际上公认的胜任素质方法的创始人。

知识链接

胜任素质由来

20世纪60年代末，美国国务院开始反思传统的情报官选拔方式。尽管基于智力因素的选拔方法曾被视为标准，但其实际效果却并不尽如人意。许多看似才华横溢的候选人，在实际情报工作中却表现平平，甚至令人失望。为了解决这一难题，美国国务院邀请了著名心理学家大卫·麦克利兰博士，协助设计一种更为精准的选拔方法。

麦克利兰博士深入研究并整合了关键事件技术和主题统觉测试的理念，创造了一项全新的技术——行为事件访谈。他利用这一方法对表现出色的情报官与普通情报官进行了深入的访谈，并细致地分析了谈话资料。通过主题分析，他将这些差异转化为客观的分数定义，最终揭示了影响外交官业绩的关键因素：跨文化敏感性、政治判断力以及对他人的积极期待等潜在素质。

在后续的研究中，麦克利兰博士进一步提出了胜任素质的概念，这一理念不仅在学术界引起了广泛关注，也对实务界产生了深远影响。他的研究让人们认识到，选拔人才时，应更加关注那些能够真正带来实际工作绩效的胜任素质，而非仅仅依赖于表面的智力指标。

麦克利兰的研究深深影响了美国心理学界和社会公众的观念。这一方法本身也被商业化运用，到1991年，胜任素质评价法已经得到26个国家中的100个以上研究者的应用。时至今日，经过20多年的商业运作，该方法已经形成了一个全球范围的胜任素质模型数据库和通用胜任素质辞典。胜任素质评价方法已被全球众多的政府部门、教育机构、军队以及国际知名企业等组织所采纳、运用，并显示出它的重要价值。因此，我们认为引进并研究这一方法在我国人力资源管理中的适用性，是一项在理论和应用方面均有重要战略意义的工作。

（一）胜任素质的定义

斯潘塞夫妇在1993年提出，胜任素质是深层次且潜在的特质，它显著区分了工作中的卓越者与普通者。这些特质可能表现为动机、个性、自我认知、态度或价值观，也可以是特定领域的知识技能。这些特征是可以量化评估的，它们直接关联着工作绩效的高低。

进一步地，斯潘塞夫妇将胜任素质细化为两类：鉴别性胜任素质和基准性胜任素质。鉴别性胜任素质特指那些能让优秀员工从普通员工中脱颖而出的行为特征，它代表着卓越与超越。而基准性胜任素质则是区分合格员工与不合格员工的关键，它代表着完成工作所需的基本能力和素质。这种分类有助于我们更精准地识别和培养不同层级的员工，从而推动组织的整体绩效提升。

胜任素质的提出者麦克利兰认为，胜任素质包括六个方面的内容：

（1）知识：某一特定领域的有用信息。
（2）技能：从事某一活动的熟练程度。
（3）社会角色：希望在他人面前表现出来的形象（如以企业领导、主人的形象展现自己）。
（4）自我概念：对自己的身份、个性和价值的认识和看法（如将自己视为权威还是教练）。
（5）特质：个体行为方面相对持久稳定的特征（如善于倾听他人、谨慎等）。
（6）动机：那些决定外显行为的自然而稳定的思想（如总想把自己的事情做好、总想控制影响别人、总想让别人理解接纳喜欢自己）。

胜任素质的这六个方面的内容形成了一个有机的层次体系。

目前关于胜任素质的两种最常见的模型就是冰山模型和洋葱模型，如图3-5、图3-6所示。

胜任素质的冰山模型将胜任素质描述为一座在水中漂浮的冰山，知识和技能是胜任素质表层的内容，如同冰山的水上部分；而社会角色、自我概念、特质和动机是胜任素质中比较深层的内容，如同冰山隐藏在水下的部分，但它们是决定人们行为和表现的关键因素。

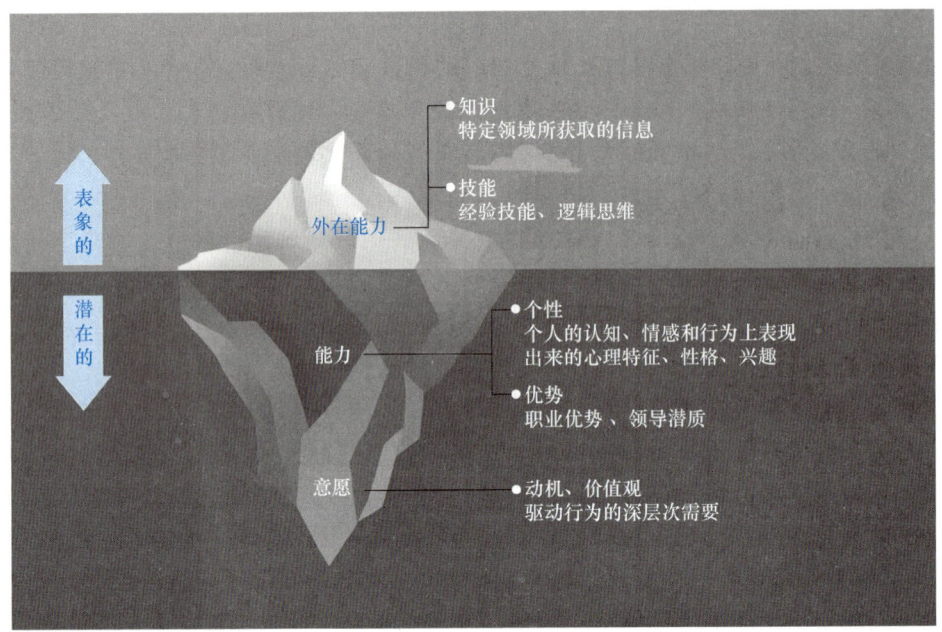

图 3-5　冰山模型

胜任素质的洋葱模型是由美国学者理查德·博亚特兹在 1982 年提出的。在洋葱模型中，胜任素质的构成要素与冰山模型基本类似，包括知识、技能、自我形象、态度、价值观以及个性特征和动机。其中，知识是指个体在某一特定领域掌握的事实型和经验型信息；技能是指个体结构化地运用知识完成某项具体工作任务的能力；自我形象是指个体对自身的看法以及自我评价或自我认知；态度是个体的自我形象、价值观以及社会角色等发生综合作用的外化结果，会随环境而变化；价值观是个体对周围各种事物的重要性、意义的总体评价和看法；个性特征是个体对外部环境以及各种信息做出反应的方式、倾向以及基本特性；动机是推动个体为达到目标而采取行动的内驱力。个性特征和动机处于洋葱的最内层，中间层为自我形象、态度和价值观，最外层的则是知识和技能。最内层和中间层的胜任素质既难以做出评价，也难以后天习得，而最外层的知识和技能既容易做出评价，同时也容易在后天习得。

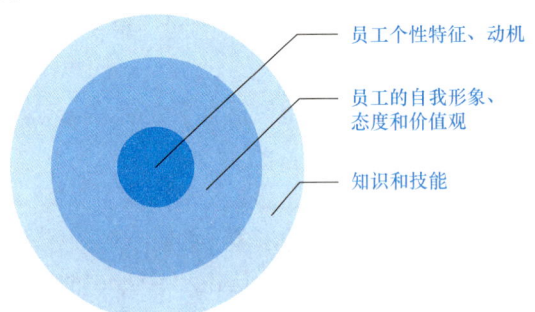

图 3-6　洋葱模型

（二）胜任素质的构成要素

胜任素质应该包含六个要素，即名称、定义、维度、分级、等级标准、行为描述。胜任素质的构成要素举例说明详情见表 3-5。

表 3-5　胜任素质的六要素示例

成就欲：希望更好地完成工作或达到一个优秀的绩效标准			
A	激励成就的强度和完整性	B	成就的影响范围
A1	不符合工作标准。在工作中漫不经心，只符合基本要求却很关心工作以外的事，如社交活动、地位、兴趣、家庭活动和朋友关系	B1	只关心个人的表现。通过时间管理技术及良好的工作方式，只改善个人的工作效率或只影响单个人，如主要部属及秘书的工作效率
A2	只专注在任务上。虽然努力工作，但对于产出却没有证据显示达到杰出的标准	B2	影响一个或两个人，影响其在财务上小额的承诺
A3	想把工作做好，想要努力工作，以符合工作标准。想要把工作做好、做对，偶尔对于浪费与无效率表现出沮丧，例如抱怨时间浪费和想要做得更好，但实际上没有实质性的进步	B3	影响一群人（4~15人），获得中等数量的销售或财务承诺，通过使工作更系统或使其他人更有效率来改进群体绩效
A4	工作符合其他人的标准。工作符合管理标准，例如预算的管理符合销售的业绩品质的要求等	B4	影响一个部门的人（超过15人），获得一项大的业绩或相当程度的财务承诺
A5	自己设立衡量优异的标准。使用自己特定的方法来衡量产出，而不是使用一套来自上层管理要求的优异标准，例如费用、时间管理、淘汰率、打击竞争者等，或是设立的目标达不到A7设立的程度都归纳在这个部分	B5	影响一个中型组织或是一个大组织的部门
A6	持续不断地改善绩效。在系统上或工作方法上做出改变以改善绩效，例如降低成本、提高效率、改善品质、提高顾客满意度、提升士气、增加收益，而没有设定任何特别的目标	B6	影响一个大型组织
A7	设定挑战性的目标。设定及达成具有挑战性的目标，例如六个月改善销售/品质/生产力15%。具有挑战性表示目标达成有一定的难度但并不是不可能达成的。开始设定及执行具有挑战性的目标就可以计分，即使目标没有达成也给予计分，设定的所谓安全目标不具备挑战性，不予计分	B7	影响整个产业

（1）名称。表3-5给出的胜任素质名称是"成就欲"。

（2）定义，即该胜任素质的具体内容是什么。表3-5中的"成就欲"是指希望更好地完成工作或达到一个优秀的绩效标准。

（3）维度。表3-5给出了"成就欲"其中的两个维度：激励成就的强度和完整性、成就的影响范围。

（4）分级。指对每一个维度划分等级。如"成就欲"的"激励成就的强度和完整性"分为7个级别（从A1到A7）。

（5）等级标准。指每一个等级的具体标准，如A1的等级标准为"不符合工作标准"。

（6）行为描述。通过行为描述来对每一个等级进行界定，具体体现等级之间的差别。如对"激励成就的强度与完整性"的第4级（A4）是通过这样的行为描述进行界定的："工作符合管理标准，例如预算的管理符合销售的业绩品质的要求等。"

（三）胜任素质的核心特征

胜任素质具有以下六个核心特征。

1. 客观性

胜任素质不是我们完成工作所需要具备特征的假设，而是通过对比两组人，找出他们之间的根本区别。因此，胜任素质是客观的。

2. 强调深层次特征

深层次特征指的是胜任素质是跨情境、跨时间的行为或思维风格，它是深层次和持久的部分，能够预测个体在广泛的环境和工作任务中的行为。相对于浅层次的知识和技能容易改变而言，深层次的特质和动机是难以评估和改进的，所以对于组织的招聘和选拔工作来说，深层次的特征最有价值，而且工作任务越复杂，深层次的特征越重要，如图3-7所示。

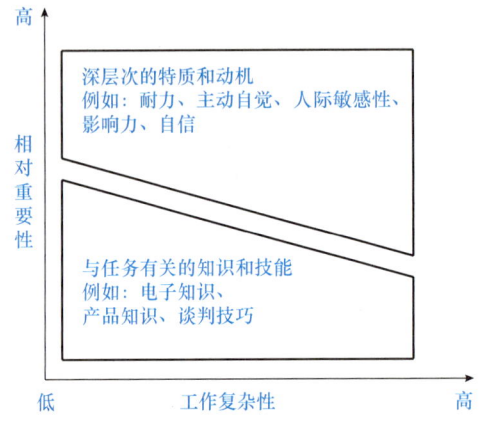

图 3-7 胜任素质的核心特征：深层次特征

3. 因果关联性

因果关联性是指胜任素质与所引起和预测的行为和绩效之间存在关系。一般来说，动机、特质和自我概念等胜任素质将预测行为的反应方式，而行为反应方式又影响工作绩效的结果。如图3-8示，胜任素质总是包含着一个意图，即引起行动指向结果的动机和特质。

例如，成就动机与工作绩效之间的因果关联性如图3-9所示。

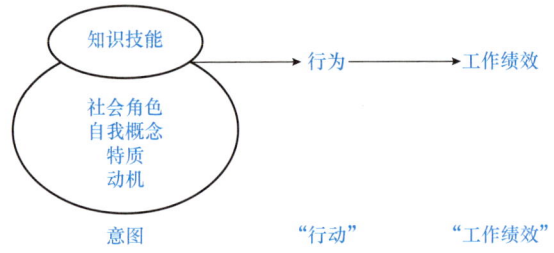

图 3-8 胜任素质的核心特征：因果关联性

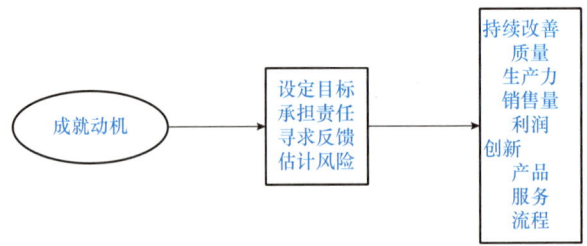

图 3-9 成就动机与工作绩效

4. 分级可测评性

每一项胜任素质都可以从几个维度来测量，而这一过程是通过将每个维度划分为不同的等级来实现的。级别之间的差距必须是刚好可以觉察的（Just Noticeable Difference，JND）。通过对胜任素质的各个维度进行等级衡量，职位所需的一项胜任素质就可以完整地测量出来。图 3-10 给出了成就动机等级关系的示例。

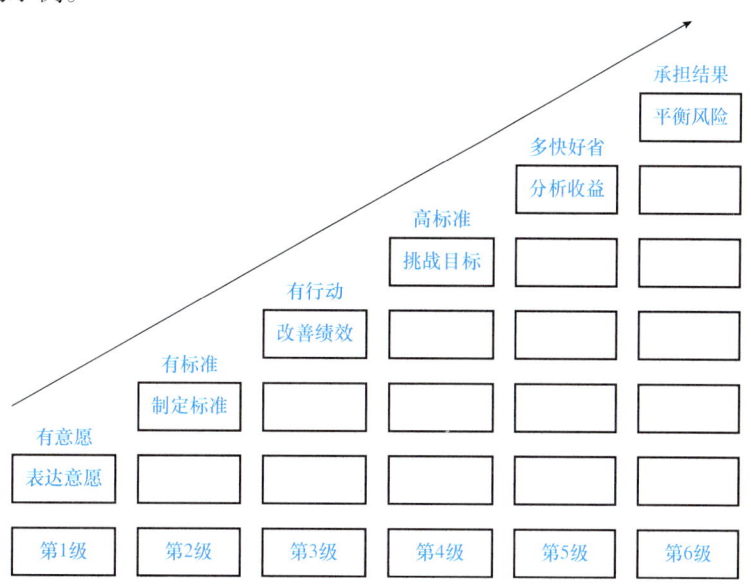

图 3-10　胜任素质的核心特征：分级可测评性

5. 行为可测评性

胜任素质可以划分为一系列的等级，每一等级都有各自的行为描述，这样就可以根据工作的具体操作性事例来客观地衡量胜任素质处于哪一等级。图 3-11 给出了成就动机的行为表现示例。

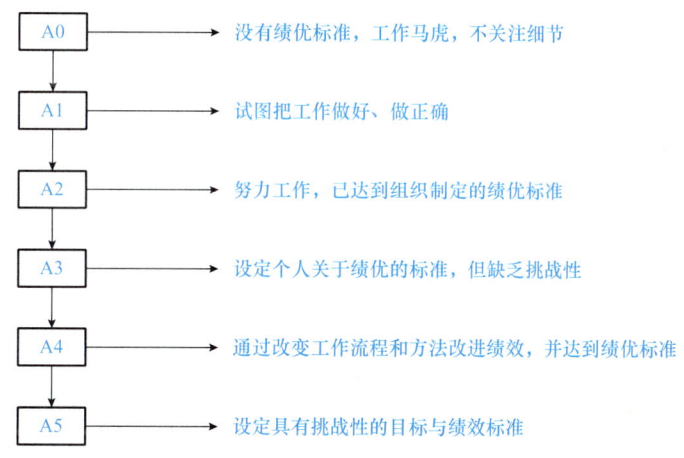

图 3-11　胜任素质的核心特征：行为可测评性

6. 关注突破点

不同的胜任素质等级对应着不同的绩效，随着胜任素质等级的提高，绩效水平也提高。在胜任素质的某个等级，绩效将会出现大幅度的提高，这一点叫突破点（tipping point）或回报点，如图 3-12 所示。在突破点，绩效的提升幅度最大。要通过提高胜任素质等级来使绩效提升，花在突破点之前的时间和努力是很值得的，花在突破点之后的时间和努力最好用于其他胜任素质。

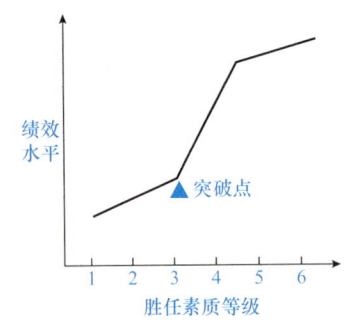

图 3-12 胜任素质的核心特征：突破点

二、胜任素质模型概述

（一）胜任素质模型的定义

胜任素质模型（competency model）就是指为完成某项工作、达成某一目标所需要的一系列不同胜任素质的组合，包括不同的动机表现、个性与品质要求、自我形象与社会角色特征以及知识与技能水平。它描述的是特定组织特定职位所要求具备的胜任素质，以及这些胜任素质之间的权重关系。

通常来说，胜任素质模型：

（1）最好由 5~9 项胜任素质组成，不能太多；

（2）每项胜任素质在整个模型中有一定的权重（重要性程度）；

（3）每项胜任素质都有明确的界定；

（4）部分胜任素质还界定了所必须达到的等级。

胜任素质模型是用来描绘某（类）职位任职人员胜任素质构成的直观呈现，这种呈现既可以是详细的文字说明，也可以是形象的图形勾勒，或二者的结合。图 3-13 给出了国内某知名企业管理干部的胜任素质模型。

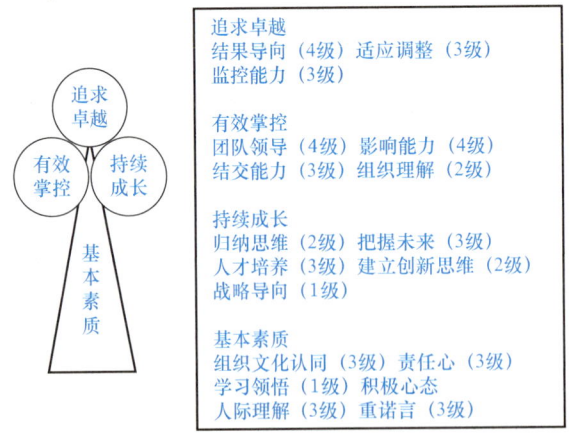

图 3-13 国内某知名企业管理干部的胜任素质模型

（二）胜任素质模型的分类

根据不同的工作性质和特点，不同的时空范围和目标、需求，胜任素质模型可以划分为以下四种类型：

（1）职位胜任素质模型。它是胜任素质模型中范围最狭窄的一种模型，仅适用于某一特定职位。比如，销售总监的胜任素质模型、研发总监的胜任素质模型。

（2）职能胜任素质模型。它是根据职能部门中的专业性非常强的某类职位任职者的成功实践，总结归纳出来的胜任素质模型，如市场营销人员、技术研发人员、财务管理人员、物流管理人员、工业工程管理人员、质量控制人员、人力资源管理人员等的胜任素质模型。

（3）角色胜任素质模型。它是从组织中员工个人所扮演的角色出发，通过深入比较研究总结概括出来的一种胜任素质模型。它跨越了某类职位人员的专业性和单一性，是对职能性胜任素质模型的进一步提升，如企业家的胜任素质模型、职业经理的胜任素质模型乃至各级主管人员的胜任素质模型。主管人员的胜任素质模型是对人事主管、财务主管、销售主管、技术主管以及生产主管等职能性胜任素质模型的高度概括。

（4）组织胜任素质模型。它是从组织发展愿景和目标出发，与组织的核心价值观紧密结合，为满足组织总体战略的发展需要而确立起来的胜任素质模型。它高于其他层次的胜任素质模型，是要求组织内不同工作领域、不同层次和不同职位上所有人员需要具备的胜任素质。

拓展阅读

成为一个领导，应该具备什么素质和心态

牛弘为人宽厚谦恭，学术精博，隋王室的旧臣始终受到信任而没有遭受羞辱和灾祸的，只有牛弘一人而已。牛弘的弟弟牛弼嗜好饮酒，酒醉后易发怒，曾经因醉酒而射死了牛弘驾车的牛。牛弘回家，他妻子迎上来告诉他："叔叔射死了牛。"牛弘没有感到奇怪，只回答说："做成肉脯。"他坐下后，妻子又说："叔叔忽然射死牛，这是非常奇怪的事。"牛弘说："我已经知道了。"神色自然若无其事，继续看书没有中断。

牛弘被封侯且是唯一被王室信任的人，可写、要写的事迹很多，但是司马光却选择了这样一件处理射牛的事件，可谓精挑细选，是小中见大。因为这件事情说明了他之所以能够屹立不倒，不仅仅因为性格宽厚，学术精博，还有人生智慧。

1. 不影响情绪。喜怒不形于色，一直被认为是成功者的基本素质。一个能够用理性控制情绪的人，都是自律能力极强的人，只有这样才能够处变不惊，从容有序地处理各种事情，牛弘表情不写在脸上，外人无法窥探其内心，也就无法轻易驾驭，进而能够保障自己的安全。牛弘面对弟弟射死自己的牛，情绪波动毫无外显。不被任何事情影响到自己的情绪，这是大智慧。

2. 不扩大损失。牛死了，给出的处理意见就是做成牛肉干，而不是追究责任，这就是不扩大损失的做法。笔者认为这背后可能有三个理由：第一，不展示矛盾，怕自己兄弟间的矛盾被外人挑拨利用。第二，防备妻子。官员家庭的夫妻关系政治大于感情，不说太多，让周围的人无法出卖自己。第三，怕弟弟的错误被外人利用，直接牵连到自己的职场仕途，因此淡化处理。

3. 不干扰目标。老婆本来还想和牛弘八卦一下，但是牛弘却直接说，我已经知道了，接着读书，毫不影响自己当下任务。事情已经发生了，自己也给出了处理方案，所以也就不再把精力放在这件事情上了。一个人不受外界的干扰，专注于自己的目标，这种人不浪费自己的时间和精力，知道自己要的是什么，现在成功学流行的最新理论——钝感力、屏蔽力、专注力，其实也就是这个意思。

理性地处理身边一切事务，不受干扰地专注于自己的目标，果断处理让自己的损失降到最低，这样的人怎么会不成功？

三、胜任素质模型的建立

胜任素质模型的建立通常有六个关键步骤，如图3-14所示。

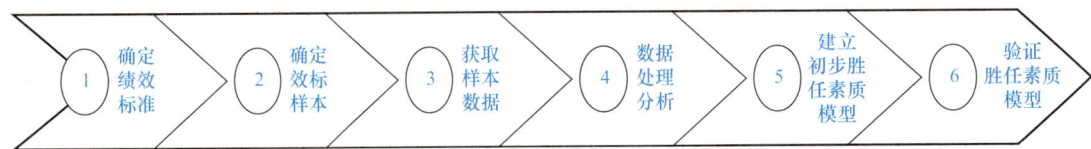

图 3-14 胜任素质模型的建立流程

1. 确定绩效标准

胜任素质的基本思路是对不同绩效水平的员工进行比较,找出他们之间的根本区别(胜任素质),然后用这些胜任素质去预测一个人的绩效。因此,要建立胜任素质模型,首先就需要确定绩效标准,也就是用什么标准来衡量一个人是表现优秀、表现一般,还是表现不尽如人意。这是建立胜任素质模型的第一步,也是最关键的一步。如果绩效标准选择出现了错误或者偏差,后面选出来的胜任素质不可避免就会发生偏差。

在确定绩效标准时,最好采用绩效管理中设定的标准,尤其是一些可以客观衡量的标准。比如,对于销售人员来说,销售业绩就是不错的绩效标准;对于客户服务人员来说,客户满意度就是应该考虑的标准。当然,如果难以找到客观的绩效标准,也可以采用"上级提名"这种简单的方法,即由上级领导直接给出工作绩效的标准,这种方法虽然较为主观,但如果领导层比较客观的话,也不失为一种简便可行的方法。

2. 确定效标样本

根据第一步确定的绩效标准,对企业现有的人员进行评价与判断,即哪些人明显超过绩效标准(表现优秀者),哪些人达到但未明显超过绩效标准(表现一般者),哪些人明显没有达到绩效标准(表现不尽如人意)。如果是建立基准性胜任素质模型,则需要找出表现一般者与表现不尽如人意者两组人。一般来说,我们建立的都是鉴别性胜任素质模型,找的是表现优秀者(优秀组)与表现一般者(普通组)两组人。从理论上来说,在建立胜任素质模型时,每一组应该不少于 10 人,根据具体情况灵活确定。

3. 获取样本数据

获取样本数据的方法有行为事件访谈(Behavior Event Interview,BEI)、专家小组评议法、问卷调查法等,但一般以行为事件访谈为主。

4. 数据处理分析

在这一步骤中,对搜集的数据资料加以分析,可以确认区分杰出表现者与一般表现者的胜任素质,这个过程称为成立假设、主体分析或概念形成等环节。如果采用的是行为事件访谈,本步骤需要完成的工作就是对访谈收集的资料进行编码分析;如果采用的是问卷调查法,就需要对问卷进行分析。

5. 建立初步胜任素质模型

通过对数据处理分析(如访谈资料的编码分析和问卷分析)的结果进行整理归纳,建立初步模型。这一工作就是对优秀组和普通组在每一胜任素质上出现的频次和等级的差别进行比较分析检验,找出两组的共性与差异特征,根据不同的主题进行特征归类,确定胜任素质项目;根据频次的集中程度,估计各类特征组的大致权重,然后确定每项胜任素质的等级;描述胜任素质等级;最后以文字和图表或是二者结合的形式将胜任素质模型呈现出来。

6. 验证胜任素质模型

验证胜任素质模型可以采用已有的优秀者与一般者的有关标准或数据进行检验,其关键在于组织选取什么样的绩效标准来做验证。可以采用三种模式来确认模型有效性。

(1)研究人员可以搜集优秀者与一般者的第二个效标样本,再次通过行为事件访谈来收集数据。分析建立的胜任素质模型是否能够区分第二个效标样本（分析员事先不知道谁是优秀组或普通组），即考察交叉效度。

（2）根据胜任素质模型编制评价量表，评价第二个效标样本在上述胜任素质模型中的关键胜任素质，考察绩效优秀者和一般者在评价结果上是否有显著差异，即考察构想效度。

（3）通过行为事件访谈或其他测验，按所提取的胜任素质模型中的胜任素质选拔人员，或是根据胜任素质模型对相关人员进行培训，然后跟踪这些人，考察他们在之后的工作中是否表现更出色，这是最有力的验证方法，即考察预测效度。

只要岗位匹配，用人可以不拘一格

用人之道在中国传统文化中始终是一个重要话题。比如，三国学者刘劭的著作《人物志》是我国古代一部人才鉴定学专著，而魏晋时期的九品中正制就是通过考察人们的家世、德行、才能来评定人才等级的选才制度。事实上，用人之道对企业管理的影响丝毫不亚于治国平天下。

人力资源管理工作是一个庞大的系统工程，但归根结底都是在解决"用人"问题。企业文化价值观决定了公司需要什么样的人才，人力资源战略规划则是告诉大家怎样获得所需的人才，招聘是为了搜求相关的人才，培训则是为了让这些人才融入公司。毫不夸张地说，前面一系列的烦琐工作都是为"用人"服务的。

通常来说，一个公司在不同的发展阶段应该采取与之相应的用人之道。但具体该如何落实，家家有本难念的经，更多还得靠自己摸索。在摸索过程中，少不了要走弯路。阿里巴巴就曾经在用人问题上经历过辉煌，也遇到过教训。

阿里巴巴最初的创业十八罗汉，有大学教师、资深媒体人，也有技术人员和年薪百万美元的投资管理专家。

蔡崇信回忆说，他之所以辞去之前优越的工作加入阿里巴巴，是因为他觉得这个团队非常有潜力，马云的领导能力很强，不同背景的队友可以优势互补，大家抱着相互尊重、取长补短的态度进行合作。在蔡崇信看来这简直是一个"梦之队"。事实证明他的判断没错，十八罗汉的确打出了一片新天地，奠定了阿里巴巴集团的发展基础。

但是，当阿里巴巴在1999年10月得到500万美元风险投资金时，转变了原先的用人方针。

阿里巴巴引进高学历的商业人才，取代了原先的高层管理团队。除了马云本人外，阿里巴巴另外11位高层管理者都是从海外引进的人才。此后，阿里巴巴还从国内外招聘了大量MBA（工商管理硕士），试图以此方式向国际先进管理经营靠拢。

结果其中绝大部分人因无法融入阿里巴巴的环境而离开。事后，马云仍然坚持认为他们管理水平其实很高，只是当时的阿里巴巴是小庙，容不了大菩萨。经过这段弯路后，阿里巴巴的用人之道也趋于成熟，一方面以当年的创业十八罗汉为核心班底，另一方面不断从外部引进与公司发展需要、文化价值观相兼容的各类精英。这个方针使得阿里巴巴历经风浪后依然保持稳定快速的发展，越来越壮大。现在阿里巴巴的用人之道可以概括为一句话，"只要岗位匹配，用人可以不拘一格"。

比如，掌管阿里巴巴人力资源部十余年之久的阿里巴巴前任首席人才官彭蕾是十八位创始人之一，跟马云一样是大学教师出身。她慧眼识珠，从公司前台提拔了没有任何学历专业优势的童文红，创造了一段前台小妹成为集团副总裁的佳话。

彭蕾和马云都不懂技术，所以他们极力寻找业内顶尖的技术能人。彭蕾在 2008 年物色到了微软亚洲研究院的王坚，千方百计地说动他加入阿里巴巴，担任集团首席架构师，后来升任首席技术官。

马云在长江商学院读 EMBA（高级管理人员工商管理硕士）时，认识了长江商学院的教授曾鸣。曾鸣的丰富学识与清晰的战略头脑让马云大为赞赏，于是马云力邀他加盟阿里巴巴，做了掌控集团战略的参谋长。

最有意思的是阿里巴巴集团秘书长与首席风险官邵晓峰。他被招进阿里巴巴前是杭州市公安局刑事侦查支队一大队大队长，毫无商业经历。但马云看中了他的潜力，将其拉进阿里巴巴高层团队。

阿里巴巴有着独特的组织结构，为了给各个岗位配备最合适的人才。阿里巴巴高层从来不局限于从单一的渠道搜索能人异士，也时常大胆破格重用意想不到的人。只要符合岗位需求，英雄不问出身和资历。这种不拘一格的用人之道让公司的选才余地更宽，也避免了所选人才不能胜任工作的尴尬，是值得借鉴的成功经验。

阿里巴巴的成功得益于其独到的用人策略。公司文化与价值观成为他们挑选人才的关键准则，这不仅保障了团队的默契配合，也为公司的持续进步提供了动力。阿里巴巴在选材上不拘形式，更看重个人的能力和潜能。他们为员工提供广泛的培训和实践机会，以助力员工成长。同时，公司尊重每位员工的个人意愿和职业发展目标，鼓励大家参与决策、积极献策。这种人本思想不仅加深了员工的忠诚度，也为公司培养了大批全面型人才。

人力资源专业的学生应树立正确的职业观念，恪守职业道德。在选材时，应确保人才与企业文化和社会主流价值观相一致，这样有助于统一团队思想，推动企业稳定发展。此外，我们还需怀揣社会责任感，为社会的和谐做出贡献。作为未来的 HR，我们要爱岗敬业，深知自己的使命，为企业和社会发掘并培养更多优秀人才。

课后练习

职位分析与设计案例分析

练习目的：
加强对职位分析与设计的理解。

作业要求：
假设你是一家快速发展的互联网公司——智慧科技有限公司的 HR 经理。随着公司业务的不断拓展和市场的快速变化，公司决定对现有的技术部门进行职位分析与设计，以更好地适应市场需求和提高员工的工作效率。

智慧科技有限公司的技术部门目前包含软件开发、测试、数据分析和项目管理等多个岗位。然而，随着公司业务的增长，一些岗位的工作职责变得模糊，员工之间的协作效率下降，同时招聘和选拔新员工时也缺乏明确的职位标准。

你的任务是对技术部门的各个职位进行深入的职位分析与设计，确保每个职位都有清晰的工作职责、任职资格、绩效考核标准以及职业发展路径。

1. 关键步骤：

（1）收集资料：通过访谈、问卷调查、观察等方式，收集关于技术部门各职位的详细信息，包括工作内容、工作环境、工作时间、工作关系等。

（2）职位分析：对收集到的资料进行深入分析，明确各职位的核心职责、工作权限、工作条件等。

（3）职位设计：基于职位分析的结果，重新设计各职位的工作职责、任职资格、绩效考核标准等，确保职位设计符合公司的发展战略和市场需求。

（4）验证与修订：就职位设计方案与技术部门的员工和管理层进行沟通，收集反馈并进行必要的修订，以确保职位设计的合理性和可行性。

2. 预期成果：

通过职位分析与设计，预期达到以下成果：

（1）明确各职位的工作职责和任职资格，为招聘和选拔新员工提供明确的标准。

（2）提高员工之间的协作效率，减少工作重叠和冲突。

（3）为员工提供清晰的职业发展路径，激发员工的工作积极性和创造力。

（4）促进公司技术部门的整体发展，提高公司的市场竞争力和盈利能力。

3. 问题：

（1）在进行职位分析时，应该重点考虑哪些因素？请列举并解释。

（2）在职位设计过程中，如何确保设计的职位既能满足公司的战略需求，又能符合员工的职业发展需求？

（3）假设你在职位分析时发现某个职位的工作职责过于复杂，应该如何处理？

（4）职位分析与设计对公司长期发展的重要性体现在哪些方面？请举例说明。

CHAPTER 4

项目四 员工招聘与选拔

学习目标

○ 了解影响员工招聘的因素和主要战略；
○ 熟悉员工招聘的程序和内容；
○ 了解员工招聘的来源和渠道；
○ 熟悉员工选拔的内涵及作用；
○ 熟悉员工选拔的程序、影响因素、参考依据；
○ 理解招聘数字化转型的重要意义及实施策略。

思政目标

○ 培养正确的价值导向；
○ 坚持公正法治，提升服务意识；
○ 提倡诚信的价值理念。

案例导入

沃尔玛（中国）：AI面试技术引领高效招聘革新

沃尔玛（中国）作为国际零售业的巨头，随着业务规模的不断扩大，面临的招聘挑战也日益凸显。特别是在基础岗位的大规模招聘上，传统招聘流程耗时长、效率低下的问题越发严重。为了突破这一瓶颈，沃尔玛（中国）展现出了前瞻性的眼光，积极拥抱智能化招聘趋势，引入了海纳AI智能化招聘软件，并在实际应用中取得了显著成效。

面对招聘规模庞大、流程烦琐的痛点，沃尔玛（中国）选择海纳AI作为其智能化招聘的合作伙伴。这款软件专为基础岗位大规模招聘、AI面试和视频人才库等场景设计，为沃尔玛（中国）提供了一站式的解决方案。通过AI面试，候选人无须再受时间和地点的限制，只需扫描二维码，即可随时随地参与面试。这种便捷的面试方式不仅提高了候选人的参与度，也极大地节省了招聘成本。

在AI面试中，海纳AI的智能面试官能够代替HR进行初步筛选。它们会根据预设的问题进行提问，并通过候选人录制的短视频来评估其能力和素质。这种基于视频的面试方式，使得HR能够更直观地了解候选人的表现，从而做出更为准确的判断。同时，AI面试官还能够根据预设的评估标准和算法，对候选人进行客观、公正的评价，解决了门店招聘标准不统一的问题。

通过引入海纳AI智能化招聘软件，沃尔玛（中国）在基础岗位的大规模招聘中取得了显著成效。首先，AI面试大大提高了招聘效率。相比传统面试，AI面试能够同时处理数十万人的面试数据，快速筛选出符合要求的候选人。这不仅缩短了招聘周期，也确保了员工能够快速到岗，满足公司快速发展的需求。其次，AI面试解决了门店招聘标准不统一的问题。通过预设的评估标准和算法，AI面试官对候选人进行了更为客观、公正的评价，使得各地门店招聘到的人才质量更为一致。这不仅提升了公司的整体服务水平，也增强了公司的竞争力。

从沃尔玛（中国）的案例中我们可以看到想，智能化招聘在提高效率、降低成本、保证招聘质量等方面具有显著优势。随着技术的不断进步和应用的普及，智能化招聘将成为未来招聘的主流趋势。企业需要紧跟时代步伐，积极探索和尝试智能化招聘方式，以应对日益激烈的市场竞争和人才争夺。同时，这也要求企业不断提升自身的技术水平和人才管理能力，以适应智能化招聘带来的新挑战和新机遇。

知识框架

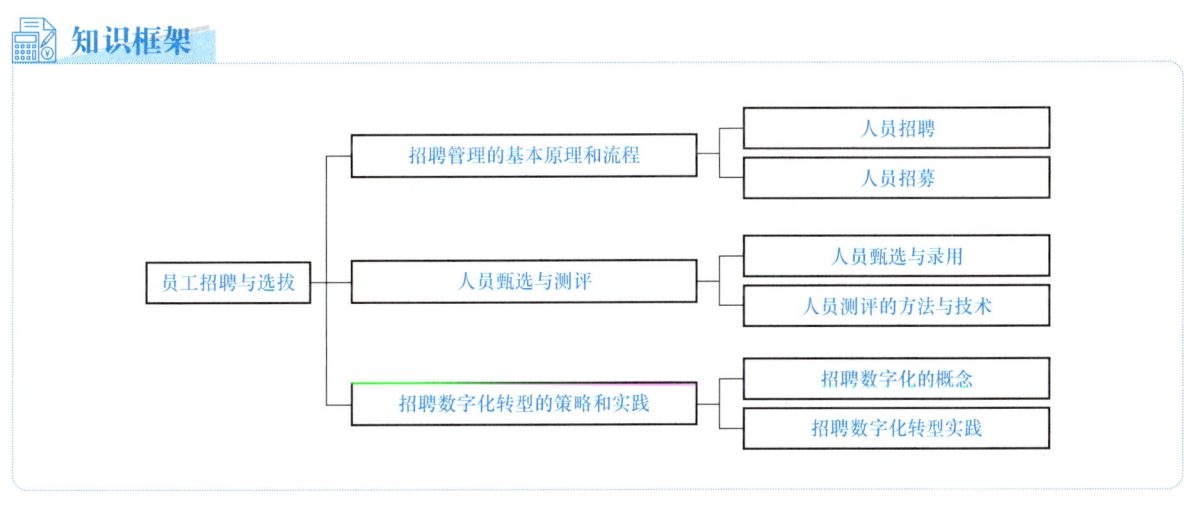

任务一　招聘管理的基本原理和流程

一、人员招聘

人员招聘是人力资源管理工作的重要组成部分，在整个人力资源管理体系中发挥着至关重要的作用，它不仅是组织获取优秀人才的主要途径，还能够提升组织的形象和声誉，激发员工的工作积极性，促进组织内部的交流和合作，以及为组织的战略实施和长远发展提供有力保障。

（一）人员招聘的定义及作用

人员招聘是指按照组织的战略目标、人力资源规划与用人部门要求，吸引与招募那些符合职位要求的人员前来应聘，通过人员测评技术进行甄选，把合适的人员录用到合适的职位上的过程。简单地说，人员招聘就是指为组织空缺的职位寻找与选择合适的人员的过程，它是"招募""甄选"与"录用"的总称。

人员招聘的作用主要表现在以下几个方面：
（1）为组织创造价值，建立组织核心竞争力。
（2）是组织获取优秀人才的主要途径。
（3）能够提升组织的形象和声誉。
（4）作为一种人力资源开发与激励手段，能够增强组织内部凝聚力。
（5）有助于优化组织的人力资源配置。

（二）人员招聘的影响因素

人员招聘会受到多种因素的影响，有外部环境的因素，也有组织内部的因素，此外还有应聘者和招聘者的因素。

1. 外部环境因素

外部环境因素主要包括宏观经济形势、社会经济制度、政府关于劳动就业以及招聘和人才引进的政策法规、人才市场的供需关系和竞争程度以及特定行业或领域的人才储备情况等。

2. 组织内部因素

组织的内部因素主要包括组织的战略规划和目标设定、组织的文化和价值观、职位性质、组织的人力资源政策等。

3. 应聘者因素

应聘者因素主要包括求职者的教育背景和职业期望、求职者的工作经验和个人技能、求职者的求职意愿强度、求职者的个性特征等。

4. 招聘者因素

招聘者因素主要包括招聘者的态度和心态、招聘者的经验、招聘者的团队协作和沟通能力等。

（三）人员招聘效用的评估

人员招聘效用评估是组织人力资源管理工作中不可或缺的一环，通过对招聘效用进行评估，可以为以后改进招聘流程、提升招聘质量提供有力支持。对招聘效用可从时间、成本、结果和过程四个方面进行评估。

1. 招聘活动效率评估

招聘活动效率评估指单位时间内招聘到的人数，即完成招聘目标与花费的时间比。其反映了招聘的时效性，包括完成总招聘目标时间比、完成岗位招聘目标时间比，计算公式如下：

$$完成总招聘目标时间比 = \frac{实际招聘总人数}{从正式发布招聘广告到招聘正式结束总天数}$$

$$完成岗位招聘目标时间比 = \frac{单个岗位实际招聘到的人员数量}{从岗位招聘信息发布到招聘结束总天数}$$

2. 招聘活动成本效益评估

招聘活动的成本效益评估是组织人力资源管理工作中至关重要的一环。通过评估招聘活动的成本效益，组织可以更好地理解其招聘投入的回报情况，进而优化招聘策略，提升招聘活动的效率和质量。招聘活动成本效益评估分为招聘成本评估、招聘效用评估、招聘收益率评估。

（1）招聘成本评估。招聘成本评估涉及对招聘活动所需资源的投入和产出的全面分析。在进行招聘成本评估时，首先需要明确成本的范围和构成。招聘成本包括直接成本和间接成本两部分。直接成本是指与招聘活动直接相关的费用，如广告费、招聘会费用、招聘网站费用等。间接成本则是指与招聘活动间接相关的费用，如招聘人员的工资、面试费用、培训费用等。评估招聘成本时，可以采用多种方法。一种常见的方法是计算招聘活动的总成本，包括所有直接和间接成本，并将其与招聘结果进行比较。例如，可以计算每个新员工的平均招聘成本，或者比较不同招聘渠道的成本效益。

（2）招聘效用评估。招聘效用评估主要关注招聘活动所带来的实际效果和价值。它主要包括招聘总成本效用分析、招募成本效用分析、人员选拔成本效用分析、人员录用成本效用分析等。

（3）招聘收益率评估。招聘收益率评估主要关注招聘活动所带来的经济效益与投入成本之间的比率。在进行招聘收益率评估时，首先需要确定相关的收益和成本指标。收益指标通常包括新员工带来的业务增长、生产效率提升、成本节约等方面，这些都可以直接或间接地转化为经济价值。成本指标则包括招聘活动的直接成本（如广告费、招聘会费用等）和间接成本（如招聘人员工资、面试费用等）。接下来，将这些收益和成本数据进行量化，并计算招聘收益率。招聘收益率可以通过以下公式来计算：

$$招聘收益率 = \frac{招聘带来的总收益 - 招聘总成本}{招聘总成本} \times 100\%$$

3. 录用人员数量与质量评估

录用人员数量与质量评估是招聘活动结束后的重要环节，它有助于组织了解招聘计划的完成情况以及新员工的整体表现。

（1）录用人员数量评估。数量评估主要关注实际录用人数与计划招聘人数之间的对比。具体指标包括录用比、录用完成比和应聘比。录用比的计算公式为录用人数除以应聘人数，再乘以100%。这个指标反映了录用者的相对数量，录用比越小，可能意味着录用者的素质越高，因为竞争更为激烈；反之，则可能表示录用者的素质相对较低。录用完成比的计算公式为录用人数除以计划聘用人数，再乘以100%。这个指标用于评估招聘计划的实际完成情况。如果录用完成比等于或大于100%，说明组织在数量上全面或超额完成了招聘计划。应聘比的计算公式为应聘人数除以计划聘用人数，再乘以100%。这个数据可以反映招聘信息的发布效果，应聘比越大，通常意味着招聘信息的传播效果越好，同时也可能预示着新员工的整体素质较高。

（2）录用人员质量评估。质量评估侧重于评估新员工的综合素质和工作表现，通常包括绩效评估、工作能力评估、适应性评估等几个方面。绩效评估即通过设定明确的绩效指标，对新员工的工作表现进行定期评估。这有助于了解新员工是否能够满足岗位需求，以及他们在工作中的实际表现。工作能力评估包括对新员工的专业技能、沟通能力、团队协作能力等方面的评估。这有助于判断新员工是否具备胜任工作的基本能力。适应性评估主要是观察新员工是否能够快速融入组织文化和团队氛围，以及他们是否能够适应新的工作环境和工作要求。此外，还可以根据招聘要求和工作分析中的要求对录用人员进行等级排列，以确定其质量。这种方法与绩效考核方法相似，有助于更全面地了解新员工的综合素质和工作能力。

4. 招聘过程与招聘人员表现评估

招聘过程与招聘人员表现评估是招聘效用评估中的重要环节，它涵盖了招聘流程的效率和招聘人员的专业能力、服务态度等多个方面。

（1）招聘过程评估。招聘过程评估主要关注招聘流程的优化程度、招聘周期、候选人体验等内容。招聘流程优化程度是评估招聘流程是否顺畅、高效，是否存在冗余或低效环节的标准。同时，关注流程中的改进和创新措施，如采用新的招聘技术或工具，以提高招聘效率和质量。招聘周期评估是分析从职位发布到最终录用的整个招聘周期，判断招聘速度是否符合组织需求。较短的招聘周期有助于减少候选人流失，提高整体招聘效率。候选人体验就是关注候选人在招聘过程中的体验和感受，如投递简历的便捷性、面试流程的公正性、沟通反馈的及时性等。

（2）招聘人员表现评估。招聘人员表现评估主要关注招聘人员是否具备扎实的专业知识，如人力资源管理、面试技巧、人才评估等方面的知识；是否具备良好的服务意识，如主动沟通、耐心解答、及时反馈等；是否具备良好的团队合作精神，如与其他部门协同配合、分享招聘资源和经验等。

拓展阅读

招最优秀的不如招最合适的[1]

企业在发展时期渴望吸引顶尖人才以建立优势，但优秀人才未必能为企业带来预期的变革。阿里巴巴在初创时引入来自500强的高管，结果却"水土不服"。这些管理者习惯了大公司的运作方式，而当时阿里巴巴需要的是灵活性和适应性。阿里巴巴意识到，人才与企业环境相匹配，才能发挥最佳效果。因此，他们转变策略，不再盲目追求"最优秀"，而是寻求"最合适"的人才，以更贴合公司需求和发展阶段。什么样的人才是"最合适的人才"呢？可以通过三个方面来考察：

（1）这个人有没有胜任岗位的能力或潜质。

（2）这个人是否认同公司文化和价值观。

（3）这个人的发展目标与公司的发展目标是否方向一致。

总之，"最合适的人才"可能是业内公认的"最优秀的人才"，也可能不是。但无论怎样，他们都与公司的发展需求相匹配，能够很好地融入公司的价值文化体系中，并愿意与公司共同成长。这就如同一辆车配上了性能最匹配的发动机，能把综合性能发挥到极致。

在阿里巴巴上市后，公司的海外业务猛增，人力资源管理工作遇到了很多新情况。媒体在采访当时的阿里巴巴首席人才官彭蕾时提出这样一个问题：阿里巴巴是否会为了实现国际化战略而在全球层面寻找一些高级人才？

彭蕾回答道："其实国际化有很多实现路径，也未见得到美国去就是国际化，特别是我们的业务，也许东南亚更适合，也许非洲、南美都合适。我们有一个做出口的平台叫AliExpress（全球速卖通），现在已经是俄罗斯最大的电商网站。人才方面也不会特意为之，我们在这个阶段需要什么样的人才，或者需要什么样的资源，我们就会自然而然、水到渠成地做一些事。"

在不同阶段选择真正适合公司发展的人才，而不是刻意选择大家眼中的"高级人才"，这就是阿里巴巴的招聘标准。

（四）人员招聘的流程

人员招聘的流程大致可分为准备、招募甄选、录用、评估四个阶段，如图4-1所示。

1. 准备阶段

准备阶段是确保整个招聘流程顺利进行的关键一环。这一阶段的主要任务是对组织的人力资源需求进行分析，制定招聘策略和计划，组建招聘小组以及准备招聘实施过程中需要的物资。

2. 招募甄选阶段

招募甄选阶段是整个招聘流程中的核心环节，主要涉及吸引合适的应聘者并筛选出最适合的候选人。这一阶段的主要任务包括发布招聘信息、接收应聘者材料、对应聘者的简历进行资格审查、对应聘者的专业知识和技能水平进行测试、对应聘者进行面试、根据测试和面试结果对应聘者给出评价意见等。

---

[1] 陈伟. 阿里巴巴人力资源管理[M]. 苏州：古吴轩出版社，2017：46-49.

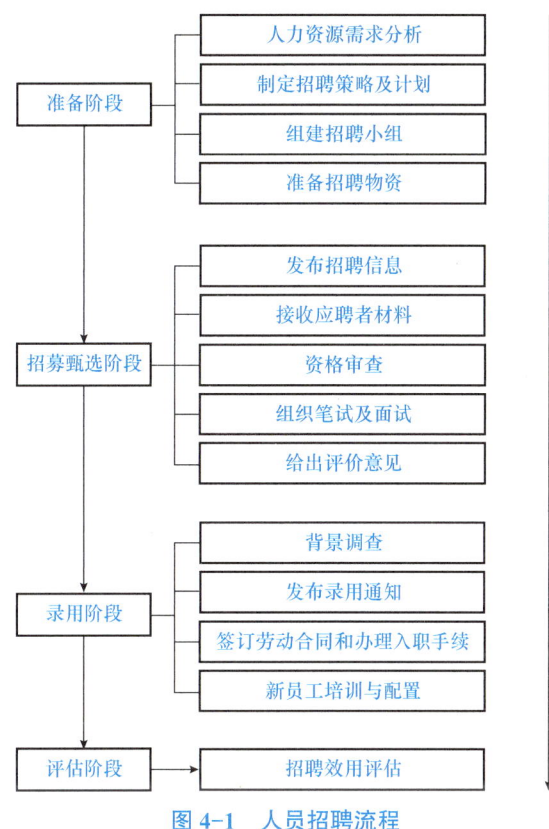

图 4-1　人员招聘流程

3. 录用阶段

录用阶段是招聘流程中至关重要的一环，它涉及最终确定并正式录用合适的候选人。这一阶段的主要任务是在综合评估的基础上确定最终录用的候选人，并准备录用通知；向被录用的候选人发放正式的录用通知，明确职位、薪资、福利待遇等关键信息；协助被录用的候选人完成入职手续，包括签订劳动合同、办理社保公积金等；为新员工安排入职培训，介绍公司文化、规章制度、岗位职责等，帮助他们快速融入团队。

4. 评估阶段

人员招聘的评估主要涉及对招聘活动的效果和效率进行全面、客观的评价，包括招聘活动效率评估、招聘活动成本效益评估、录用人员数量与质量评估、招聘过程与招聘人员表现评估等内容。

二、人员招募

（一）人员招募的定义

人员招募即组织根据人员需求和计划，发布招聘信息，吸引和获取潜在候选人的过程。人员招募一般包括发布招聘需求信息和接收应聘者信息两个部分。人员招募是一个广泛而系统的过程，旨在通过发布招聘信息、开展宣传活动、利用招聘渠道等方式，积极寻找并吸引那些具备所需技能、经验和潜力的人才。

知识链接

人员招聘与人员招募

人员招聘与人员招募在人力资源管理中是两个相关但有所区别的概念。人员招聘，侧重于用工单位的角度，具有明确的劳动报酬性质。它的主要目的是招收和聘请工人、职员参加工作，以满足组织的运营和发展需求。招聘的过程通常包括发布招聘信息、筛选简历、面试、评估、录用等环节。在招聘过程中，用工单位会明确岗位的职责、要求以及待遇，通过一系列评估手段来找到最适合的人选。招聘的范围通常限于组织内部或特定的招聘渠道。

而人员招募，则更多地体现为主动邀请的行为，其范围广泛，包括组织内部和外部的潜在人才。招募的目的在于吸引更多的人递交简历，以便从中寻找到适合的人才。招募通常是一个更加广泛和长期的过程，它可能涉及多种渠道和方式，如校园招聘、社交媒体宣传、行业活动等，以吸引更多潜在人才关注和参与。

我们也可以不对人员招聘和人员招募这两个概念进行区分，这时可以将它们视为同一过程的不同阶段或方面，共同构成了组织吸引和选拔人才的整个流程。在这种情况下，我们可以将"人员招聘与招募"看作一个连贯且相互交织的过程，旨在吸引、筛选并最终录用满足组织需求的合适人才。这个过程包括了从明确岗位需求、制定招聘计划、发布招聘信息、简历筛选、面试评估、背景调查到最终录用的各个环节。

（二）人员招募的来源和渠道

人员招募的来源主要可以分为两大类：内部招募和外部招募；对应地，人员招募的渠道也可分为内部渠道和外部渠道两种。

1. 内部招募和内部渠道

（1）内部招募。内部招募主要依赖组织内部的现有员工来填补职位空缺。

内部招募具有很明显的优点：①内部招募的激励性强。这种做法不仅增加了组织内部现有员工的晋升机会，而且有利于通过员工在组织内部的流动来优化员工与职位之间的匹配，从而有利于提高员工的工作满意度。②内部招募准确性高。这是因为组织对内部候选人的工作经验、技能、历史绩效甚至优点和不足等都能够做出相对全面、准确的评价，因用人失误而给组织带来损失的可能性更小。③内部招募的候选人适应快。由于内部员工已经熟悉组织的文化、流程和工作环境，他们能够快速适应新的职位和角色，减少适应期和学习成本。④内部招募费用较低。相比于外部招募，内部招募通常不需要支付高额费用，如广告费、中介费等，从而降低了招募成本。

内部招募也有一些缺点，主要表现在：①内部招募可能会引发员工之间的竞争和不满情绪，尤其是在晋升和资源分配方面，从而降低工作效率。②长期进行内部招募还可能导致组织内部的思维固化，缺乏创新和多样性。③内部招募更可能导致外部优秀人才感到被忽视或不被重视，从而选择离开组织。④内部招募有时也会导致"近亲繁殖"现象，即关键职位由亲属或朋友担任。

（2）内部渠道。人员招募的内部渠道即在组织内部招募符合职位任职资格要求的候选人，一般是以竞聘转岗和竞聘提拔等形式，找到合适的候选人填补职位空缺。内部渠道主要包括：①员工推荐是指让员工为组织内出现的职位空缺推荐合适的其他同事。②继任管理是组织为了帮助员工做好在未来承担组织内其他职位工作的准备而实施的包括招募、评价、开发等一系列活动在内的一个持续性过程。其目标是强化组织的人才储备，确保重点职位能获得持续性的高质量候选人供给。③人才库是以人工或者计算机方式记录的关于员工的历史绩效、教育背景、工作经验、晋升准备度、语言能力以及职业发展兴趣等方面的信息，它有助于组织找到已经做好晋升以及职位调整准备的员工。④员工开发是为了帮助员工做好承担组织内其他职位的新工作或新角色而实施的一种能力拓展活动。很多组织都会运用各种开发活动和任务安排确保员工的技能与组织的需要相吻合，同时增加组织未来所需的各类人才的内部供给。⑤内部职位公告系统是一种依靠员工的自我推荐来填补职位空缺的做法，即首先向组织内员工公开发布关于特定职位空缺的信息，然后让员工根据本人对这些职位的兴趣以及自认为的匹配程度提出申请。

案例启示

弃置老员工，团队士气必受挫[①]

两种管理老员工的消极策略

对于如何安置未升职的老员工，不少公司高层只是从削减管理成本的角度考虑问题，毫不关心他们的成长，通常会采取两种消极管理策略。

1. 把某些能力不太强的老员工集中安置在一个类似"弃老山"的特定部门。

这种特定部门待遇不高，工作内容多而杂，没什么绩效考核压力，更没有上升空间，处于公司各部门歧视链的最底层。公司上下都把该部门视为"充军发配之地"。被分配到那里的老员工会遭到众人的白眼，即使能认真把工作做好，心里也会堵得慌。

2. 把老员工分散安置到各个部门。

这种做法比前一种策略温和一些，但也存在风险。假如分配的是老黄牛型老员工，也许能给该部门带来一定的积极影响，但也可能使其沦为团队内部被歧视的对象。具体要看团队管理者和其他青年员工的人品。若能合理安置，未尝不能得到皆大欢喜的结局。假如分配的是不服管教的老员工，必然会给资历较浅、年纪较轻的团队管理者造成一定的麻烦。而且，此类老员工可能会把自己的不良习气"传染"给新入职的员工，让团队中所有人都变得散漫怠惰和投机取巧，最终丧失进取心。

弃置老员工的负面影响

公司高层对老员工的弃置与对待新员工的态度往往形成鲜明的对比。通常而言，有两件事最让老员工感到愤愤不平：一件是公司宁可给缺乏经验的新员工开高工资，也不愿给效率较高的老员工加薪；另一件是公司宁可给新员工更多试错的机会，也不肯听老员工的合理化建议。

从做事的角度，这种做法会增加任务失败的风险，耗费更多的资源。从做人的角度，对组织还保持忠诚的老员工会感到心灰意冷，不再付出热忱。

弃置老员工，不仅会给老员工带来消极影响，也会给新员工带来消极影响。毫无疑问，团队内耗是破坏效率的头号杀手。而新老员工的矛盾非常容易滋生内耗风气。那些积极上进的青年新员工，可能会在工作中遭到满腹牢骚的老员工的刁难，难以放手施展才华。长此以往，新老员工的对立情绪会日益尖锐，直到一方离开为止。代价是团队四分五裂，无法完成既定的任务目标。此外，有些实力平平的新员工看到老员工被闲置后，会担心自己的未来是同样的下场。这种念头并不会促使他们拼命提高能力，把自己变成不可替代的重要角色，更常见的做法是，一边工作，一边寻找别的出路，舍弃长期规划，注重短期行为，他们的工作效率自然也就随之下降了。

2. 外部招募和外部渠道

（1）外部招募。外部招募是指组织从现有员工之外寻找合适的人才来填补职位空缺。

外部招募的优点主要有：①扩大了人才库。组织能够接触到更多具有不同背景、经验和技能的潜在候选人，从而更有可能找到最适合职位需求的人才。②为组织注入新鲜血液。新员工往往能带来新的观点、新的思维方式以及新的经营理念，有助于组织的业务创新和管理创新。他们的不同视角和经验可以为组织带来新的活力和发展动力。③提升组织形象。外部招募能够展示组织的吸引力和竞争力，有助于提升组织在市场上的形象和知名度。④缓解内部竞争压力。外部招募有助于缓解组织内部因职位竞争而产生的紧张氛围，减少内部员工因晋升无望而产生的消极情绪。同时，它

[①] 罗赛尔. 麦肯锡教你做人力资源管理[M]. 天津：天津出版传媒集团，2019：100-103.

有助于打破组织内部"论资排辈"和"熬年头"的陈旧观念，促进组织内部的公平和公正。⑤带来外部资源。新加入的员工可能具备组织目前缺乏的专业知识、技能和经验，能够弥补组织在某些方面的不足。此外，他们还可能带来与原组织或其他组织的合作机会，为组织的发展提供更多的可能性。

外部招募也同样存在一些缺点，如招聘成本较高、新员工需要适应组织文化等。另外，如果在组织内部有合适的候选人，组织却不予使用，反而通过外部招募来填补职位空缺，可能还会打击组织内部员工的积极性，使他们感到不公平，对自己的发展前途失去信心，从而影响到工作的热情。

（2）外部渠道。外部渠道是指组织出现职位空缺后，从组织以外的途径招募甄选符合组织职位任职资格要求的候选人，以填补组织职位空缺。相对于内部渠道来说，外部渠道是在更加宽泛的地域空间范围内征集和筛选人力资源。外部渠道主要包括：

1）招聘网站是指运用互联网及相关技术，帮助雇主和求职者完成招聘和求职的网络站点。它们为招聘者和求职者提供了一个集中的平台，以发布职位信息、搜索简历、交流互动等。

2）随着社交媒体的普及，越来越多的组织开始利用微信、微博、抖音等社交媒体平台进行招募广告发布。这些平台具有用户基数大、互动性强的特点，能够有效扩大招募信息的传播范围。

3）针对特定行业或领域的论坛与社区，如IT技术论坛、金融投资社区等，这些平台往往具有较高的专业性，是发布招募广告的理想场所。

4）电视、广播、报纸和杂志等传统媒体具有广泛的覆盖范围和相对稳定的受众群体，通过它们来发布招募信息在某些情况下仍然具有一定的效果。

5）校园招募是指组织到校园中直接招募应届毕业生的做法。校园招募通常有两种形式：一种是用人单位直接与学校的就业服务机构或相关院系取得联系，请它们推荐毕业生到用人单位参加面试以及其他甄选测试。另一种常见的形式是，用人单位选择合适的时间在校园中进行公开宣讲，向有意向的学生讲解本组织的发展历史、主营业务、组织文化以及各项人力资源政策等。

6）各类就业服务机构也是一个非常重要的新员工招募来源。就业服务机构就是人力资源服务机构的一种，其举办者既有政府和各种非营利机构，也有私营组织，常见的有人力资源和社会保障局、就业局、就业办、猎头公司等。

7）临时性就业服务机构或劳务派遣机构是专为满足临时性、辅助性或替代性用工需求而设立的服务机构。这些机构的主要功能在于为用工单位提供劳动力派遣服务，以满足其临时性或特定项目的人力需求。常见的临时性就业服务机构或劳务派遣机构有专业劳务派遣公司、人力资源外包公司、招聘中介机构、网络平台型劳务派遣机构等。

8）内部员工推荐是一种高效、低成本的招聘方式，它充分利用了组织内部员工的资源和人脉关系，为组织找到符合要求的候选人。

9）人才招聘会是由人力资源服务机构组织的活动，旨在为用人单位和人才之间提供双向选择的交流洽谈场所和相关服务。这种活动具有方便、快捷和广泛覆盖的优点。

3. 不同职位招募渠道的选择

由于不同的招募渠道和方法各有优劣势，因此不同职位的招募渠道选择应该根据职位的特点、公司的需求和目标受众等因素进行综合考虑。比如基层岗位和普工类职位可以选择线下人才市场、传统网络招募、内部员工推荐等渠道，技术专家和中高级管理职位则可以选择猎头招募、社交媒体平台、行业论坛和社群等渠道，而销售和市场营销类职位则可以考虑校园招募和网络招募的渠道，行政、安保和设备管理等运营岗位则适合用内部招募和员工举荐的渠道，特定行业或地区的职位则应选择行业招聘网站的渠道。

20世纪80年代末，美国的研究人员通过对245个样本组织进行调查研究，总结了不同职位采用不同招募渠道的频率和有效性，如表 4-1 所示。① 比如：对于行政办公人员的招募，调查样本中 94% 的组织采用了内部晋升的方法，但调查样本认为招募行政办公人员最有效的方法是报纸招募，其次才是内部晋升，最后分别为自荐、人员推荐和委托人力资源服务机构招募。

表 4-1　不同职位采用不同招募渠道的匹配度

有效性	行政办公	生产作业	专业技术	佣金销售	经理人
第一	报纸招募（84）	报纸招募（77）	报纸招募（94）	报纸招募（84）	内部晋升（95）
第二	内部晋升（94）	自荐（87）	内部晋升（89）	人员推荐（76）	报纸招募（85）
第三	自荐（86）	内部晋升（86）	校园招募（81）	内部晋升（75）	人力资源服务机构（60）
第四	人员推荐（87）	人员推荐（83）	人员推荐（78）	人力资源服务机构（44）	猎头公司（63）
第五	人力资源服务机构（66）	人力资源服务机构（68）	自荐（64）	自荐（52）	人员推荐（64）

注：括号内的数字是调查样本组织采取该种招募渠道的百分比。

从表 4-1 的结果来看，整体上，组织基本上能够采用有效性较强的招募渠道。不过，具体分析可以发现，除了在专业技术人员的招募上这些受调查的组织常采用的渠道与有效的渠道完全一致外，其他职位的招募渠道与招募有效性之间均有一定程度的不一致性，可能是由于不同组织采用不同的招募策略导致的。也说明组织需要结合内外部因素总结经验，选择在不同时期与不同职位上最有效的招募渠道。但是，需要注意的是，该研究是基于西方组织总结的经验，在推广到中国本土组织时，需要结合中国实际情况深入分析。

（三）求职者吸引策略

招募的最主要目的就是为组织获得足够数量的可供挑选的合格候选人，同时吸引组织准备雇用的最终候选人接受组织发出的入职邀请，如果招募工作做得很差，则要么只有很少的人会提出求职申请，要么求职者人数虽然不少，符合要求的合格求职者却不多，同时，那些已经提出求职申请的人也很可能会在中途退出或拒绝接受雇用。不仅如此，组织在招募过程中对待求职者的方式还会产生溢出效应，即如果求职者在招募过程中感觉很糟糕，比如感觉组织对求职者不够尊重，甚至存在歧视和不公平的情况，或者是未能满足本人的信息搜集需求，他们不仅自己不愿意接受组织的雇用，而且很可能通过各种途径将自己的不愉快经历告诉组织的潜在客户或其他求职者，这一方面可能会使组织未来的绩效受损，另一方面也可能使其在开展后续其他招募工作时遇到困难。因此，组织的招募过程必须自始至终能够保持对求职者的吸引力。为此，组织需要通过制定求职者吸引策略来提高自己的招募过程对求职者的吸引力。

1. 树立组织形象和培育雇主品牌

组织形象是公众对一个组织的具体印象、信任、认同和评价等，是组织在公众心中的形象展现。对于求职者来说，组织形象是他们选择工作时的重要考量因素之一。首先，一个具有积极、正面形象的组织往往能够给求职者留下深刻的印象，从而激发他们的求职兴趣和意愿。其次，组织形象的好坏直接关系到求职者对组织的信任度和认同感。一个具有良好组织形象的组织，往往能够赢

---

① 吴文艳. 组织招聘管理［M］. 大连：东北财经大学出版社，2008：121-122.

得求职者的信任和尊重，让他们更加愿意加入该组织并为其贡献力量。相反，如果组织形象不佳，求职者可能会对其产生疑虑和不信任，从而影响他们的求职决策。另外，组织形象还能够影响求职者的职业发展。一个具有优秀雇主品牌的组织，往往能够为员工提供更好的职业发展机会和福利待遇，从而吸引更多有志之士前来应聘。这样的组织通常注重员工的成长和发展，能够提供良好的工作环境和培训机会，帮助员工实现自我价值。

雇主品牌是组织在劳动力市场中的形象和声誉，它反映了组织作为雇主的吸引力、信誉和形象。对于求职者来说，雇主品牌是他们选择工作时的重要参考因素之一。首先，雇主品牌影响着求职者的认知和态度。一个具有强大雇主品牌的组织往往能够吸引更多的关注和认可，使求职者对其产生好感并产生求职意愿。这是因为雇主品牌代表了组织在价值观、工作环境、福利待遇等方面的优势，让求职者对组织有一个清晰、正面的认识。其次，雇主品牌有助于求职者了解组织文化和价值观。一个有着明确、积极雇主品牌的组织，往往能够向求职者传递出其独特的组织文化、使命和愿景。这有助于求职者更好地判断自己是否与该组织的文化和价值观相契合，从而做出更明智的求职决策。此外，雇主品牌还能影响求职者的职业发展前景。一个具有良好雇主品牌的组织，往往注重员工的成长和发展，能够为员工提供丰富的职业发展机会和优质的培训资源。这对于求职者来说，意味着他们有机会在这样一个组织中不断提升自己，实现个人价值。因此，组织在制定招聘策略时，应该注重雇主品牌的塑造和传播。通过展示组织的优势、文化和价值观，吸引更多优秀的求职者。同时，组织也应该关注员工的需求和期望，努力提升员工的工作满意度和忠诚度，从而形成良好的雇主品牌口碑。

2. 选择胜任招募工作的招募官

胜任招募工作的招募官对招募工作的重要性不言而喻，他们是组织吸引和选拔优秀人才的关键角色。专业而细致的招募官能够给求职者留下深刻的印象。他们熟悉招聘流程，了解岗位需求，能够准确、全面地评估求职者的能力和潜力。在与求职者的沟通中，他们能够展现出对行业的深入了解和对职位的精准把握，使求职者感受到组织的专业性和严谨性。招募官的态度和言行也直接影响着求职者的感受。一个热情、耐心、友善的招募官能够给求职者带来良好的体验，让他们感受到组织的温暖和关怀。相反，如果招募官态度冷漠、敷衍了事，求职者很可能会对组织产生负面印象，从而放弃求职机会。此外，胜任的招募官还能够为求职者提供有价值的职业建议和发展机会。他们了解行业的发展趋势和组织的用人需求，能够为求职者提供有针对性的职业规划建议。同时，他们还能够为求职者介绍组织的晋升机制和培训资源，让求职者看到在组织中的发展前景和成长空间。招募官也是组织雇主品牌的重要传播者。一个优秀的招募官能够向求职者展示组织的文化、价值观和发展战略，让求职者更好地了解组织并产生认同感。这种认同感有助于提升求职者对组织的好感度和信任度，从而增加他们选择该组织的意愿。

3. 提供相对真实、客观、全面的招募信息

在现实中，求职者会在一系列组织特征和岗位特征中选取一部分作为非补偿性选择变量因素，即对有些特征的要求是必须得到满足的，所有在这些特征方面不能达到最低标准的工作机会都不会接受，而其他一些特征则是可以做出妥协或可通过其他特征加以补偿的。薪酬水平、工作地点以及职位类别等都是最常见的非补偿性选择变量，这些变量是其他公司特征和职位特征无法弥补的。有些选择要素，特别是高薪酬，往往能够补偿一个职位或组织在其他方面具有的不太理想的特征。正因为如此，组织在招募材料中应当尽可能提供关于工作地点、职位类型以及薪酬水平等方面的具体信息，这样就能够通过求职者的自我选择效应筛选掉一部分求职者，从而提高组织招募流程的效率，节约在审核和甄选候选人方面耗费的时间和费用。

组织还应当尽可能地向求职者提供现实性职位展示（realistic job previews），即客观全面地向求职者展示与职位有关的信息，其中既包括积极的信息，也包括消极的信息。现实性职位展示具有三

个方面的主要功能。一是为求职者提供一个自我选择的机会，让那些与职位或组织匹配度较差的求职者选择自行离开。二是为求职者提前打好预防针，让他们做好应对未来可能会遇到的一些不愉快或其他问题的思想准备，较少受到负面影响。三是增强员工的承诺，如果员工在接受雇用之前已经了解了职位的一些负面特征，就更有可能坚守已经做出的选择而不是轻易放弃。

4. 开发或提供求职者自我评价工具

开发或提供求职者自我评价工具是一个有助于求职者更好地认识自己、明确职业定位和提升求职成功率的重要举措。比如，国外的一些网站可提供这样的服务，即让潜在求职者根据自己的工作经验、技能和教育背景等因素评估他们与组织提供的职位描述之间的匹配度，并且立即得出分数。

任务二　人员的甄选与测评

在人员招聘的流程中，有一个非常关键的环节，即对求职者进行甄选。甄选的主要目的是确保组织能够找到与岗位需求高度匹配的人才，以提高团队的整体效能和组织竞争力。通过甄选，组织能够识别出应聘者的潜力、能力、态度和价值观，从而确保新员工能够快速融入团队，为组织创造价值。对求职者进行甄选离不开对求职者的测评，使用高效的测评方法和技术对求职者进行测评可以为人员甄选提供客观、准确的数据支持，使得甄选决策更加科学与合理。

一、人员甄选与录用

（一）人员甄选的定义

所谓人员甄选，即通过人员测评方法与技术，对应聘候选人的能力素质进行综合评价，识别与挑选出符合组织任职资格要求的人员的过程。人员甄选一般包括两方面的工作：一是人员甄选的客观标准和依据，一般是职位任职资格要求，或职位胜任素质模型；二是人员甄选技术的选择与使用，包括各种人员测评的方法与技术。因此，人员甄选与人员测评既有联系，又有区别。联系在于，人员甄选过程包含人员测评技术的应用；区别在于，人员测评只对个体能力素质进行量化评价，而甄选还需要在量化评价的基础上，结合组织用人需求，进行人职匹配。

（二）人员甄选的原则

人员甄选的原则是组织在进行招聘和选拔过程中应遵循的基本准则，这些原则有助于确保组织能够招聘到合适的人才，同时维护公平、公正和高效的招聘环境。人员甄选的原则主要有以下几点：

（1）公平公正原则。甄选过程应公开透明，对所有应聘者一视同仁，不因个人背景、性别、年龄、种族、宗教信仰等因素而歧视或偏袒任何应聘者。

（2）适岗适配原则。甄选应以岗位需求为基础，根据岗位的职责、要求和工作特点，选拔具备相应能力、技能和经验的人才。

（3）竞争择优原则。甄选过程应具有竞争性，通过比较不同应聘者的优劣，选拔出最优秀的人才。

（4）注重潜力原则。在甄选过程中，组织应关注应聘者的学习能力、适应能力、创新能力和团队协作能力等软技能。

（5）尊重人才原则。组织应尊重每一位应聘者的劳动成果和个人价值，给予他们充分的展示和表达机会。

（6）合法合规原则。甄选过程应遵守国家法律法规和相关政策规定，确保招聘活动的合法性和合规性。

（三）人员甄选的流程

人员甄选一般要按照如下流程进行：首先评价应聘者的工作申请表和简历，然后进行选拔测试和面试，接下来审核应聘者材料的真实性，之后进行体检，初步录用应聘者后还要经过一个试用期的考察，最后才做出正式录用的决策。具体流程如图4-2所示。

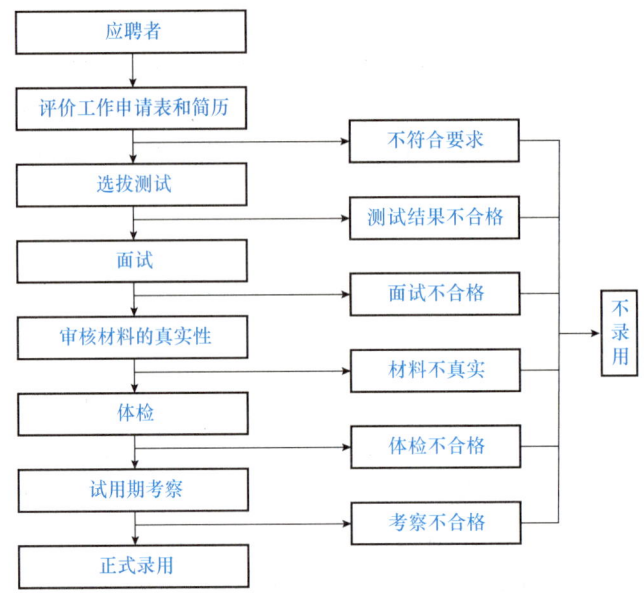

图 4-2　人员甄选流程

（四）人员录用的定义及流程

人员录用是基于人职匹配原则对候选人进行录取决策，引导候选人正式进入组织任职并开展工作的过程。人员录用流程主要包括：录用决策、录用通知、入职面谈、试用及考评、转正面谈、正式录用并签订劳动合同。具体的录用流程如图4-3所示。

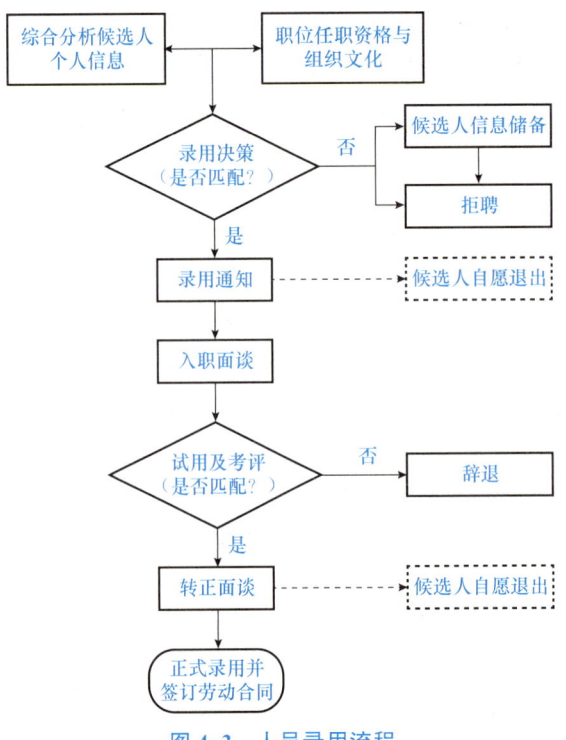

图 4-3　人员录用流程

二、人员测评的方法与技术

人员测评的方法和技术多种多样，目前比较常见的有笔试、面试、评价中心技术等。这些测评方法与技术各有优缺点，在人员招聘时，可根据需要进行选择。

（一）笔试

笔试在人员测评中扮演着至关重要的角色，它是最古老且最基本的人才测评方法，主要是以阅读、理解与书写等方式评价应聘者的基本知识、专业技术、管理技能、推理及综合分析能力、文字表达能力等的一种书面测评方式。笔试与心理测试具有交叉性，在人员招聘中有相当大的作用，尤其是在大规模的人员招聘中，它可以作为大批量筛选淘汰不合格应聘候选人的一种手段，但前提是笔试试题的信度和效度有所保证。笔试方法的优点在于适用面广、成本低，可大规模地实施测评，效率高，成绩的评定比较客观；缺点在于无法深入考察候选人的潜能、工作态度、品德素养、沟通表达能力和实际工作能力等，而且结果分析可能会需要较多的人力。

在笔试的应用中，应重点抓好试卷设计、测试和阅卷评分三个环节的工作。试卷设计需要做到取样合理，即试卷所含的试题应是所测内容的代表性样本，全面反映预测的内容。同时，试卷的结构也应合理，各种试题应符合相应题型的规范，试卷的排版、印刷也应符合阅读心理学规律。在测试过程中，测试场地应选择安静、通风、光线明亮的地方，主试人员必须经过严格的培训，掌握测试的基本原理、要求、方法和程序。测评对象应明确测试的目的、方法和要求，积极配合主试人员，以发挥出自己的真实水平。最后，阅卷评分应制定统一标准，采取分项流水作业、复核等方式，减少评分误差，使测试结果真实可靠。

国企招聘笔试测试题

拓展阅读

华为笔试

华为笔试是指华为公司在招聘过程中的笔试环节。在招聘过程中，华为会安排笔试来对应招聘职位所需的岗位技能以及面试题目。华为笔试分为在线笔试和现场笔试两种形式，通常会包含语言、逻辑、知识等多个方面，从中筛选出最适合该职位的人才。

华为入职笔试测试题目

参加华为笔试前，首先，需要了解招聘职位的技能需求和面试题型。其次，需要准备好笔试所需的考试用具，如笔、草稿纸、计算器等。再次，需要提前调整好心态，保持足够的睡眠和状态，避免因为紧张和疲劳影响笔试成绩。最后，根据不同职位需要，考生还需要提前了解相关的技术和行业知识，这对于提高笔试成绩和成功入职都是十分重要的。

华为公司一直以来非常重视人才的选拔和培养，对于招聘过程中的笔试环节也极其重视。华为笔试可以全面了解考生的能力水平、专业知识和语言表达等方面的综合素质，这对于华为公司来说是十分重要的。同时，对于参加笔试的考生来说，通过参加笔试可以获取更多的专业知识和技能，提升个人能力和竞争力，为自己的职业发展打下基础。

（二）面试

面试是经过精心设计，在特定场景下以面对面交谈与观察为主要手段，由表及里测评应聘者有关素质的一种方式。面试是组织在人员招聘中使用最广泛的一种测评技术。根据不同的维度和标准，面试可以分为多种类型。

经典面试题目

1. 非结构化面试、结构化面试和半结构化面试

根据面试过程和评价是否标准化，可将面试分为非结构化面试、结构化面试和半结构化面试。

（1）非结构化面试也称随意性面试，它没有固定的程序和评价标准，面试的问题和过程通常是由主考官随机提问，并基于应聘者的回答进行深入探讨。这种面试形式更多地依赖于主考官的经验和直觉来评估应聘者，因此主观性较强。非结构化面试通常用于初步了解应聘者的背景、经历和个性特点，或者用于深入探讨某些特定的问题。

案例启示

非结构化面试案例

面试公司：某知名互联网公司　　　　　面试岗位：产品经理
面试官：李经理（产品部门负责人）　　面试时间：2024年5月10日
面试地点：公司会议室
面试过程：

李经理：你好，请先简单自我介绍一下。

候选人：您好，我叫张一，毕业于××大学计算机科学与技术专业。在校期间，我积极参与了多个项目，对产品开发流程有了一定的了解。毕业后，我在一家初创公司担任产品经理，负责产品规划和设计。

李经理：很好，你在之前的工作中主要负责哪些产品？能具体描述一下其中一个产品的开发过程吗？

候选人：在之前的工作中，我主要负责一款名为"智慧出行"的App。我们从市场调研开始，确定了用户需求和市场定位。然后，我与团队一起进行产品规划和设计，包括功能设定、界面设计和用户体验优化。在开发过程中，我们与研发团队紧密合作，确保产品按照既定计划推进。最后，我们进行了多轮的测试和优化，确保产品质量。

李经理：在产品规划和设计过程中，你是如何平衡用户需求和商业目标的？

候选人：我认为平衡用户需求和商业目标的关键在于深入了解用户。我们通过用户调研和数据分析，了解用户的真实需求和痛点。在此基础上，我们会制定产品规划和设计方案，既满足用户需求，又符合公司的商业目标。例如，在"智慧出行"App中，我们增加了广告推送功能，这既为用户提供了有价值的信息，也为公司带来了广告收入。

李经理：在产品经理的工作中，你遇到过哪些挑战？又是如何应对的？

候选人：在我担任产品经理期间，遇到的最大挑战是项目进度延误。为了应对这个问题，我首先分析了延误的原因，发现主要是研发团队与产品设计团队之间的沟通不畅导致的。于是，我主动协调双方团队，加强双方的沟通与协作，确保信息畅通。同时，我也优化了项目管理流程，明确各阶段的任务和时间节点，最终成功推动了项目的进展。

李经理：非常好。最后一个问题，你认为一个优秀的产品经理应该具备哪些素质和能力？

候选人：我认为一个优秀的产品经理首先要有敏锐的市场洞察力，能够捕捉到用户需求和行业趋势。其次要具备良好的沟通能力和团队协作能力，以便与不同部门有效合作。此外，还需要具备较强的学习能力和创新能力，以应对不断变化的市场环境。最后，责任心和执行力也是必不可少的，只有这样才能确保产品的质量和效益。

面试结束：

李经理：谢谢你的参与，我们会尽快给你反馈。

候选人：非常感谢您的面试机会，期待能与您共事。

此案例展示了一个非结构化面试的基本流程，面试官根据候选人的经历和岗位需求，灵活提问，深入了解候选人的能力、经验和应对挑战的方式。这种面试方式有助于面试官全面评估候选人，从而为公司选拔出合适的人才。

（2）结构化面试是一种高度标准化的面试形式，它有着严格的程序和评价标准。在结构化面试中，主考官会按照预先设计好的问题和顺序进行提问，并且对每个问题的回答都有明确的评分标准和评价依据。这种面试形式旨在减少主观性和偏见，提高面试的公正性和准确性。结构化面试通常用于大规模招聘或需要高度标准化的职位。

案例启示

结构化面试案例

公司：某知名科技公司　　　　　　　岗位：软件工程师
面试官：王经理（技术部门主管）　　　时间：2024 年 5 月 15 日
面试流程：
自我介绍（5 分钟）：
候选人进行简短的自我介绍，包括教育背景、工作经验和个人兴趣。
技术能力评估（15 分钟）：
问题 1：请描述您最熟悉的一门编程语言，并谈谈您在使用该语言时解决过的一个具体问题。
候选人详细回答了关于 Java 的使用经验，包括在一个项目中优化内存使用的案例。
问题 2：如何处理软件中的内存泄漏问题？
候选人解释了使用内存分析工具来定位和修复内存泄漏的步骤。
团队合作与沟通能力（10 分钟）：
问题：请描述一个您在过去项目中与团队成员发生分歧的情况，以及您是如何解决的。
候选人分享了一个在需求理解上与团队成员产生分歧的经历，并详细说明了如何通过沟通和协商达成共识。

问题解决与创新能力（10 分钟）：
问题 1：请描述一个您在工作中遇到的复杂技术问题，以及您是如何解决的。
候选人讲述了一个涉及数据库性能优化的案例，包括诊断问题和实施解决方案的过程。
问题 2：如果您被分配到一个完全陌生的技术领域，您将如何快速适应并开展工作？
候选人提出了一个包括学习官方文档、参加技术研讨会和与同事交流的学习计划。
职业规划与发展（5 分钟）：
问题：您对自己未来五年的职业发展有什么规划？
候选人表达了对深化技术能力、提升项目管理和领导能力的期望，并计划在未来几年内成为技术团队的领导者。
结束语（5 分钟）：
面试官总结面试，询问候选人是否有其他问题或补充。
候选人感谢面试机会，并询问了下一步的安排。

（3）半结构化面试是介于非结构化面试和结构化面试之间的一种面试形式。在半结构化面试中，虽然有一些预先设计好的问题和程序，但主考官也可以根据应聘者的回答和表现进行灵活调整，深入探讨某些特定的问题或方面。这种面试形式既保留了结构化面试的标准化和公正性，又具有一定的灵活性和深度。半结构化面试通常用于需要对应聘者进行较为全面和深入评估的场合。

2. 压力面试与非压力面试

根据面试中被面试者受到压力的程度，可以把面试分为压力面试与非压力面试。

（1）压力面试是一种故意给应聘者制造紧张气氛的面试形式，旨在考察应聘者在压力环境下的应变能力、心理承受能力、自我控制能力、机智程度和情绪稳定性等。在压力面试中，面试官可能会采用连续提问、情景模拟等方式，对应聘者进行穷追不舍的提问，甚至提出具有挑衅性、非议性、刁难性的问题。这种面试形式有助于面试官更准确地评估应聘者在高压工作环境下的真实反应和解决问题的能力。然而，它也可能带来一些负面影响，比如给应聘者带来过大的压力，导致其紧张、表现不佳，或者因为不同应聘者的压力承受能力和应对方式不同，导致面试评估的不公平。

（2）非压力面试与压力面试正好相反，在这种面试中，招聘者总是试图营造出比较宽松、亲切、平和、友好的氛围，使应聘者能够在没有压力或压力最小的情况下进行面试。非压力面试有助于应聘者客观、全面地展现自己的真实素质和能力，特别是在那些不需要真正在压力下工作的岗位上。

📋 案例启示

非压力面试与压力面试案例

1. 压力面试案例。

面试官：假设你被分配到一个紧急且重要的项目，但你的团队成员并不听从你的指令，你将如何处理？

候选人：首先，我会尝试与他们进行一对一的沟通，了解他们的想法和顾虑。如果沟通无果，我会明确指出项目的重要性和紧迫性，并强调团队合作的重要性。作为最后的手段，我会向上级汇报情况并请求协助。

2. 非压力面试案例。

面试官：请谈谈你对这个岗位的理解，以及你为什么认为自己适合这个职位？

候选人：我认为这个岗位需要具备扎实的专业知识和良好的沟通能力。我在大学期间就对此领域产生了浓厚兴趣，并积累了相关实践经验。此外，我曾在类似的项目中成功扮演过关键角色，我相信我的经验和技能将使我成为这个岗位的理想人选。

在上述两个案例中，压力面试案例侧重于考察候选人在压力情境下的应变能力和决策能力，而非压力面试案例则更注重了解候选人对岗位的认知和对自身能力的展示。

3. 基于行为的面试和基于情境的面试

根据面试中所提问题的性质，可以把面试分为基于行为的面试和基于情境的面试。

（1）基于行为的面试，也称为行为面试法，是一种通过询问应聘者过去的特定行为或经历来评估其能力、素质和适应能力的方法。这种方法的核心假设是，过去的行为可以预测未来的行为。在行为面试中，面试官会针对岗位要求，提出具有行动指向的问题，要求应聘者描述其在实际工作或生活中遇到的具体情境、所采取的行动以及取得的结果。通过这种方式，面试官可以深入了解应聘者的决策过程、问题解决能力和应对挑战的方式，从而更准确地评估其是否适合所应聘的岗位。

（2）基于情境的面试，也称为情境性面试，是一种通过模拟实际工作场景来评估应聘者实际能力和解决问题能力的方法。在情境性面试中，面试官会设定一个与拟招聘岗位相关的工作场景或问题，要求应聘者进行现场操作或提出解决方案。这种方法可以直接考查应聘者的工作能力，使考官能够直接观察应聘者的工作情况，直接了解其基本素质及工作能力。同时，情境性面试通常具有针对性、直接性和开放性等特点，可以根据不同的岗位要求和招聘目标进行灵活调整。

案例启示

行为的面试和情境的面试

1. 行为面试。

面试官：请给我举一个你在过去工作中面对困难，但最终成功解决问题的例子。

候选人：在之前的工作中，我负责的一个重要客户突然提出了很多额外的要求。面对时间紧迫和资源有限的挑战，我积极与团队成员沟通，重新分配任务，并加班加点确保项目按时完成。最终，我们不仅满足了客户的要求，还赢得了他们的信任和后续的合作机会。

2. 情境面试。

面试官：假设你是公司的新项目经理，你接到了一个紧急项目，但团队成员都在忙其他任务，你会如何协调资源并确保项目按时完成？

候选人：我会首先评估项目的紧急程度和重要性，然后与团队成员进行沟通，了解他们当前的工作负荷。接着，我会制定详细的项目计划，明确各项任务的优先级和时间表。如果需要，我会向上级申请额外的资源或支持。在整个过程中，我会保持与团队成员的紧密沟通，及时调整计划并确保项目顺利进行。

（三）评价中心技术

评价中心技术也称为管理评价中心技术，是一种现代人员素质测评方法，起源于德国心理学家在1929年建立的一套用于挑选军官的先进的多项评价程序。评价中心技术以测评管理素质为中心，通过一系列标准化、情景模拟的评价活动，对个人的各种能力进行综合评价。这种方法被认为是一种针对高级管理人员的最有效的测评方法。

评价中心是以测评管理素质为中心的一组标准化的评价活动。严格来讲，评价中心是一种程序而不是一种具体的方法；是组织选拔管理人员时的一种人员评价过程，不是空间场所、地点。它的本质特征在于：由多个评价人员，针对事先设定的评价目标和标准，使用多种人员测评方法，对被面试者的多种能力素质特征进行综合评价，可以运用在组织选拔、提升、鉴别、发展和训练个人等多种人力资源管理实践中。

评价中心技术是将若干种不同的测试手段综合运用于对管理类职位候选人进行甄选的过程，可能会用到面试、心理测试、主题演讲、角色扮演、公文筐测试以及无领导小组讨论等多种甄选技术，其中常用的有公文筐测试、无领导小组讨论以及角色扮演三种测试方法。

1. 公文筐测试

公文筐测试，通常又称为公文处理测验，是评价中心技术中最常用和最核心的技术之一。它起源于第二次世界大战期间，美国情报机构在选拔可靠情报员的过程中采用了情景模拟法，并取得了显著效果。这种方法的成功启发了商界精英，将其从"军用"转向"民用"，用于评估管理人员的各项能力和素质。公文筐测试的主要目的是对被测试者的组织、协调、控制、计划、决策等能力进行考察，以预测其未来的工作绩效，或对现有人员进行考核，从而制定培训计划。

这种方法特别适用于中、高级管理人员的能力测评。在公文筐测试中，被评价者被置于特定职位或管理岗位的模拟环境中，由评价者提供一批该岗位经常需要处理的文件。被评价者需要在规定的时间和条件下处理完这些文件，并以书面或口头的方式解释处理的原则和理由。通过这种方式，可以全面评估被评价者的各项关键能力，如计划能力、分析判断能力、资源整合能力、决策能力等。公文筐测试具有考察内容范围广、表面效度高的特点，因此在实际运用中受到广泛欢迎，使用频率居各种情景模拟测试之首。它不仅可以帮助组织选拔优秀的管理人才，还可以用于对现有管理人员进行考核和激励。

在我国，公文筐测试也越来越广泛应用于领导干部和管理人员的招聘选拔中。

公文筐测试的缺点是，编制成本较高，而且评分比较困难，不同的评价者由于自身的教育背景、工作经验、管理理念等不同，对不同的公文处理方式的看法也会有所不同。此外，由于这种测试是由被测试者单独完成的，无法通过测试观察被测试者的人际交往能力和团队工作能力。

案例启示

公文筐测试应用案例

案例背景

被测试者的假定身份是某公司人力资源部张副总经理。由于人力资源部总经理外出学习，张副总经理临时代行总经理职权。该公司人力资源部下设三个处室，即人员管理处、薪酬处和福利处。

文件一

张副总：

前一段时间，福利处对同行业的员工福利状况进行了一次调查。就员工的月人均福利费而言，我们公司处于同行业的中上等水平。但考虑到行业竞争激烈以及本公司的员工流动率较高，为了增强我公司的凝聚力和吸引力，我们认为，应当考虑提高员工的福利待遇。因此，我们提出了一项增加员工福利的计划，准备将现在的月人均福利费从 500 元提高到 1000 元。不知您对这项计划有何意见，请指示。

福利处

2024 年 5 月 10 日

文件二

张副总：

近几个月以来，三分公司部分员工反映他们的工资收入不合理，他们指责该分公司项目部总经理王胡在对他们进行绩效考核时不能做到客观、公正。此外，三分公司项目部还存在克扣加班工资的现象，这有可能会导致员工闹事或者辞职。此事如何处理，请您批示。

薪酬处

2024 年 5 月 15 日

文件三

张副总：

近期各部门相继反映，由于我公司业务量增长很快，各部门的事务性工作大幅增长，因此需要聘用一些专职秘书来缓解工作压力。我们过去都是从公司内部员工中选拔能胜任此项工作的人员，总体而言，这些员工从事一般性的秘书工作还是可以的，但如果按照现代秘书管理要求来说，他们的个人素质还不能达到应有的工作质量和效率要求。因此，我们拟从社会招聘一批素质较高的秘书人员，人数共 10 名左右，不知您对此有何看法。另，如果决定招聘这批秘书人员，您是否准备参加面试？

人员管理处

2024 年 5 月 22 日

被测试者需要在规定的时间内（如两小时）对这些文件进行处理。他们需要仔细阅读每份文件，理解其内容，并根据自己的职责和判断做出相应的决策或行动。

在测试过程中，评价者会观察被测试者处理公文的方式、速度、准确性以及决策能力，并记录下他们的行为和表现。测试结束后，评价者会根据被测试者的处理结果和过程，结合公司的岗位需求和期望，对被测试者的能力和素质进行综合评估。

2. 无领导小组讨论

无领导小组讨论是一种评价中心技术中常用的测评技术，通过情景模拟的方式让一组求职者（大概6~9人）进行集体讨论，观察他们在讨论过程中的言行。所谓的"无领导小组"，就是指在讨论的过程中，组织者不会为该小组指定一名领导人，而是让大家自由发言。在无领导小组讨论中使用的试题可以大致分为以下五种形式：

无领导小组讨论开展步骤

（1）开放式问题。这是一种没有固定答案的问题，答案的范围可以很广。例如：您认为什么样的领导才是个好领导？这种问题的主要目的是考察被测试者思考问题的全面性和针对性，思路是否清晰，是否有新的观点和见解等。

（2）两难性问题。此类问题是让被测试者在两种各有利弊的答案中选择一种。例如：您认为能力和合作精神哪个更重要？这种问题主要考察被测试者的分析能力、语言表达能力以及说服力等。

（3）多项选择问题。此类问题是让被测试者在多种备选答案中选择有效的几种，或者对备选答案按照重要性进行排序。这类题目主要考察被测试者分析问题以及抓住问题本质方面的能力，它有利于评价被测试者的能力、价值观以及人格特点。

案例启示

无领导小组讨论——多项选择问题案例

1. 案例背景：

假设你们是一家科技公司的项目评估团队，公司正在考虑投资几个有潜力的创新项目，你们需要从六个项目中优选出三个进行投资。

2. 项目选项：

（1）智能家居控制系统：通过集成各种智能设备，提供全方位的家居自动化解决方案。

（2）可穿戴健康监测设备：能够实时监测用户健康数据，如心率、血压等，并提供健康建议。

（3）无人驾驶配送车：用于城市"最后一公里"配送，提高物流效率，降低成本。

（4）虚拟现实（VR）教育平台：为学生提供沉浸式的学习体验，增强学习兴趣和效果。

（5）环保能源项目：开发和推广清洁能源技术，减少碳排放，助力可持续发展。

（6）人工智能辅助医疗系统：利用AI技术分析医疗数据，辅助医生进行诊断和治疗。

3. 讨论任务：

（1）请团队成员首先独立思考，然后每人用2分钟时间阐述自己认为最值得投资的三个项目，并简要说明理由。

（2）接下来进行小组讨论，共同优选出三个项目。讨论过程中，请充分考虑项目的创新性、市场前景、技术可行性以及与公司战略目标的契合度等因素。

（3）小组讨论时间为30分钟，最后需要达成一致意见，并选派一名代表向管理层汇报优选结果及理由。

4. 案例分析：

这个案例旨在考察团队成员的分析判断能力、沟通表达能力以及团队协作能力。在讨论过程中，每个人都需要充分阐述自己的观点，并试图说服其他成员。同时，团队成员也需要学会倾听他人的意见，通过有效的沟通和协商，最终达成一致意见。这种无领导小组讨论的形式，能够充分展现团队成员的综合素质和能力水平。

（4）操作性问题。在讨论这种问题时，组织者会给被测试者提供一些材料、工具或者道具，让他们利用这些材料设计出一个或一些指定的物体。这种测试主要考察被测试者参与的积极性和主动性、合作能力以及在实际操作性任务中充当的角色。

📖 案例启示

操作性问题案例——灾难求生庇护所搭建

1. 案例背景：

假设你们是一支探险队，在野外探险时突然遇到恶劣天气，必须迅速搭建一个临时的庇护所以保护团队成员。你们手头有一些可用的材料和工具，但需要团队成员协作来有效利用这些资源。

2. 任务：

（1）团队成员需共同商讨并确定庇护所的搭建方案。

（2）利用提供的材料（如塑料布、绳子、木杆、石头等）和工具（如小刀、铁锹等）搭建庇护所。

（3）庇护所必须能够容纳所有团队成员，并提供一定程度的保护，抵御恶劣天气（如雨、风）。

3. 讨论与操作要点：

（1）团队协作：团队成员需要迅速分工，明确各自职责，确保搭建过程高效有序。

（2）方案设计：结合现有材料和工具，设计出稳固且能容纳所有人的庇护所方案。

（3）动手能力：利用手中的材料和工具，按照设计方案进行搭建，注意操作的规范性和安全性。

（4）问题应对：在搭建过程中可能会遇到各种问题（如材料不足、天气突变等），团队成员需及时沟通并调整方案。

此案例通过模拟真实的紧急情况，考察团队成员在压力下的协作能力、问题解决能力以及实际操作能力。在讨论和操作过程中，应试者需要充分展现自己的主动性和合作精神，共同完成庇护所的搭建任务。

（5）资源争夺性问题。此类问题适用于指定角色的无领导小组讨论，它是让处于同等地位的被测试者对有限的资源进行分配，从而考察被测试者的问题分析能力、逻辑思维能力、语言表达能力、辩论以及说服他人的能力、反应的灵活性等。

📖 案例启示

资源争夺性问题——公司年度预算分配

1. 案例背景：

假设你们是一家初创企业的核心管理团队，公司即将进入下一个财年，你们需要就年度预算的分配达成一致。公司的业务涉及产品研发、市场营销、客户服务和内部管理四个方面，但本年度的预算有限，无法满足所有部门的全部需求。

2. 任务：

（1）各部门负责人需要阐述自己部门的需求和预期预算。

（2）团队成员需要就有限的预算资源进行讨论和协商，达成一致的预算分配方案。

3. 部门需求和预期预算：

（1）产品研发部：需要增加研发人员和设备投入，以加速产品迭代和创新，预期预算为总预算的40%。

（2）市场营销部：计划开展一系列市场推广活动，提升品牌知名度和市场份额，预期预算为总预算的 30%。

（3）客户服务部：为了提升客户满意度和忠诚度，需要增加客服人员和培训投入，预期预算为总预算的 20%。

（4）内部管理部：为了提升公司运营效率和管理水平，需要投入资源进行流程优化和系统升级，预期预算为总预算的 10%。

4. 讨论要点：

（1）需求合理性分析：各部门负责人需要充分阐述自己部门需求的合理性和紧迫性，以争取更多的预算资源。

（2）资源分配原则：团队成员需要就预算分配的原则达成一致，如按需分配、按重要性分配或按预期收益分配等。

（3）协商与妥协：在预算有限的情况下，各部门之间需要进行充分的协商和妥协，以达成一个各方都能接受的预算分配方案。

此案例通过模拟真实的预算分配场景，考察团队成员在资源有限的情况下的决策能力、协商能力和妥协精神。在讨论过程中，应试者需要充分展现自己的分析判断能力、沟通能力和团队协作精神，共同制定出一个合理的预算分配方案。

无领导小组讨论具有诸多优点，如具有生动的人际互动效应，讨论过程真实且易于客观评价，被评价人难以掩饰自己的特点，测评效率高等。然而，它也存在一些缺点，比如题目的质量直接影响测评的质量，对评价者和测评标准的要求较高，应聘者表现易受同组其他成员影响，以及被评价者的行为仍然有伪装的可能性。

无领导小组讨论适用于各种组织和场景，可以用于解决问题、制定计划、评估方案等。具体应用场景可以根据组织的具体情况来确定，如合作性无领导小组讨论可以用于制定销售计划，通过互相倾听和理解来达成共识；竞争性无领导小组讨论可以用于制定项目方案，通过互相辩论和竞争来推动各组成员提出更好的方案。

3. 角色扮演

所谓角色扮演，就是要求被测试者扮演一位管理者或者某位员工，然后让他们根据自己对角色的认识或担任相关角色的经验来进行相应的语言表达和行为展示。角色扮演是一种主要用于测评人际关系处理能力的情景模拟活动。在这种活动中，主试人设置了一系列尖锐的人际矛盾与人际冲突，要求被试者扮演其中某一角色并进入角色情境去处理各种问题和矛盾。主试人通过对被试者在不同角色情境中表现出来的行为进行观察和记录，测评其素质潜能。主试人一般从以下四个方面对角色扮演中各种角色进行评价：

（1）角色扮演的逼真度。这是评估角色扮演活动质量的一个核心指标。主试人会观察参与者在扮演过程中是否能够真实、生动地展现出角色的特征、行为和情感。他们会注意参与者的语言表达、动作姿态、情感表达等方面是否符合角色设定，是否能够有效地传达角色的思想和情感。

（2）角色的行为表现。包括被试者在角色扮演中所表现出的行为风格、价值观、人际倾向、口头表达能力、思维敏捷性、对突发事件的应变性等。

（3）角色的衣着、仪表与言谈举止是否符合角色及当时的情境要求。

（4）其他内容。包括缓和气氛化解矛盾技巧、达到目的的程度、行为策略的正确性、行为优化程度、情绪控制能力、人际关系技能等。

案例启示

角色扮演案例

1. 案例背景：

某大型企业为了选拔中层管理人员，决定采用评价中心技术，其中包括角色扮演这一环节，用以全面评估候选人的管理能力和潜力。

2. 角色扮演设计：

（1）角色分配：

1）候选人：扮演部门经理，负责解决部门内部的一项复杂工作问题。

2）辅助角色：扮演部门员工、上级领导、其他部门经理等，与候选人进行互动。

（2）场景设定：设定一个具体的工作场景，如部门内部出现的一项紧急任务分配问题，需要部门经理进行协调解决。场景中包含多种复杂因素，如时间紧迫、资源有限、员工之间的意见分歧等。

3. 任务要求：

（1）候选人需要全面分析问题的各个方面，制定合理的解决方案。

（2）候选人需要与各个角色进行有效的沟通和协调，确保任务的顺利完成。

（3）候选人需要在规定的时间内完成任务，并展示出自己的领导能力和决策能力。

4. 实施过程：

（1）准备阶段：评价者向候选人介绍角色扮演的目的、要求和场景设定。候选人有一段时间进行准备，思考可能的解决方案和应对策略。

（2）角色扮演阶段：候选人开始扮演部门经理，与其他角色进行互动，解决工作场景中的问题。评价者观察并记录候选人在角色扮演过程中的表现，包括沟通能力、协调能力、决策能力等。

（3）反馈阶段：角色扮演结束后，评价者向候选人提供反馈，指出其在角色扮演中的优点和不足。候选人可以根据反馈进行自我反思和改进，提高自己的管理能力。

5. 案例总结：

通过这个角色扮演案例，评价者可以全面地评估候选人在实际工作场景中的表现，从而更准确地判断其是否适合担任中层管理岗位。同时，候选人也可以通过这个角色扮演过程，了解自己的优势和不足，为今后的职业发展提供参考。这种评价方法相比传统的面试和笔试更具实战性和真实性，能够更准确地反映候选人的实际能力和潜力。

（四）心理测试

心理测试是一种通过一系列的工具或手段将人的某些心理特征加以量化来衡量个体心理素质水平和个体心理差异的科学测量方法。能力测试、人格测试以及职业兴趣测试是几种运用于人员甄选的常见心理测试。

知识链接

心理测试的起源、发展与现代应用

心理测试最早可以追溯到1905年，当时法国心理学家比奈（A.Binet）和西蒙（T.Simon）合作开发了智力测验量表。这一开创性的工作旨在识别智商较低的学生，以便为他们提供个性化的教育方案，促进因材施教。自此，心理测试逐渐在教育领域发挥重要作用，帮助学生和教师更好地了解个体的心理特点和能力。

随着时间的推移，心理测试的应用范围逐渐扩展。在第一次世界大战期间，美国政府为了提升新兵招募的有效性，委托心理学家开发了针对新兵甄选的心理测试。这些测试旨在评估新兵的心理素质、适应能力和潜在问题，为军方提供重要的选拔依据。

战后，心理测试开始大量应用于政府机构和组织。在一般性智力测验的基础上，逐渐发展出人格测试、职业性向测试、情绪稳定性测试等多种测试工具。这些测试不仅用于员工的甄选过程，还广泛应用于组织内部的人力资源开发活动，帮助组织更好地了解员工的能力、潜力和发展需求。

如今，心理测试已经成为一种重要的科学测量方法，被广泛应用于各个领域。在教育领域，心理测试有助于教师制定个性化的教学方案，提高学生的学习效果；在商业领域，心理测试有助于组织选拔合适的人才，优化团队结构；在医学领域，心理测试有助于医生了解病人的心理状况，提供有效的心理咨询和治疗。

然而，需要注意的是，心理测试并非万能药。虽然它能够为我们提供一些有关个体心理特征的线索，但其结果并不能完全代表一个人的全部。因此，在使用心理测试结果时，我们应该谨慎，并结合其他信息进行综合分析。

1. 能力测试

能力测试是评估个体在认知、思维、学习、解决问题等方面的能力和潜力的方法。这种测试主要关注个体在特定任务或情境下的表现，从而得出关于其能力水平的结论。能力测试包括多种类型，其中最常见的是智力测验。智力测验通过一系列问题和任务，评估个体的推理、判断、记忆、语言等智力方面的能力。这些测验的结果可以为我们提供关于个体智力水平的量化指标，有助于了解个体在认知方面的

能力测试题

优势和不足。除了智力测验，还有其他类型的能力测试，如特殊能力测验和创造力测验。特殊能力测验主要关注个体在某一特定领域或任务上的表现，如音乐、艺术、体育等。创造力测验则旨在评估个体在创新思维、想象力、问题解决等方面的能力，对于选拔具有创新潜力的人才具有重要意义。在进行能力测试时，需要注意测试的科学性和有效性。测试的设计和实施应遵循心理学原理和规范，确保测试结果能够准确反映个体的能力水平。同时，测试结果应与其他信息相结合，进行综合分析，以得出更准确的结论。

2. 人格测试

人格也称为个性，心理学中各派别对人格的定义各不相同。广义的人格是指个体具有的能力、兴趣、态度、气质、性格以及其他行为差异的混合体，人格特征决定了一个人行为的整体特征。狭义的人格是指个性中除能力以外的部分，其中包括需要、动机、兴趣、态度、性格、气质、价值观、人际关系、情感等特质。人格是个人特质与环境相互作用的产物，它具有整体性、动态性和稳定性的特征，即人格是一种整体性的行为特征。同时人格在不同时期和不同环境中会有所变化，而在发展变化中同时又具有相对的稳定性。[①] 对人格进行测量的方法主要有以下三种：

"大五"人格测试-简化版

（1）自陈量表法。即根据所测量的人格特质，编制客观问题，要求受测者根据自己的实际情况或感受去逐一回答，然后根据受测者的答案去衡量受测者在这种人格特质上表现的程度。这种量表中的题目的形式通常有是非式、折中是非式、选择式、文字量表式、数字量表式几种类型。常用自陈量表有：明尼苏达多相人格测试（MMPI）、卡特尔十六种人格因素测试（16PF）、艾森克人格问

---

① 郑日昌，蔡永红，周益群. 心理测量学［M］. 北京：人民教育出版社，1999：144-145.

卷（EPQ）、爱德华个性偏好量表（EPPS）、加州心理问卷（CPI）、"大五"人格测试等。

（2）投射法。这种方法通过提供给被试者一种无限制的、模糊的情景，要求其做出反应，让被试者将其真正情感、态度投射到"无规定的刺激"上，绕过他们心底的心理防御机制，透露其内在情感。常用的投射法包括词语联想法，句子、故事完形法，绘图法，漫画测试法，照片归类法等。

投射法
人格测试

知识链接

无规定的刺激

无规定的刺激（unstructured stimulus）是一种在心理学研究和测试中常用的刺激形式，它指的是那些没有明确结构、意义或指导语的刺激材料。这些刺激材料通常被设计用来激发被试者的自由反应，以便研究者能够了解被试者的内心世界、情感、态度、动机等心理特征。

（3）评价量表法。这是一种根据设计的等级评价量表来对被评价者进行评价的方法。这种方法的核心在于通过量化测量的方式，以数值的形式来表达被评价者在某一方面的心理或社会属性，从而对被评价者进行科学、客观的评估和定量研究。

知识链接

MBTI 测试和"大五"人格测试

在人力资源管理领域运用较为广泛的两项人格测试是 MBTI 测试和"大五"人格测试。MBTI 人格类型测试（Myers–Briggs Type Indicator）是由美国心理学家凯瑟琳·库克·布里格斯（Katherine Cook Briggs）和她同为心理学家的女儿伊莎贝尔·布里格斯·迈耶（Isabel Briggs Myers）根据瑞士著名心理分析学家荣格（Carl G. Jung）的心理类型理论和她们对于人类性格差异的长期观察及研究编制而成的。经过 50 多年的研究和发展，MBTI 已经成为运用较为广泛的人格测试问卷，其应用领域包括自我了解和发展、职业发展和规划、组织发展、团队建设、管理和领导力开发等多个方面。它从 4 个两极性的维度（外倾内倾、感觉直觉、理性情感、判断感知）对人的行为风格进行测试。这 4 个两极维度分别反映了一个人的注意力集中方向（外部世界还是内部世界）、获取信息的方式（通过感觉和经验，还是通过想象和抽象性的东西）、处理信息和做出决策的方式（主要依赖逻辑关系，还是事物对自己和他人的价值和重要性）、通常表现出来的对待外界的方式（判断性的、有计划的、有目的的，还是灵活的、好奇的、易冲动的、适应性强的）。根据这 4 个维度、8 种风格，可以将人格划分为 16 种类型，不同人格类型的人可能适合从事不同的职业。不过，近年来已经出现对这种人格分类方法的批评意见，比如同一个人多次做 MBTI 测试得出的人格类型并不一致等。

MBTI 职业性格测试

在"大五"人格理论中，"大五"实际上是指一个人在以下五个人格特征方面的表现：外向性、情绪稳定性、宜人性、责任心、开放性。研究表明，这五种人格特征中，只有责任心是对于各种职位都具有较高效度的人格特征，因此，组织在甄选员工时往往把求职者的责任心作为重要的考虑因素之一。从实践来看，外向性和宜人性似乎与销售或管理职位上的绩效有关。再从团队的角度来看，宜人性程度高和责任心强的员工可能更适应团队工作环境。组织一般会尽可能选择具有共同价值观和人格特点的人组建团队，以方便形成强烈的团队文化。但很多组织（尤其是创新型组织）又希望保持团队成员的人格特点差异化，这样有利于做出更优的决策或为创新提供条件。"大五"人格与包括自我意识（了解自己的优劣势）、自我管束（控制自己的破坏性情绪）、自我激励（激励自己并保持激励性）、移情（感受和理解他人的情绪）以及社会技能（管理他人的情绪）等内容的"情商"在维度或内容方面存在很多共同之处。

需要注意的是，在人格测试中很容易出现所谓的巴纳姆效应（Barnum Effect）。这种效应是心理学家伯特伦·福勒（Bertram Forer）在1948年通过试验证明的一种心理学现象，即人们很容易相信一份笼统的、一般性的人格描述就是对自己的准确描绘，即使这种描述十分空洞，而且自己实际上并不是这种人。巴纳姆效应产生的原因是"主观验证"，即因为我们心中想要相信，所以我们总可以收集到各种各样支持自己的证据，哪怕并不相干。因此，各种人格测试只能作为参考，在甄选中运用人格测试时更要慎之又慎，最好是在专业人员指导下使用，尤其是对结果做出解释时。

3. 职业兴趣测试

职业兴趣测试（Vocational Interest Tests）是心理测试的一种方法，旨在表明一个人最感兴趣的并最可能从中得到满足的工作是什么。这种测试将个人兴趣与那些在某项工作中较成功的员工的兴趣进行比较，用于了解一个人的兴趣方向以及兴趣序列。

霍兰德职业
兴趣测试

职业兴趣测试的方法通常包括列出众多的兴趣选择项，涉及运动、音乐、艺术、文学、科学、社会服务、计算、书写等多个领域。根据被试者对各种兴趣项目"是"或"否"的选择，或依据被试者排列出的兴趣序列，可以对其是否适合某一职业或某一种工作做出判断。

职业兴趣测试有多种类型，根据测试方式可以分为非标准化测验和标准化测验；根据评估内容可以分为职业偏好测试和职业适应力测试；根据应用对象的不同，也可分为学生职业兴趣测试和成人职业兴趣测试。常见的职业兴趣测试包括MBTI职业性格测试、霍兰德职业兴趣测试等。

职业兴趣测试的用途广泛，最典型的就是用于员工的生涯规划，因为一个人总能把自己感兴趣的事情做得很好。"职业兴趣测试同样可以作为一种有效的筛选工具，协助组织识别出与当前职位上表现优异的员工拥有相似职业兴趣的候选人。这样的选拔策略极大地提升了候选人在新岗位上取得成功的可能性。"

知识链接

霍兰德职业兴趣测试

美国心理学家爱德华·李·桑代克（Edward Lee Thorndike）于1912年对兴趣和能力之间的关系进行了探讨，随后有些心理家编制出了职业兴趣调查表或职业偏好量表。在职业选择以及甄选中具有较大影响的是美国心理学家约翰·霍兰德（John Holland）开发的量表，他先于1953年开发了职业偏好量表（Vocational Preference Inventory，VPI），又于1969年编制了自我指导搜索量表（Self-Directed Search，SDS），提出了人格特征与工作环境相匹配的理论。

霍兰德职业兴趣测试或职业性向测试是其在大量咨询实践的基础上编制的，它要求被试者从写有84种职业（分为6组，每组有14种）的清单中指出对其有吸引力的职业，然后再对其回答进行打分并加以描述。个人在某一组职业中的得分越高，其人格类型与该组职业所代表的人格类型就越相似。这一测试在一系列关于人格与职业关系的假设基础之上提出了六种基本的职业兴趣类型，即实用型、研究型、艺术型、社会型、组织型和常规型。

实用型又称为"现实型"，喜欢从事与物体、工具、机器、设备等打交道的工作，具有机械、技术、操作等能力。

研究型又称为"探索型"，喜欢从事思考、分析、研究等抽象的工作，具有数学、科学、哲学等方面的能力。

艺术型喜欢从事创造性的工作，如音乐、美术、文学、戏剧等，具有艺术、审美、表现等方面的能力。

社会型喜欢从事与人打交道的工作，如教育、咨询、服务、管理等，具有人际交往、组织、领导等方面的能力。

组织型喜欢从事与商业、管理、金融等相关的工作，具有商业、领导、决策等方面的能力。

常规型偏好尊重权威和规章制度，喜欢按计划和程序办事，通常从事与办公室行政、管理、财务相关的职业。

霍兰德将六种职业兴趣类型按上述排列顺序分别标注在一个如图4-4所示的六边形的六个角上。他认为，无论哪种类型的职业兴趣占主导地位，人们都会运用一系列的战略或方法来应对周围的环境，但所有这些方法都会落入其中两种或更多种职业兴趣的范畴之内。在这个六边形中，位置相邻的两种职业兴趣类型是相似的，位置不相邻的则不相似。如果某人的主导职业兴趣和第二职业兴趣相似，则在选择职业时会相对容易，反之就会非常困难。

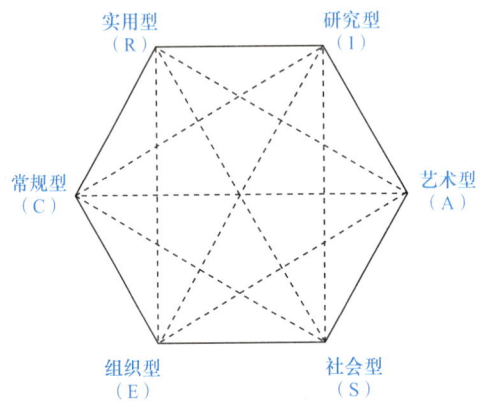

图4-4 霍兰德职业兴趣类型

（五）成就测试

成就测试又称为熟练性测试或学绩测验，它通常是对一个人在接受了一定的教育或训练之后获得的成果进行测试，测试目的是考察一个人在多大程度上掌握了那些对于从事某种具体的工作而言非常重要的知识或技能。成就测试和认知能力测试（智力测试、能力倾向测试）的测量对象都具有认知性特质，它们测量的都是一个人从与环境间的相互作用经验中发展出来的能力。但认知能力测试的主要功能是预测一个人在未来的教育、训练或工作中的可能表现，通常是在接受教育或训练之前进行的测试，用来考察一个人是否有能力接受某种课程或专业技能训练。而成就测试则是要评估一个人在接受教育或训练之后获得的学习成果，它往往是一种事后的评估。成就测试要注重内容效度，而认知能力测试则必须有较高的预测效度。成就测试通常包括知识测试和工作样本测试两种类型。

1. 知识测试

知识测试就是通常所说的考试，它所要考察的是一个人在一定的领域所掌握知识的广度和深度。知识测试又可以划分为综合知识测试、专业知识测试、外语测试等不同类型。知识测试通常都以笔试的方式完成，但并非所有的笔试都属于知识测试。

知识测试的内容应根据具体岗位的要求来确定。例如，对于技术岗位，可能包括编程知识、系统设计、网络安全等方面的问题；对于销售岗位，可能包括产品知识、市场了解、客户沟通技巧等方面的问题。知识测试可以采用多种形式，包括选择题、填空题、简答题、论述题等。选择题和填空题适用于测试基础知识的掌握情况，而简答题和论述题则更能反映被测试者的理解和应用能力。测试的难度应适中，既要能够筛选出具备基本知识和技能的人员，又要能够区分出优秀和一般的人员。过于简单的测试可能无法有效区分应聘者的能力，而难度太大的测试则可能让应聘者感到沮丧或失去信心。知识测试的时间应根据测试内容的多少和难度来确定。过短的测试时间可能导致应聘者无法充分展示自己的能力，而过长的测试时间则可能让应聘者感到疲劳或不耐烦。测试完成后，应对测试结果进行仔细分析。通过分析应聘者的答题情况，可以了解他们的知识水平和能力状况，从而为后续的面试和选拔提供参考依据。知识测试通常包含敏感信息，如公司的商业机密或技术细节。因此，在测试过程中应确保测试内容的保密性，避免泄露给未经授权的人员。知识测试应确保对所有应聘者都公平。测试内容应客观、公正，不应存在歧视或偏见。同时，测试过程也应遵循公正的程序和规则，确保所有应聘者都有平等的机会展示自己的能力和知识。

2. 工作样本测试

工作样本测试就是在一个对实际工作的一部分或全部进行模拟的环境中，让求职者实地完成某些具体的工作任务的一种测试方法。工作样本测试的基本操作程序是：在职位分析的基础上，挑选对于完成该职位工作最为关键的部分工作任务甚至是全部工作任务，让求职者实际动手来完成这些工作任务。在操作的过程中，会有一位观察员监控被测试者对每项任务的执行情况，在一张清单上详细记录被测试者实际执行任务的表现，并且对被测试者能否胜任某一职位做出最终评价。研究表明，这种测试的效度要远远高于认知能力测试和人格测试，它对于被测试者未来的工作绩效有很高的预测效度。

工作样本测试在现实中的应用非常广泛，例如组织在招聘编程人员时，可以设置一个编程工作样本测试。该测试可以包含一系列编程任务，如修复代码错误、实现特定功能或优化现有程序。通过应聘者在实际编程环境中的表现，可以评估其编程能力、逻辑思维能力和问题解决能力。又如对于销售岗位的招聘，可以设计一个模拟销售场景的工作样本测试，让应聘者模拟与潜在客户的交流，展示产品特点、解答客户疑问并促成交易。通过评估应聘者在模拟场景中的沟通技巧、产品知识掌握程度以及销售技巧，可以预测其在实际销售工作中的表现。

工作样本测试的优点是测试所要求的行为与实际工作所要求的行为之间具有高度的一致性，它和工作绩效之间存在直接且明显的联系，所以这种测试工具的效标关联效度和内容效度都很高。研究证明，在大量的甄选环境中，工作样本测试的效度在所有甄选测试中是最高的。不过工作样本测试也存在很明显的缺点：一是它的普遍适用性很弱，只能针对不同的职位来开发不同的测试；二是这种测试的模式是非标准化的，开发成本相对较高。

（六）履历分析及其他测评方法与技术

履历分析又称资历分析或评价技术，是一种通过对一个人的背景、工作与生活经历进行分析，来判断其对未来岗位适应性的人才评估方法。这种方法相对独立于心理测试技术、评价中心技术，是一种独立的人才评估技术。履历分析技术的最基本假设是一个人的行为具有一致性，即一个人过去的行为是对其未来行为进行预测的最佳依据。

履历分析技术对作为分析对象的履历有三个方面的要求：履历信息必须真实，履历信息必须全面，履历信息必须相关。在进行履历分析时，应注意以下几点：①遵循时间顺序。按照时间顺序分析工作经历、项目经验、教育背景等，了解个人的发展轨迹和成长过程。②注意关键字。关键字可以用来描述个人技能、知识和经验，通过关键字可以更好地了解个人的专业能力和专长。③关注成就和贡献。关注个人在工作经历中所取得的成就和贡献，这能展示个人能力和价值。④对比参考。将个人的履历与同行或同一领域的其他人进行对比，以便更好地评估个人的竞争力和优势所在。⑤联系背景调查：通过联系个人的参考人或之前的雇主，获取更多有关其工作表现和个人素质的信息。⑥关注变化和稳定性。查看个人的履历变化，观察其在不同公司或项目中的稳定性和适应性。⑦注重细节和一致性。对履历进行详细分析，查看是否存在任何矛盾或缺失信息的问题。

近年来，履历分析越来越受到人力资源管理部门的重视，被广泛地用于人员选拔等人力资源管理活动中。其他的人员测评方法与技术还有体检、推荐材料和背景核查以及诚实性测试等，这里不再一一详述。

（七）各种测评方法与技术的评估和选择

各种测评方法与技术各有优缺点，需要结合职位特点和所要评价的能力素质要素，综合使用各种方法，才能更好地对应聘者做出全面客观、准确公正的评价。在选择和应用合适的测评方法与技术时，可以从测评方法与技术的信度、效度、适用性和效用四个方面进行评价。

1. 信度

信度是指测评结果的一致性、稳定性和可靠性。如果一种测评方法在不同的时间、由不同的人员、在相同的条件下对同一组被测评者进行测评，其结果能够保持一致，那么这种测评方法就具有较高的信度。信度是测评方法与技术的基本质量要求，只有信度高的测评结果才具有参考价值。

依据估计方法划分，信度可分为内部一致性信度、重测信度、复本信度和评分者信度等，根据这些方法计算所得到的量值称作信度系数。一般来说，信度系数在 0.6 以下的测评工具不宜使用，最好是在 0.7 以上，特别是在对测评结果进行个体间的比较时，一般要在 0.8 以上。

2. 效度

效度是指测评方法与技术能够准确测量所需评估的素质或能力的程度。也就是说，测评结果需要能够真实反映被测评者的实际能力或素质。效度是测评方法与技术的重要评价标准，它决定了测评结果的有效性和实用性。

根据估计方法划分，效度可以分为内容效度、表面效度、构想效度（结构效度）、效标效度等。对于效度系数的要求没有统一的标准，而且不同的效度系数，其标准可能不一样，比如：一个有效的测评工具，其内容效度可能需要在 0.7 以上，而效标效度达到 0.3 以上就可以了。内容效度、构想效度、效标效度越高越好，而表面效度则并不是越高越好。比如知识技能类测试可能需要较高的表面效度，而对于人格测验，则表面效度不宜过高。

3. 适用性

适用性是指测评方法与技术是否适合特定的测评目的、被测评者和测评环境。在选择测评方法与技术时，需要考虑其是否适用于特定的测评场景和对象。例如，一些复杂的心理测评方法可能不适合在短时间内对大量人员进行测评，而一些简单的测评工具可能无法满足对特定素质或能力的深入评估需求。因此，在选择测评方法与技术时，需要综合考虑其适用性。

4. 效用

效用是指测评方法与技术在实际应用中的价值和效果。除了具备较高的信度和效度外，测评方法与技术还需要具有实际的应用价值，包括但不限于：帮助组织做出正确的人才选拔和任用决策、促进个人能力的提升和发展、提高组织的整体绩效等。因此，在选择测评方法与技术时，需要关注其在实际应用中的效用和效果。

任务三　招聘数字化转型的策略和实践

有数据显示，在实际工作中，尽管人力资源部门对求职者进行了广泛的测试、评价和岗位匹配性分析，可组织招聘到的员工仍有 1/3 是不符合工作要求的。想要解决这个问题，组织招聘能力的升级至关重要。这就需要利用大数据、算法以及人工智能等工具来提高招聘效果，即实现人员招聘的数字化转型。

一、招聘数字化的概念

招聘数字化是指利用数字技术和工具,将传统的招聘流程转化为数字化、自动化的过程,以提高招聘效率、降低招聘成本,并提升候选人的体验。这个过程涵盖了从职位发布、简历收集、筛选、面试到录用的整个招聘流程,通过数字化工具和平台实现信息的快速传递、处理和存储,使招聘过程更加高效、便捷和精准。

(一)数字化招聘工具

所谓数字化招聘工具指的是利用数字技术来支持、优化和改进招聘流程的各种软件和应用。目前,市场上的数字化招聘工具主要包括以下几类:

1. 招聘管理系统(ATS)

此类系统整合了招聘流程中的各个环节,包括职位发布、简历收集、筛选、面试安排、人才库建设等。它能够帮助组织自动化和优化招聘流程,提高招聘效率,同时降低招聘成本。

2. 在线招聘平台

这些平台为求职者和组织提供了直接对接的机会。组织可以在平台上发布职位信息,而求职者则可以在平台上浏览职位、投递简历。这些平台通常具有用户友好的界面和强大的搜索功能,方便求职者快速找到适合自己的职位。

3. 社交媒体招聘

随着社交媒体的普及,越来越多的组织开始利用社交媒体进行招聘。组织可以通过发布招聘信息、与求职者互动等方式,吸引更多潜在候选人。同时,社交媒体还可以作为组织与求职者沟通的重要渠道,帮助组织更好地了解求职者的需求和期望。

4. 自动化筛选工具

这类工具利用人工智能技术,根据预设的条件自动筛选简历。它们可以大大减少HR在筛选简历上的工作量,提高筛选的效率和准确性。

5. 视频面试工具

通过视频面试工具,组织可以远程与求职者进行面试。这不仅节省了双方的时间和成本,还可以让组织在更短的时间内接触到更多的候选人。同时,视频面试工具还可以记录面试过程,方便组织后续评估和比较候选人的表现。

6. 候选人关系管理系统(CRM)

此类系统用于管理组织与候选人之间的关系。它可以帮助组织跟踪候选人的状态、记录与候选人的沟通、评估候选人的潜力等。通过候选人关系管理系统,组织可以更好地了解候选人的需求和期望,与其建立更紧密的联系。

7. 数据分析工具

数据分析工具在招聘中发挥关键作用,能深入剖析招聘来源效果、面试评估准确性及候选人留存率等关键数据,为组织提供精准决策支持。通过数字化招聘工具的数据分析功能,组织能更清晰地了解招聘过程,发现潜在问题,并据此优化招聘策略。这不仅提升了招聘效率,还有助于组织更精准地找到符合职位要求的候选人,为组织的发展注入活力。

8. 移动招聘应用

移动招聘应用允许组织和求职者通过移动设备随时随地进行招聘活动。这些应用通常提供职位搜索、简历投递、面试安排等功能,使招聘过程更加便捷和灵活。

(二)招聘数字化转型的意义

招聘数字化转型的意义在于能为组织和求职者带来一系列显著的改进和便利,具体体现在以下几个方面：

1. **提高招聘效率**

数字化招聘工具能够自动化和标准化招聘流程，如简历筛选、面试安排等，从而大幅减少人工操作，提高招聘效率。这使得组织能够更快地找到合适的候选人，缩短招聘周期。

2. **降低招聘成本**

通过数字化招聘，组织可以节省大量在招聘过程中产生的费用，如广告费、招聘会费用等。此外，自动化工具的使用也减少了人力资源部门在筛选简历和安排面试上的时间成本。

3. **提升候选人体验**

数字化招聘为候选人提供了更加便捷、高效的求职体验。候选人可以通过在线招聘平台随时浏览职位信息、投递简历，并通过视频面试等方式远程参与面试，大大节省了求职者的时间和精力。

4. **优化招聘决策**

数字化招聘工具通常具有数据分析功能，可以帮助组织分析招聘来源的效果、面试评估的准确性等信息，为组织的招聘决策提供有力支持。这有助于组织更加精准地找到符合职位要求的候选人。

5. **扩大招聘范围**

通过在线招聘平台和社交媒体等渠道，组织可以更加广泛地发布职位信息，吸引更多潜在候选人。这为组织提供了更广阔的招聘范围，增加了找到优秀候选人的机会。

6. **增强品牌形象**

一个高效的数字化招聘流程可以展示组织的专业性和创新能力，从而提升组织的品牌形象。一个友好的候选人体验也可以增加候选人对组织的好感度，提高员工的满意度和忠诚度。

7. **提高招聘质量**

数字化招聘工具可以通过自动化筛选和数据分析等手段，帮助组织更加准确地评估候选人的能力和潜力。这有助于组织找到更加符合职位要求的候选人，提高招聘质量。

8. **促进人才库建设**

数字化招聘工具可以帮助组织建立和维护一个庞大的人才库，包括未录用的优秀候选人、内部员工推荐等。这为组织未来的招聘提供了丰富的资源，节约了招聘成本和时间。

（三）招聘数字化转型的策略探索

鉴于招聘的数字化具有许多显著的优势，组织的人员招聘数字化转型就变得尤为必要。组织可以考虑以下数字化转型策略：

（1）利用社交媒体和在线招聘网站。社交媒体和在线招聘网站是扩大招聘范围和提高招聘效率的重要渠道。企业可以利用这些平台发布职位信息、筛选候选人、与候选人建立联系等。

（2）引入AI筛选工具。AI筛选工具可以帮助企业快速筛选大量简历，找出符合职位要求的候选人。这可以大大节省人力和时间成本，提高招聘效率。

（3）采用视频面试。视频面试可以打破地域限制，让企业和候选人进行远程面试。这不仅可以节省双方的时间和成本，还可以提高面试的效率和准确性。

（4）建立候选人数据库。企业可以建立候选人数据库，将符合条件的候选人信息存储起来。当企业有新的职位需求时，可以从数据库中筛选出合适的候选人进行联系和面试。

（5）优化招聘流程。通过自动化和标准化的招聘流程，减少人为错误和延迟，提高招聘效率。同时，建立候选人反馈机制，收集候选人对招聘流程的评价和建议，不断优化招聘体验。

二、招聘数字化转型的实践

（一）数字赋能主动配置

在传统的招聘流程中，发布招聘公告后往往需要经历多轮烦琐的筛选和面试，不仅耗费大量时间和人力成本，而且人工评估往往带有主观性，导致匹配精准度降低。然而，随着数字技术的飞速发展，企业人才配置方式正经历着前所未有的革新。如今，企业岗位的空缺能迅速得到填补，人员配置更加灵活高效。

信息技术的普及推动了网络招聘的兴起，成为企业和求职者间沟通的主流模式。企业借助校招、官网、微信公众号等平台，直接发布招聘需求，并利用智能算法筛选简历、进行 AI 人才测评，从而实现了招聘、选拔和录用流程的自动化程。

在数字化时代，建立大数据人才库已成为企业人才配置的新选择。通过大数据算法和人工智能技术，企业可以持续学习雇主的用人偏好及候选人的求职偏好，实现求职者资料与企业档案的双向智能匹配。这种智能匹配不仅提高了招聘效率，还通过岗位分析进行精准的人才选拔，实现了人员配置的优化。例如，谷歌运用大数据技术发掘有潜力的申请者，IBM 则构建"全球工作机会"交易系统，根据员工工作偏好和技能信息进行岗位匹配。

除了企业内部建设的大数据系统，招聘服务企业也依托大数据技术进行了创新。如智联招聘凭借庞大的用户基数和先进的大数据算法技术，为求职者和企业提供精准匹配服务。求职者注册并填写相关信息后，系统能主动推送适合的岗位信息，而企业也能按需选择服务，实现招聘成本的节约。此外，领英、脉脉、猎聘等平台也通过 SaaS 等服务为企业提供智能招聘解决方案，进一步提升人岗匹配效率，降低企业的人力管理成本。

（二）数字赋能精准选拔

在人才选拔的环节中，数字技术的引入彻底革新了传统方式，实现了简历的快速筛选和精准的人岗匹配，充分满足了企业日益提升的人才管理需求。

1. 智能化简历筛选

传统简历筛选一直是人力资源专员面临的重大挑战。随着岗位竞争加剧，数百乃至上千份简历的筛选工作变得耗时且低效，极大地消耗了人力资源部门的精力。《2023 年招聘市场 HR 群体洞察报告》显示，超过半数的受访 HR 每天需处理 100 份以上的简历，这无疑是对他们工作能力的严峻考验。

然而，通过引入 AI 技术，简历筛选过程变得高效而精准。AI 能够自动淘汰不符合要求的简历，极大减轻了 HR 的基础工作量。例如，联合利华在引入算法筛选简历一年后，不仅招聘周期从 4 个月缩短至 2 周，还节约了超过 100 万英镑的成本，并提高了雇员的多样性。

数字技术不仅能够对简历进行智能解析和查重，还能统一整理不同格式的简历，显著减轻了人力资源部门的录入负担。通过刻画人才画像、数据挖掘和关键字段识别等方法，AI 算法能够深入分析候选人的教育背景、知识技能、工作经验等信息，与职位要求进行智能匹配，从而辅助 HR 进行高效筛选。艾媒咨询发布的报告也显示，AI 技术在招聘领域的应用受到企业的广泛认可，其中 AI 简历解析功能因其操作简便和高效性而备受青睐。

2. 在线测评

在线人才测评已成为企业和组织选拔人才的重要工具，可通过计算机或移动设备评估候选人的技能、能力和性格。其应用广泛，涵盖招聘、培训、评估和职业发展等方面，有助于企业合理配置人力资源，提升效率。测评工具需基于科学研究和实证数据设计，确保准确性和可靠性，并经过多次测试优化，以适应各类候选人。对测评结果的解释与分析，可为企业提供针对性的建议，更好地理解候选人特点和优势。在线人才测评助力企业全面、客观地评估人才，为组织的长远发展提供支持。

在数字技术的推动下，多样化的在线测评工具应运而生，它们能够科学评估员工的行为、性格及动机，使人才测评更客观、精准。这些工具提升了HR的工作效率，同时确保了评估结果的真实性。随着国内人才管理理念的深化，线上测评工具已成为企业首选。数字化招聘需经历线上流程化、甄选体系化、运营稳健化、战略敏捷化四大阶段。线上测评因其高效、低成本、数据易量化及低专业要求而备受青睐，优势显著。实施流程包括发布邀请、候选人测试、结果分析、反馈建议等。过程中需注意保密、安全及题目审核，确保结果的准确性和可靠性。企业需根据自身需求选择合适的测评工具，并经过多次测试优化，以适应各类候选人。

知识链接

传统测评与在线测评的区别

1. 从线下转向线上。

传统的人才测评通常需要在指定的场地和时间进行，受到地域和时间的限制，而且成本较高。随着互联网和移动设备的普及，人才测评可以通过在线平台进行，不受时间和空间的约束，而且更加便捷和经济。在线人才测评还可以利用大数据和云计算等技术，提高测评的效率和准确性。在线人才测评就是一个基于互联网的在线人才测评平台，它提供了多种类型的测评题库，覆盖了各个行业和职能的岗位需求，可以根据企业和个人的不同需求定制测评方案。

2. 从单一变得多元。

传统的人才测评通常只侧重于某一方面或某几方面的能力或素质，如智力、性格、专业知识等，忽略了其他方面的影响因素。而现代的人才测评则更加注重综合性和多维度的考察，不仅考察个体的内在特征，还考察其与外部环境的适应性和互动性。例如，在线人才测评不仅有传统的智力测试、性格测试、职业兴趣测试等，还有岗位胜任力测试、团队协作测试、领导力测试等，可以全面地评估个体在不同情境下的表现和潜力。

3. 从静态变为动态。

传统的人才测评通常是一次性的或周期性的，只能反映个体在某一时刻或某一阶段的状态和水平，并不能反映其随着时间推移和经验积累的变化和成长。而现代的人才测评则更加注重持续性和发展性，不仅能够反映个体当前的状况，还能够预测其未来的发展趋势，并给出相应的建议和指导。例如，在线人才测评不仅提供了即时的测评报告和分析结果，还提供了长期的跟踪服务和学习资源，帮助个体实现自我认知、自我提升和自我实现。

3．人工智能面试

人工智能面试通过算法和程序，对应聘者的能力、性格、潜力等进行全面评估。它通常依赖于自然语言处理、语音识别、计算机视觉等技术来分析应聘者的回答和行为。人工智能广泛应用于各行各业，特别是在初筛阶段，有助于企业快速筛选出符合要求的候选人

人工智能流程与特点：应聘者面对摄像头，回答预先设置好的问题，系统捕捉并分析其面部行为、语言表达能力等。面试结束后，系统会自动生成评分报告，对应聘者的各项能力进行打分和分类。

人工智能面试凭借其先进的语音语义解析技术，精准地聚焦于人岗匹配，综合考量候选人的硬性条件和软性素质，打破了传统面试的时空限制，实现了人工智能辅助下的多维度候选人分析。

人工智能面试优势：①提高效率：AI面试官可以同时处理多个面试，加快招聘进程。②客观评价：减少人为因素干扰，更客观地评估候选人。③数据驱动决策：提供详细的分析报告，助力招聘团队做出明智决策。④节省人力成本：自动化技术减轻HR工作负担。⑤提供个性化体验：根据

不同职位定制面试问题和评分标准。

人工智能面试局限性：①技术依赖性：依赖于语音识别、自然语言处理等技术的准确性。②缺乏情感交流：无法像人类面试官一样感知求职者情感状态。③面试题目局限性：固定的题目和评估标准可能限制了招聘范围。④道德和伦理问题：涉及隐私保护、数据滥用等议题。

拓展阅读

不断进化的 AI 面试

早在 2017 年，国内便出现了 AI 面试系统。最初，AI 面试多为结构化问答，不同面试者可能使用同一套面试题，因此求职者可以相互分享"面试题库"。随着技术升级，一些企业的 AI 面试开始加入交互效果，生成虚拟面试官，试图营造真实场景氛围。

现在 AI 面试在细节上有很大不同。有的电脑屏幕上会有一个虚拟形象，用语音口述题目，并有文字提示；有的没有 AI 面试官的虚拟形象，甚至没有语音提问。

答题过程中，许多 AI 面试有两到三次录制机会。因为可以重新选择，一些面试者也就没那么紧张了。2024 届毕业生袁源一开始为 AI 面试准备了详细的文字稿，在经历多次实战和主动的"脱敏"训练后，她现在已能应付自如，不背稿也能很好地完成一场 AI 面试。

根据 2023 年 6 月 ResumeBuilder.com 对超过 1 000 名参与工作招聘流程员工的调查，AI 面试的普及趋势已越发明显。数据显示，10% 的受访者表示其所在公司当前正采用 AI 面试，另有 17% 的公司计划于今年启动这一创新招聘模式，还有 17% 计划于 2024 年引入。预计至 2024 年，将近四成的公司将采用 AI 面试技术。众多世界 500 强公司，如希尔顿、联合利华和高盛等，均已积极采纳人工智能评估系统，通过摄像头精准捕捉求职者的面部动作、措辞和声音，为面试评分提供科学依据。

（三）数字赋能快速入职

招聘工作圆满完成后，紧接着便是新员工入职环节，此时数字技术的运用能显著促进新员工迅速融入企业集体，迅速掌握岗位职责，并顺利进入工作状态。

1. 线上入职办理

入职办理是新员工对企业的第一印象，一套完善且便捷的线上入职流程不仅能帮助新员工快速适应新环境，还能提升他们的工作积极性。翰威特公司的研究表明，投入更多精力在入职流程与培训上的企业，其员工的投入度也相应更高。线上入职办理系统彻底改变了传统烦琐的入职流程，使员工无须奔波，通过线上平台即可高效完成入职手续，如签订工作合同等。以罗氏中国为例，其"E 入职"系统实现了入职手续的全电子化办理，极大地节省了时间和人力成本。同时，"E 入职"系统更是让员工能够轻松在线办理各类证明手续，将原本烦琐的流程简化为数小时内的操作，极大提升了新员工的入职体验。

2. 数字化破冰

组织的蓬勃发展，有赖于持续注入新鲜血液。然而，随着员工的性格、价值观和认知的日益多样化，如何构建高效的沟通桥梁、增强团队凝聚力，成为管理者亟须面对的挑战。这正是职场破冰活动所承载的使命——通过一系列精心设计的互动环节，促进员工间的相互了解，打破隔阂，助力他们更快地融入组织大家庭。

随着 95 后、00 后成为职场新势力，企业逐渐发现，相较于传统的聚餐式破冰方式，融入技术元素的数字化破冰活动更能激发年轻员工的参与热情。阿斯利康在管培生项目中就巧妙地引入了新员工线上破冰环节——入职派对。这一创新形式中，所有新员工受邀参加线上派对，通过自我介绍、互动问答、云 K 歌和线上游戏竞赛等多种方式，轻松愉快地与团队成员建立联系。这样的活动不仅让新员工深入了解了公司文化和业务知识，更在互动中培养了团队意识和协作精神，为未来的工作奠定了坚实的基础。

3. 数字化入职培训

当员工步入一个全新的工作环境时，难免会感到紧张与焦虑。为了帮助他们更好地适应并融入这个新环境，入职培训显得尤为重要。此类培训旨在帮助员工深入了解组织的整体情况、企业文化和核心价值观，从而增强他们的组织认同感。同时，培训还能加强员工在职位所需技能方面的能力，有效缓解他们在新角色中的压力，促进他们更快地融入团队和组织。

随着时代的变迁，新生代员工对于培训方式的期望已变得多样化。传统的培训模式已难以满足他们的需求。英迈国际是一家提供工程与科技咨询服务的全球性公司，其"英迈程序"是一种创新的数字化入职培训方案。这个方案为员工提供了一种轻松简单的方式来进行技能培训，使新员工能够更快地掌握所需的知识和技能。通过在线课程、模拟工具和实际案例，员工可以根据自己的能力和时间进行评估和安排学习计划，从而实现个性化的学习路径。

思政课堂

中国铁路总公司如何确保招聘公平公正

中国铁路总公司以其国企背景、优越的薪酬待遇以及广阔的发展前景，一直受到众多求职者的关注和追捧。那么，它是如何保证人员招聘公平公正的呢？

在某次大规模的招聘活动中，中国铁路总公司首先通过官方网站和主流媒体，公开、透明地发布了详细的招聘信息，包括岗位名称、职责、招聘人数、资格条件、报名方式、考试安排等，确保了应聘者能够充分了解招聘信息，充分行使自己的知情权。

而到了报名和资格审查阶段，中国铁路总公司则严格按照招聘启事中规定的资格条件进行筛选，对应聘者的学历、专业、年龄、工作经验等进行认真核实，确保只有符合要求的应聘者才能进入下一环节。

在笔试和面试阶段，中国铁路总公司更是采用了严格的考试制度，确保了考试内容的合法性和公正性。同时，公司还加强了对考试过程的监督，防止了任何形式的舞弊行为，确保了考试成绩的真实性和有效性。

最后，在录用阶段，中国铁路总公司严格按照招聘启事中规定的程序和标准进行录用，与被录用的员工签订了规范的劳动合同，明确了双方的权利和义务，确保了员工的合法权益得到保障。

中国铁路总公司的招聘活动，充分展现了其作为国企的责任感和引领力，为整个招聘市场树立了标杆。这一举动不仅彰显了企业的专业和规范，更对维护招聘的公平公正起到了积极作用，从而能够吸引更多的杰出人才。对于正致力于人力资源管理学习的大学生们，这一案例提供了宝贵的学习机会。他们可以通过深入研究相关法律法规、关注时事热点、参与实际操作，不断锤炼自己的批判性思维，以及保持持续学习的态度，来培育自己的法治观念。这样，在未来的职业道路上，他们就能以公正、公平、合法的原则来主导招聘和人才管理，塑造正确的价值观，并增强个人对社会的责任感。我们应当始终坚守公正和法治，不断提升服务意识，同时大力推广诚信的价值理念，让整个招聘过程更加透明、公正，为社会的进步贡献力量。

利用人力资源管理信息系统模拟人员招聘

练习目的：

1. 加深对人员招聘过程的了解。
2. 对数字化环境下的人力招聘形成更为直观的认识。

作业要求：

选择一款目前市场上相对成熟的人力资源管理信息系统，模拟实施一次人员招聘活动。

CHAPTER 5

项目五

员工培训与开发

📋 学习目标

○ 了解培训与开发的含义、原则、分类、意义；
○ 理解数字化赋能的培训技术；
○ 了解培训与开发工作的制定与实施；
○ 了解职业生涯相关概念、原则，业生涯规划的步骤；
○ 理解职业生涯规划与管理的重要性、职业生涯发展的关键因素；
○ 了解职业生涯基础理论以及如何进行职业生涯管理。

📋 思政目标

○ 树立友善、平等、关爱、和谐的人际关系理念；
○ 培养富有创新、变革、进取精神的领导者素养；
○ 培养敬业、忠诚、诚实、奉献的工作态度。

📋 案例导入

华为大学——培养将军的摇篮

华为大学被誉为中国企业的黄埔军校，作为华为公司旗下的内部教育机构，自2005年成立以来，一直致力于为华为员工提供持续的职业教育及培训服务。它不仅是华为培养将帅的摇篮，更是一所集结了智慧与经验的精英大学。

华为大学位于中国的深圳，其校园是一个系列建筑群，总占地面积27.5万平方米，包括教学区和生活住宿区。教学区占地面积15.5万平方米，建筑面积超过9万平方米，拥有九千多平方米的机房、一百多间教室和五百多个办公座位，能同时容纳两千多名客户和员工进行培训。而生活区则配备了三星级酒店、西餐厅、咖啡厅、健身房等休闲健身场所，充分满足不同国度、不同宗教信仰的学员学习和生活需要。

华为大学的学员全部为华为内部员工，而教师队伍则是由来自一级部门的经理人构成。这些经理人不仅拥有丰富的实战经验，还具备深厚的专业知识，他们将自己的经验和智慧传授给学员，帮助他们实现个人的成长和职业的晋升。

培养将军是华为大学成立的初衷，任正非在谈到对华为大学办学要求时强调："你们是否能够喊出'这就是将军的摇篮'的口号？如果不这样，你们就脱离了这个时代，就像在世外桃源一样，就没有和现在形势的紧迫感结合起来，你们的重要作用就没有得到各个部门的认同。"①

华为大学的教学理念强调选拔制、训战结合、培养更优秀的人和循环赋能。通过坚持选拔制，确保学员都是公司中的优秀人才；通过训战结合，使学员学习的内容更加贴合实际工作需求；通过培养更优秀的人，不断推动公司的发展和进步；通过循环赋能，选拔和培养出优秀的后备干部。

华为大学的核心业务围绕管理能力、专业能力和项目管理能力展开，但其根本目标是文化传承。通过培训和发展，华为大学不仅提升了员工的能力和素质，更传承了华为的企业文化和价值观。这使得华为大学不仅是一个培训机构，更是一个企业文化传承的载体。

华为大学在员工的培训与发展方面表现出了极高的专业性和实效性。通过完善的培训体系、多样化的培训方法、全员导师制、注重实践与创新、全球化发展平台以及促进员工全面发展等方面的努力，华为大学为华为公司的员工提供了优质的培训和发展机会，为公司的持续发展奠定了坚实的基础。

---

① 黄志伟. 华为人力资源管理[M]. 苏州：古吴轩出版社，2022：193-196.

知识框架

```
                                    ┌─ 培训与开发的含义
                                    ├─ 培训与开发的原则
                    ┌─ 数字化赋能的培训与开发 ─┼─ 员工培训的分类
                    │               ├─ 培训与开发的意义
                    │               └─ 数字化赋能的培训技术
                    │
                    │               ┌─ 培训需求分析
                    │               ├─ 培训设计
员工培训与开发 ─────┼─ 培训与开发工作的制定与实施 ─┼─ 培训实施
                    │               ├─ 培训转化
                    │               ├─ 培训评估与反馈
                    │               └─ 数字赋能的培训系统构建
                    │
                    │               ┌─ 职业生涯规划与管理概述
                    └─ 职业生涯规划与管理 ──┼─ 职业生涯基础理论
                                    └─ 职业生涯管理
```

任务一　数字化赋能的培训与开发

企业招聘新员工后，新员工可能对企业目标、文化和岗位需求尚不熟知，且其现有知识与实际工作要求间可能存在差距。为此，企业需迅速提升新员工能力，促进他们融入企业，以积极的态度投入工作。同时，对于已在企业工作多年的老员工，当岗位变动或企业环境改变（如出现战略调整、技术更新等）时，也需对其进行相应培训，帮助他们适应新环境。这正是人力资源管理中不可或缺的一环——培训与开发。通过有效的培训，企业能确保员工具备所需能力，助力企业持续稳健发展。

作为人力资源管理的一项基本职能活动，培训与开发是实现人力资源增值的一条重要途径。随着人力资源对价值创造贡献的逐渐增加，人力资源的增值对企业的意义日益重要。因此，越来越多的企业开始重视培训与开发工作。

党的二十大报告提出："加快建设国家战略人才力量，努力培养造就更多大师、战略科学家、一流科技领军人才和创新团队、青年科技人才、卓越工程师、大国工匠、高技能人才。"国家明确了到"十四五"期末技能人才占就业人员比例达到30%以上、高技能人才占技能人才的比例达到1/3的目标任务。这是推动形成"人力资本红利"的内在要求，是为推动高质量发展提供人才动力的迫切需要。[①] 据悉，2023年随着"技能中国行动"深入实施，各地聚焦重点领域加大职业技能培训，全国共开展补贴性职业培训超过1 800万人次。

一、培训与开发的含义

培训与开发（training and development）是指企业通过各种方式使员工具备完成现在或者将来工作所需要的知识、技能并改变他们的工作态度，以改善员工在现有或将来职位上的工作业绩，最终实现企业整体绩效提升的一种计划性和连续性的活动。

培训（training）和开发（development）是两个既有重叠又有区别的概念。两者都旨在提升员工能力，进而提高工作业绩和企业绩效，均由企业实施，面向内部员工，并采用相似方法。但是，两者之间也存在以下区别：

（1）培训与开发各有侧重：培训关注当下，旨在短期内提升员工当前工作所需的知识和技能，如操作机器或生产调度，是一种及时弥补不足的行为；而开发则着眼于未来，致力于长期培养员工适应未来工作的知识和技能，更多地与员工职业发展相结合。两者虽方法相似，但目标不同，培训注重即时效果，开发则强调长远潜力，共同助力企业持续发展和员工个人成长。

（2）培训内容多聚焦于当前工作所需，确保员工能胜任当前岗位；而开发则可能超脱现有工作内容，注重员工潜能与未来需求，助力员工迎接更多挑战和机遇，为企业发展注入新动力。

（3）培训侧重于提升员工现有工作经验，以优化当前工作表现；而开发则主要着眼于新工作领域，对经验要求相对较低，旨在挖掘员工潜力，为未来工作挑战做好准备。两者各有侧重，共同促进员工与企业的成长。

（4）培训活动常具有强制性，员工需按规定参与以提升当前能力；而开发活动则更多基于员工

[①] 中华人民共和国人力资源和社会保障部. 高质量发展需要大批高技能人才［EB/OL］.（2024-05-03）.［2024-05-06］. http：//www.mohrss.gov.cn/SYrlzyhshbzb/dongtaixinwen/buneiyaowen/rsxw/202405/t20240503_517819.html.

个人发展意愿，旨在挖掘其未来潜力。两者虽同为提升员工能力，但侧重点与参与方式各有不同。

表 5-1 显示了培训与开发的主要区别。虽然培训与开发存在一定的区别，但是从实施过程来看并没有明显的差异。因此，在后面介绍培训与开发的流程、方法等内容时，我们并没有刻意将两者区分开来，而是放在一起介绍。

表 5-1 培训与开发的对比

	培训	开发
侧重点	现在	未来
目标	为当前工作做准备	为未来变化做准备
对工作经验的要求	较多	较少
参与	必须参与	自愿参与

要准确理解培训与开发的含义，需要把握以下要点：

（1）培训与开发的根本目的在于提高员工的工作业绩和企业整体绩效。这是其初衷和成功的关键指标。若不能实现此目标，培训与开发则被视为不成功。因此，我们必须确保这些活动能够真正带来业绩的提升。

（2）培训与开发的实施主体必须是企业。尽管某些活动客观上促进了员工能力提升，但若非企业组织，则不属于培训与开发范畴，如员工自学虽能改善业绩，但非企业组织则不计入其中。只有当企业主动组织这些活动时，才被视为真正的培训与开发，旨在提升员工能力与企业整体绩效。

（3）培训与开发的内容应紧密围绕员工的工作展开，确保涵盖所有与工作相关的知识、技能、态度、企业的战略规划以及规章制度等。过去一些企业在培训中往往过于侧重"硬内容"，如业务知识和工作技术，而忽视了"软内容"，如工作态度和企业文化。这种片面的培训方式不利于员工的全面发展。因此，我们应当确保培训内容全面而均衡，既关注员工当前的工作需求，也预见其未来可能面临的挑战，从而为员工和企业的长远发展奠定坚实基础。值得注意的是，某些内容虽不属于培训与开发范畴，却借助了培训的形式。例如，企业为女性员工提供的家政服务培训，实为员工福利，属于薪酬福利范畴。尽管内容非培训与开发，但实现方式却利用了培训这一手段。因此，在识别培训与开发活动时，需明确其目的和内容，确保与员工的职业发展和企业绩效紧密相关。

（4）培训与开发面向企业全体员工，不可局限于某一部分。虽然每次培训对象不必涵盖全员，但应将所有员工纳入培训体系，确保无人被排斥在外。这样，才能全面提升员工能力，进而增强企业整体竞争力。

拓展阅读

海尔的价值观念培训

海尔培训工作的原则是"干什么学什么，缺什么补什么，急用先学，立竿见影"。在此前提下首要的是企业目标下价值观的培训——"什么是对的，什么是错的，什么该干，什么不该干"，这是每位员工在工作中必须首先明确的内容，也是企业文化的内容。对于企业文化的培训，除了通过海尔的新闻媒体《海尔人》进行大力宣传以及上下灌输、上级的表率作用之外，重要的是员工的互动培训。海尔进行了丰富多彩、形式多样的文化培训及文化氛围建设，如开展绘画比赛、文艺表演等活动，让员工通过自己的绘画、表演等来诠释海尔理念，从而达成理念上的共识。

资料来源：https://baijiahao.baidu.com/s?id=1773641912496835441&wfr=spider&for=pc（2024-05-05）。

二、培训与开发的原则

企业在实施培训与开发活动时，遵循以下基本原则可以保证并充分发挥培训与开发的效果：

（一）服务企业战略与规划原则

企业战略和规划是企业运营的指南针，对各项工作具有指导意义。培训与开发作为人力资源管理的重要环节，需紧密围绕企业战略展开。在实施培训与开发时，必须站在企业战略的高度，不能将其与企业战略割裂。很多企业容易忽视这一点，仅就培训谈培训，这是不全面的。只有紧密结合企业战略，才能确保培训与开发的有效性和针对性，为企业的发展提供有力的人才保障。

（二）坚持目标原则

在培训与开发中，目标原则至关重要。为受训者设定清晰的目标，不仅便于衡量培训效果，还能增强培训效果，使受训者在培训过程中有明确的方向和学习动力。为确保培训目标的指导性，设定时需考虑其明确性和适度性，既不过于艰难也不过于简单，需与每个人的具体工作紧密相连。这样，受训者能深刻感受到培训目标的实用性和挑战性，从而激发他们的工作热情和潜能，为企业的发展贡献更多力量。

（三）遵循激励原则

为优化培训与开发的效果，坚持激励原则至关重要。正向与反向激励应并重，以激发员工的参与热情和主动性。激励应贯穿培训全程：培训前，通过宣传教育点燃员工学习热情；培训中，及时反馈以增强员工的学习动力；培训后，通过考核与奖惩机制巩固员工的学习成果。考核成绩优异的员工应获得相应奖励，以资鼓励；而成绩不佳的员工则需接受适度惩罚，以促其改进。这种全方位的激励策略，不仅有助于提升培训效果，更能激发员工的潜能，为企业的发展注入源源不断的动力。

（四）讲究效益原则

企业作为经济组织，追求经济效益是其根本。因此，在培训与开发中，坚持效益原则至关重要。在有限的费用下，企业应追求培训效果的最大化；或在效果确定时，力求费用最小化。实施培训活动时，应在确保效果的前提下，审慎选择培训方式和方法，采取适当的措施，以获取最佳的培训效益。这样，企业才能在培训与开发中实现经济效益的最大化。

（五）提升绩效原则

培训与开发的核心目标在于提升员工及企业的绩效。因此，实效性是培训与开发的关键。我们不应仅追求培训的形式，更应关注其内容的实用性。培训内容应紧密结合实际，旨在促进绩效的改善。培训完成后，企业应积极创造环境，鼓励员工将所学应用于实际工作，实现培训内容的转化。仅学习而不实践，既浪费资源又背离培训初衷。因此，培训活动应立足实际工作需要，结合员工的个人情况，如年龄、知识、能力和思想状况，制定明确目标，确保培训取得实效，为企业和员工带来真正的价值。

（六）尊重差异化原则

培训与开发在企业环境中与学校教育显著不同，它更加注重在普遍性基础上的差异化策略。这种差异化原则体现在两个主要方面。

首先，内容上的差异化至关重要。鉴于培训的核心目标是提升员工的工作业绩，培训内容必须紧密关联员工的具体工作。在企业中，不同职位的工作内容各异，每位员工的工作表现也不尽相同。因此，培训时应该根据员工的实际能力和所担任的职位，制定个性化的培训内容。通过这种方式，培训与开发将更具针对性和实效性。然而，过去的企业培训往往忽视了这一点，虽然投入了大量资源，但效果不尽如人意。

其次，人员上的差异化也是不可忽视的。尽管培训与开发应当面向全体员工，但在实施过程中却不应平均分配资源。根据"二八原则"，企业中的大部分价值往往由少数关键人员创造。同时，考虑到企业资源的有限性，在培训中应优先关注关键职位，特别是中高层管理和技术人员。这些人员在企业中扮演着举足轻重的角色，他们的成长和进步将直接影响企业的整体绩效。

三、员工培训的分类

员工培训形式多样，根据不同的标准，可以将其划分为多种类型，了解这些类型有助于深化理解。

（一）培训对象的不同

按照培训对象的不同，可以分成新员工培训和在职员工培训两大类。

（1）新员工培训指对刚刚进入企业的员工进行培训。

（2）在职员工培训指对已经在企业中工作的员工进行培训。

由于培训的对象不同，这两类培训之间存在较大的差别，新员工培训相对来说比较简单，因此通常所讲的培训与开发是针对后者而言的。下文我们主要讨论的是对在职员工的培训。

（二）培训内容的不同

按照培训内容的不同，可以划分为知识性培训、技能性培训和态度性培训三大类。

（1）知识性培训是指以业务知识为主要内容的培训。

（2）技能性培训是指以工作技术和工作能力为主要内容的培训。

（3）态度性培训是指以工作态度为主要内容的培训。

这三类培训对于员工个人和企业绩效的改善都具有非常重要的意义，在培训中都应当给予足够的重视。

（三）员工所处的层次不同

按照员工所处的层次不同，在职员工培训又可以继续划分为基层员工培训、中层员工培训和高层员工培训三类。由于三类员工在企业中所处的位置不同，承担的职责不同，发挥的作用也不同，因此对他们的培训与开发要区别对待，应当侧重不同的内容，采取不同的方法。

（四）培训形式的不同

按照培训形式的不同，分为在岗培训和脱产培训两大类。

（1）在岗培训是指员工不离开工作岗位，在工作过程中接受培训。

（2）脱产培训是指员工离开工作岗位，专门接受培训。

这两种培训形式各有利弊，企业在实施过程中需要根据实际情况选择恰当的形式。

（五）培训性质的不同

按照培训性质的不同，分为传授性培训和改变性培训两大类。

（1）传授性培训指那些使员工掌握自己本来未掌握的内容的培训，例如员工本来不知道如何操作机床，通过培训使他能够进行操作，这种培训就是传授性培训。

（2）改变性培训则是指那些改变员工本来已掌握的内容的培训，例如员工知道如何操作机床，但是操作的方法有误，通过培训使他掌握正确的操作方法，这种培训就是改变性培训。

培训与开发还可以划分成其他不同的类型。需要再次强调指出，对培训与开发类型的划分意义并不完全在于这些类型本身，而在于对培训与开发的深入理解。

四、培训与开发的意义

企业之所以越来越重视培训与开发工作，是因为它具有非常重要的作用和意义，主要表现在以下几个方面：

（一）培训与开发助力企业绩效提升

培训与开发作为人力资源管理的重要环节，对于企业的绩效提升具有不可忽视的作用。通过精心设计的培训活动，员工能够不断提升自身技能与知识，进而提高工作效率和质量。同时，开发活动侧重于员工潜能的挖掘与培养，为企业的长远发展储备人才，助力企业在激烈的市场竞争中立于不败之地。

（二）培训与开发增进企业竞争优势

在激烈竞争的市场中，构筑竞争优势是企业生存发展的关键。随着知识经济和科技的飞速发展，企业面临的环境复杂多变。彼得·圣吉指出，未来唯一的持久优势在于快速学习能力。因此，培训与开发显得尤为重要。它不仅能使员工迅速掌握新知识与技术，确保企业人才队伍的素质，更能营造积极的学习氛围，提升企业整体的学习能力。这些努力将增强企业的竞争优势，使其在市场竞争中立于不败之地。因此，企业应高度重视员工的培训与开发，不断激发员工潜力，实现企业的可持续发展。

（三）培训与开发提高员工满意度

员工的满意度是企业成功运转的重要基石。培训与开发正是提升员工满意度的关键。通过这一过程，员工能深切感受到企业的关注与重视，从而提高对工作的满意度。同时，培训与开发能显著提高员工的知识技能水平，使他们在工作中更加得心应手，进而提升工作业绩。这种业绩的提升不仅使员工获得成就感，还进一步加强了他们对企业的认同感和满意度。因此，为了企业的长远发展，我们必须重视员工的培训与开发，不断提升员工的满意度和忠诚度。

（四）培训与开发有助于培育企业文化

在竞争激烈的现代市场环境中，企业家日益认识到文化管理对企业管理的重要性。良好的企业文化对员工具有凝聚、规范、导向和激励作用，对企业意义重大。因此，许多企业在完善规章制度的同时，也着力加强企业文化建设。企业文化作为员工共同的价值观和道德准则，需得到全体员工的认同。为此，通过培训与开发等手段对员工进行宣传教育至关重要，它能有效促进员工对企业文化的理解与认同，从而增强企业凝聚力，推动企业持续发展。

（五）培训与开发增强企业对优秀人才的吸引力

在知识经济时代，企业对人才的竞争愈演愈烈。知识型员工尤为特殊，他们更看重发展机会和个人成长。因此，他们特别关注企业是否能提供培训与开发的机会。若企业能针对性地提供培训与开发，不仅能满足知识型员工的发展需求，有助于留住这些宝贵的人才，同时对外界的潜在员工也能产生强大的吸引力。这样的企业环境将推动员工的持续进步，促进企业不断创新发展，从而在激烈的市场竞争中占据有利地位。

五、数字化赋能的培训技术

随着数字技术的飞速发展，众多企业纷纷采纳虚拟现实等智能技术，并结合线上线下模式，提升员工培训效率。它们尤为关注这些技术在激发学习主动性上的作用，以此应对人力资源管理中的数字化转型趋势。这一举措旨在让员工培训更具成效，更好地适应数字化时代的需求。

（一）基于虚拟现实设备的培训形式

虚拟现实设备革新培训方式，彻底打破了传统培训中时间和空间的束缚，为学员们带来了前所未有的学习体验。其具有多样化的互动性和沉浸感，摒弃了枯燥单一的教学模式，极大地激发了员工的学习兴趣和参与热情。这种新颖的培训形式，不仅提升了培训效果，也为企业的持续发展注入了新的活力。

1. 直播技术培训

直播与培训的结合已经成为现代企业培训领域的一种重要趋势。这种结合方式不仅提高了培训的便捷性和互动性，还为教育培训行业带来了更多的机遇和挑战。

直播与培训的结合带来了以下几个方面的优势：

（1）便捷性。直播培训打破了地域限制，员工只需通过网络即可参与学习。这种便捷的学习方式使得更多人有机会接触到优质的培训资源。

（2）互动性。直播平台提供了实时互动的功能，员工可以与讲师进行实时交流，提出疑问并得到解答。同时，员工之间也可以进行互动，分享学习心得和体会。这种互动方式有助于提高员工的学习兴趣和积极性。

（3）实时性。直播培训具有实时性，讲师可以根据员工的反馈及时调整培训内容和方式，使培训更加贴近学员的实际需求。同时，可以随时参与讨论和互动，增强学习的效果。

在直播与培训的结合中，有多种模式可供选择：

（1）小组讨论直播。适合大规模的集体学习，如研讨会、团队建设活动等。讲师可以将员工分成几个小组，每个小组内部进行讨论，以培养员工的团队合作能力。

（2）一对一直播。适用于需要个性化指导的情况，如语言学习、艺术培训等。讲师可以根据员工的实际情况进行有针对性的指导。

（3）录播课程直播。将预先录制好的课程进行直播。这种模式适用于那些无法实时参与的员工，他们可以在培训进行时观看录播，或者在培训结束后回看。

（4）互动式直播。在直播过程中不断引入互动元素，如问答、投票、讨论等，以提高员工的参与度和学习效果。

然而，直播与培训的结合也面临着一些挑战和问题。例如，技术更新迅速，企培机构需要不断学习和掌握新技术，以适应市场的变化。同时，市场竞争也日益激烈，企培机构需要不断提高培训质量和服务水平，以赢得更多的市场份额。为了解决这些问题，教培机构可以采取以下措施：

（1）加强技术研发和创新，不断推出新的培训工具和平台，提高教学效果和员工体验。

（2）深入了解企业需求和市场变化，不断优化培训内容和方式，以满足企业的个性化需求。

（3）加强与其他培训机构的合作和交流，共同探索新的教学模式和方法，提高整个行业的水平。

拓展阅读

视频云平台——微吼

微吼是一家成立于2010年的企业级互动视频云平台，致力于为企业提供一站式互动视频解决方案。该平台凭借其卓越的技术实力和创新的服务模式，已经在企业培训、营销、会议等多个领域取得了显著的成绩。

微吼平台拥有七大直播核心技术，包括基于WebRTC的实时互动技术、大规模高性能流传输技术、高清晰度音视频编码技术等，这些技术保证了平台在实时性、稳定性和清晰度方面的卓越表现。同时，微吼还通过大数据和AI技术，对用户行为数据进行分析，提供精准的反馈和评分，帮助用户更好地了解自己的学习进度和效果。

在企业培训领域，微吼通过视频互动技术，为企业提供数字学习技术和数字营销云解决方案。员工可以通过人机对话进行精确的学习，AI通过行为数据分析及时进行评分和反馈，帮助员工有针对性地进行持续练习，从而极大地提升培训效率和学习产能。同时，微吼还为企业节省了培训师的人力成本，为企业的发展提供了强有力的技术支持。

2. 人工智能技术培训

近年来，人工智能（Artificial Intelligence，AI）技术的飞速发展为企业培训领域带来了革新。基于人工智能的培训模式让员工可通过人机对话获得精准指导，人工智能实时分析行为数据，即时评分与反馈，推动员工针对性地进行持续练习，显著提高了培训效率和学习效果。这一变革不仅优化了学习过程，也降低了对培训师资源的依赖，为企业节省了人力成本，为员工成长提供了强有力的技术支撑，推动了企业整体效能的提升。AI 培训不仅是业务人才培养的必需，更是企业数字化转型的基石。

📖 案例启示

加快发展人工智能　实现生产力跃升

在 21 世纪的科技浪潮中，习近平总书记强调，人工智能不仅是赢得全球科技竞争的关键，更是推动我国科技跨越、产业升级、生产力飞跃的战略资源。随着 AI 技术的迅猛发展，其潜力越发显现，如何有效疏通产业发展中的障碍，以加快新质生产力的形成，对我国经济社会的高质量发展至关重要。

2024 年 5 月 3 日，深圳迎来了一场科技界的盛事——2024 中国人工智能产业创新发展大会。这场由国雄资本有限公司主办的盛会，以"人工智能的下一个浪潮"为主题，汇聚了业界精英，共同探讨 AI 的未来。

国雄资本有限公司董事长姚尚坤在会上发表了精彩演讲。他指出，人工智能作为当今最具代表性和前瞻性的科技趋势，已经渗透至金融、医疗、制造、交通等社会的方方面面，引领着技术革新与落地应用的浪潮。然而，AI 大模型的发展并非易事，它需要高额的投资和长时间的投入。姚尚坤以特斯拉为例，强调即使是这样的企业，也经历了多年的努力和探索才实现盈利。但他也肯定，正是特斯拉这种"从 0 到 1"的创新精神，赢得了美国资本市场的尊重和包容。

此外，姚尚坤还透露，我国正将目光投向硬科技领域，将智能制造、人工智能基础层、半导体材料和设备、新材料关键战略材料、信息技术安全、生物技术精准医疗、新能源汽车、航空航天及航天器应用等视为未来投资的重点。这些领域不仅代表了科技的尖端，更是国家未来发展的战略支撑。

展望未来，我们有理由相信，在人工智能的引领下，中国将迎来一个更加繁荣、更加智能的新时代。

资料来源：https://baijiahao.baidu.com/s?id=1798353985239780688&wfr=spider&for=pc（2024-05-05）。

讨论：你如何看待将 AI 引入企业学习？AI 技术能否帮助我们克服常见的企业学习痛点，激活在线学习活力？

3. 虚拟现实技术培训

虚拟现实（VR）技术，通过头显设备，使体验者完全沉浸于虚拟世界，与之实时互动。增强现实（AR）技术则融合了虚拟与现实，佩戴 AR 眼镜即可在现实中看见虚拟信息，并产生即时互动。混合现实（MR）作为 VR 与 AR 的融合，结合了真实世界、虚拟世界与数字化信息。这些统称为 XR（扩展现实）的技术正在变革员工培训。XR 技术提供了可视化概念演示，相较于传统课堂，更具实践优势。对于年轻员工，他们在游戏、3D 和社交媒体中成长，对刺激与沉浸式体验有天然偏好，因此 XR 技术更能提升他们的培训参与度。

（二）基于线上线下混合的培训形式

传统线下培训与新兴线上培训各具特色，将二者融合，形成混合式培训模式，能够充分发挥各自优势，实现培训成本效益最大化。这种创新模式将推动培训效果显著提升，满足现代培训需求。

1. 线上平台培训

随着数字技术的迅猛发展，人们的生活和工作模式正经历着深刻变革。员工的学习时间越发碎片化，而外部环境和业务技能日新月异，传统培训课程难以适应这一变化，导致培训效果不佳。然而，线上培训以其独特的灵活性和丰富性，有效解决了这一难题，充分满足企业的培训需求，员工们可以随时随地展开学习，实现学习效果的显著提升。这种创新模式正成为企业培训的新趋势。

正式培训常给人任务感，而线上学习更符合员工对趣味性的追求。它巧妙激发员工自主学习意愿，让学习变得自然而然，而非刻板的任务完成，更易于实现知识的有效吸收。

拓展阅读

企业培训新方式——游戏化移动培训

西安杨森制药有限公司（以下简称"西安杨森"）是一家有30多年历史的制药公司，并且多年之前就已经搭建了一套完备的培训体系。随着移动互联网时代的到来，西安杨森开始在培训项目中植入移动学习，如开发App，并以此为平台，整合各类学习资源，在其中进行教学、测评、测试等工作。此外，西安杨森将游戏化学习的概念引入在线学习，即用游戏的思维设计学习内容，吸引学员活跃在学习平台中。如在该平台中搭建互动社区，利用知识闯关、问答挑战、赚取积分等设计提升学习趣味性，引导员工即时巩固、复习所学知识。

2. 线下配合巩固

线下培训独具优势，面对面互动助力员工快速融入岗位。实时讨论和团队协作不仅促进心得交流，更深化团队协作与知识巩固，为员工的成长提供宝贵经验，这是线上培训难以替代的。在一次次讨论分享与实地实践中，员工的业务能力不断得到锻炼提升。

拓展阅读

"花式培训"打开员工技能提升通道

近年来，浙江圣效化学品有限公司致力于通过多元化的"小课堂"活动，持续增强员工的专业技能和综合能力。为了激励员工积极学习，公司实施了技能津贴和学分达标等配套制度，这些制度直接与员工的评优评先和薪资涨幅挂钩。

在培训形式上，圣效公司采取了线上和线下相结合的方式。线上，公司建立了圣效网络课堂，提供了大量针对不同岗位特点的技能培训课件，员工必须完成必学课程并获得相应学分，以满足评优评先的条件。

在线下，公司推行了名师带徒制度。通过这种机制，经验丰富的师傅会严格指导徒弟，确保他们在各个环节都达到高标准。这种专业精神对年轻员工产生了深远影响，促使他们不断提高自身能力。

2021年，圣效公司获得了企业职业技能四星自主评价资质，这意味着在公司工作的员工不仅可以学到技能，还有机会获得企业职业技能认定。这种认定机制极大地激发了员工学习技能的积极性，使他们更加专注于技术提升。为了鼓励员工追求更高的职称，公司还提供了相应的技能津贴，如化工总控工三级每月发放200元，化工总控工二级每月发放400元。

经过几年的努力，圣效公司已经拥有了一支由100多名专业技术人员组成的团队。同时，通过与高校和科研院所的紧密合作，在科技攻关和产品研发方面取得了显著成果，进一步提升了公司技术人才的能力和水平。

资料来源：https://www.qz123.com/xinwen/202404/t20240401_21948358.shtml（2024-05-07）。

（三）基于主动学习调动的培训形式

恰当运用培训方法能够显著提升培训质量，有效激发人才潜能。在培训过程中，我们需特别关注技术对于个性化学习和定制化学习的促进作用，确保培训内容与员工能力需求高度契合。同时，对培训结果进行细致的跟踪与反馈，加强实效性转化，从而充分调动员工的学习积极性与主动性。

1. 个性化培训

不同员工的能力基础和技能短板不同，在培训时不能一概而论、套用相同的培训内容。个性化培训是一种根据员工的学习需求、能力水平、职业发展规划等个体差异，利用先进的技术手段和方法，为每个员工提供定制化的培训方案的教学模式。这种培训模式能够更好地满足员工的个性化需求，增强培训效果、提高培训效率，促进员工的职业发展。个性化学习让员工了解自身能力的短缺之处，有针对性地开展技能的学习和提升。

拓展阅读

专注探索的小米

小米作为一家以年轻人为核心、崇尚扁平化管理的互联网公司，其员工平均年龄仅为27岁，充满了探索的热情与对新知的渴望。为了满足员工强烈的个人成长需求，小米于2018年推出了自家的云学习ELN平台。

该平台充分考虑到小米的企业文化和员工特性，着重于打造优质课程资源、实现个性化智能匹配以及营造连贯的学习氛围。在ELN平台上，每位员工都能根据自己的职能和岗位，获得量身推荐的课程。同时，为了保障课程的高品质，平台每月仅精选2~3门公开课进行更新。员工们若想提前解锁新课程，须完成规定的学习任务，积累积分以换取解锁权限。此外，员工若对某课程情有独钟，想要收藏以备后续深入学习，同样需要消耗相应积分。若某课程人气爆棚，员工渴望参与线下活动，亦可通过众筹积分的方式实现。这种积分制度不仅确保了学习资源的稀缺性，更激发了员工的学习动力。

ELN平台还通过定期的讲师答疑、课程群活动以及积分奖励等机制，持续营造活跃的学习氛围。自上线以来，该平台在公司内部的覆盖率高达90%以上，每门课程都能引发上百条的热烈讨论。每个人的学习状态都能被实时追踪，培训成果一目了然，真正实现了每位员工学习需求的"云端"回应。

2. 自定义学习

因企业策略和业务各异，员工需特定培训以满足不同需求。管理者应善用数字技术，定制培训课程，确保培训需求与供给精准匹配。在日新月异的市场中，保持人才活力才能满足企业业务需求。我们致力于赋能员工，助力其不断学习、提升自我，积极应对未来挑战，实现个人与企业的共同发展。

拓展阅读

雀巢智汇：赋能员工，共创未来

雀巢集团（Nestlé）为全球员工精心打造了一个在线能力发展知识库，员工们可轻松查阅各职能岗位的能力框架，包括领导力需求等详尽信息。此外，雀巢还特别推出了"70-20-10"职能发展计划，旨在协助员工制定个性化的成长路径。

随着员工对个人成长路径的深入了解，他们的自我提升热情越发高涨。为满足这一需求，雀巢构建了多个专业且独立的学习平台，如电商、健康科学销售、财务、制造等，以满足不同职能领域的学习需求。

其中，"雀巢员工学习园地"尤为受欢迎，它汇聚了110门涵盖六大主题的精品课程，旨在帮助员工全面提升，包括了解雀巢文化、坚守原则、关爱环境、团队协作、快速适应和引领自我。为更好地推广这一平台，HR团队策划了一系列活动，如播放推广视频、邀请管理层录制鼓励视频，并举办路演，让"雀巢员工学习园地"成为每位员工提升自我的首选之地。

3. 个性化评估与反馈

在培训流程中，反馈环节至关重要。企业在整合员工需求并精心组织培训后，需对培训效果进行科学评估。借助大数据，深入分析培训信息，向员工反馈培训结果，并追踪培训内容的实际应用情况，为未来培训提供宝贵经验。

这种评价与反馈机制使员工能直观感受到自己的成长和进步，从而激发其更强的学习热情。个性化培训尤其需要重视效果评估。我们利用在线学习管理系统实时追踪员工学习进度和成绩，并提供个性化反馈和建议，帮助他们明确学习方向，实现自我提升。这样的培训不仅有助于员工成长，更为企业长远发展奠定坚实基础。

任务二　培训与开发工作的制定与实施

培训与开发工作需遵循明确步骤。首先，深入进行需求分析，明确培训目标。随后，精心设计培训计划，充分准备所需资源。接着，实施培训活动，确保内容有效传递。最后，重视培训转化，评估培训效果，并及时反馈。这一流程确保了培训与开发的系统性和针对性，有助于提升员工能力，推动企业持续发展。每一步都至关重要，需精心策划和执行，以确保培训工作的顺利进行。整个过程如图5-1所示。

图 5-1　培训与开发实施步骤

一、培训需求分析

企业的培训与开发活动必须基于实际需求进行，否则其效果将大打折扣。在实施培训前，深入细致的培训需求分析至关重要，它作为整个培训与开发工作的基石，不仅指引着培训活动的方向，更对培训质量起着决定性作用。一旦培训需求分析出现偏差，培训活动就可能偏离初衷，无法达到预期效果。然而，遗憾的是，许多企业在开展培训时往往忽视了这一关键环节，缺乏深入的需求分析,这直接影响了培训工作的针对性和实效性。因此,为了确保培训与开发活动的有效性和针对性,企业务必重视培训需求的分析工作,确保其与企业的实际需求紧密相关。

(一)培训需求分析的思路

企业之所以会产生培训需求,往往是因为面临了某些问题或预见到潜在的问题。这些问题便是推动培训需求的"压力点",它们主要源自两大层面:企业层面和个人层面。这两个层面的问题都对企业发展具有不可忽视的重要性。

在企业层面,当面临诸如市场策略调整、技术更新换代、组织结构变革等挑战时,企业可能需要普遍性的培训来确保员工能够跟上这些变革的步伐,维持和提升企业的竞争力。而在个人层面,当员工在技能、知识或态度上存在不足,影响到其工作效率或职业发展时,企业也需要为他们提供特殊性的培训。

然而,值得注意的是,企业出现问题只是培训需求的一个可能性,并非所有问题都适合通过培训来解决。只有当问题确实能够通过培训得到改善或解决时,培训才具有现实性。例如,如果员工生产效率低下是由于工资水平过低导致的,单纯地进行培训可能无法解决根本问题,此时企业应当考虑调整薪酬制度。

因此,在识别培训需求时,企业需要综合考虑问题的可能性和现实性。对于企业层面普遍存在的问题,应当进行广泛而系统的培训;对于个人层面特殊存在的问题,则应提供针对性的培训。同时,当个人层面的问题具有共性时,它们也可能转化为企业层面的问题,需要企业从整体角度出发,进行更为全面的培训和规划。

对于培训需求的分析,最有代表性的观点是威廉·麦吉(William McGehee)和保罗·塞耶(Paul Thayer)于1961年提出的通过组织分析、任务分析和人员分析这三种分析来确定培训的需求。培训需求分析的内容如图5-2所示。

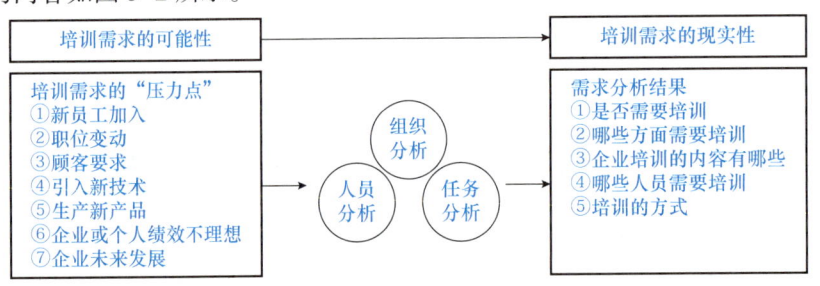

图 5-2 培训需求分析

1. 组织分析

组织分析是在企业层面展开的,它包括两个方面的内容:一是对企业未来的发展战略与方向进行分析,以确定企业今后的培训重点和培训方向。二是对企业的整体绩效做出评价,找出存在的问题并分析问题产生的原因,以确定企业目前的培训重点。通过组织分析,可以确定在企业层面需要进行什么样的培训。

企业未来的培训重点与方向,应紧密围绕其经营发展战略来设定。发展战略的差异决定了经营重心的不同,从而决定了培训的核心和导向。同时,企业的竞争战略、经营策略等也是决定培训方向的关键因素。因此,企业在规划培训时,需充分考虑其战略和策略,确保培训与企业整体发展方向保持一致。表5-2列出了在三种不同的发展战略下,企业的经营重点以及培训重点。

组织分析的第二个关键环节是通过对企业整体绩效的评估来识别当前的培训需求。首先,明确设定企业绩效的考核标准和指标。随后,对比企业当前的绩效与既定目标或历史绩效数据。一旦发现绩效水平下降或未达标准，便意味着出现了培训需求的"压力点"。

接下来，针对这些"压力点"进行深入分析，以明确培训需求的实际内容。例如，若评估显示产品合格率低下，则需探究其原因。若是员工操作不规范，则应重点加强操作规范的培训；若是质量意识不足，则需加强质量意识培训。然而，若问题源于员工士气低落，则需采取其他非培训手段，如改善工作环境或提升员工激励，以全面解决问题。

由于企业绩效考核是一种整体性的评价，发现的问题往往都具有一定的代表性，而培训与开发的最终目的就是要提高企业的整体绩效，因此这种分析是非常有必要的。对企业绩效的评价，除了数量、质量、时间、成本等产出指标外，还应当包括行为指标、态度指标等。

表 5-2 不同发展战略下企业培训与开发的重点和方向

战略		经营重点	达成途径	关键点	培训重点
集中战略		①增加市场份额 ②降低运作成本 ③建立和维护市场地位	①改善产品质量 ②提高生产率或进行技术流程创新 ③产品和服务的客户化	①技能的先进性 ②现有员工队伍的开发	①团队建设 ②跨职能培训 ③专门的培训计划 ④人际技能培训 ⑤在岗培训
成长战略	内部成长战略	①市场开发 ②产品开发 ③创新 ④合资 ⑤兼并 ⑥全球化	①现有产品的市场营销或增加分销渠道 ②全球市场扩张 ③修正现有的产品 ④创造新的产品或者不同的产品 ⑤通过合资进行扩张 ⑥识别与开发管理人员	①创造新的职位和工作任务 ②创新 ③人才管理	①支持或促进关于产品价值的高质量沟通 ②文化培训 ③建立一种鼓励创造性思考和分析的组织文化 ④职位的技术能力要求 ⑤对管理者进行沟通/反馈方面的培训 ⑥冲突谈判技能
	外部成长战略	①横向一体化 ②纵向一体化 ③集中多元化	①兼并在产品链条上与本公司处于相同阶段的企业 ②兼并能够为公司供应原料或购买本公司产品的企业 ③兼并与本公司毫无关系的其他企业	①整合 ②精简冗员 ③重组	①确定被兼并企业员工的能力 ②整合两家企业的培训系统 ③合并后企业中的各种工作方法与程序 ④团队建设培训 ⑤建立共享文化
收缩战略		①缩减规模 ②转向 ③剥离 ④清算	①降低成本 ②减少资产规模 ③创收 ④重新确定目标 ⑤出售所有资产	效率	①激励、目标设定、时间管理、压力管理、跨职能培训 ②领导能力培训 ③人际沟通培训 ④重新求职帮助 ⑤求职技巧培训

2. 任务分析

任务分析（task analysis）的主要对象是企业内的各个职位，通过任务分析来确定各个职位的工作任务，各项工作任务要达到的标准，以及成功完成这些任务所必需的知识、技能、能力以及其他因素。可以看出，任务分析其实就是我们在前面所讲的职位分析，只是它比职位分析更为详细。任务分析旨在明确新员工的培训需求，这里的"新员工"既指新入职者，也涵盖转岗员工。从完成职位任务角度看，二者无显著区别，仅是后者对企业基础情况更为熟悉。任务分析的结果决定了个人层面培训的内容范围，成为设计培训课程的关键依据。通过深入分析职位任务，企业能够精准识别培训需求，确保新员工能够快速适应岗位，提升整体绩效。在进行任务分析时，一般要按照以下四个步骤来进行：

（1）选择有效的方法，列出一个职位工作任务的初步清单。

（2）对所列出的任务清单进行确认，这需要对以下几个问题做出回答：任务的执行频率如何？完成每项任务所花费的时间是多少？成功完成这些任务的重要性和意义是什么？这些任务的难度有多大？

（3）对每项任务需要达到的标准做出准确的界定，用量化的标准来表述，例如"每小时生产100个"。

（4）确定完成每项工作任务的KSAO，即知识（Knowledge）、技能（Skill）、能力（Ability）（完成工作所需的脑力和体力的综合）和其他方面的因素（Others）（包括员工的个性、兴趣和态度等）。

3. 人员分析

人员分析是针对员工进行的。人员分析涵盖三个维度：①评估员工绩效，找出问题及其根源，以明确当前培训需求。②对比员工当前能力与未来职位的要求，预测并确定未来培训需求。③评估员工的培训准备情况，确保他们既有意愿又有基础技能接受培训。通过这一全面分析，企业能够精准识别哪些员工需要接受培训，以及他们需要何种培训，从而确保培训资源的有效配置，促进员工与企业的共同发展。

人员分析的第一个方面是绩效考核。这需要明确设定绩效指标和标准，再将员工当前绩效与既定目标或历史绩效比较。当绩效不达标时，即形成培训需求的"压力点"。然而，这一"压力点"并非直接指向培训，企业还需深入剖析绩效不佳的原因。若问题源于技能或知识欠缺，则培训成为关键；若因其他因素，如动机或环境，则需采取相应措施。这样的分析能确保培训需求既符合实际，又具有针对性。

人员分析的第二个方面是企业关注员工的职位变动计划。根据人力资源规划，员工未来可能面临职位调整。由于不同职位对知识、技能和态度的要求各异，即使员工当前无须培训，为适应未来职位，也可能需接受培训。因此，首要任务是识别哪些员工将在未来一段时间内发生职位变动。接着，将员工现有能力与未来职位要求对比，从而精确识别出培训需求，确保员工能顺利过渡到新职位，并为企业的发展贡献力量。

人员分析的第三个方面是管理人员需要详细分析员工的基本情况，特别是他们接受培训的基本能力和动机。若员工虽有培训需求，但缺乏相应的基础能力或缺乏学习动力，则培训效果难以保证。为确保培训效果，企业可采取以下措施：首先，向员工明确培训的目的和益处，激发其学习动机；其次，鼓励员工树立信心，相信自己能够掌握培训内容；最后，确保员工具备学习所需的基本能力，如认知能力和阅读能力。通过这些措施，企业能够更好地服务受训人员，提升培训效果，为员工的个人成长和企业的整体发展奠定坚实基础。

在实践中，组织分析、任务分析和人员分析不必拘泥于特定的先后顺序，但根据各自关注焦点的不同，通常会采取一种逻辑上的递进方式。首先，组织分析作为起点，它确保培训活动与企业战略目标紧密相关，优先解决企业层面的关键问题。接着，任务分析紧随其后，关注具体职位所需的知识和技能，为员工的岗位胜任力提供支撑。最后，人员分析则聚焦于员工个人，评估其培训需求、能力和动机，以确保培训内容与个人发展相契合。这种顺序有助于从宏观到微观，从整体到个体，系统地识别和分析培训需求，为企业培训工作的有效实施奠定基础。

（二）培训需求分析的方法

在进行培训需求分析时，企业可运用多种方法以获取全面准确的信息。其中四种常用方法包括：

（1）观察法：直接深入工作现场，细致观察员工的工作流程与实际操作，从而识别出潜在的培训需求。

（2）问卷调查法：精心设计问卷，广泛征求员工意见，通过问卷收集的数据来分析和确定培训需求。

（3）资料查阅法：查阅各类相关资料，如行业报告、技术文档、员工绩效记录等，从中挖掘出培训需求的线索。

（4）访问法：采用面对面或远程方式，对员工进行个别或集体访问，通过深入交流了解员工的培训需求和期望。

这几种方法各具特色，企业要根据实际情况灵活选用一种或多种结合使用。表 5-3 是对这几种方法优缺点的一个简单比较。

表 5-3　培训需求分析方法的优缺点比较

方法	优点	缺点
观察法	①可以得到有关工作环境的信息 ②将分析活动对工作的干扰降至最低	①需要高水平的观察者 ②员工的行为方式可能因为被观察而受到影响
问卷调查法	①费用低 ②可以从大量人员中收集信息 ③易于对信息进行归纳总结	①耗费时间 ②回收率可能很低，有些信息可能不符合要求（虚假或隐瞒） ③不够具体
资料查阅法	①有关工作程序的理想信息来源 ②目的性强 ③有关新的工作和在生产过程中新产生的工作所包含任务的理想信息来源	①材料可能过时 ②需要具备专业知识
访问法	有利于发现培训需求的具体问题及其产生的原因和解决办法	①耗费时间 ②分析难度大 ③需要高水平的专家

二、培训设计

培训需求明确后，紧接着需精心设计培训方案，包括详细制定培训计划，并充分准备培训所需的各项资源。通过周密的培训设计，确保培训活动的顺利进行，以满足员工的培训需求，促进个人与企业的共同发展。

（一）制定相关培训计划

培训计划作为未来培训工作的蓝图，其重要性不言而喻。一个精心制定的培训计划，不仅能有效指导培训的实施，还能显著提升培训效果，避免资源浪费和效率低下。因此，在培训需求明确后，我们必须立即着手制定详细的培训计划，确保培训活动的每一步都有明确的指导。这不仅是保证培训活动顺利进行的关键，更是提升培训效果、实现培训目标的必要手段。

1. 确定培训计划的类型

培训计划在时间维度上，可分为不同层级。中长期培训计划着眼于长远，其宏观性体现为阐述组织的培训哲学、投资政策、基本方针和原则，以及未来的培训导向，更多地承载着组织培训政策的角色。而年度培训计划则聚焦于当前，详细规划了企业一年内的整体培训部署，这种计划具有明确的约束性，基本上锁定了组织当年的主要培训活动及预算。至于单项培训计划，则更为具体，它针对某一特定的培训活动或项目，注重操作性和实用性，为培训活动的顺利进行提供了详细的指南。这三者相互补充，共同构成了完整的培训计划体系。

2. 确定培训计划的内容

不同的企业，培训计划的内容可能会有所不同，但是一般来说，一个比较完备的培训计划应当涵盖 6 W 和 1 H 的内容，即培训的目标（Why）、培训的内容（What）、培训的对象（Whom）、培训讲师（Who）、培训的时间（When）、培训的地点及培训的设施（Where）、培训的方式方法以及培训的费用（How）。

（1）培训的目标是指培训活动所要达到的目的，从受训者角度进行理解就是指在培训活动结束后应该掌握什么内容。培训目标的制定不仅对培训活动具有指导意义，而且是培训评估的一个重要依据。在设置具体的培训目标时，应当包括三个构成要素：

1）内容要素，企业期望员工做什么事情。

2）标准要素，企业期望员工以什么样的标准来做这件事情。

3）条件要素，在什么条件下要达到这样的标准。

例如，在对员工进行的服务培训中，培训目标应当这样设置："培训结束之后，员工应当能够在不求助他人或者不借助资料的情况下（条件要素），在半分钟到一分钟之内（标准要素），向顾客解释清楚产品的主要特点（内容要素）。"

培训目标的内容要素主要可以分为三大类：

1）知识的传授。通过培训使员工具备完成职位工作所必需的基本业务知识，了解企业的基本情况，例如公司的发展战略、经营方针、规章制度等。

2）技能的培养。通过培训使员工掌握完成职位工作所必备的技术和能力，例如谈判技术、操作技术、应变能力、沟通能力、分析能力等。

3）态度的转变。通过培训使员工具备完成职位工作所要求的工作态度，例如合作性、积极性、自律性、服务意识等。

对于标准要素，一定要界定得具体、清楚，这样员工在接受培训时才会有明确的努力方向，在培训结束后也才能准确地对培训效果做出评估。例如"在 30 分钟内能准确地完成工作"这一标注就比"迅速地完成工作"这一标准要清楚具体。

（2）培训的内容和培训的对象。培训内容确定了受训者需要学习的知识和技能，而培训对象则是这些内容的接收者。基于培训需求分析，培训内容需转化为具体教材。基础培训可选市售教材，特殊培训则需定制编写。企业可自行编写，或委托培训公司代劳。无论形式如何，培训教材的核心必须紧密围绕培训内容，确保信息的准确传达，便于受训者理解和掌握，从而提升培训效果，实现培训目标。

（3）培训讲师。培训讲师（trainer）的选择是培训实施中的一项重要内容，培训讲师选择得恰当与否对于整个培训活动的效果和质量有直接的影响，优秀的培训讲师能够使培训工作更加富有成效。

1）培训讲师的来源。培训讲师的来源一般有两个渠道：外部渠道，内部渠道。从这两个渠道选择培训讲师各有利弊，详情见表 5-4。

表 5-4 两个渠道选择培训讲师的优缺点比较

渠道	优点	缺点
外部渠道	①培训讲师比较专业，具有丰富的培训经验 ②没有什么束缚，可以带来新的观点和理念 ③与企业没有直接关系，员工比较容易接受	①费用比较高 ②对企业不了解，培训的内容可能不实用，针对性不强 ③责任心可能不强
内部渠道	①对企业情况比较了解，培训更有针对性，责任心比较强 ②成本比较低 ③可以与受训人员进行更好的交流	①可能缺乏培训经验 ②受企业现有状况的影响比较大，思路可能没有创新 ③员工对培训讲师的接受程度可能比较低

企业在选择培训讲师时需权衡内外部渠道的利弊。对于通用性培训，外部讲师能带来新视角和专业知识；而专业性培训则更宜选择内部讲师，他们更了解企业文化和具体需求。为优化选择，许多企业采用结合策略，长期聘请外部固定讲师，这样既能引入外部经验，又能打破单一渠道的局限。这样的做法使得培训内容更加丰富多元，更能满足企业的实际需求。

2）对培训讲师的基本要求。企业在选择培训讲师时，可以从以下几个方面对培训讲师进行考察：

首先是良好的品质。一个卓越的培训讲师应展现三C品质：关心（Care）、创造（Creativity）与勇气（Courage）。关心意味着讲师能站在学员角度思考，关注其感受，以增强培训效果；创造要求讲师富有创新精神，勇于尝试新事物，激发学员的灵感；勇气则指讲师充满热情，能感染学员，维持高昂的学习状态。三C品质共同铸就了培训讲师的卓越魅力，确保培训过程既富有成效又充满活力。

其次是完备的知识。即培训讲师作为知识技能的传授者，必须具备与所教内容相关的专业知识和技能。若讲师自身知识不足，怎能有效地传递给他人？这是培训讲师的基本素质，也是确保培训质量的关键所在。

再次是丰富的经验。合格的培训讲师除了专业知识外，还需具备丰富的培训经验。他们应具备灵活掌控培训节奏，根据学员反馈及时调整教学策略的能力。善于吸引学员注意力，激发其学习热情，是提升培训效果的关键。这种互动性和适应性不仅体现了讲师的专业素养，也是确保培训成效不可或缺的一环。因此，培训经验对于讲师而言，同样至关重要。

最后是有效的沟通。培训的本质在于信息的有效传递，因此出色的沟通能力是培训讲师能力的基石。一方面，讲师须具备卓越的表达能力，清晰阐述培训内容，确保学员充分理解；另一方面，讲师还需擅长与学员沟通，深入了解他们的需求与反馈，实时把握学习进度。这种双向的沟通不仅促进了知识的传递，更加强了讲师与学员之间的互动，从而显著提升了培训的效果与学员的满意度。

（4）培训的时间。培训时间的安排对培训实施至关重要。在确定培训时间时，需综合考虑培训需求和受训人员的实际情况。首先，根据培训需求的紧迫性，选择合适的培训时机，确保培训内容能及时满足需求。例如，企业引进新设备前，应提前安排培训，以便员工能迅速上手。其次，要考虑受训人员的工作负担，避免在任务繁重时安排培训，以免影响工作效率。若培训需连续进行，还要制定详细的时间安排表，确保培训进程的有序进行。科学合理的培训时间安排，不仅有助于提升培训效果，还能确保受训人员全心投入学习。

培训时间确定后，务必及时发布通知，确保每位受训者都知晓确切时间，从而能提前准备，避免时间冲突，保证培训的顺利进行。这样的细致安排对于培训的顺利实施至关重要。

（5）培训的地点和设施。培训的地点选择对于培训效果有着重要影响。合适的培训地点能创造有利的条件和环境，增强培训效果。选择时，需考虑培训方式，如授课适合教室，讨论适合会议室，游戏则需活动空间。同时，培训人数和成本也是决定因素，人数过多可能需要更大场地，而成本则需控制在合理范围内。总之，科学合理地选择培训地点，有利于培训的有效实施，提升学员的学习体验。

此外，在培训计划中，还需明确列出所需设备，如座椅、音响、投影仪、屏幕、白板及文具等。这些设备的妥善安排，是培训流程顺利进行的重要保障。

（6）培训的方式方法和费用。在实践中，进行培训与开发时有多种方法可供选择，方法选择的恰当与否对于培训与开发的实施以及效果具有重要的影响。企业在进行培训与开发时，应当根据培训的内容、培训的对象、培训的目的以及培训的费用等因素来选择合适的方法。虽然培训与开发存在一定的区别，但是由于其实质相同，在方法上也存在很大的共通性，所以将培训的主要方法和开发的主要方法融合在一起进行介绍。

培训的方法，按照不同的标准可以划分为不同的类别，这里主要是按照培训的实施方式将培训的方法分为两大类：一是在岗培训；二是脱产培训。

1）在岗培训就是指员工不离开自己的职位，在实际工作岗位和工作场地进行的培训。这种方法最大的好处在于：员工的工作不会受到影响，可以一边接受培训一边工作；培训的实用性比较好，培训时的环境就是实际工作的环境；员工可以立即将培训的内容运用到实际工作中去，可以及时得到反馈；培训的费用比较低，不用专门购买设备。缺点是员工的培训过程容易受到外界干扰，造成培训的间断，从而影响培训的效果；会影响到正常的工作，可能导致工作效率降低；有些工作本身的特点决定了不能使用这种方法，例如司机、飞行员的培训。

在岗培训的方法主要有以下几种：①学徒培训（apprenticeship）即"师傅带徒弟"，常见于技能型行业如电工、美发师等。此法成本较低，利于技能快速掌握，但效果受师傅影响大，可能干扰师傅工作并限制创新思维。②导师制即辅导培训，受训者一对一跟随经验丰富者学习。辅导者身份多样，非固定师徒关系，多基于非正式形式。为保效果，双方兴趣应一致且相互理解。导师选拔重人际与技能，企业应培训导师。大学毕业生在职培训即一种辅导培训。③工作实践体验让员工亲身体验不同岗位的关系、问题、任务和需求，以拓展新技能。不同岗位要求各异，胜任现有岗位不等于胜任其他。工作实践法通过工作轮换、临时派遣等方式，培训员工适应新岗位，助其掌握新技能。

知识链接

什么是工作轮换、临时派遣？

1. 工作轮换是指让员工在特定时期变换职位，以获得不同职位工作经验的培训方法。通过工作轮换可以丰富员工的工作经验，扩展他们的知识和技能，使他们了解其他职位的工作内容，从而能够胜任多方面的工作。工作轮换虽然有利于员工熟悉不同职位的工作，掌握不同职位所要求具备的知识、技能与能力，但是并不利于员工在某一专业领域的提升，因此工作轮换常用于培训管理人员，而较少用于培训职能专家。

2. 临时派遣主要有两种情况：企业允许员工到别的企业中去从事一段时间的全日制工作，或组织允许员工利用休假等时机，离开公司去更新或开发新的技能。

此外，在岗培训还有教练培训、实习培训等其他方法。一般来说，正式的培训采用在岗培训的比较少，大多采用脱产培训。

2）脱产培训就是指员工离开自己的工作岗位，专门参加的培训，这种培训方法的优缺点与在岗培训恰恰相反。

脱产培训的方法主要有以下几种：①讲授式培训是常见的基础培训方法，通过讲师讲授对受训者进行培训。优点在于成本低、易控制；但要求受训者同质化高，内容较概括，缺乏互动和练习，不利于技能培训。该方法多用于一般知识培训，较少用于技能提升。②讨论法是一种培训方法，由讲师和受训者共同讨论问题。优点包括提高学习兴趣、加深理解、促进知识共享和口头表达能力。但缺点是参与人数有限，不利于系统掌握知识和技能，易偏离主题，对讲师要求高。此方法广泛应用于各类培训中，以促进互动和思考。③案例分析法（case study）通过现实案例培养受训者独立分析、解决问题的能力。其优点在于可以解决类似实际问题、培养独立思考能力，但案例收集和提炼困难，需加工处理。此方法对讲师要求高，需启发受训者，教会他们如何分析问题、解决问题，不追求确定性答案。④角色扮演法（role playing）让受训者体验不同角色，理解对方心理，促进人际关系改善。优点在于促进换位思考，改善工作态度；但操作烦琐，更适合态度培训，对知识和技能培训效果有限。通过角色扮演，受训者能体会其他角色的感受，有助于提升服务质量和人际沟通。⑤工作模拟法利用实际或模拟设备，模拟实际工作环境培训受训者。优点在于接近实际工作、效果好、可控制、减少实际损失。但费用高、难以完全模拟真实工作，存在转化问题。适用于错误代价高的工作，如飞行员和管理决策培训。⑥移动学习。移动学习借助智能终端实现远程互动学习，优势显著：随时随地学习，利用碎片时间，满足个性化需求，支持互动分享，方便学习管理，降低培训成本，高效开展培训。企业利用此方式，可充分利用现代技术便利，提升培训效果。⑦拓展训练也叫冒险性学习法，通过户外挑战性活动，如攀岩、徒步等，培养团队协作能力和领导技能。参与者分组比赛，学习合作与信任，以提高团队效率。因涉及高难度和危险因素，需由专业机构或人员全程保护，确保安全，最大化培训效果。⑧行动学习法让6～30人团队解决真实工作难题，成员多元化，贡献各自领域的意见，形成解决方案。此法起源于英国，适用于各级管理人员培训，解决公司内部困难。虽未正式评估，但转化学习成果为现实的能力强，实现"学"与"用"紧密结合，促进公司变革。

此外，脱产培训还有公文筐处理训练、行为模拟法、敏感性训练等方法。一般情况下，企业应该根据培训的内容以及成人学习的特点来选择相应的培训方法。

拓展阅读

汤姆·戈德（Tom W. Goad）——成人学习的16条原理

1. 成人喜欢边干边学。
2. 成人是通过与原有知识的联系和比较来学习的。
3. 培训最好能运用实例。
4. 成人更倾向于在非正式的环境氛围中学习。
5. 培训应该增添多样性。
6. 培训应该能消除学习者的恐惧心理。
7. 培训师应该是学习的促进者、推动者。
8. 明确学习目标。
9. 反复实践，熟能生巧。
10. 培训应该是一种引导启发式的学习。
11. 良好的初始印象能吸引学员的注意力。
12. 给予信息反馈。
13. 循序渐进，交叉训练。

14. 培训活动应紧扣学习目标。
15. 培训师要有激情。
16. 重复学习，加深记忆。

由于培训会产生费用，因此在培训计划中还需要编制出培训的预算，这里的培训费用一般只计算直接发生的费用，例如培训地点的场租、培训的教材费、培训讲师的授课费、培训的设备费等。对培训的费用做出预算，既便于获取资金支持以保证培训的顺利实施，又是培训评估的一个依据。

（二）做好培训前的准备

培训是一项互动的活动，其中受训人员的状态对培训效果具有显著影响。在培训准备阶段，除了精心策划培训方案外，还需采取一系列措施，确保受训者能够充分准备并积极参与。这些措施旨在激发受训者的兴趣和动力，使其能够更有效地吸收知识，提升技能，从而最大化培训的效果，通常包括以下几个方面的工作：

（1）为了提升培训效果，我们需让受训者明确培训的目的及其潜在收益。只有当受训者理解为何参与培训以及培训能带来的实际益处时，他们的学习动机才能得到强化。这不仅能提升他们的积极性，还有助于他们在培训中更加投入，从而更有效地吸收知识、提升自我，实现个人与团队的共同成长。

（2）为确保培训效果，关键在于激发受训人员的自信心。我们需要让他们坚信自己有能力掌握培训的内容，这不仅是技术层面上的学习，更是对自己能力的认可。通过正面的激励和有效的支持，员工将建立起充分的自信，更加积极地参与培训，从而更高效地吸收知识、提升技能，为未来的工作打下坚实基础。

（3）培训效果的提升，离不开受训人员具备的基本学习能力。这些能力包括但不限于：良好的认知能力，使他们能够深入理解培训内容；扎实的阅读能力，使他们能够高效获取并消化培训资料。只有确保受训人员拥有这些基础能力，我们才能确保培训的有效性和他们个人成长的可持续性。

三、培训实施

在确定了培训项目、培训时间、培训地点以及参与者以后，便进入培训的实施阶段。针对不同的培训项目，会有不同的具体实施工作。但一般而言，授课类的培训项目的实施都包括以下几个方面的工作：

（1）接待培训师，不管是企业内部的培训师还是外部的培训师，在授课的当日最好都能提前做好准备，这样可以使授课过程更加从容。

（2）由工作人员做好签到表，请参加培训的员工签字，一方面更好地管理培训，另一方面为以后的培训效果评估收集信息。

（3）由工作人员向学员简要介绍培训师和培训项目，帮助大家从整体上把握培训，有助于增强培训效果。

（4）发放相关材料，也可以提前让员工自行准备培训材料。

（5）培训师开始授课。

（6）在培训课程快要结束的时候向学员发放并回收问卷，用作培训效果评估的依据。

（7）一系列的收尾工作，主要包括向培训师支付培训费用、教室打扫、设备整理、培训资料归类整理等。

培训工作人员在培训过程中要随时准备处理各种突发状况,并且要做好课间的服务工作等,耐心解答学员的各种疑问。

对于室外培训项目如户外拓展,实施步骤需细致周到。首先,组织员工有序抵达拓展地,然后详细介绍项目范围和安全须知,确保每位员工了解并遵循安全规范。活动启动后,须确保参与者遵循规则,并有专业团队实时监控保护。活动尾声,鼓励学员分享体验和感悟,促进彼此间的沟通与交流。最后,确保每位学员安全返程。整个过程中,我们注重安全,强调团队合作,让学员在体验中收获成长与启发,实现培训的真正价值。

四、培训转化

培训与开发的核心目标是提升员工的工作绩效,进而增强企业的整体竞争力。为此,员工在培训中所获得的知识、技能和行为必须能够在实际工作中得到有效应用,这样的培训才具有真正的价值。否则,培训投入的资源对企业而言将是一种无谓的浪费。培训转化,即是将培训成果转化为实际工作表现的过程,它要求员工将所学运用到实践中,以实际业绩来检验培训效果。通过培训转化,我们可确保培训投资转化为企业持续发展的动力。

(一)培训转化的模型

在培训成果转化过程模型中,培训转化包括将培训内容推广到工作中,也包括对所学内容的维持。推广是指受训者将所学技能应用于现实工作中的能力;维持是指长时间应用新获得技能的过程。如图 5-3 所示。

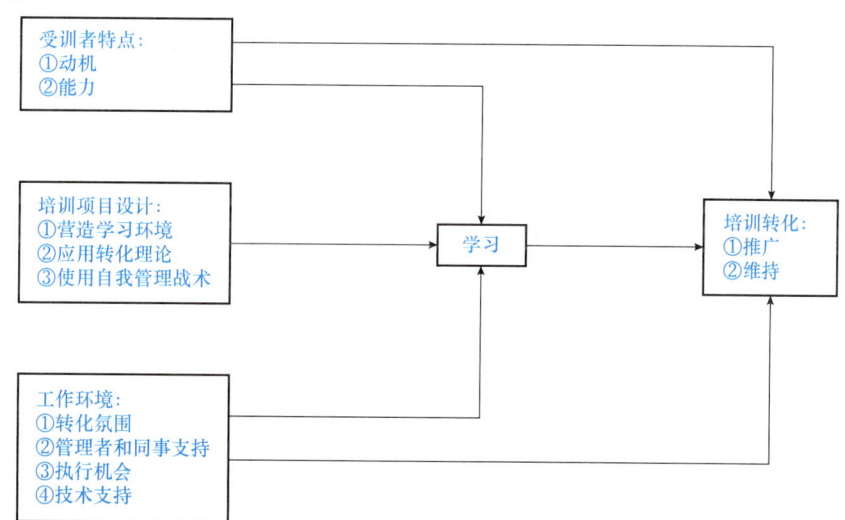

图 5-3 培训成果转化过程模型

(二)培训转化的影响因素

培训成果的转化及其长期保持受多重因素影响,包括受训者特性、培训设计以及工作环境等。学习能力、动机以及在实际中运用新技能的意愿和能力,都是决定转化效果的关键。在培训过程中,提供与实际工作相似的实践环节、及时反馈等,能有效促进学习并巩固培训成果。而工作环境作为另一重要因素,其良好的氛围、上级和同事的支持以及充足的执行机会和技术支持,都能显著加速培训转化的过程。

(三)培训转化的工作环境

工作环境对培训成果转化至关重要,良好的氛围能激发员工的积极性,上级和同事的支持则提供必要的鼓励和帮助。此外,提供员工运用所学技能的机会也至关重要,能够让他们在实践中巩固和深化培训成果。这些工作环境特征共同作用于培训转化,确保培训效果能够在实际工作中得到体现。下面重点介绍培训转化的工作环境包含的四方面内容。

1. 运用所学技能的机会

培训后,受训者需要在实际工作中应用新学的知识、技能和行为。这既需要上级的支持,如容忍因尝试新技能而产生的失误,或分配与新知识相关的任务;也需要受训者本身的积极意愿,主动寻求实践机会,以验证和提升所学。这两方面的结合是确保培训成果转化的关键。上级的鼓励与支持以及受训者的主动实践,共同推动培训成果在实际工作中的有效运用。

2. 良好的企业氛围

培训转化的环境因素至关重要,良好的外部氛围是推动员工将培训成果转化为实际工作能力的关键。如表5-5所示,有利于培训转化的环境特征包括支持性的上级和同事、充足的实践机会等。这些特征共同营造了一个有利于培训转化的环境,促进了员工在实际工作中应用所学知识和技能。

表5-5 有利于培训转化的环境特征

特点	举例
主管和同事鼓励受训者使用培训中获得的新技能和行为方式,并为其设定目标	刚接受过培训的员工与他们的主管和其他员工共同讨论如何将培训成果应用到工作中
任务提示:受训者所从事的工作的特点推动或者提醒受训者应用在培训中获得的新技能和行为	对受训者的工作进行重新设计,使他们能够将培训中所学到的技能运用到工作中去
反馈结果:主管支持受训者运用培训中获得的新技能和行为方式	主管关注那些在实际工作中运用新技能的员工,并针对他们的工作表现给予反馈
免受惩罚:不能让受训者因为运用了在培训中所学到的新技能和行为而受到公开打击	刚刚接受完培训的受训者在运用培训内容失败时,不责备他们
外在强化结果:受训者因为运用了在培训中所学到的新技能和行为而得到外在奖励	刚刚接受完培训的受训者如果能够成功地将培训内容加以运用,会得到加薪奖励
内在强化结果:受训者因为运用了在培训中所学到的新技能和行为而得到内在奖励	对那些在工作中按照培训要求去做的受训者予以表扬

3. 上级的支持

上级的支持是影响培训转化最为关键的因素之一。这种支持表现为多个方面:首先,鼓励员工在工作中积极运用培训所学;其次,在员工未察觉时,主动提醒他们应用所学知识;再次,为员工创造机会,使其能够在实践中运用所学;最后,在员工尝试应用时,及时提供指导和反馈。这样的支持不仅有助于培训成果的转化,更能激发员工的积极性和自信心,使他们在实际工作中持续进步和成长。

4. 同事的支持

这里的同事不仅包括一起参加培训的同事,还包括那些没有一起参加培训的同事。这种支持主要表现为:在一起相互讨论培训转化的体验,分享成功的经验,吸取失败的教训,从而使培训转化更有成效;在其他同事运用培训所学到的内容时,为其提供必要的帮助;鼓励其他同事在工作中运用培训所学到的内容等。

五、培训评估与反馈

培训与开发活动的最后一个环节是评估与反馈。这不仅是对培训效果的审视,更是对未来培训质量的优化与提升。通过评估,我们能够明确培训是否达成既定目标,更重要的是,它为后续培训的改进提供了宝贵依据。此外,评估结果也为企业高层展示了培训对员工绩效改进的积极影响,从而提高了他们对培训与开发工作的重视与投入。这一过程确保了培训活动的持续进步与价值最大化。一般来说,培训有效性的评估包括以下步骤,如图5-4所示。

图 5-4　培训有效性的评估步骤

培训有效性的评估应始于培训目标,根据培训目标提炼出培训评估的指标,进行适当的设计,最后实施评估并反馈结果。

培训的评估包括两个方面的主要内容:一是培训评估的标准;二是培训评估的设计。

(一)培训评估的标准

培训评估的标准即评估内容,唐纳德·柯克帕特里克(Donald Kirkpatrick)的四层次评估模型为此提供了明确框架。该模型从反应、学习、行为、结果四个层次全面评估培训效果,确保评估的全面性和深度。这不仅有助于衡量培训效果,更为未来的培训改进提供了有力指导。

(1)反应层。就是指受训人员对培训的印象,是否对培训满意。例如可以问这样的问题:"喜欢此次培训吗?""对培训讲师满意吗?"等。

(2)学习层。就是指受训人员对培训内容的掌握程度,他们在接受培训以后知识和技能的掌握是否有所提高以及有多大程度的提高,这更多的是停留在认知层面上。

(3)行为层。就是指受训人员在接受培训以后工作行为的变化,也可以看作对学习成果的运用,在工作中是否改进了以前的行为,是否运用了培训的内容。

(4)结果层。就是指受训人员或者企业的绩效的改善,经过培训,员工和企业的绩效是否得到了改善和提高。

在培训评估中,我们需要关注两个核心方面。首先是培训效果,即评估培训是否成功实现了预定目标。这需要将培训结果与预期目标进行对比,以判断培训是否达到预期效果。如果培训效果不佳,那么此次培训可视为失败。效果评估主要聚焦于受训人员的表现。其次,培训效率也至关重要,它考量的是培训是否以最高效的方式实现目标。这包括评估费用和时间成本,力求在同等效果下实现最低费用和最短时间。评估范围涵盖直接和间接成本,通过优化培训方法,提高培训效率。效率评估更多关注培训过程本身,为提升培训质量提供指导。

(二)培训评估的设计

培训评估的设计就是指应当如何来进行培训的评估,包括选择评估方法和评估方式。

1. 评估方法

培训评估需依据内容选择方法,以确保效果。反应层评估可采用问卷调查、面谈或座谈等方式;学习层评估则适宜考试、演讲、讨论、角色扮演和演示等方法。而对于行为层和结果层的评估,评价法更为适用。这些方法的选择旨在全面、准确地衡量培训效果,确保培训目标的达成。通过科学的方法,我们能够更好地了解培训的实际效果,为未来的培训提供改进的依据。

2. 评估方式

一般来说,进行培训评估时,主要可以采取如图5-5所示的几种方式。

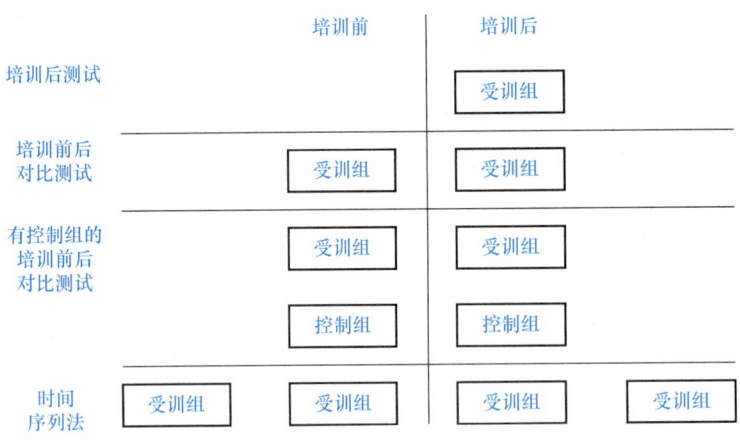

图 5-5 培训评估的方式

（1）培训后测试是检验受训人员培训效果的重要手段。其优势在于操作简便，能够直接得出培训目标达成程度的绝对值。然而，这种方法也有其局限性，因为它难以体现培训的改进效果。以生产效率培训为例，若目标为每小时生产 10 个零件，测试结果显示员工已达到此标准，确实说明培训满足了基本要求。但这一结果未能揭示培训提高生产效率的具体程度。因此，培训后测试更适合于对反应层的初步评估，如需深入了解培训效果及其改进空间，还需结合其他评估方法，以获取更全面、更准确的反馈。

（2）为了更准确地评估培训效果，我们可以采取培训前后对比测试的方法。这一方法要求在培训前后分别对受训人员进行测试，并将结果进行对比。通过计算相对值，我们能够清晰地看到培训带来的改进效果。然而，这种方法也面临一定的挑战。因为受训人员行为或结果的变化可能受到其他因素的干扰，如生产技术革新、工资水平提升等，这些都可能影响对培训效果的准确判断。例如，若培训前员工每小时生产 8 个零件，培训后提升至每小时 10 个，这确实显示了培训带来的显著改进。但我们必须谨慎分析，因为这种提升可能并非全由培训所致。因此，虽然培训前后对比测试在学习层评估中较为常用，但我们仍需结合其他评估方法，以确保对培训效果进行全面、准确的评价。

（3）为了更为精确地评估培训效果，我们引入了控制组的概念，以消除外界因素的干扰。在这种方法中，除了对受训人员进行培训前后的对比测试，我们还选择了一组未经培训的员工作为控制组进行对比。通过比较受训组与控制组在培训前后的测试结果，我们能够更准确地揭示培训的真实效果。以生产效率培训为例，假设受训员工在培训前每小时生产 8 个零件，培训后提升至每小时 10 个；而控制组员工在培训前同样生产 8 个零件，培训后提升至每小时 9 个。通过对比，我们可以明确培训对生产效率的提升效果为每小时多生产 1 个零件。

为确保测试结果的可靠性，受训组与控制组员工在除了培训以外的所有条件上都必须保持一致。这种严谨的评估方法主要用于行为层和结果层的评估，它能够为我们提供更为准确、客观的培训效果数据，为未来的培训改进提供有力支持。

（4）时间序列法（time series method）。在评估培训效果时，评价者采用时间序列法，在培训前后定期收集信息，并可使用控制组进行对比。此法的优势在于能分析培训效果随时间变化的稳定性。通过持续的数据收集，可以更准确地评估培训的长远影响，为培训改进提供有力依据。

六、数字赋能的培训系统构建

在线培训凭借其灵活性和个性化的特性，突破了传统实地培训的限制，成为企业培训的热门选择。在准备线上培训时，一个功能齐全、设计精良的在线培训平台至关重要。这样的平台不仅能提供个性化的学习内容和模式，满足员工不同需求，还能直接影响员工的培训体验和效果。因此，构建一个优秀的在线培训平台，是企业实现高效线上培训的首要任务。

（一）数字化培训系统的建设与引进

企业可采用两种方式建设数字化培训设施：自主开发内部系统，或引入外部平台，以助力企业搭建人才储备库。这两种途径均能有效提升企业的人才培养与储备能力。

1. 企业内部系统开发

珍妮弗·D.朔巴在哈佛商业评论中指出，受生育率下降影响，中国、加拿大、意大利等国新增劳动力逐年减少。为应对人才短缺，技术供应商正积极构建数字培训和认证体系。企业培训数字化成为关键，通过大数据等技术收集员工多维度数据，深入分析以提供个性化学习内容。这不仅有助于员工成长，更为企业制定培训计划提供了有力支持，确保人才供应与需求相匹配。

2. 企业外部平台引进

面对培训需求，企业除自主开发系统外，还可直接选择外部平台，以享受便捷的培训服务。鉴于许多企业，尤其是互联网公司在技术和运作上的局限，直接引进外部平台显得尤为明智。这些平台技术成熟、操作简便，能有效节省人力和财力，使企业能更专注于人才培养。此外，市场上流行的培训系统工具经过广泛验证，功能和稳定性卓越，为企业提供了可靠的支持。

拓展阅读

清晖项目管理：数字化引领，打造全球项目管理培训新标杆

清晖项目管理，秉持"项目管理助力改变世界"的愿景，依托国内外知名高校、软件园区及行业协会的深厚背景，联合业界顶尖项目管理专家，构建了专业且高效的讲师团队、咨询顾问和客户服务体系。致力于为企业及个人提供一流的项目管理教育与咨询服务。历经15载，清晖已成功助力上千家企业，累计培训学员超过24万。

随着线上商业环境的日益成熟和SaaS平台的兴起，清晖项目管理积极响应时代潮流，致力于数字化转型。这一转变不仅扩大了企业的服务边界，更满足了用户日益增长的在线学习需求。

在数字化转型过程中，清晖项目管理深知线上线下融合的重要性。他们精心选择线上平台工具，注重功能性与扩展性，确保线上学习体验与线下服务同样卓越。利用小鹅通等平台，清晖成功整合了高中低阶课程、海量题库、直播互动等丰富资源，形成了完整的"教、学、测、练、评"学习闭环。

资料来源：https://news.iresearch.cn/yx/2022/07/438707.shtml（2024-05-07）。

（二）数字化培训的效果和优势

先进的培训系统平台通过个性化资源匹配和自动化学习管理，为员工创造卓越的学习体验。这些功能不仅提升了学习效率，还激发了员工的学习动力，推动他们向高效学习迈进。数字化培训的效果和优势主要体现在以下方面：

（1）灵活性。数字化培训允许员工随时随地学习，不受时间和地点的限制。这使得员工可以根据自己的时间安排自主学习，提高学习的灵活性和自主性。

（2）成本效益。相比传统的面对面培训，数字化培训通常更经济实惠。企业可以节省场地租赁、交通、住宿等费用，同时降低培训成本。

（3）个性化。数字化培训可以根据个人学习的需求和速度进行个性化定制。员工可以根据自己的实际情况选择适合自己的学习内容和方式，提高学习的针对性和有效性。

（4）可跟踪性和评估性。数字化培训能够跟踪学习者的学习进展和评估他们的学习效果。这使得企业可以及时了解员工的学习情况，对培训效果进行评估，为未来的培训提供数据支持。

（5）长期学习支持。数字化培训可提供长期学习支持，使学习者可以随时随地回顾和巩固工作技能。这有助于员工持续学习和提升自我能力。

（6）互动性。许多数字化培训平台提供互动式的学习体验，如游戏、模拟练习和在线社区等。这些互动元素能够激发员工的学习兴趣，提高学习的参与度和效果。

（7）知识管理。数字化培训有助于组织的知识管理，可以将知识传播给整个组织并保证其一致性和准确性。这有助于提升组织的知识水平和竞争力。

（8）环保。数字化培训没有需要印刷的教材或文件，并且减少了交通等方面的碳排放。这符合绿色环保的理念，有利于可持续发展。

任务三　职业生涯规划与管理

一、职业生涯规划与管理概述

（一）职业生涯相关概念

（1）职业生涯是指个体一生中在某个职业领域或不同职业领域内发展的职业历程。

（2）职业生涯规划是指个体在职业生涯发展历程中，通过了解自身兴趣和能力、内在动机和需要、所处环境等各类主客观因素确立职业生涯目标，并根据目标制定相应的职业发展计划，采取必要的行动以实现职业生涯目标的整个过程。

（3）职业生涯管理是指组织为了帮助员工更好地实现职业目标而提供的有利于员工职业发展的通道、资源和培训等机会，并在此过程中加以计划、组织、领导、控制，以实现个人职业成功，最终促进组织发展的管理过程。

（二）职业生涯规划与管理的重要性

职业生涯规划与管理为员工职业发展奠定坚实基础，既助力个人长远成长，又促进组织管理与战略目标的实现。这一过程不仅关乎员工个人前途，更是组织持续发展的关键，体现了组织与个人共赢的核心理念。

1. 职业生涯规划与管理对员工的重要性

职业生涯规划与管理在员工职业发展中扮演着至关重要的角色，它为员工提供了一个清晰的方向和框架。

（1）通过职业生涯规划，员工能够更深入地了解自己的职业兴趣、倾向和需求，从而确立明确的职业目标，并制定切实可行的行动计划。这种规划不仅有助于员工在职业生涯中抓住机遇、应对挑战，还能促使他们更加专注地投入工作中，提高工作绩效。

（2）职业生涯规划与管理还能激励员工更加努力地工作。当员工明确了自己的职业发展方向和阶段性目标后，每一次的进步和成就都会成为他们前进的动力，促使他们不断提高自己的能力和效率，最大化地利用个人资源，使工作成果更为显著。

（3）职业生涯规划与管理还有助于员工进行自我评估，平衡职业和生活。员工可以通过规划来审视自己的职业发展状况，及时调整工作计划，确保各项工作的顺利进行。同时，这种规划还能帮助员工更好地平衡工作与家庭之间的关系，实现职业与生活的和谐发展。

2. 职业生涯规划与管理对组织的重要性

职业生涯规划与管理在组织管理中发挥着至关重要的作用，它不仅能够提高组织绩效，促进组织的持续发展，还能够有效地保留优秀人才，满足组织对人才的需求，并增强员工对组织文化的认同感，推动组织文化的建设。

通过职业生涯规划与管理，组织能够充分满足员工在组织内部的发展需求，激发员工的工作积极性和创造力，进而提升整体的工作绩效。同时，这种规划与管理还能够为员工构建合理的职业发展通道、提供全面的综合管理支持，让员工感受到组织对个人职业发展的重视，从而提高员工的归属感和忠诚度，减少人才流失。

此外，职业生涯规划与管理还有助于营造以人为本的组织文化氛围，让员工更加深入地理解和认同组织的核心价值观和发展理念，推动组织文化的建设和传承。因此，职业生涯规划与管理是组织实现可持续发展、吸引和留住优秀人才、推进组织文化建设的重要手段。

（三）职业生涯发展的关键因素

1. 个体因素

个体因素构成职业生涯规划的基石，涵盖教育背景、年龄阶段、家庭环境、个人需求及心理动机等。这些内在因素深刻影响着员工职业规划的方向和目标设定。员工在规划职业生涯时，首先会全面审视自身条件，形成清晰的自我认知。基于这一认知，员工能够更精准地选择职业发展的起点和转折点，确保职业生涯的每一步都坚实有力。

2. 环境因素

环境因素在个体职业生涯中占据举足轻重的地位，包括家庭、组织、行业及社会环境等多元层面。职业生涯规划与发展，绝不能脱离这些环境独立进行。家庭环境，特别是父母职业，对个体的职业选择有着潜移默化的影响，甚至形成"教师世家"或"医生世家"这样的传承。同时，组织文化、行业发展趋势及前景也在直接或间接地塑造着职业生涯的轨迹，促使人们倾向于选择前景广阔的行业和其中的佼佼者。因此，在规划职业生涯时，员工需全面考量各类环境因素，确保个人发展与社会进步相得益彰，既满足个人需求，又推动社会的整体发展。

（四）职业生涯规划的原则

1. 清晰性原则

职业生涯规划的目标和步骤需要清晰明确，避免模糊和混淆。个人需要明确自己的职业目标，并制定出具体的实现步骤和时间表。

2. 变动性原则

职业生涯规划需要具有一定的弹性和缓冲性，以适应不断变化的环境和需求。个人需要时刻关注市场趋势和职业发展的动态，及时调整自己的规划。

3. 一致性原则

职业生涯规划的主要目标与分目标、目标与措施、个人目标与组织发展目标需要保持一致。这有助于个人在职业生涯中保持方向性和连贯性。

4. 挑战性原则

职业生涯规划需要具有一定的挑战性，以激发个人的潜能和动力。通过设定具有挑战性的目标，个人可以不断提升自己的能力和水平。

5. 激励性原则

职业生涯规划需要符合个人的性格、兴趣和特长，以激发个人的工作热情和积极性。个人需要找到适合自己的职业方向，以实现自我价值和成就。

6. 合作性原则

职业生涯规划需要考虑个人与他人、组织之间的合作与协调。通过建立良好的人际关系和团队合作精神，个人可以更好地实现自己的职业目标。

7. 全程性原则

职业生涯规划需要考虑整个职业生涯的发展过程，从入职到退休都需要有明确的规划。个人需要不断地评估和调整自己的规划，以适应不同阶段的职业发展需求。

（五）职业生涯规划的步骤

合理的职业生涯规划是职业发展的基石。个体在规划时，应遵循以下六个关键步骤：

1. 自我剖析

自我剖析是个体深入审视自身兴趣、能力、动机和需求的过程。通过这一过程，个体能全面客观地认知自己的优势和短板，为职业定位和设定职业生涯目标提供坚实基础。自我剖析的起点，也是职业生涯规划的起点。为达成此目的，个体可采用多种方法，如优缺点平衡表、好恶调查表、自我测试法、橱窗分析法或计算机测试法，以确保自我剖析的准确性和有效性。

2. 机会评估

完成自我剖析后，个体虽已深入了解自我，但职业规划还需考虑外部环境因素。环境在时代变迁中持续演变，因此，个体需细致分析当前环境的特点、发展趋势及自身与环境的互动关系。在职业生涯规划中，环境分析至关重要。预测潜在的机会与挑战，是应对环境多变性的关键。个体需提前准备，确保在职业生涯的每一步都能灵活应对外部环境的复杂变化，以实现长远的职业发展目标。机会评估主要从以下三个方面展开：

首先，社会环境分析是关键，个体需通过多渠道信息了解国家政治、经济、社会和文化战略，从中获取有利于职业规划的资讯，并准确把握国家宏观政策走向。其次，行业环境分析亦不可忽视，对于心仪或已选择的行业，个体需细致观察其当前发展阶段、国家政策影响等，以预测行业未来趋势，进而调整职业方向。最后，组织环境和发展对职业生涯具有直接影响。组织的发展战略、人力资源环境、组织文化、竞争实力及其在行业中的地位，都将深刻影响员工的职业发展路径。因此，全面分析组织环境，是确保职业生涯规划顺利进行的必要步骤。

SWOT分析法可以用于职业生涯规划前两个步骤的综合分析，S与W有利于个体的自我剖析，O与T有利于个体的机会评估，如表5-6所示。

表5-6 SWOT分析法

分析因素	S（优势）	W（劣势）
O（机会）	优势—机会策略： 充分利用优势，抓住职业发展机会	劣势—机会策略： 克服劣势，抓住职业发展机会
T（威胁）	优势—威胁策略： 充分利用优势，避免职业发展过程中的威胁	劣势—威胁策略： 使劣势最小化，避免职业发展过程中的威胁

3. 目标制定

职业生涯目标的制定是自我剖析与机会评估的结晶。个体在设定目标时，应宏观审视自身职业生涯，充分考量已有条件与未来潜力。这些目标须具备：明确性，确保方向清晰；可衡量性，便于追踪进展；可实现性，基于实际能力；相关性，与长期规划紧密相关；阶段性，逐步推进；时限性，确保高效执行。这些特征共同构成职业生涯目标的坚实基础，助力个体实现职业梦想。

（1）明确性，确保方向清晰。模糊的目标影响发展方向的引导性，多重目标的设定会降低方案的可实施性，因此制定清晰、明确的职业生涯目标是个体接受进而促进职业生涯发展的重要前提。

（2）可衡量性，便于追踪进展。职业生涯目标的制定要遵循"能量化的量化，不能量化的质化"的原则，使个体可以准确评判阶段性目标的完成情况，针对出现的问题做出及时的调整和反馈。

（3）可实现性，基于实际能力。为了激励个体，组织的目标设置要兼顾挑战性和实际性，针对实施过程制定可落地的执行方案，保证目标的最终实现。

（4）相关性，与长期规划紧密相关。职业生涯目标的制定要与个体的职业倾向性和价值观等因素相匹配，保证个体在职业生涯发展中的热情和投入程度。

（5）阶段性，逐步推进。目标的制定是分阶段的，按照时间长度可以将目标分为短期目标、中期目标和长期目标，中、短期目标的制定要与长期目标保持一致，并针对阶段性变化进行调整，逐步实现最终目标。

（6）时限性，确保高效执行。由于职业生涯各阶段特征以及适宜开展的职业活动各不相同，所以目标的设定应具有时限性，以满足个体和组织的发展需要。

4. 路径选择

职业生涯路径是达成职业目标的关键路径。面对多样化的职业发展选择，个体需精心挑选一条既喜爱又适合的道路。例如，基层员工在规划其职业路径时，可根据兴趣和潜能选择操作序列、管理序列或专业序列等不同发展道路。每条路径都有其独特之处，但关键在于找到那条最能助其实现职业生涯终极目标的道路，从而确保职业发展的顺利与成功。

个体在选择路径时需综合考虑以下三种情况：①个体主观意愿希望在哪一条路径上发展；②个体现状反映出适合在哪一条路径上发展；③在外在环境影响下个体能够在哪一条路径上发展。具体如图5-6所示。

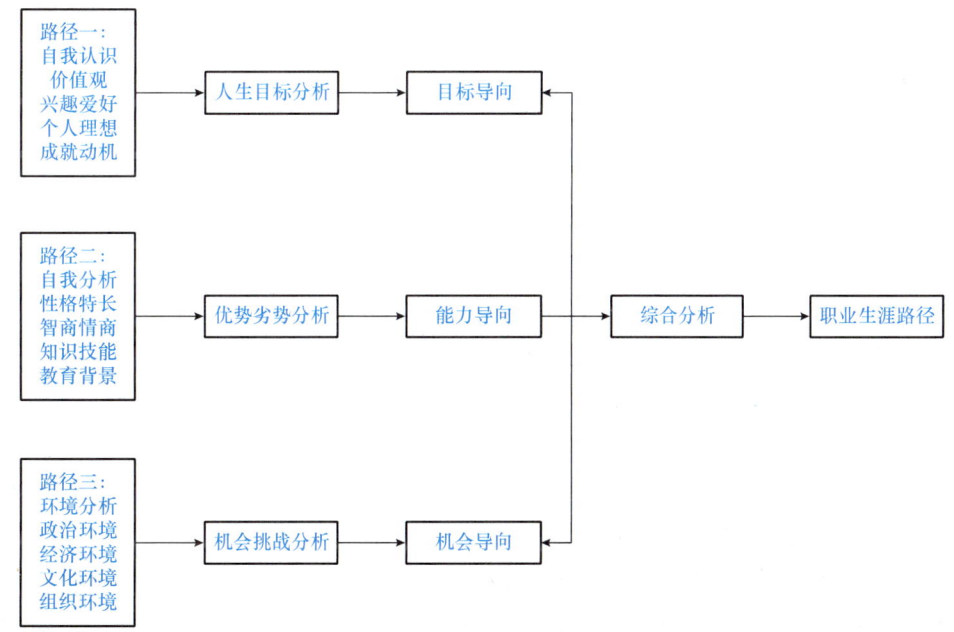

图5-6 职业生涯路径选择流程

5. 行动实施

当职业生涯的发展目标与路径明确后，个体需制定详细的行动计划来确保目标的实现。通过对比当前职业状况与目标，识别出需提升的环节，并据此制定具体、明确、可持续的改进方案。这些行动方案不仅要详细规划每一步骤，还需定期回顾、复盘与调整，以确保实施效果。

同时，个体可通过参与组织培训、利用业余时间提升自我等方式，为职业发展提供有力支持。值得注意的是，个人行动方案不仅要满足自身职业成长需求，还应与组织的绩效目标相契合，从而获取组织的支持与协助。这样，个体在职业道路上才能稳步前进，实现与组织的共赢。

6. 评估调整

个体的职业生涯规划往往起始于职业初期，但此时由于认知的局限，所设定的目标与行动方案可能带有一定的局限性。随着职业生涯的推进，个体的职业兴趣、能力等因素可能发生变化，要求我们必须对已有的规划重新进行评估与调整。

重新认知自我、审视计划和目标，是职业生涯规划中不可或缺的一环。在此过程中，对职业生涯目标的调整、行动计划的修改，甚至职业的重新选择，都是对职业生涯发展过程中出现偏差的及时反应。这些调整有助于个体更好地适应职业发展中的变化，确保职业生涯规划能够持续有效地指导个人的职业发展。

二、职业生涯基础理论

职业生涯理论经过长期演进，已形成完整的理论体系。其中，职业选择理论、职业发展阶段理论、职业发展路径理论及职业发展运动形式理论等被广泛应用。特别是职业选择理论和职业发展阶段理论，以其独到的见解和实用性，成为该领域的代表性理论。这些理论为个体职业规划提供了坚实的理论基础，帮助人们更好地理解和管理自己的职业生涯。

（一）职业选择理论

职业选择是职业生涯的起点，其重要性不言而喻。正确的选择不仅关乎个人职业的长远发展，也是组织进行职业生涯管理的基石。当前，职业选择理论多聚焦于心理层面，其中帕森斯的特质—因素理论、施恩的职业锚理论和弗鲁姆的择业动机理论等，都是颇具代表性的心理视角解读。这些理论为我们理解个人职业选择提供了深刻的洞见，有助于指导我们做出更明智的职业决策。

1. 帕森斯的特质—因素理论

特质—因素理论由弗兰克·帕森斯在《选择一个职业》中首次提出，成为职业选择领域的经典理论。该理论强调个体特质与职业需求的匹配性，认为特质如兴趣、人格、价值观和能力倾向等，是职业选择的关键。这些特质可通过心理测评得以评估；同时，职业所需的因素，即成功所需的条件和资格，可通过职位分析获取。特质—因素理论为职业选择提供了科学的指导，帮助个体找到与其特质相契合的职业方向。

特质—因素理论强调，每个人的特质与职业类型之间存在对应关系。当个体所选择的职业与其特质高度匹配时，其职业发展的成功机会将显著提升。帕森斯提出，职业选择过程中，首先，应对个人的兴趣、人格、价值观和能力倾向进行深入的自我分析和评估；其次，要全面了解职业的需求，包括工作性质、所需的知识技能以及未来的职业发展机会；最后，在综合考量个体特质与职业需求的基础上，选择那份最能发挥个人特质、实现职业发展目标的理想职位。这一理论为个体提供了清晰的职业选择指导，帮助人们实现个人与职业的和谐统一。

特质—因素理论虽年代久远，却因其实用性和科学性仍具指导意义。它详细阐释了个人特质与职业匹配的重要性，为职业选择理论的发展奠定了基础，并在组织职业发展活动中得到广泛应用。

2. 施恩的职业锚理论

埃德加·施恩教授在20世纪70年代提出了职业锚理论。他历经12年的深入研究与测评，通过科学方法分析职业生涯，最终构建了这一理论，为职业选择提供了重要参考。

职业锚揭示了个体在职业选择中坚守的核心价值观或关键要素。它强调职业生涯是一个不断发展的过程，通过自我认知，个体逐渐形成与职业紧密相关的自我概念，包括他们的才能、动机、需求、态度和价值观。

施恩教授识别了八种职业锚类型，它们分别反映了不同个体在职业追求中的独特偏好。然而，施恩认为，虽然个体可能在职业道路上表现出多种追求形式，但每个人都拥有一个主导的职业锚，即一个由才能、动机、需求、态度和价值观组成的首选组合。

值得注意的是，职业锚具有稳定性，不会因职业或职位的变动而改变。因此，为了最大化个人的职业潜能，个体需要找到与其职业锚最为契合的职业方向，确保自己的职业发展与个人价值观相一致。

3. 弗鲁姆的择业动机理论

美国心理学家维克托·弗鲁姆提出的择业动机理论深入探讨了人们选择职业的心理动力。该理论指出，个体在选择职业时，其行为的动机强度直接受到职业效价和期望值的影响。职业效价反映了个体对某职业价值的主观认知，而期望值则是个体对实现职业目标可能性的评估。这两者共同决定了择业动机的强弱，即个体对目标职业的渴望程度或选择意向的大小。

择业动机的形成是一个全面评估职业和自身条件的过程，它考虑了多种因素并进行了得失权衡。因此，人们往往倾向于选择那些择业动机分值较高的职业作为最终追求目标。这一理论为我们理解人们的职业选择提供了有力的心理学依据。

（二）职业发展阶段理论

尽管个体在职业选择、规划和目标设定上各不相同，但职业发展过程仍遵循一定的规律。这种规律性赋予了职业生涯阶段性和周期性的特点，使个体能够提前预见并规划自身的职业发展路径。学者们对此进行了深入研究，并提出了多种有影响力的理论，如金斯伯格、萨柏、格林豪斯和施恩的职业生涯发展理论等。其中，萨柏和格林豪斯的职业生涯发展理论因其广泛的适用性和实用性，受到了特别的关注。这些理论为个体理解职业发展的普遍规律，进而制定更有效的职业规划提供了宝贵的参考。

1. 萨柏的职业生涯发展理论

美国职业生涯发展学家唐纳德·萨柏在本领域学者研究的基础上，于1957年提出了职业生涯发展理论，该理论运用发展心理学、人格发展理论和职业社会学等理论精髓，依据不同年龄阶段的个体对职业的需求和态度的不同，将个体的职业生涯发展划分为五个阶段：成长阶段、探索阶段、建立阶段、维持阶段和衰退阶段，详情见表5-7。

表5-7 萨柏的职业生涯发展理论

阶段	阶段特征
成长阶段（0~14岁）	此阶段属于认知阶段。家庭成员、朋友和老师等可接触的角色都在逐步影响个体对自我的认定，此外，个体所产生的职业好奇心、幻想和兴趣，也会对自我能力的培养产生影响
探索阶段（15~25岁）	此阶段属于基础学习阶段。个体通过在学校的学习和生活进行自我兴趣和能力的考察、角色定位和职业方向的探索，尝试性做出职业的初步选择，在正式进入职场后，会选定工作领域开始从事某种职业
建立阶段（26~45岁）	此阶段属于职业确立阶段。在以上两个时期的择业基础上，个体会通过调整和探索逐渐稳定职业，在后期专注于实现职业目标，追求在职业领域中有所成功，是整个职业发展的核心阶段
维持阶段（46~65岁）	此阶段属于职业上升阶段。此时的个体大多已经在工作领域中有所建树，拥有一定的社会地位，同时也面临青年员工的挑战，仍会不断开发专业技能，希望维持和巩固已有的工作，并致力于传授工作经验，寻找接替人选
衰退阶段（66岁及以上）	此阶段属于退休阶段。个体由于其生理机能逐渐退化，工作意愿和工作能力逐步衰减，准备结束职业生涯，适应退休生活

2. 格林豪斯的职业生涯发展理论

美国心理学博士格林豪斯从个体不同年龄阶段所面临的主要任务差异出发对职业生涯进行了新

的划分,将其划分为职业准备阶段、进入组织阶段、职业生涯初期、职业生涯中期和职业生涯后期五个阶段,详情见表 5-8。

表 5-8 格林豪的斯职业生涯发展理论

阶段	主要任务
职业准备阶段 (0~18 岁)	个体对职业产生想象力,并有意识地培养职业兴趣和能力,初步评估并选择职业,接受相应的职业培训与教育
进入组织阶段 (19~25 岁)	个体的职业生涯起步阶段,个体根据职业信息,选择适合自己的、较为满意的职业,并力争在组织中获得一份工作
职业生涯初期 (26~40 岁)	逐步适应职业工作,了解组织文化并遵守规范,逐渐融入组织以获得组织正式职位,为了获得职业生涯成功不断学习新的职业技能,提高自身能力
职业生涯中期 (41~55 岁)	重新评估早期职业生涯,进而继续或转换职业目标和发展道路;努力工作,争取获得职业成功
职业生涯后期 (56 岁至退休)	保持已有的职业成绩,由工作者逐渐转变为工作的指导者,将经验传授给他人,准备退休

三、职业生涯管理

(一)职业生涯分阶段管理

职业生涯分阶段管理的核心在于根据员工各阶段的特征和任务,实施有针对性的管理。职业生涯早期、中期和后期,员工在组织中的发展需求各异。因此,职业生涯管理应分为三个阶段,即早期管理阶段关注基础能力构建,中期管理阶段注重能力提升与职业规划,后期管理阶段聚焦职业回顾与传承。这样的分阶段管理有助于更好地激发员工潜力,实现个人与组织的共同发展。

1. 职业生涯早期管理阶段

职业生涯早期是个体初入职场的关键阶段。此时,员工对组织文化、制度尚未深入了解,渴望获得组织的接纳与认同。对于职业目标和发展方向尚不明确的员工,组织需给予指导与帮助。通过明确的职业发展规划和适应组织发展的培训,员工能更快地明确职业目标,融入组织文化,适应组织发展节奏,从而为职业生涯的后续发展奠定坚实基础。在本阶段,个体和组织应该从以下方面努力:

(1)个体:明确现有工作职责,完成本职工作;探求职业锚,明确职业生涯发展方向,确定职业发展目标;融入组织,适应组织文化。

(2)组织:实现员工与职位匹配,提供入职培训,引导员工尽快适应工作;鼓励员工制定职业生涯发展规划,并提供职业发展建议和咨询帮助;关注员工工作表现和绩效,及时提供或转换平台促进员工职业发展。

2. 职业生涯中期管理阶段

随着职业生涯早期阶段的过去,个体已对工作和组织有了深入认知,积累了丰富经验,并迈向职业生涯的成功。然而,随着行业变化和新员工的加入,挑战也随之增多。此时,个体还需面对职业与家庭的平衡问题。组织应发挥关键作用,不仅满足员工职业发展需求,还应协助解决工作与家庭间的平衡问题,助力员工在职业生涯的道路上持续前行,实现更高的成就。在本阶段,个体和组织应该从以下方面努力:

(1)个体:积极应对职业生涯发展的挑战和机会;平衡职业发展与家庭的关系。

（2）组织：为员工提供教育培训机会，开发员工工作潜力；设计广阔的职业生涯发展通道，通过晋升、轮岗等方式激励员工；通过咨询和沟通交流，解决员工面临的工作问题和压力。

3. 职业生涯后期管理阶段

职业生涯后期是员工走向退休的过渡阶段。在这一时期，员工因年龄增长，竞争力与进取心有所减弱，需逐步适应职位的交接。组织应为员工顺利过渡到职业生涯的尾声提供必要的支持和安排，如制定合理的退休计划、提供心理辅导等，确保员工能够平稳、从容地面对退休生活，同时保持对组织的感激与尊重，实现职业生涯的完美收官。在本阶段，个体和组织应该从以下方面努力：

（1）个体：接受自我竞争力、组织地位逐渐下降的现实，回顾职业生涯，做好退休准备；向新员工传授经验，尽量减轻自身离职对组织发展的影响。

（2）组织：为员工提供心理疏导，使员工顺利过渡到退休生活；鼓励员工安排好退休生活，如支持员工参加老年大学、返聘优秀老员工。

（二）如何进行职业生涯管理

职业生涯管理既是个体自我管理的一部分，也是组织长期关注员工的管理过程。个体与组织需要在职业发展过程中努力配合以实现有效的职业生涯管理，组织可以从以下几个方面进行管理：

1. 开展各类职业生涯管理活动

组织可以通过开展各类职业生涯管理活动来管理员工的职业生涯，具体方式有职业生涯研讨会、职业生涯咨询面谈等。

（1）职业生涯研讨会。人力资源管理部门作为负责员工职业生涯发展的重要部门，应阶段性地为组织内部员工开展职业生涯研讨会。在开展职业生涯研讨会时，人力资源管理部门邀请组织内部的职业发展专家或组织外部的职业顾问，通过开展交流研讨、培训等方式，调动员工对自己的职业生涯进行管理的积极性。在研讨会结束后，组织员工及时针对研讨会内容进行总结，增强职业生涯管理的可实施性。

（2）职业生涯咨询面谈。职业生涯研讨会解决了员工职业生涯管理中的基本问题，而对于不同的个体在职业生涯发展中所遇到的特殊问题，组织需要开展职业生涯咨询面谈，为员工提供一对一的指导与建议。面谈者可以是来自组织外部的专家，或是组织内部具有较丰富职业生涯管理经验的员工。职业生涯咨询面谈为员工正确地选择职业生涯发展道路、实施职业生涯发展计划提供了有力的支撑。

2. 制定职业生涯管理相关制度

良好的职业生涯管理需要制度的保障，同时，制度的出台也会保证员工在组织的职业发展更加公平和规范。职业生涯管理相关的规章制度可以通过职业生涯手册和职业生涯发展方案来具体体现。

（1）职业生涯手册。职业生涯手册体现了员工在组织的职业生涯发展过程中所需要的信息支持、实用工具等。该手册的编写要结合本组织员工的实际情况，并根据组织发展适时进行调整与完善。职业生涯手册的内容包括职业生涯管理理论介绍、组织结构图、工作描述与工作说明书、评估方法与评估工作、组织环境信息、外部环境信息、职业生涯规划方法和工具、案例分析与介绍等。

（2）职业生涯发展方案。职业生涯发展方案是组织对员工职业生涯发展各个阶段的管理策略，它反映了职业生涯管理实施的具体操作流程，主要内容包含员工晋升与调度、培训与开发、内部竞聘、继任者计划、退休计划等管理制度，为员工不同阶段的职业生涯发展方案的制定提供参考依据。

中安华力集团开展员工培训赋能高质量发展

为庆祝五一国际劳动节，中安华力集团在23日组织了一场特别的培训活动，主题为"企业组织变革与员工队伍建设"。此次培训旨在推动企业向学习型企业转型，并努力打造一流的员工队伍，从而为企业的高质量发展提供坚实支撑。活动邀请了多位知名文化学者、企业战略管理专家以及来自北大清华等顶尖高校的教授，共有220多名中高层管理人员和高潜力员工参与。

中安华力集团，一个在建筑工程、地产开发、海外业务、建筑设计等领域均有显著成就的国家高新技术企业，年均带动超过两万人的就业。该企业在安徽省乃至全国都有很高的声誉，多次被评为安徽省百强企业、安徽省建筑业50强等。最近，更是在全省建筑业发展工作推进会上荣获省建筑业龙头企业和省优秀建筑业企业的称号。其海外业务的发展也备受瞩目，中央广电总台的"国际在线"也曾对其进行过专题报道。

面对2024年国内经济结构转型升级和外部世界的不确定性，中安华力集团选择未雨绸缪，自我加压，坚定走高质量发展之路。为此，企业决定加强学习培训，提高全员素质，努力打造一支一流的员工队伍，从而提升企业的核心竞争力。

培训活动中，专家们深入浅出地讲解了"破与立：企业组织变革与员工队伍建设"的主题，使参与者们深刻认识到在当前复杂多变的大环境下，企业的竞争已经从单一的价格、产品、技术竞争，逐渐演变为模式、人才、组织和文化的全方位竞争。通过这次培训，员工们更加明白了自我提升和学习的重要性，决心自觉提高综合素质，以适应企业未来发展的需求。

党委书记、董事长常前仓在培训中特别强调，集团必须面对环境的挑战，主动求新、求变、求强。在推进经营转型、管理升级和组织变革的同时，更要重视人才的培养和引进，特别是那些"懂战略、懂市场、懂经营、懂业务、懂管理"的复合型人才，从而为集团的持续发展提供强大的人才保障。

资料来源：https：//baijiahao.baidu.com/s?id=1797207648201639263&wfr=spider&for=pc。

专业培训对员工来说至关重要。通过培训，员工可以掌握新的技能和知识。这不仅能帮助他们提升工作效率和质量，还能让企业更灵活地应对市场的多变需求，从而保持强劲的竞争力。更重要的是，这样的培训也符合员工对于个人成长和职业发展的渴望，为他们的未来铺设了坚实的基石。

对于即将踏入人力资源管理领域的学生而言，学习过程中的每一个细节都不容忽视。我们需要不断深化对理论知识的理解，持续提升自我。同时，我们还应该为自己设定更高的标准，努力塑造友善、平等、充满关爱与和谐的人际关系。此外，我们还应致力于培养创新和变革的精神，勇于进取，不断挑战自我。而在职业态度上，我们应秉持敬业、忠诚、诚实和奉献的原则，时刻为企业和员工的最佳利益着想。通过这些努力，我们相信能够为企业创造更多的价值，为员工的成长和企业的繁荣贡献自己的一份力量。

员工培训与开发案例分析

练习目的：

加强对员工培训与开发的认识与理解。

作业要求：

某知名互联网公司（以下简称"X公司"）近年来业务发展迅速，市场份额不断扩大。随着公司的快速扩张，员工数量也迅速增加，但新员工的技能水平和工作经验参差不齐，这在一定程度上影响了公司整体的工作效率和质量。为了提升员工的综合素质，促进公司的可持续发展，X公司决定加强员工培训与发展工作。

X公司首先对员工进行了全面的技能评估，发现部分员工在专业技能、团队协作、沟通能力等方面存在不足。同时，公司也发现一些老员工虽然经验丰富，但缺乏技术和知识的更新。基于现状分析，X公司制定了以下培训策略：

1. 针对新员工，开展为期三个月的入职培训，包括公司文化、岗位职责、基本工作流程等内容的培训。

2. 针对专业技能不足的员工，开展专业技能提升课程，邀请行业专家进行授课，同时鼓励员工参加外部培训。

3. 针对老员工，开设技术、知识更新课程，保持与行业的同步发展。

4. 引入在线学习平台，提供丰富的学习资源，鼓励员工自主学习。

X公司成立了专门的培训团队，负责培训计划的执行和监督。同时，公司还建立了完善的培训评估机制，对培训效果进行定期评估。除了培训外，X公司还注重员工的职业发展路径规划。公司根据员工的技能评估结果和个人意愿，为员工制定个性化的职业发展计划，并提供相应的晋升机会和发展空间。

问题：

1. 分析X公司制定员工培训与发展策略的依据和必要性。

2. 讨论X公司培训策略中，是如何平衡新员工与老员工的培训需求的。

3. 评估X公司引入在线学习平台的优势和可能面临的挑战。

4. 假设你是X公司的人力资源经理，你将如何进一步改进和完善公司的员工培训与发展体系？

CHAPTER 6

项目六
绩效与薪酬福利管理

学习目标

○ 了解绩效与绩效管理的概念；
○ 熟悉绩效管理的目的、流程及使用工具；
○ 理解绩效评价的方法；
○ 理解数字化绩效管理模式下有哪些创新策略；
○ 了解薪酬与薪酬管理的概念；
○ 熟悉薪酬管理的作用、基本要求、决策；
○ 了解职位评价的概念及方法；
○ 熟悉薪酬结构以及薪酬体系设计的基本流程；
○ 了解绩效薪酬的概念、种类；
○ 熟悉员工福利的概念及功能；
○ 理解福利存在的问题及其发展趋势。

思政目标

○ 培养正直的契约精神；
○ 秉承"共享、共担、共赢"的价值理念；
○ 培养法治意识、和谐意识，成长为有时代担当和社会责任感的管理人才。

案例导入

拉上你的窗帘

美国华盛顿广场有座非常有名的杰弗逊纪念大厦。这座建筑之所以有名，除了其历史和文化价值外，还与一个有趣的故事有关。

据说，有一次人们在杰弗逊纪念大厦的墙面上发现了裂纹，出于保护大厦的考虑，政府召集有关专家进行了专门调查和研讨。对于杰弗逊纪念大厦墙面上出现的裂纹，最初专家们认为是由酸雨的侵害所导致的，然而经过进一步研究，专家们最终发现墙体受到的最直接的伤害，其实是来自每天冲洗墙壁所使用的清洁剂对建筑物产生的酸蚀作用。

那么，为什么要每天都对杰弗逊大厦的墙壁进行冲洗呢？原因是大厦的墙壁上每天都会出现大量的鸟粪。那这些鸟粪是从哪里来的呢？原来，在大厦周围聚集了很多的燕子，墙壁上的鸟粪都是它们的杰作。接下来的问题是：为什么会有这么多的燕子聚集在杰弗逊大厦的周围呢?答案是大厦的墙上有许多燕子爱吃的蜘蛛。可是,大厦的墙上出现许多的蜘蛛又是什么原因导致的呢?答案是这里有大量蜘蛛喜欢吃的飞虫。而大量飞虫之所以会出现在这里,是因为这里的尘埃最适宜飞虫的繁殖。

问题是推理到了这里,似乎还没有给出最终答案,因为还需要回答这里的尘埃为什么最适宜飞虫的繁殖。最终,专家们将目光落在了大厦的窗户上。他们发现,由于杰弗逊大厦里的窗户经常开着,导致大厦墙壁上的光照十分充足,于是便有大量飞虫聚集在此,超常繁殖。

最后,为了解决上述一系列的问题,专家们提出了一个简单而有效的方案——拉上整幢大厦的窗帘。这样一来,阳光便无法直接照射到墙壁上,从而破坏了飞虫繁殖的环境。随着时间的推移,杰弗逊大厦周围飞虫的数量逐渐减少,蜘蛛和燕子也随之减少。最终,大厦的墙壁也不再需要频繁地清洗,侵蚀问题得到了有效的解决。

如果把"拉上你的窗帘"这个故事放到绩效管理的角度来看的话,它首先为我们揭示出了绩效管理中"问题根源"的重要性。在绩效管理中,当我们面临问题时,往往只关注表面现象或短期的解决方案,而忽视了问题的根源。而只有深入了解问题的根源,才能找到真正有效的解决方案。在这个故事中,大厦墙壁的侵蚀问题看似是由酸雨等环境因素造成,但实际上却是由于飞虫在墙壁上的大量繁殖所导致。拉上窗帘,飞虫繁殖的环境被破坏,根本问题便得到了解决。

这个故事也强调了绩效管理中的"预防性思维"。在绩效管理中,我们不仅要关注当前的问题,还要预见未来的挑战,并采取相应的预防措施。在这个故事中,拉上窗帘不仅解决了当前墙壁侵蚀的问题,还预防了未来类似问题的发生。这种预防性思维有助于组织在竞争激烈的市场中保持领先地位。

此外,这个故事还强调了绩效管理中的"持续改进"理念。在绩效管理中,我们需要不断地审视和评估我们的工作成果,发现问题并寻求改进。通过持续改进,可以提高个人和组织的绩效水平。在这个故事中,拉上窗帘虽然解决了当前的问题,但组织还需要继续关注和评估墙壁的状况,以确保问题的彻底解决。

知识框架

- 绩效与薪酬福利管理
  - 绩效与绩效管理
    - 绩效
    - 绩效管理
    - 绩效计划
    - 绩效辅导
    - 绩效评价
    - 绩效反馈
  - 数字时代的绩效管理
    - 数字时代绩效管理的特点
    - 基于算法管理的绩效管理
    - 数字技术与绩效管理
    - OKR:数字时代重要的绩效管理手段

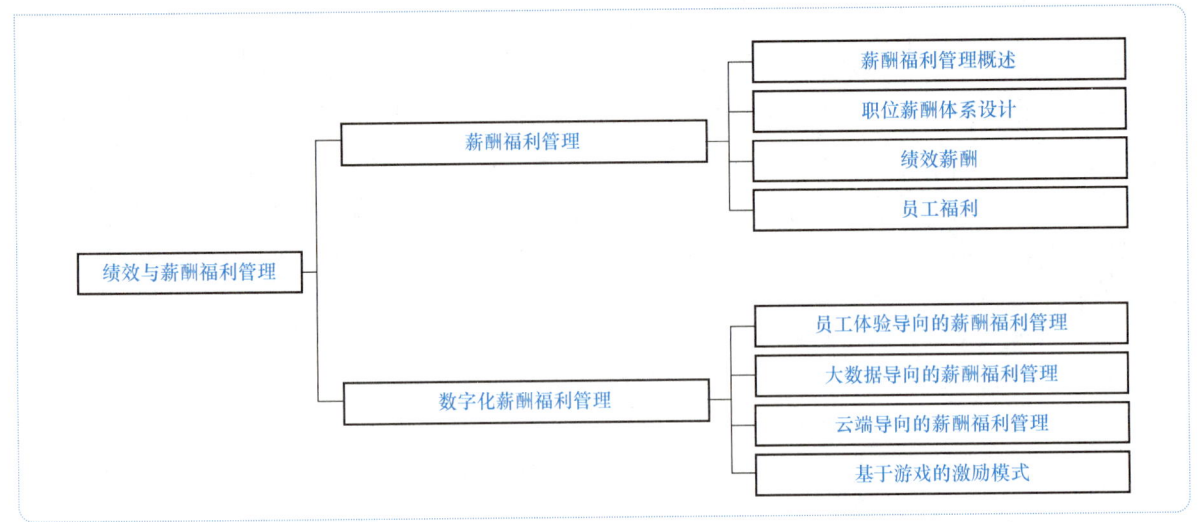

任务一　绩效与绩效管理

一、绩效

（一）绩效的概念

绩效一词是英文"performance"的中文译法，这个词在英文中的本意是"履行、执行或表演"，它主要强调的是行为（做了什么）而不是结果（行为产生了怎样的结果）。不过，在谈到组织的绩效问题，特别是员工的个人绩效问题时，常常是指行为和结果两个方面的内容，即绩效既指员工实施和完成某项工作任务或计划的过程以及在这个过程中的行为表现，又指员工在实施计划或执行任务之后实际达成的结果或取得的成绩。

绩效有组织绩效、群体绩效和员工个人绩效三个层次，员工个人绩效是基础，组织绩效和群体绩效是个体绩效的表现形式。组织绩效是指作为一个整体的组织自身的运营效率以及在多大程度上达成了组织的预定目标；群体绩效是对部门而言的，它指的是群体任务在数量、质量及效率等方面完成的情况；员工个人绩效是指员工履行自己的工作职责并达到组织为他们确定的工作行为标准和（或）工作结果标准的情况。

（二）员工个人绩效基本特征

1. 可衡量性

员工个人绩效必须是可衡量的，以便能够客观地评估员工的工作表现和贡献。通常可以通过制定明确的绩效指标、目标或标准来实现绩效的衡量。

2. 多因性

员工个人绩效的优劣及形成是多种因素综合作用的结果，而不是由某个单一的因素决定的。这些因素可能包括员工的能力、态度、技能、工作环境、工作条件、激励措施、团队协作以及领导力等。

3．多维性

员工个人的绩效往往是从多方面体现的，因此，必须从多维度或多方面分析考查员工的工作绩效，包括员工的工作成果、工作行为、工作态度、团队协作、沟通能力、创新能力等。

4．动态性

员工个人的绩效不是固定不变的，而是会随着时间推移和主客观条件的变化而变化。因此，要用变化发展的观点看待绩效问题，及时调整和优化绩效评估和激励措施。

（三）影响员工个人绩效的因素

1．责任和目标因素

责任和目标因素是影响员工个人绩效的重要因素，比如，明确的职责能够减少员工工作的模糊性，提高员工的工作效率和满意度；具备高度责任感的员工会积极主动地履行自己的职责，对工作的投入程度更高，更有可能取得优异的绩效；具体的、可衡量的目标能够为员工提供清晰的工作方向，使他们能够更准确地评估自己的工作进展和成果；挑战性的目标能够激发员工的积极性和创造力，促使他们不断寻求改进和创新；如果目标能够与个人发展相结合，员工会更有意愿去投入时间和精力，从而取得更好的绩效。

2．能力因素

影响员工个人绩效的能力因素是多方面的，包括专业技能、学习能力、沟通能力、团队协作能力、解决问题的能力和创新能力等。企业可以通过培训和发展来提升员工的能力水平，从而提高整体绩效水平。

3．动机因素

影响员工个人绩效的动机因素主要有以下几点：

（1）内在动机，比如个人兴趣、自我价值的实现。

（2）外在动机，比如物质奖励、晋升机会、工作环境。

（3）目标设定，比如为员工设定明确、可衡量的工作目标，使其清晰地了解工作期望和要求，从而更有针对性地开展工作。

（4）反馈与认可，比如对员工的工作表现进行反馈以使其及时进行调整和改进，对员工的工作表现给予正面的认可以增强其工作自信心和归属感。

4．客观条件因素

影响员工个人绩效的客观条件因素包括工作环境、工作资源、组织结构和流程、外部环境以及公司政策和制度等。如果一个组织的文化或者员工所在的群体形成的群体规范并不鼓励员工去做某些对组织有利的事情的话，那么员工势必很难达成好的绩效。

二、绩效管理

（一）绩效管理的概念

在绩效管理理论发展的过程中，对绩效管理的认识主要存在三种观点：布雷德拉普认为绩效管理是管理组织绩效的系统，凯恩等将绩效管理视作管理员工绩效的系统，另有一些学者则认为绩效管理是管理组织和员工绩效的综合系统。

所谓绩效管理，是把对组织绩效的管理和对员工绩效的管理结合在一起的体系，它是管理者为确保员工的工作活动和产出与组织目标保持一致而实施的管理手段与过程。绩效管理的概念包括两个方面的内容：

（1）绩效管理识别、衡量和开发个人绩效，并使之与团队目标和组织战略保持一致。

（2）绩效管理不是短时期内一次性完成的活动，它是一个长期的动态过程，既是管理者和员工就应当实现何种目标以及如何实现这种目标达成共识的过程,也是一个行为改善和绩效改进的过程,遵循"计划—辅导—检查—改进"的循环模式。

(二)绩效管理的特征

绩效管理具有以下特征:

1. 目标导向性

绩效管理注重明确和设定目标,使组织和员工能够清晰地了解所期望的绩效结果。这种目标导向性使得绩效管理更加具体、可量化和可衡量,从而有助于实现组织和个人目标。

2. 发展导向性

绩效管理不仅仅是一种评估和奖惩的工具,它更注重员工的发展和成长。它鼓励员工通过不断学习和改进来提高自己的能力和绩效水平,为未来的职业发展奠定良好的基础。

3. 以人为本

绩效管理以人为本的特征体现在员工参与和沟通、关注员工发展、个性化管理、激励与认可以及关注员工福祉等方面。这种以人为本的绩效管理方式有助于激发员工的工作积极性和创造力,提高组织的整体绩效水平。

4. 系统思维

绩效管理不是一个简单的步骤,它需要具备全面的、相互联系的观点,重视绩效计划、绩效辅导等一系列过程,需要掌握和使用多种技能和技巧,对绩效结果恰当地归因并正确应用。

5. 注重沟通

绩效管理注重沟通的特征体现在双向性(上下级之间)、持续性(贯穿于整个绩效周期)、及时性、具体性、建设性和参与性等方面。这些特征有助于建立一种积极、开放、透明的沟通环境,促进员工和管理层之间的理解和支持,从而确保绩效管理的有效实施和持续改进。

(三)绩效管理的目的

绩效管理是为了达到三个方面的目的,即战略目的、管理目的和开发目的。

1. 可帮助高层管理者实现战略性经营目标

绩效管理的最终目的是确保组织目标的实现。将组织目标分解为具体的绩效指标,并分配给员工,员工就能够清晰地理解自己在实现组织目标中的责任和角色。通过持续的绩效监控和评估,组织可以确保员工的工作方向与组织目标保持一致,及时发现并解决存在的问题,确保组织目标的实现。

2. 为组织做出各种员工管理决策提供有效的和有价值的信息

组织在做出很多员工管理决策时,都需要获得关于员工绩效方面的信息。这些决策包括员工的调薪、晋升、调动、培训、留用、解雇等。如果一个组织不能获得员工绩效方面的信息,不仅很难做出对组织发展和经营有利的决策,而且也无法确保对员工公平对待。

3. 进一步开发员工,以使其能够胜任本职工作

绩效管理在促进员工的进一步开发方面发挥着重要作用。通过明确职业发展方向、提供成长机会、增强自我认知、激发学习动力以及提升职业满意度和忠诚度等方式,绩效管理为员工提供了一个持续成长和发展的平台。

(四)绩效管理的工具

绩效管理工具是承接组织战略并实现组织绩效管理的战略性工具。以下是一些目前被广泛应用的绩效管理工具:

1. 关键绩效指标

关键绩效指标(Key Performance Indicators,KPIs)是用于衡量和评估组织、团队或个人实现目

标绩效程度的具体、可量化的指标。KPIs 的设计必须基于组织的战略目标，以确保员工的工作和活动都与组织的整体目标保持一致。KPIs 的重要性在于，它为管理者提供了一个明确的、可衡量的标准，以便评估员工、团队或整个组织的绩效表现。通过追踪和分析 KPIs，管理者可以了解业务运行的状况，识别潜在的问题和机会，并据此制定决策和行动计划。KPIs 的设计流程为：①确定关键成功领域；②确定关键绩效要素；③确定关键绩效指标。

2. 平衡计分卡

平衡计分卡（Balanced Score Card，BSC）是 20 世纪 90 年代出现的集大成的理论体系，由哈佛商学院的罗伯特·卡普兰教授和复兴全球战略集团创始人兼总裁大卫·诺顿提出。平衡计分卡将组织的战略目标转化为一套全面的绩效衡量指标，这些指标覆盖财务、客户、内部业务流程、学习与成长四个维度。平衡计分卡旨在通过这四个维度之间的平衡，帮助组织实现长期的成功和可持续发展。平衡计分卡实施步骤为：①明确组织的远景目标与发展战略；②制定组织级平衡计分卡指标；③制定部门级平衡计分卡指标；④制定岗位级平衡计分卡指标。

3. 目标管理

目标管理（Management by Objectives，MBO）强调通过目标的设置和分解，以目标的实施及完成情况的检查、奖惩为手段，通过员工的自我管理来达到企业的经营目的。这种方法由美国管理学家彼得·德鲁克于 20 世纪 50 年代提出，被称为"管理中的管理"。目标管理的实施主要分为以下几个步骤：①确定组织目标；②讨论并确定部门目标；③制定个人目标；④绩效考评；⑤提供反馈。

4. 标杆管理

标杆管理（Benchmarking Management）是一种通过寻找和学习最佳实践来提高组织绩效的方法。它起源于 20 世纪 70 年代末的美国，由施乐公司首创，并逐渐被广泛应用于市场营销、成本管理、人力资源管理、新产品开发、教育部门管理等各个领域。标杆管理的基本思想是通过与行业内或行业外的最佳实践进行比较，找出本组织的优势和不足，进而制定改进措施，提高组织的竞争力。标杆管理的实施流程一般包括：①确定对标组织；②对标分析差距；③落实对标方案；④创建最优体系。

5. 目标与关键成果

目标与关键成果（Objectives and Key Results，OKR）结合了目标（Objectives）和关键成果（Key Results）的概念，帮助组织、团队或个人明确目标，并通过可衡量的关键成果来跟踪和评估目标的完成情况。OKR 在 20 世纪 80 年代由英特尔公司总裁安迪·格鲁夫首度提出，并于 20 世纪 90 年代末由曾在英特尔公司就职的约翰·杜尔引入谷歌公司，之后逐渐推广至领英等其他公司。OKR 因此逐步流传起来。目前，OKR 在国内被越来越多的互联网、风险投资、文化创意等知识密集型新兴企业关注和采用。OKR 的设置与实施要点包括：①上下沟通共同确定目标；②目标与关键成果是重要且具体直接的；③倡导公开透明、客观公正；④推进执行；⑤评分不追求最高；⑥定期回顾与复盘。

6. 经济增加值

经济增加值（Economic Value Added，EVA）是一个用于评估公司经济表现的重要指标，由美国思腾思特管理咨询公司于 1990 年提出，并迅速在世界范围内获得广泛运用。EVA 的基本理念是：一个公司只有在其资本收益超过为获取该资本所需支付的成本时，才能为股东带来价值。

（五）绩效管理循环

绩效管理作为一个完整的体系，由绩效计划、绩效辅导、绩效评价和绩效反馈四部分组成。这四个部分缺一不可，任何一个环节出现问题，都会对整个绩效管理体系产生不利影响。在管理实践中，绩效管理的这四个环节首尾相连，最终形成了一个如图 6-1 所示的绩效管理循环。

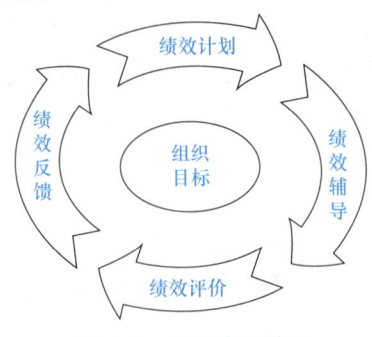

图 6-1　绩效管理循环

三、绩效计划

（一）绩效计划的定义及内容

绩效计划是指在绩效周期开始时，管理者和员工依据组织的战略规划和年度工作计划，在充分沟通的基础上就工作任务达成一致认识，并签订绩效目标协议的过程。

绩效计划主要包括绩效目标、绩效指标、绩效标准、绩效周期、行动方案等内容。

1. 绩效目标

绩效目标是组织、部门或个人在一定时期内希望实现的业绩和成果的具体、可衡量的标准。绩效目标为工作提供了方向和焦点，帮助员工了解他们的努力应该朝哪个方向进行，以及他们的工作成果如何被评估。

2. 绩效指标

绩效指标是用于衡量员工、团队或组织绩效达成情况的具体、可量化的标准或尺度。绩效指标能帮助组织明确期望的结果，并为员工提供实现这些结果的具体指导。

3. 绩效标准

绩效标准是用于衡量和评估员工、团队或组织绩效达成情况的基准或参照点。绩效标准为绩效指标设定了期望的水平和质量，帮助确定绩效是否达到或超过了既定目标。

4. 绩效周期

绩效周期也被称为绩效考核周期或绩效考核期限，是指企业或组织对员工或团队的绩效表现进行评估的时间段。这个周期的长度通常根据企业行业性质、不同岗位的特殊性、考核指标的性质及考核标准的不同进行综合考虑，进而做出最合理的选择。

5. 行动方案

行动方案是确保绩效目标得以实现的详细规划，它通常包括一系列步骤和措施，旨在指导员工或团队按照预定的路径和时间表达成预定的绩效水平。

（二）绩效计划的制定原则

绩效计划的制定原则在构建有效的绩效管理系统中起着至关重要的作用。以下是制定绩效计划时应遵循的几个关键原则：

1. 战略原则

绩效制定的战略原则是指在制定绩效计划时，需要遵循的一些与组织战略紧密相关的原则。这些原则确保绩效计划不仅关注短期目标，而且与组织的长期战略和愿景相一致。

2. 员工参与原则

绩效制定的员工参与原则强调在绩效计划的设计和实施过程中，员工的积极参与和意见反馈的重要性。这一原则有助于提高员工对绩效管理的认同感和责任感，从而增强他们的执行力和工作积极性。

3. 发展性原则

绩效制定的发展性原则强调在设计和实施绩效计划时，应注重员工的个人和职业发展，以及组织的长期战略目标。这一原则旨在确保绩效计划不仅关注当前的工作表现，而且能够促进员工和组织的持续成长。

4. SMART 原则

SMART 原则是为了有利于员工更加明确高效地工作，更是为管理者将来对员工实施绩效考核提供了考核目标和考核标准，使考核更加科学化、规范化，更能保证考核的公正、公开与公平。绩效制定的 SMART 原则是一种制定明确、可衡量、可达成、相关性强以及具有时限性的绩效目标的方法。SMART 原则在绩效考核管理中被广泛应用，有助于管理者制定和评估符合 SMART 原则的绩效目标，从而提高员工的工作效率和绩效表现。SMART 原则的具体内容有以下几点：

（1）具体性（Specific），即绩效目标应明确、清晰、具体，让员工知道他们需要做什么。

（2）可衡量性（Measurable），即绩效目标应可以被量化或测量，以便根据量化结果对员工进行评估和奖励。

（3）可达成性（Attainable），即绩效目标应是可以实现的，不是过于困难或不切实际的。

（4）相关性（Relevant），即绩效目标应与员工的职责和组织的目标相关联。

（5）时限性（Time-bound），即绩效目标需要有明确的完成期限，以便员工和管理者能够跟踪进展并做出必要的调整。

（三）绩效计划的制定过程

制定绩效计划的过程一般可以分为准备、沟通、确定三个阶段。

1. 准备阶段

制定绩效计划的准备阶段是确保整个绩效计划制定过程顺利进行的关键环节。在准备阶段，主要任务包括明确组织战略和目标、收集（组织、部门和员工的）相关信息、梳理职位职责、准备沟通材料、确定沟通方式等。

2. 沟通阶段

制定绩效计划的沟通阶段主要关注考核者与被考核者之间的实质性交流，旨在就绩效考评反映出的问题以及考核机制本身存在的问题进行深入的讨论，并共同寻求应对之策。绩效计划沟通应当选择合适的沟通环境，并且在整个沟通阶段，考核者需要保持开放、真诚和尊重的态度，倾听员工的意见和建议，鼓励员工积极参与讨论；同时考核者还需要注意沟通技巧和方法，确保沟通的有效性和高效性。沟通的方式可以视具体情况而定，可以采用正式的沟通方式，也可以采用非正式的沟通方式。正式的沟通方式包括书面报告、一对一面谈、小组会议、部门会议等，非正式沟通可以通过走动式管理、开放式办公、工作间歇、团队聚会、午餐会等方式进行。

3. 确定阶段

制定绩效计划的确定阶段的主要任务是明确绩效目标、制定具体的行动计划，并明确每个员工的责任和职责。在这一阶段，管理者与员工必须就绩效计划的主要内容进行再次讨论与确认，保证双方能就绩效计划所规定的各个方面达成共识，如发现偏差应及时纠正，从而提高绩效计划的有效性。

四、绩效辅导

（一）绩效辅导的定义及主要活动

绩效辅导是指依据绩效计划，管理者对员工的工作进展情况进行指导、支持、帮助和监督，及时发现和解决员工工作中存在的问题和潜在问题，并在必要的情况下对绩效计划进行适当调整，以帮助员工顺利实现绩效目标的持续过程。绩效辅导是管理者与其下属员工共同参与的一个持续性互动过程，在这一过程中，管理者应当扮演积极的角色并且对员工的绩效感兴趣。

绩效辅导是绩效管理循环中耗时最长的一个环节，它所涉及的活动包括对员工的绩效进行观察，对员工做得好的工作提出表扬，帮助绩效没有达到期望和标准要求的员工改善绩效，还包括对优秀绩效提供报酬等。总的来说，绩效辅导涉及指导、激励员工的行为并对之提供报酬的全部活动。具体而言，绩效辅导主要包括以下活动：

1. 有效监督

有效监督是确保员工能够按照既定的绩效计划进行工作，及时发现并解决问题，从而实现绩效目标的关键环节。目前，最常用的监督方法有书面报告、绩效会议和走动式管理三种。书面报告是下级以文字或图表的形式向上级报告工作进展情况。绩效会议是指管理者和员工就重要的绩效问题召开会议进行正式沟通。走动式管理则是管理者亲自前往员工工作现场进行非正式沟通和实地考察，以获得更丰富、更直接的一手信息，并及时了解员工工作中的问题与困境的一种策略。

2. 持续指导

持续指导是绩效辅导中的一个关键环节，它可以确保员工在绩效周期内能够持续获得必要的支持和指导，以帮助他们实现或超越设定的绩效目标。持续指导需要管理者在整个绩效周期内与员工保持密切的联系和沟通，同时也需要员工积极参与绩效辅导过程，不断反思自己的工作表现并寻求改进的机会。

3. 适时调整

绩效辅导的适时调整是确保绩效管理过程灵活性和有效性的重要环节。随着绩效周期的推进，可能会遇到各种挑战、变化或新情况，需要管理者和员工共同评估绩效计划，并做出必要的调整。绩效计划需要做出调整通常有两种情况：一是绩效计划的某个执行环节出现失误，打乱了原有的计划安排；二是组织内外部环境发生不可预见的变化，如发生重大疫情、经济明显下滑、订单数量急剧减少、员工的身体状况或家庭状况发生突然变化等。

4. 有效激励

绩效辅导中的有效激励对于提升员工的工作动力、促进个人和组织绩效的提升至关重要。有效激励需要关注员工的需求和期望，设计合理的奖励和激励措施，并提供培训、发展机会和积极的工作氛围。

（二）绩效辅导的策略选择

在选择绩效辅导的策略时，需要综合考虑多种因素，以确保策略的有效性和适应性。以下是几种常见的绩效辅导策略：

1. 选择绩效辅导要点

在绩效辅导实践中，如果管理者发现员工存在的问题不止一个，那么管理者最好选择一项重要且容易改良的进行优先指导和改进。也就是说，选择绩效辅导要点就是综合考虑解决每个问题所需的时间、精力和成本因素，先行解决重要但用时较短、精力花费较少及成本较低的问题，然后逐步推进，以获得员工对辅导的接受和支持。

2. 选择辅导资源和方法

绩效问题出现的原因不仅与员工和管理者有关，也可能与组织和环境有关，因此，管理者在实施绩效辅导时，需要根据不同情况灵活调整辅导方法。假如员工工作动力不足，则应通过激励措施，如奖励制度、晋升机会等，激发员工的积极性和工作动力；假如是管理者领导风格问题，就需要培训管理者调整领导风格，以更好地适应团队和员工的需要；假如是组织资源不足的问题，应当对组织的资源进行评估,以确保员工能够获得完成任务所需的足够资源;假如国家的法规政策发生了变化,应及时传达相关的法规和政策变化,以确保员工遵守规定并避免潜在风险。

3. 选择辅导时机

选择适当的辅导时机对于提高绩效辅导的效果至关重要,因此管理者必须把握好进行绩效辅导的时机,确保及时、有效地对员工进行指导和协助。合适的辅导时机可以是关键项目或任务开始前、出现绩效问题时、员工请求帮助时、定期回顾和评估后、员工职业发展关键节点等。

(三) 绩效辅导的实施

绩效辅导的实施是确保员工绩效达到预期目标的关键环节,具体步骤如图 6-2 所示,即先按照拟订的辅导方法对员工进行辅导,然后让其继续回到工作岗位,观察其工作状况是否有所进步,有进步时给予表扬,没有进步应当分析原因并为其进行下一轮辅导。

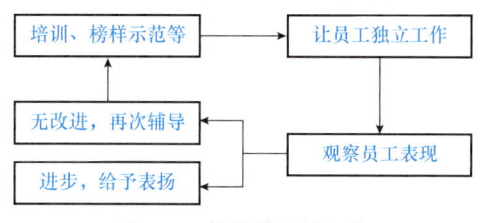

图 6-2 绩效辅导的实施

五、绩效评价

(一) 绩效评价的定义及内容

绩效评价又称绩效评估、绩效考评,是指评价主体根据组织的战略目标和绩效计划,对照工作目标或绩效标准,采用科学合理的评价方法,对员工的工作态度、工作行为、工作业绩和个人发展情况进行考核和评价的过程。

绩效评价往往发生在一个绩效周期结束时,其主要目的在于考察和衡量员工在多大程度上表现出组织期望的行为以及达成了组织期待他们实现的结果。

绩效评价的内容通常包括工作质量、团队协作、主动性和创新能力、职业道德、学习能力、客户满意度、工作成果以及上级评价等。这些内容全面评估了员工在工作中的表现,为组织提供了有价值的参考信息。

拓展阅读

组织需要回答的五个关于绩效评价的问题

在绩效评价方面,任何一个组织都需要回答这样五个关键问题:

1. 评价什么?
2. 怎样评价?
3. 谁来评价?
4. 何时评价?
5. 为何评价?

"评价什么""怎样评价""何时评价"的问题实际上在绩效计划阶段已经得到了解决。"评价什么"取决于组织的战略和员工个人承担的职责,这两者共同决定了员工需要承担的关键绩效领域或对其而言的关键成功要素。"怎样评价"的问题是通过找到每一个关键绩效领域或关键成功要素中所包括的关键绩效指标来解决的。不仅如此,在绩效计划阶段,每一个绩效指标往往还会确定一个目标值。至于"何时评价"的问题,实际上涉及绩效评价的周期问题,它通常也是在绩效计划阶段就已经解决了，因为绩效计划通常是按照一个明确的绩效周期来制定的，因此，什么时候对员工的绩效进行评价也就是很清楚的事情了。不过，需要指出的是，在绩效管理的过程中，尽管最终的总评价可能在绩效周期结束时才进行，但是在整个工作和绩效达成的过程中，也会有一些阶段性的评价活动。比如，大学教师可能在年底才接受学校的总评价，但是在每个学期结束的时候，都要接受课堂教学质量评估。

"谁来评价"所要解决的是绩效评价的主体应当是什么人的问题。理论上讲，谁对被评价者的某一绩效维度或绩效指标最了解，谁就应该成为对该被评价者在某一绩效维度或指标上的表现好坏进行评价的人。因此，被评价者的上级、同事、下级、外部客户以及员工本人等都有可能成为该员工的绩效评价信息提供者。不过，实践中，在绝大多数情况下，对员工个人的绩效进行评价往往是由员工和直接上级共同完成的。在每一个绩效周期结束时，通常是由员工的直接上级负责填写下属的绩效评价表格。在填写正式的评价表格之前，他们通常会要求员工自己先填写一份自我评价表，还会从员工的同事、客户等那里广泛收集关于被评价员工的绩效信息，并且审查相关的数据和工作记录，以确保绩效评价的完整性和准确性。

最后是"为何评价"的问题，它实际上是要指明绩效评价的目的。组织开展绩效评价的目的不同，或侧重点不同，绩效评价的内容构成及其权重也需要做相应的调整。比如，如果绩效评价的主要目的是确定绩效奖金的分配，那么绩效评价的重点就应当是员工实际达成的结果性绩效，因为发放奖金的目的是奖励那些对组织有利的结果。相反，如果绩效评价的目的是制定开发计划，则在评价内容中就应当重点强调被评价者的知识、技能和能力等方面的因素，从而为帮助员工制定培训开发计划做准备。

（二）绩效评价的信息来源

绩效评价的信息来源是指用于评估和衡量员工、团队或组织绩效的各类数据和信息的来源渠道。这些信息来源为评价者提供了关于被评价对象工作表现、能力、贡献和成果等方面的具体信息，从而帮助评价者做出公正、准确的绩效评价。在大部分情况下，员工的直接上级是对员工进行绩效评价的最优人选。不过，虽然直接上级的评价很重要，但还需要综合考虑其他利益相关者（如同事、下级、客户等）的观点和反馈。

1. 直接上级

在绩效评价中，直接上级作为评价者扮演着至关重要的角色。直接上级通常是员工工作的直接监督者和指导者，他们对员工的工作表现、能力、贡献和成果有深入的了解和观察。因此，直接上级往往是最重要的绩效考评信息来源。但是，由直接上级来进行绩效评价却又存在着局限性，因为直接上级的评价可能会受到个人偏见、喜好或关系等因素的影响，导致评价结果不够客观公正。

2. 同事

在绩效评价中，同事的评价同样具有不可忽视的重要性。同事作为被评价者日常工作的直接参与者或观察者，他们能够提供关于被评价者工作表现、团队合作能力、沟通技巧以及工作态度等方面的具体信息。但是，利用同事作为绩效评价信息来源有时也有缺点。比如，同事的评价也可能会受到个人主观感受和偏见的影响，评价者可能会因为与被评价者的个人关系、竞争关系或对被评价者的偏见而给出不公正的评价。

3. 下级

在对管理人员进行绩效评价时，管理人员的下级往往是一个重要的评价来源。下级员工对管理人员的评价能够提供直接、具体的反馈，有助于更全面地了解管理人员的领导风格、管理能力和工作效果。这种评价对于改善管理者的领导能力以及帮助组织选拔优秀的管理者是非常有帮助的。不过，让下属来评价上级的缺点也是很明显的。比如，下级可能没有足够的专业知识或经验来全面评价上级的管理能力和决策水平。他们可能只从自己的角度出发，关注与自己工作相关的问题，而忽视了上级在更广泛领域内的表现。又如，下级在评价上级时还可能会受到权力关系和组织文化的影响。他们可能担心评价过于负面会影响与上级的关系，或者担心上级会对自己进行报复。这种压力可能导致下级不愿意或不敢真实表达自己的看法。

4．本人

在任何绩效管理体系中，员工的自我评价都是一个重要的组成部分。这种评价方式有助于被评价者更深入地了解自己的优点和不足，促进自我反思和提升。不过，员工进行自我评价会出现自我宽容的问题，常常与他人的评价结果不一致。只有存在有效的工作规范和明确的工作标准，员工与主管人员之间能良好沟通时，员工的自我评价才能充分发挥积极作用。

5．客户

在绩效评价中，客户的评价是非常重要的一环，因为它直接反映了产品或服务在市场上的接受度和满意度。客户评价不仅有助于企业了解产品或服务的优点和不足，还能为企业提供改进的方向和策略。尤其是对于那些需要与公众或与工作有关的特定群体紧密接触和互动的工作（如采购、销售等）来说，由客户提供的绩效信息更为有用。

6．外部专家

外部专家通常指的是在绩效考核领域具有专业知识和丰富经验的独立第三方。这些专家可能来自咨询公司、人力资源管理机构、学术研究机构等，他们负责为企业提供绩效考核的咨询、设计、实施和评估等服务。利用外部专家可以使管理者花较少的时间进行员工的绩效考评，减少上下级间的冲突；基本上可以使员工的工作绩效得到公平、公正和客观的考评，避免内部不和；便于在各部门间采用规范和一致的考评标准，使绩效考评具有可比性。但是利用外部专家也存在一些局限性，例如他们可能对公司的具体业务和员工的具体情况不够了解，需要内部人员的协助和解释；此外，利用外部专家通常成本较高。

7．360度反馈

绩效考评的360度反馈法，也称为全方位反馈评价或多源反馈评价，是一种全面的绩效考评方法。在这种方法中，与被评价者有密切关系的人，包括被评价者的上级、同事、下属和客户等，都会匿名对被评价者进行评价。此外，被评价者自己也会对自己进行评价。360度反馈的优点是可以避免单方考评导致信息的主观性和片面性，可以增强绩效评价的信度和效度；弊端是评价过程难以组织、协调和操作，量化处理评价结果时，各考评主体的权重难以确定，可能会造成不必要的矛盾。

（三）绩效评价的方法

绩效评价的方法多种多样，每种方法都有其适用对象和范围。以下是几种常见的绩效评价方法及其适用对象和范围：

1．比较法

比较法是指在对员工的行为或工作结果进行评价时，并不是将员工的行为或结果与事先确定的某一相对客观的标准相比较，而是通过直接将员工与其他人进行相对比较来得出员工的绩效结果。常见的比较法有交替排序法、配对比较法、人物比较法、强制分布法。

（1）交替排序法。交替排序法基于绩效考评要素，将员工从绩效最好到最差进行交替排序，最后根据序列值来计算得分。其操作流程是：首先列举出所有需要进行评价的人员名单，然后选择一个被评价要素（如工作能力、工作态度等）。接着，在该被评价要素上，列出哪位员工的表现是最好的，哪位员工的表现是最差的。再在剩下的员工中挑出最好的和最差的，以此类推，直到所有必须被评价的员工都被列出。

（2）配对比较法。配对比较法也称为相互比较法、两两比较法、成对比较法或相对比较法。这种方法的基本特点是将所有要进行评价的对象列在一起，两两配对进行比较，从而确定它们的相对价值或优劣。其基本做法是：将每一位员工按照所有的绩效要素（工作数量、工作质量等）与所有其他员工进行比较。该方法需要将每一位员工与其他人相比，考评的误差虽小，但工作量较大，所以配对比较法一般适用于少量员工的考评。

（3）人物比较法。人物比较法，亦称标准人物比较法，是一种特殊的比较法，其做法是先在员工中选择一人作为标准，其他员工通过与这个标准员工的比较来得出其绩效水平。

（4）强制分布法。强制分布法，也称为强制正态分布法、硬性分配法，是一种基于正态分布原理的绩效评价方法。该方法预先确定评价等级以及各等级在总数中所占的百分比，然后按照被考核者绩效的优劣程度将其列入其中某一等级。

2. 量表法

量表法通常由一组描述职工个体特征或绩效状况的词或句子组成，要求考核者经过观察，依据某些考核标准，对某职工的某种工作行为或业绩做出评价。具体做法是将一定的分数或权重系数分配到各个绩效考核指标上，然后由考核者根据考核对象在各个考核指标上的表现情况，根据标度的规定为考核对象确定一个恰当的等级或档次，对考核对象做出考核、打分，最后汇总计算出总分，作为考核对象的绩效考核结果。量表法又分为以下几种：

（1）图尺度评价法。图尺度评价法是一种最简单也最常用的绩效评价方法。该方法首先规定评价要素的不同等级并加以明确的定义和描述，然后由评价者就每一要素，按照给定的等级对员工的工作表现进行评价，最后加权得出每位员工的绩效分数，如表6-1所示。

表 6-1 图尺度评价法示例

姓名：_____ 部门：_____ 日期：_____

内容	优秀（5分）	良好（4分）	称职（3分）	一般（2分）	较差（1分）
工作数量 在正常条件下完成的工作数量	☐	☐	☐	☐	☐
评语：					
工作质量 完整性、简洁性以及准确性	☐	☐	☐	☐	☐
评语：					
工作知识 清楚地理解与工作有关的事实或要素	☐	☐	☐	☐	☐
评语：					
人品 个性、外貌、社会性、领导力、诚实性	☐	☐	☐	☐	☐
评语：					
合作性 为达成共同目标而与同事、上级以及下级合作的能力和意愿	☐	☐	☐	☐	☐
评语：					

续表

内容	优秀（5分）	良好（4分）	称职（3分）	一般（2分）	较差（1分）
可靠性 在出勤、午餐时间以及休息时间是否尽责、善始善终、准确、可信	☐	☐	☐	☐	☐
评语：					
主动性 勇于承担更多责任，自发主动，不害怕独自进行探索	☐	☐	☐	☐	☐
评语：					

（2）行为锚定等级评价法。行为锚定等级评价法是一种结合了关键事件法和等级评价法的绩效评价方法。行为锚定等级评价法的核心思想是对同一职务工作可能发生的各种典型行为进行评分度量，建立一个锚定评分表，以此为依据对员工工作中的实际行为进行测评计分。这种方法的关键在于将关键事件和等级评价有效地结合在一起，记录在一份行为等级评价表中，在同一个绩效维度中存在一系列的行为，每种行为分别表示这一维度中的一种特定绩效水平，将绩效水平按等级量化，使考评的结果更有效，更公平。行为锚定等级评价法的详情如表 6-2 所示。在表 6-2 中，工作知识这个绩效维度存在一系列的行为事件，而每一个行为事件都分别代表在这一绩效维度上的某种或高或低的绩效水平。

表 6-2 行为锚定等级评价法示例

等级	工作知识的定义：一位员工所掌握的与工作有关的知识和技能的数量
5	优秀：员工在本职工作的所有方面所掌握的工作知识都能始终如一地达到高水平，其他员工都请这个人为自己提供一定的培训
4	胜任：员工在大部分工作领域所掌握的工作知识都达到较高的水平。能够一贯地完成所有的常规工作任务。员工持续谋求获得更多的工作知识，在某些领域可能会寻求获得指导
3	称职：员工所掌握的与本职工作有关的各方面知识都能达到一般水平。在完成一些比较困难的工作任务时可能需要帮助
2	需要改进：不能总是在规定时间内完成工作任务，或者不能总是完成本职工作要求完成的各项任务。没有努力通过获得新的技能或知识来改善自己的绩效
1	需要重点改进：通常无法正确完成工作任务或根本不完成工作任务。员工没有任何改善自己绩效的愿望

（3）行为观察评价法。行为观察评价法，也称为行为评价法、行为观察法或行为观察量表评价法，是在行为锚定等级评价法和传统业绩评定表法的基础上发展演变而来的一种评估方法。这种方法通过给出与各项评估指标有关的一系列有效行为，将观察到的员工的每一项工作行为同评价标准进行比较并评分，看该行为出现的次数或频率。每一种行为上的得分相加，得出总分结果，从而对员工的工作表现进行综合评价。详情如表 6-3 所示，将员工行为发生的频率分为从"几乎从来没有"（1分）到"几乎常常如此"（5分）五个等级，考评者根据某个员工行为发生的频率来为其打分。

表 6-3　行为观察评价法示例

工作的可靠性							
（1）有效地管理工作时间	几乎从来没有	1	2	3	4	5	几乎常常如此
（2）能够符合项目的截止期限要求	几乎从来没有	1	2	3	4	5	几乎常常如此
（3）必要时帮助其他员工工作以符合项目的要求	几乎从来没有	1	2	3	4	5	几乎常常如此
（4）必要时情愿推迟下班和在周末加班工作	几乎从来没有	1	2	3	4	5	几乎常常如此
（5）预测并试图解决可能阻碍项目按期完成的问题	几乎从来没有	1	2	3	4	5	几乎常常如此
总分 =							
很差	尚可		良好		优秀		出色
0～13	14～16		17～19		20～22		23～25

3. 描述法

描述法又称事实记录法、叙述法等，是指评价者用描述性的文字记录员工在工作过程中的业绩、态度、能力或者关键事件等，据此对员工的绩效做出评价。在运用该方法时应当秉持客观、公正的态度，及时、准确地记录各类事实情况。

根据记录事实情况的内容不同，可以将描述法分为态度记录法、工作业绩记录法、指导记录法以及关键事件法。

（1）态度记录法。态度记录法主要关注员工在工作中的态度表现，而非仅仅是工作结果或行为。态度记录法强调员工在工作中的积极性、责任感、合作精神以及对待工作的热情等软性指标。

（2）工作业绩记录法。工作业绩记录法主要依据员工在工作过程中所取得的业绩成果来评估其工作表现。这种方法强调员工的实际产出和贡献，并将这些成果与组织的战略目标进行关联。

（3）指导记录法。指导记录法侧重于记录和评估管理者在指导和支持员工发展过程中的行为和效果。这种方法不仅关注员工的工作结果，还强调管理者在提供指导、反馈和支持方面的贡献。

（4）关键事件法。关键事件法通过对员工在工作中发生的关键事件进行分析和总结，确定员工的优点和不足，从而制定出更加科学合理的人力资源管理策略和方案。关键事件是对个人或组织绩效产生决定性影响的事件，分为有效行为和无效行为。关键事件法要求评价者对员工工作中的有效行为和无效行为进行记录，并在预定的时期内进行回顾考评，其运用包含三个重点：观察员工的工作表现，书面记录员工的有效行为和无效行为，提供关乎工作成败的关键性事实。

拓展阅读

常见的绩效评价的误差

1. 相似性误差。

也称为同类人误差，指的是评价者往往会对与自己相似或属于同一类型的员工给予更高的评价，这种偏好可能导致对其他类型员工的评价产生偏差。

2. 对比误差。

在评价过程中，评价者常将某员工的绩效与其他员工进行比较，而非依据预定标准。这种比较可能导致评价结果的偏差，因为评价者可能受到其他员工绩效水平的影响。

3. 分布误差。

指员工绩效的评定结果与理论分布状态不符，特别是与正态分布相偏离。包括宽大误差、严格误差和居中趋势误差，这些误差可能导致对员工绩效的不准确评价。

4. 晕轮误差和角误差。

晕轮误差是指评价者因员工某一特性的显著影响，而对其他特性给予过高或过低的评价。角误差则指因员工某一方面的不足，导致评价者对其所有方面均给予低评价。

5. 首因误差。

也称为最初印象误差，评价者过分依赖对被评价者的最初印象或信息，并以此为基础进行整体绩效判断。这可能导致对被评价者的绩效评定结果出现偏差。

6. 前因误差。

主要受到绩效周期初期阶段收集的信息影响，评价者可能过分强调员工在初期阶段的表现，而忽略其他阶段的信息。

7. 近因误差。

指绩效评价结果主要受到绩效周期后期阶段收集的信息影响，这是由于人们往往对最近发生的事情印象深刻。这种误差较为常见。

8. 负面误差。

也称为负面偏见，评价者在评价过程中过于重视负面信息，忽视正面或中性信息，导致对被评价者的整体绩效给出过低评价。

9. 溢出误差。

也称为历史误差，当员工在上一个或几个绩效评价周期中获得一致评价时，这些历史结果可能对后续评价产生不恰当的影响。

10. 刻板印象误差。

评价者基于对被评价者所在群体的整体印象进行评价，而非基于其实际表现。这种误差可能导致对被评价者的绩效评定结果出现偏差。

（四）绩效评价的流程

绩效评价是一个系统性的过程，其步骤如图 6-3 所示。

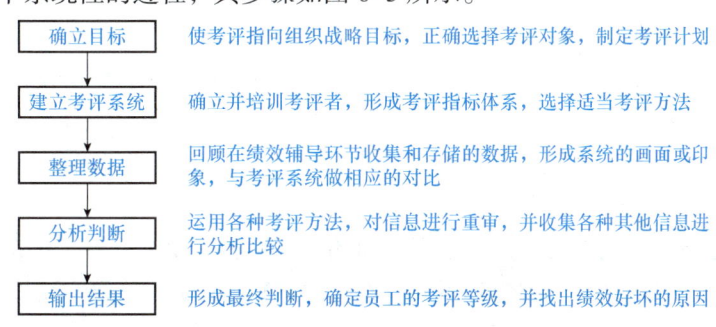

图 6-3　绩效评价的基本流程[①]

六、绩效反馈

（一）绩效反馈概述

绩效反馈是指在绩效考评阶段结束以后，管理者通过绩效反馈面谈，将考评结果反馈给员工，

---

① 方振邦，罗海元. 战略绩效管理 [M]. 北京：中国人民大学出版社，2010：229-230.

在肯定成绩的同时，共同分析绩效不佳的原因，并探讨下一步工作安排的过程。

绩效反馈的内容包括以下几个方面：

（1）告知员工的绩效评价结果。

（2）强调员工的优点和成就。认可员工的努力和贡献对于增强他们的工作动力和自信心至关重要；同时这也是一个机会，让员工知道他们的工作是被看见和赞赏的。

（3）指出员工需要改进的领域，包括技能、知识、态度或行为等方面的不足。管理者应提供具体的例子和建议，以帮助员工了解如何改进。

（4）明确表示员工的绩效水平将会得到怎样的惩罚或奖励。

（5）对未来目标和期望的讨论。管理者应与员工一起制定具体的、可衡量的、可实现的、相关的和有时限的目标。这些目标应基于员工的当前绩效和潜在能力，并有助于推动员工和组织的整体发展。

绩效反馈的作用主要有提升员工工作绩效、促进员工个人发展、增强员工动力、改善员工与管理层关系、优化工作流程和团队协作、确保公平性和一致性等。

（二）绩效反馈面谈

1. 绩效反馈面谈的目的及程序

绩效反馈面谈是绩效管理中的一个重要环节，其主要目的是向员工传达关于他们工作表现的具体、详细的反馈信息，同时了解员工对绩效考核结果的看法和建议，以便共同制定下一步的工作计划和改进方向。

在进行绩效反馈面谈时，通常需要按照先后顺序完成以下任务：

（1）向员工阐述绩效反馈面谈的目的以及接下来所要讨论的主题。

（2）请员工总结自己在上一个绩效周期中取得的工作成果。

（3）告知员工绩效评价结果并说明理由。在这个阶段，管理者和员工既要讨论双方评价结果一致的绩效维度，同时还要讨论双方评价不一致的绩效维度，力争最终能够达成共识。这个过程是非常重要的沟通和反馈过程，不仅要肯定员工的贡献，而且要指出员工存在的绩效问题和改进重点。

（4）讨论开发问题。一旦上级和员工对于每一个绩效维度的得分达成了共识，就应当开始讨论开发计划了。这个时候，上级和员工应当就能够改善员工未来工作绩效的开发计划中的每一种方法、步骤、资源要求以及具体的时间表进行讨论并达成共识。

（5）接下来员工应当用自己的语言对面谈加以总结，内容包括自己在哪些绩效维度上的表现是令人满意的，在哪些绩效维度上还需要有所提高以及怎样提高。

（6）讨论绩效薪酬。在这一步，上下级之间所要讨论的是绩效和报酬分配（比如奖金、加薪等）之间的关系。这时，上级要向员工解释组织的报酬分配规则和政策，让员工明白自己的报酬将会怎样随着个人未来绩效的提升而达到一个更高的水平。这一步是为了避免将来员工由于信息不对称，在获得绩效报酬之后对组织或上级产生猜疑或不满。

（7）确定跟进会议。在绩效反馈面谈结束之前还有一项很重要的任务，即确定下一次面谈的时间。这是为了让员工看到自己的上级会对绩效改善情况进行正式跟进，并不是每年仅仅和自己正式谈一次话。

（8）最后，上级主管人员要请员工在相关表格上签字，以证明已经就绩效评价结果和员工本人进行了讨论。这个环节也为员工提供了一个机会，让他们做出自己的评论，同时附上任何他们希望能够在表格中体现的信息。另外，如果员工和上级在绩效评价结果方面的分歧无法得到解决，则上级应当告知员工，他们可以怎样利用组织中的正式绩效申诉程序。

2. 绩效反馈面谈的基本技巧

为了做好绩效反馈面谈，管理者需要注意以下几个方面的问题：

（1）充分准备。在面谈前，管理者应详细了解员工的绩效数据、工作表现以及可能存在的问题。同时，也要考虑好如何向员工传达这些信息，并准备好可能的解决方案和改进建议。

（2）建立信任关系。在面谈开始时，管理者可以通过寒暄、询问员工近况等方式，营造轻松的氛围，缓解员工的紧张情绪。同时，要展现出对员工的关心和尊重，建立彼此之间的信任关系。

（3）明确目的和期望。在面谈开始时，管理者应明确面谈的目的和期望，让员工清楚了解面谈的焦点和预期结果。这有助于员工更好地参与面谈，并积极思考自己的改进方向。

（4）具体描述行为。在反馈员工的绩效时，管理者应具体描述员工的行为和结果，避免使用模糊或笼统的词语。通过具体的事例和数据，让员工更加清楚地了解自己的优点和不足。

（5）倾听员工的意见。在面谈过程中，管理者应认真倾听员工的意见和想法，尊重员工的观点和感受。这有助于建立双向沟通的渠道，让员工感受到自己的价值和被尊重。

（6）给予积极反馈。在面谈中，管理者不仅要指出员工的不足，还要充分肯定员工的优点和成就。通过给予积极反馈，增强员工的自信心和工作动力。

（7）共同探讨解决方案。针对员工存在的问题和不足，管理者应与员工共同探讨解决方案和改进计划。通过共同讨论，让员工参与到改进过程中来，提高他们的责任感和参与感。

（8）明确改进计划。在面谈结束时，管理者应与员工明确改进计划的具体内容和时间表，通过制定明确的改进计划，让员工更加清楚地了解自己的改进方向和目标。

（三）绩效分析与不良绩效的处理

当绩效评价揭示出某员工的绩效未达到组织的预期标准时，绩效反馈的焦点应明确指向识别不良绩效的根源，并探讨针对性的纠正措施。若员工的绩效已达到既定标准，反馈阶段则是一个双方共同探讨如何进一步提升，以便在当前或未来岗位为组织贡献更多价值的机会。简而言之，绩效管理的最后环节——绩效反馈，旨在让管理者与员工携手识别绩效提升点，并探讨相应策略以实现更高的工作效能。

如表6-4所示，企业普遍依据工作能力和工作态度（有时以工作动机替代）两个维度对员工绩效进行分类。这是因为员工个人的工作能力和态度往往是影响其绩效表现的核心因素。当员工在这两方面均表现出色时，其绩效往往能达到甚至超越组织要求。然而，一旦员工在工作能力上有所欠缺、工作态度不佳或缺乏工作动力，绩效水平便可能不尽如人意，这时便需要采取相应的措施加以改进和纠偏。

表6-4 不同绩效类型的员工及其对策

工作态度		工作能力弱	工作能力强
	强	能力不足员工 ①提供更多指导或辅导 ②提供更为频繁的绩效反馈 ③设定可行的绩效目标 ④提供更多的培训或技能开发机会 ⑤重新安排岗位	骨干员工 ①对取得的优良绩效提供充分的报酬 ②寻找进一步职业发展和开发的机会 ③提供诚实、直接的反馈
	弱	问题员工 ①提供具体、直接的绩效反馈 ②冻结加薪 ③降级 ④调换工作岗位 ⑤解雇	动力不足员工 ①提供诚实、直接的反馈 ②提供咨询意见 ③解决导致工作动力不足的外因 ④采取团队建设和冲突解决手段 ⑤将报酬与绩效结果挂钩 ⑥管理压力水平

任务二　数字时代的绩效管理

数字时代的绩效管理已经发生了深刻的变革，随着云计算、大数据、人工智能等技术的广泛应用，绩效管理变得更加精准、高效和个性化。

一、数字时代绩效管理的特点

（一）数据驱动

数字时代的绩效管理高度依赖数据，通过收集、整理和分析大量的工作数据、业绩数据、行为数据等，企业能够更准确地评估员工的绩效，并据此制定更合理的激励和发展计划。数据的实时性使得管理者能够及时掌握员工的表现和进展，以便在必要时进行调整和指导。

（二）实时反馈

传统的绩效管理往往是一年一度的评估，而数字时代的绩效反馈更加实时化。利用技术手段，管理者可以实时监控员工的工作状态、业绩进展等，并即时给予反馈和建议。这种实时反馈有助于员工及时调整工作状态，提升效率。

（三）个性化与定制化

数字时代的企业注重员工的个性化和差异化，绩效管理也需要根据员工的个人特点和需求进行个性化定制。通过分析员工的数据，企业可以了解员工的优势和不足，从而为他们提供更具针对性的发展建议和资源支持。

（四）智能化辅助

人工智能、机器学习等技术的应用使得绩效管理更加智能化。这些技术可以帮助企业自动分析数据、预测趋势、识别潜在问题等，为管理者提供决策支持。同时，智能化系统还可以为员工提供个性化的培训和发展建议。

（五）透明化与参与度

数字时代的绩效管理强调透明化和参与度。企业可以通过建立绩效管理平台或系统，让员工实时查看自己的绩效数据、评估结果等信息，提高员工对绩效管理的信任度和满意度。同时，员工也可以通过平台或系统提出自己的意见和建议，参与到绩效管理的改进和优化中来。

（六）目标一致性

数字时代的绩效管理更加注重企业目标与员工目标的一致性。企业可以通过设定明确的战略目标，并将其分解为具体的部门目标和员工个人目标，确保三者之间的高度一致。这种目标一致性有助于提升员工的归属感和工作动力，同时也有助于企业实现整体战略目标。

（七）持续改进

数字时代的绩效管理是一个持续改进的过程。企业可以通过收集和分析员工的反馈意见、业绩数据等信息，不断优化绩效管理体系和流程，提高绩效管理的效果和质量。这种持续改进有助于企业适应不断变化的市场环境和员工需求。

二、基于算法管理的绩效管理

（一）算法和算法管理的定义

算法管理是指对算法的开发、使用、更新和维护等过程进行规范化和系统化的管理。算法作为一种智能工具，近年来随着社会化媒体、移动终端、大数据、云计算、人工智能、物联网等一系列技术的发展，在企业和组织中的应用范围越来越广泛。

算法管理是指通过算法对员工进行战略跟踪、评估和管理。组织通过算法接管了过去由管理者执行的任务，这种管理创新在零工经济中尤为常见。例如，Uber、Deliveroo 和 Upwork 之类的平台使用算法来管理与密切监视其全球员工，算法给员工分配任务并评估其绩效，提供反馈和有关如何提高绩效的建议。

（二）基于算法管理的绩效管理形式

在算法管理主导的管理运作中，绩效管理主要以两种形式展现。

（1）制定考核体系。算法管理可以构建起以用户打分、顾客评价和员工诚信档案等为基础的数据声誉机制，制定相应的绩效考核体系。

（2）执行考核规则。算法管理可以对员工在工作过程中的数据进行收集，并根据企业需求来进行数据的整理和使用，从而对员工绩效进行科学、有效的考核评价。

基于算法管理的绩效管理具有能提高评估准确性、效率、公正性以及可以对员工进行针对性培训的优点，但过度依赖算法则可能导致对员工表现的评估不够全面和人性化。另外，基于算法管理的绩效管理，也存在着算法的复杂性和不透明性的问题以及来自伦理和法律的挑战。

三、数字技术与绩效管理

数字技术与绩效管理之间存在密切的关系，特别是在当前数字化时代，数字技术为绩效管理提供了更高效、更准确的工具和手段。

（一）大数据技术与绩效管理

大数据技术在绩效管理中扮演着重要的角色，为企业提供了更高效、更准确的绩效管理解决方案。

（1）大数据技术可以帮助企业从各种来源收集员工绩效数据，包括销售数据、生产数据、客户反馈等。通过对这些数据的整合，企业可以全面了解员工的绩效表现，为后续的绩效分析和决策提供支持。

（2）大数据技术的核心价值在于数据分析。企业可以利用大数据技术对员工的绩效数据进行分析，发现隐藏在数据背后的规律和趋势。例如，企业可以通过对绩效数据的分析，找出绩效优秀的员工的共同特征和成功经验，为其他员工提供学习和发展的方向。同时，大数据技术还可以帮助企业识别绩效管理的瓶颈和问题，从而进行有针对性的改进和优化。

（3）大数据技术不仅可以分析历史数据，还可以根据历史数据预测未来的绩效趋势。这种预测能力可以帮助企业提前制定绩效目标和计划，为员工的绩效提升提供方向和支持。此外，大数据技术还可以为企业的战略决策提供数据支持，帮助企业制定更加科学、合理的绩效管理策略。

（4）大数据技术可以帮助人力资源管理部门优化企业的组织架构。通过分析员工的绩效数据，企业可以了解员工的优势和不足，从而进行人员优化配置。例如，企业可以将绩效优秀的员工调换到更重要的岗位上，提高整个组织的绩效水平。

（5）大数据技术可以帮助企业实现更加公平、透明的绩效管理。通过为员工提供绩效数据的可视化展示和分析报告，员工可以更加清楚地了解自己的绩效表现和发展方向，从而提高员工的工作积极性和参与度。

（二）区块链技术与绩效管理

区块链是一种块链式存储、不可篡改、安全可信的去中心化分布式账本技术。它结合了分布式存储、点对点传输、共识机制、密码学等技术，通过不断增长的数据块链记录交易和信息，确保数据的安全和透明性。区块链技术与绩效管理之间存在潜在的关联和互补性,尽管直接应用区块链技术进行绩效管理的案例可能相对较少,但区块链的一些特性可以为绩效管理带来一些新的思路和解决方案。

(1)区块链的透明度和防篡改特性可以为绩效管理提供一个更加可信的记录系统。区块链技术可以确保数据的真实性和准确性,所有参与者都可以访问和验证绩效数据,从而增强绩效考核的公正性和可信度。

(2)区块链的智能合约功能可以自动化绩效考核流程。智能合约可以根据预先设定的条件自动触发奖励或处罚,从而减少人为干预和主观判断的影响,提高绩效考核的效率和准确性。

(3)区块链还可以提供一个安全的数据共享平台,使各方可以共享绩效数据,如工作成果、评价意见等。通过访问控制机制,可以确保只有授权人员才能查看和修改相关数据,进一步保护了绩效数据的隐私和安全。

四、OKR:数字时代重要的绩效管理手段

OKR 由目标(Objective,O)和关键结果(Key Results,KRs)两部分组成。其中,O 是对驱动组织朝期望方向前进的定性追求的一种简洁描述,主要回答公司、团队或个人想做什么;KRs 用于衡量目标的达成情况。OKR 是一套定义和跟踪目标及其完成情况的管理工具与方法。它兼具考核工具和目标管理工具的功能,其主要目的不是考核某个部门团队或某个员工,而是时刻提醒团队或员工关注当前的目标和任务。

OKR 的精髓在于引导员工既主动明确 What(我要实现的、符合公司发展战略的目标是什么,即 Object),又主动探索 How(我具体通过什么可以衡量的关键措施来实现这个目标,即 Key Results)。

(一)OKR 的特点

(1)OKR 可以有效激励和成就员工。每个团队及个人的目标、关键结果以及最终得分在企业内部都是公开透明的,这既有助于统一公司、团队和员工的目标,促进团队合作,也有利于通过过程辅导、正向反馈等绩效反馈渠道,促进员工的自我激励和成长。

(2)OKR 鼓励员工制订有挑战性的目标,走出舒适区,突破自我。

(3)OKR 将目标分解为直接执行的任务,即基于任务的关键结果,而不仅是对目标实现有帮助的业绩指标。

(二)OKR 的实施流程

组织若想将 OKR 应用于绩效评价体系中,可按照设定目标、明确关键结果、推进执行和定期回顾四个步骤来进行。

(1)设定目标。这一步骤包括部门目标的设定和员工目标的制订。

(2)明确关键结果。KR 就是为了完成这个目标必须做什么,必须是具备以下特点的行动:①是能直接实现目标的;②具有进取性、创新性;③是以产出或者结果为基础的、可衡量的,需要设定评分标准;④不能太多,一般每个目标的 KR 不超过 4 个;⑤是和时间相联系的。

(3)推进执行。有了关键结果后,就要围绕这个具体的目标来分解任务。

(4)定期回顾。为了保持 OKR 的有效性,定期回顾是一个至关重要的环节。通过定期的 OKR 回顾,组织可以确保团队和个人的工作与整体目标保持一致,并及时调整和优化策略以适应变化。同时,这也是一个促进团队合作、持续学习和创新的重要过程。

任务三　薪酬福利管理

一、薪酬福利管理概述

（一）薪酬的定义

薪酬在本质上就是组织为获取员工的劳动而提供的一种回报或报酬。薪酬的一种广义定义是：员工因为雇佣关系的存在而从雇主那里获得的各种形式的经济收入及有形服务和福利。这种薪酬概念包括薪资（直接经济报酬）和福利（间接经济报酬）。[①] 而狭义的薪酬概念则不包括福利，薪酬与福利两部分之和称为总薪酬或薪酬包，薪酬还被称为直接薪酬，而福利则被称为间接薪酬。

在本项目中，我们采用广义的薪酬定义，即薪酬不仅包括直接的货币性薪酬，也包括福利。

（二）薪酬的构成

薪酬体系是企业整体人力资源管理体系之重要组成部分，薪酬一般由基本薪酬、可变薪酬、间接薪酬（包括福利）三部分构成。

1. 基本薪酬

基本薪酬是指一个组织根据员工所承担或完成的工作本身或者员工所具备的完成工作的技能或能力而向员工支付的相对稳定的经济性报酬，是员工收入的主要部分，也是计算其他薪酬性收入的基础。

基本薪酬具有高刚性和高差异性，对员工来说至关重要。它不仅为员工提供了基本的生活保障和稳定的收入来源，而且还是可变薪酬确定的一个主要依据。其变动主要取决于总体生活费用的变化或通货膨胀的程度，其他雇主支付给同类劳动者的基本薪酬的变化，员工本人所拥有的知识、经验、技能的变化以及由此而导致的员工绩效的变化等因素。

2. 可变薪酬

可变薪酬是员工在基本薪酬之外能够得到的货币收入，它通常是浮动的，与员工的工作绩效息息相关。可变薪酬也被称为浮动薪酬、绩效薪酬、绩效奖励或奖金，是薪酬体系中与绩效直接挂钩的经济性报酬。

通常情况下，可以将可变薪酬划分为短期和长期两种。短期可变薪酬或短期奖金一般都是建立在非常具体的绩效目标基础之上的，而长期可变薪酬或长期奖金的目的则在于鼓励员工努力实现跨年度或多年度的绩效目标。

3. 间接薪酬

间接薪酬，也被称为福利薪酬，是指员工作为企业成员所享有的、企业为员工将来的退休生活及一些可能发生的不测事件（如疾病、事故）等所提供的经济保障。其费用部分或全部由企业承担，并且往往不以货币形式直接支付，而多以实物或服务的形式支付。

间接薪酬与基本薪酬和可变薪酬存在一个明显的不同，即福利与服务不是以员工向企业供给的工作时间来计算薪酬的组成部分。它通常与员工个人的工作绩效不直接挂钩或根本无关，企业福利薪酬计划的直接目标不是提高员工个人的工作绩效，而是希望以此为手段达到吸引、保留和凝聚员工，从而提高企业整体和长期绩效水平的目的。

---

① ［美］加里·德斯勒. 人力资源管理（第 14 版）［M］. 刘昕，译. 北京：中国人民大学出版社，2017：388.

间接薪酬（福利薪酬）中有一部分是具有政府强制性的法定福利，如失业保险、社会保险等；另外一部分是自愿性的非固定福利，可由企业自行设置福利项目以作为对法定福利的补充，如各种员工服务以及企业补充养老保险、医疗保险之类的福利项目。这些福利项目包括但不限于带薪非工作时间（年假、病假等）、员工个人及家庭服务（如儿童看护、家庭理财咨询、工作期间的餐饮服务等）、健康及医疗保健、人寿保险、养老金等。

间接薪酬具有多样性、长期性、难以量化和灵活性等特点，是企业吸引和留住优秀人才的一种重要手段，也是提高员工福利待遇和满意度的重要途径。它可以满足员工的多样化需求，提高员工的福利待遇，从而提高员工的满意度和忠诚度。

知识链接

总报酬体系

总报酬体系是一种企业或组织用来激励和奖励员工的工资管理方式。它基于员工的工作表现和贡献，结合一系列因素来确定员工的薪酬水平。总报酬体系不仅仅考虑员工的基本工资，还考虑其他形式的奖励和福利，如绩效奖金、股票期权、福利计划等。

关于总报酬体系这一概念的定义及其组成部分有很多说法，但最具代表性的是原美国薪酬协会（American Compensation Association, ACA）提出的总报酬模型。2000年，该协会提出了自己的第一个正式的总报酬模型，其中包括薪酬、福利和工作体验三大部分内容，而工作体验又包括认可与赏识、工作与生活的平衡、组织文化、发展机会及环境五个方面的要素。为推广总报酬的概念，同年该协会将自己的组织机构名称改为美国总报酬协会（WorldatWork，又称 Total Rewards Association）。2005年，在经过一次大规模调查后，美国总报酬协会提出了一个范围更广的、作为组织经营战略组成部分的新的总报酬体系模型，该模型包括薪酬、福利、工作和生活平衡、绩效管理和认可、开发与职业发展机会五大内容。2015年，美国总报酬协会对总报酬体系模型进行了进一步修订，将其内容划分为薪酬、福利、工作生活有效平衡、认可、绩效管理及人才发展六大要素；此后，又在2019年对总报酬体系模型做了第三次修订，其最新版本如图6-4所示。

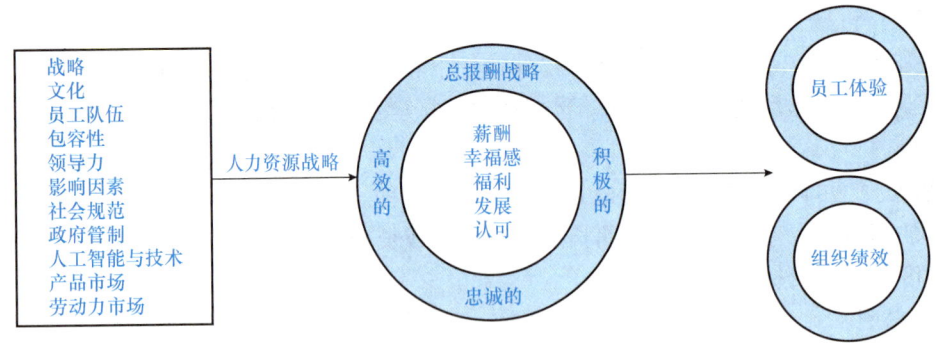

图 6-4 美国总报酬协会的总报酬体系模型（2019 年）

构建总报酬体系的目标是吸引和留住优秀的人才，激励员工提高工作效率和生产力，以及促进员工的发展和职业晋升。通过综合考虑这些因素，总报酬体系能够更好地满足员工的需求，提高员工的满意度和忠诚度，从而提高企业的竞争力和绩效。

二、职位薪酬体系设计

薪酬体系设计是薪酬管理中的一个重要环节，它涉及组织内部不同职位或不同技能员工薪酬水平的排列形式。薪酬体系设计的目标是建立一个合理、公平、激励性的薪酬体系，以支持企业的战略目标和员工的发展需求。

（一）职位薪酬体系设计的基本流程

（1）了解一个组织的基本组织结构和职位在组织中的具体位置；

（2）收集与特定职位的性质有关的各种信息，即进行职位分析工作；

（3）整理通过职位分析得到的各种信息，按照一定的格式把重要的信息描述出来并加以确认，编写包括职位职责、任职资格条件等信息在内的职位说明书；

（4）对典型职位的价值进行评价，即完成职位评价工作；

（5）根据职位的相对价值高低进行排序，即建立职位等级结构，这也就形成了薪资的等级结构。

（二）职位评价

1. 职位评价的概念及其基本步骤

所谓职位评价，是指系统地确定职位之间的相对价值，从而为组织建立一个职位结构的过程。它是以工作内容、技能要求、对组织的贡献、组织文化及外部市场等为综合依据的。不仅如此，职位评价实际上还是一种有力的沟通和管理工具，它实际上告诉员工：组织的治理结构是怎样的，承担不同工作的员工对于组织的成功所扮演的角色有何不同。职位评价过程本身只是要达到对职位的相对价值进行排序的目的，这种排序是一种相对的判断，而不是绝对的或者科学的，即使是采用量化的职位评价方法得到的结果也仍然是相对的。

在具体的职位评价环节，可以按以下步骤来进行：

第一，挑选典型职位。在组织中，可能存在大量的职位，对所有职位进行逐一评价既耗时又耗资。通过挑选典型职位，可以对这些职位进行深入分析并设定评价标准，然后将其他职位与典型职位进行比较，从而大大提高评价的效率。此外，典型职位通常代表了企业内不同职能、不同层级和不同复杂程度的职位。通过对这些职位进行评价，可以确保评价标准和方法的全面性和准确性，从而保证整体职位评价的质量。再有，典型职位的选择通常基于职位的重要性、代表性以及对企业战略目标的贡献等因素。这些职位的评价结果可以为企业的薪酬管理、晋升管理、招聘管理等提供有力的依据，有助于企业更好地进行人力资源管理。

第二，确定职位评价方法。组织必须决定采取哪种评价方法对本组织的职位进行评价，是选择单一的职位评价方法还是多种评价方法相结合。每一种评价方法都有优点和不足，组织要根据实际情况来选择符合自己需要的评价方法。此外，职位评价方法有两种类型：一种是通用性的，即可以在任何组织中使用的职位评价方法；另一种是根据本组织的实际特点自行设计的职位评价方法。这两种职位评价方法各有利弊。

第三，建立职位评价委员会。根据国外的经验，职位评价委员会有5~10人即可，这些人最好是能够站在整个组织的高度来理解被评价职位的人。在国内操作时，通常都会建立一个规模较大的评价委员会，其目的主要是使评价结果能够被广大员工认可，同时，这也有助于减少职位评价中的个人误差因素。潜在的缺点是，有些人可能无法理解某些职位对于组织的真正价值，而且操作成本较高。

第四，对职位评价人员进行培训。在进行职位评价之前，必须让这些评价人员了解职位评价的目的以及评价中可能会出现的误差。此外，还应在正式评价之前对一些职位进行模拟试评和练习，避免大家对于评价工具的某些内容产生误解或产生重大分歧，提高评价的一致性程度。

第五，对职位进行评价。首先，评价委员会根据事先确定的职位评价方法对典型职位进行评价，然后根据其他职位与典型职位的关系确定职位等级，最后根据总的职位评价结果建立职位等级表，确定每一个职位的相对重要性等级或相对价值顺序。

第六，与员工交流，建立申诉机制。职位评价的结果对每一位员工都很重要。在整个职位的分析和评价过程中，组织应该正式和员工进行交流，确保员工理解和接受职位评价的过程和结果。另外，组织还应该建立申诉机制和程序，以便职位评价结果能够得到员工的认可和支持。

2．职位评价的四种主要方法

（1）排序法。排序法是最简单、直接的评价方法。评价者根据对职位的整体印象，将职位从高到低或从低到高进行排序。这种方法通常适用于规模较小、职位数量不多的企业。排序法的主要优点是简单易行，评价过程快速；缺点是主观性强，结果可能受评价者个人偏见影响。排序法又可以划分成三种类型：直接排序法、交替排序法以及配对比较排序法。直接排序法是指简单地根据职位的价值大小，按照从高到低或从低到高的顺序对职位进行总体排序。交替排序法是指首先从待评价的职位中找出价值最高的一个职位，再找出价值最低的一个职位，接着从剩余的职位中找出价值最高的职位和价值最低的职位，如此反复，直到所有的职位都被排列在一起为止。配对比较法是另外一种排序法，它首先将每一个需要评价的职位轮番与其他所有职位比较一遍，然后根据职位在所有比较中的最终得分来确定职位的价值等级。

（2）分类法。分类法是将职位按照预设的类别或等级进行划分，每个类别或等级代表一定的职位价值范围。分类法需要预先定义好每个类别的描述和范围，然后将职位归入最符合其描述的类别中。这种方法适用于职位数量较多、类别清晰的企业。分类法的主要优点是操作简单、易于解释；缺点是等级描述可能过于宽泛或狭窄，导致部分职位难以准确归类。分类法的例子如表6-5所示。

表6-5 分类法示例

工作等级	各工作等级中的工作类型	等级分类定义举例
10级	首席执行官	1级：办公室的一般支持性职位。一般情况下，办公室的一般支持性职位向一线主管人员或者部门管理人员汇报工作。这些职位通过完成以下任务为其他职位提供综合性支持服务：操作办公室中的常规设备（如传真机、复印机、装订机等）；文件存档以及邮件的归类和传递。这些职位通常要遵守标准的办事程序，同时处理日常事务。一些非常规性的事件以及问题往往交给主管人员或者相关人员来处理。要求从事这些工作的人具备基本的办公设备知识，并且了解一般性的办事程序。这些工作人员包括邮件处理职员以及传真操作员
9级	副总裁	
8级	高级经理	
7级	中层经理	
6级	专业3级	
5级	专业2级	
5级	主管级职位	
4级	专业1级	
4级	技术3级	
4级	职员/行政事务3级	
3级	技术2级	
3级	职员2级	
2级	技术1级	
2级	职员1级	
1级	办公室的一般支持性职位	

（3）要素计点法。要素计点法是一种量化的评价方法，它首先确定影响职位价值的各种要素（如技能、责任、工作条件等），然后为每个要素设定一定的分值或权重。在评价过程中，评价者根据职位在每个要素上的表现，给予相应的分值，最后将所有要素的分值加总，得出职位的总价值。这种方法适用于需要精确衡量职位价值的企业。要素计点法的主要优点是客观、准确；缺点是操作复杂，需要投入较多的时间和资源。表6-6是一个要素计点法的示例。

表6-6 要素计点法职位评价示例

报酬要素	权重	第一级	第二级	第三级	第四级	第五级
独立性与决策力	15%	15	30	45	60	75
经验与技能要求	15%	15	30	40	60	75
工作条件	12%	12	24	36	48	60
工作危险性	12%	12	24	36	40	60
对设备及工作流程的责任	10%	10	20	30	40	50
对材料或产品的责任	10%	10	20	30	40	50
对他人的安全责任	5%	5	10	15	20	25
对他人工作的责任	5%	5	10	15	20	25
精神或视觉要求	8%	8	16	24	32	40
体力要求	8%	8	16	24	32	40

（4）因素比较法。因素比较法是一种基于关键职位的评价方法。它首先确定一系列关键职位，并赋予它们相应的价值。然后，将其他职位与这些关键职位进行比较，确定它们在各个因素（如责任、技能、工作条件等）上的相似性和差异性。最后，根据比较结果，为其他职位赋予相应的价值。这种方法适用于关键职位明确、易于识别的企业。因素比较法的主要优点是准确度高，能够反映职位之间的相对价值差异；缺点是操作复杂，需要投入较多的时间和资源。

（三）薪酬调查

薪酬调查是指一个组织通过收集信息来判断其他组织所支付的薪酬状况的系统过程。它主要是通过一系列标准、规范和专业的方法，对市场上各职位进行分类、汇总和统计分析，形成能够客观反映市场薪酬现状的调查报告，为企业提供薪酬设计方面的决策依据及参考。

薪酬调查的方法有多种，包括机构发布薪酬调查报告，委托专业机构进行薪酬调查、参考招聘广告、行业报告、职位描述和招聘网站等信息来源，以及设计和分发薪酬调研问卷等。

进行薪酬调查时需要注意以下事项：

（1）确保薪酬调查数据的真实性、准确性和可比性。

（2）关注调查数据背后的成因。

（3）对薪酬调查数据分类统计，减少"平均化"的影响。

（四）薪酬水平

薪酬水平是指组织之间的薪酬关系，即组织相对于竞争对手的薪酬水平高低。它反映了企业薪酬相对于当地市场薪酬行情和竞争对手薪酬绝对值的高低。薪酬水平的高低直接影响到企业在劳动力市场上获取劳动力能力的强弱，进而影响企业的竞争力。

薪酬水平的高低受以下多种因素的影响：

（1）企业规模和财务状况。

（2）行业性质。

（3）员工技能和工作经验

（4）地域因素。

（5）用人需求和竞争。

组织的薪酬水平决策可以有三种：

（1）薪酬领先策略。实行这种薪酬策略的组织往往支付比市场平均水平高很多的薪酬。较高薪酬水平可能带来很多收益，但对组织往往都有很大的管理压力，因为如果不能通过管理实现较高水平的利润，那么高薪就会成为组织的负担。

（2）市场追随策略。这是一种最为通用的薪酬策略，它实际上就是一种根据市场平均水平确定本单位薪酬定位的做法。采取这种薪酬策略的组织的风险可能是最小的，它能够吸引到足够数量的员工为其工作，只不过在吸引那些非常优秀的求职者方面没有什么优势。

（3）拖后策略。利润水平较低甚至亏损导致没有能力为员工提供高水平的薪酬，是一些企业实施这种薪酬策略的主要原因。这种薪酬策略对于吸引高质量员工来说是非常不利的，往往导致员工的流失率比较高。

（五）薪酬结构

薪酬结构是对同一组织内部的不同职位之间的基本薪酬水平所做的安排。它所要强调的是职位等级的数量、不同职位等级之间的基本薪酬差距及确定这种差距的标准。一个完整的薪酬结构的模型如图6-5所示。

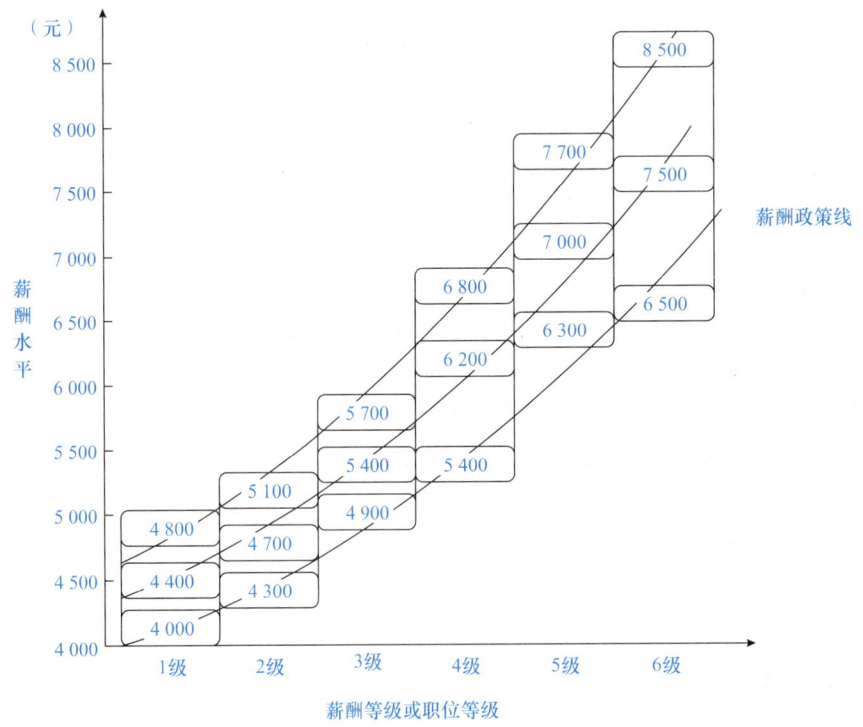

图 6-5　薪酬结构模型

从图6-5中可以看出，完整的薪酬结构包括这样几项内容：一是基本薪酬的等级数量；二是同一薪酬等级内部的基本薪酬变动范围（最高值、中间值及最低值）；三是相邻两个基本薪酬等级之间的交叉与重叠关系。

1. 基本薪酬变动范围

基本薪酬变动范围也被称为薪酬区间或薪酬变动范围，实际上是指在某一薪酬等级内部允许薪酬变动的最大幅度。它描述了从最低薪酬水平到最高薪酬水平之间的绝对差距。

薪酬变动范围的大小通常取决于以下因素：

（1）总体生活费用的变化或通货膨胀的程度：这会影响到员工的生活成本和企业的薪酬支出。

（2）其他雇主支付给同类劳动者的基本薪酬的变化：企业需要关注市场薪酬水平，以保持其薪酬的竞争力。

（3）员工本人所拥有的知识、经验、技能的变化以及由此而导致的员工绩效的变化：员工的能力提升和绩效改进通常会导致薪酬的增加。

（4）企业所处的行业、地区及企业所在产品市场的竞争程度：这些因素都会影响到企业的经济状况和对员工薪酬的支付能力。

2. 同一组织相邻两个基本薪酬等级之间的交叉与重叠

同一组织相邻两个基本薪酬等级之间的交叉与重叠是薪酬结构设计中的一个重要考虑因素。这种交叉与重叠指的是两个相邻薪酬等级在薪酬范围上存在一定的重叠部分，即低一级别的最高薪酬水平可能会高于或等于高一级别的最低薪酬水平。

设置相邻薪酬等级间的交叉与重叠有以下几个目的和考量：

（1）激励员工。交叉与重叠为员工提供了薪酬增长的空间和动力。即使员工在当前薪酬等级内达到最高水平，他们仍然有机会通过提升能力、改善绩效或获得新的职责来获得更高的薪酬，而无需等待晋升到下一个薪酬等级。这有助于激励员工持续努力，提升个人和团队的绩效。

（2）灵活应对市场变化。随着市场薪酬水平的变化，企业可能需要调整薪酬结构以保持竞争力。通过设置交叉与重叠，企业可以更加灵活地调整薪酬水平，以适应市场变化，而无须对整个薪酬结构进行大规模调整。

（3）平衡内部公平性。交叉与重叠有助于平衡内部公平性。在某些情况下，同一组织内不同职位之间的价值差异可能并不明显，或者某些职位需要更多的专业技能和经验。通过设置交叉与重叠，企业可以确保这些职位的薪酬水平相对合理，避免因为薪酬差异过大而引起员工的不满和离职。

三、绩效薪酬

（一）绩效薪酬的概念

绩效薪酬也称为奖励性薪酬，是指员工的薪酬随着个人、团队或者组织绩效的某些衡量指标变化而变化的一种薪酬设计。它将员工的薪酬与绩效表现和贡献程度相挂钩，旨在激励和奖励优秀员工，同时对表现不佳的员工进行惩罚或调整薪酬。

（二）绩效薪酬的种类

对于绩效薪酬，可以从两个维度对其进行分类。从时间维度来看，分为短期绩效薪酬和长期绩效薪酬；从激励对象维度来看，分为个人绩效薪酬和群体绩效薪酬。

1. 短期绩效薪酬

（1）绩效加薪。绩效加薪是一种基于员工绩效评估结果的薪酬增长方式。在这种薪酬体系中，员工的薪酬增长与其在特定期间的工作表现直接相关。绩效加薪的目的是通过奖励那些表现出色、对企业有重大贡献的员工，来激励他们继续保持高水平的工作表现，同时也鼓励其他员工提升自己的工作绩效。绩效加薪的幅度主要取决于组织的支付能力。从绩效加薪的时间安排来看，常见的绩效加薪是年度加薪，即在年度绩效评价结束时，组织根据员工的绩效评价结果及事先确定的绩效加薪规则，决定员工在下一年可以得到的基本薪酬。简单的绩效加薪规则如表6-7所示。

表 6-7　简单绩效加薪规则

项目	大大超出期望水平	超出期望水平	达到期望水平	低于期望水平	大大低于期望水平
绩效考评等级	S	A	B	C	D
绩效加薪幅度	8%	5%	3%	1%	0

（2）一次性奖金。一次性奖金从广义上讲属于绩效加薪的范畴，但却不是在基本薪酬基础上的累积性增加，而是一种一次性支付的绩效加薪。一次性奖金不仅可以有效解决薪酬水平已经处于薪酬区间最高点的员工的薪酬激励问题，而且有助于避免组织固定薪酬成本的增加。但需要引起注意的是，对于员工来说，如果组织总是以一次性奖金替代基本薪酬的增加，则有可能导致其产生不公平感或不稳定感。因此，绩效加薪和一次性奖金要配合使用。

（3）特殊绩效认可计划。特殊绩效认可计划是一种现金或非现金的绩效认可计划，旨在奖励那些远远超出工作要求、表现特别努力、实现了优秀业绩或做出重大贡献的员工。这种计划通常采取小额一次性奖励的形式，用于庆祝目标的实现、强化绩效突出者、强化已经表现出来的理想行为，并认可员工的服务和需要。

2．长期绩效薪酬

长期绩效薪酬作为一种绩效衡量周期超过一年的薪酬形式，旨在激发员工在较长时间内维持卓越的工作状态，并为企业长远发展贡献力量。其"长期"的定义通常基于组织的战略目标，这些目标往往需要 3～5 年的时间方能达成。长期绩效薪酬不仅强调长期规划与决策，还培育了一种企业所有者的意识，对于吸引、留住和激励高绩效员工至关重要，为企业的长期资本积累奠定坚实基础。在新兴的风险型高科技企业中，其作用尤为显著。

当前，大多数长期绩效薪酬以经济目标为导向，但更多计划开始关注其他绩效要素，如客户满意度和质量提升。除了股票计划外，其他经济奖励也被广泛运用。那些参与长期项目或风险计划的员工，有时还能享受到类似短期团队奖励的长期绩效薪酬，形式包括现金或股权奖励。

3．个人绩效薪酬

（1）直接计件工资计划。这是一种运用最为广泛的奖励计划，薪酬直接根据产出数量而发生变化。这种工资制度下，工人的工资是根据他们的实际工作量来计算的，即每完成一个产品或者一项工作任务，工人就能获得相应的工资报酬。直接计件工资计划通常适用于生产导向型的工作环境，例如制造业、装配线、工厂等。

（2）标准工时计划。标准工时计划是指首先确定正常技术水平的工人完成某种工作任务所需要的时间，然后再确定完成这种工作任务的标准工资率。即使一个人因技术熟练以少于标准时间的时间完成了工作，也获得标准工资率。

（3）差额计件工资计划。差额计件工资计划的主要内容是使用两种不同的计件工资率。一种适用于那些产量低于或等于预定标准的员工；另一种则适用于产量高于预定标准的员工。在实施这种计划时，首先要确定单位时间内的标准工作量。单位时间内低于标准工作量的员工，获得较低的工资率；而单位时间内高于标准工作量的员工，则获得较高的工资率。这种薪酬体系有利于刺激员工提高生产率。

4．群体绩效薪酬

（1）利润分享计划。利润分享计划是指员工根据其工作绩效而获得一部分公司利润的组织整体激励计划。这是由企业建立并提供资金支持，让其员工或受益者参与利润分配的计划。它根据对某种组织绩效指标的衡量结果来向员工支付报酬，是一种绩效奖励模式。

（2）收益分享计划。收益分享计划是一种激励计划，旨在促使组织内部的全体员工共同努力，通过节约成本、改进质量或提高生产率等途径达成更高的组织目标，然后员工和组织之间共同分享所得收益。这种计划通常以现金奖励的方式分配，员工的参与程度是决定该计划能否成功的关键因素。收益分享计划也被称为生产率奖励、小组奖励和业绩奖励，它的核心思想是通过把雇员个人的目标和企业目标连接起来，鼓励员工共同努力以实现生产率目标。这种计划不同于利润分享计划，后者以组织的整体利润为分享对象，而收益分享计划则更加关注生产率的提升，包括提高既定时间的产量、减少单位产品的生产时间，或节约完成全部工作的总体时间等。

（3）成功分享计划。成功分享计划，也称为目标分享计划，是一种群体绩效奖励计划。它运用平衡计分卡方法为某个经营单位制定目标，然后对超越目标的情况进行衡量，并根据衡量结果为经营单位提供绩效奖励。

四、员工福利

（一）员工福利的概念和种类

员工福利作为企业人力资源薪酬管理体系的重要组成部分，是组织以多样化形式回馈员工的重要途径。员工福利的显著特征体现在两方面：首先，相较于基本薪酬的货币与即时支付形式，福利更倾向于实物或延期支付，为员工提供了更为丰富的报酬选择；其次，福利在成本结构上呈现出固定成本的特性，无论是以实物还是延期支付形式，其发放通常与员工的具体工作时间无直接关联，这一点与作为可变成本的基本薪酬形成了鲜明对比。正是这些独有的特征，使得员工福利在总报酬体系中占据不可或缺的地位，对企业的薪酬系统起到了关键性的补充和促进作用。

员工福利的种类繁多，根据不同的划分标准，我们可以将其分为多种类型。以下是一些常见的员工福利种类：

1. 法定福利

法定福利可以划分为法定社会保险、法定假期以及住房公积金三类。

（1）法定社会保险。包括基本养老保险、基本医疗保险、失业保险、工伤保险和生育保险，是政府通过立法要求企业必须提供的。

1）基本养老保险，亦称国家基本养老保险，是国家根据法律、法规的规定，强制建立和实施的一种社会保险制度。在这一制度下，用人单位和劳动者必须依法缴纳养老保险费，在劳动者达到国家规定的退休年龄或因其他原因而退出劳动岗位后，社会保险经办机构依法向其支付养老金等，从而保障其基本生活。我国当前基本养老保险采取"统账结合"的管理模式，要求参保单位和个人分别缴纳工资总额的20%和8%的比例，分别参加社会统筹调剂和存入职工个人账户中。缴费满15年并达到退休年龄者可以领取养老金，计发办法采取"新人新制度、老人老办法、中人（新规定实施后退休的参保人员）逐步过渡"的方式。

2）基本医疗保险。医疗社会保险是指由国家立法，通过强制性社会保险原则和方法筹集医疗资金，保证人们平等地获得适当的医疗服务的一种制度。1993年，党的十四届三中全会明确指出，要建立社会统筹和个人账户相结合的新型职工医疗保险制度。1998年颁布的《国务院关于建立城镇职工基本医疗保险制度的决定》规定，城镇所有用人单位都要参加基本医疗保险。基本医疗保险费由用人单位和职工共同缴纳。用人单位缴费率应控制在职工工资总额的6%左右，其中的30%进入个人账户；职工缴费率一般为本人工资收入的2%。

3）失业保险。失业保险是指国家通过立法强制实行的，由用人单位、职工个人缴费及国家财政补贴等渠道筹集资金建立失业保险基金，对因失业而暂时中断生活来源的劳动者提供物质帮助以保障其基本生活，并通过专业训练、职业介绍等手段为其再就业创造条件的制度。失业保险是社会保障体系的重要组成部分，是社会保险的主要项目之一。我国于 1999 年 1 月 22 日颁布的《失业保险条例》第六条规定：城镇企业事业单位按照本单位工资总额的 2% 缴纳失业保险费；城镇企业事业单位职工按照本人工资的 1% 缴纳失业保险费。失业保险基金由下列各项构成：城镇企业事业单位、城镇企业事业单位职工缴纳的失业保险费；财政补贴；失业保险基金的利息；依法纳入失业保险基金的其他资金。

4）工伤保险。工伤保险是一种社会保险制度，旨在为劳动者在工作中或在规定的特殊情况下，因遭受意外伤害或患职业病导致暂时或永久丧失劳动能力以及死亡时，提供物质帮助。工伤保险的认定遵循"补偿不究过失"原则，即无论工伤事故的责任归于用人单位还是职工个人或第三者，劳动者或其遗属都可以享受工伤保险待遇。《工伤保险条例》第十条规定，用人单位应当按时缴纳工伤保险费。职工个人不缴纳工伤保险费。用人单位缴纳工伤保险费的数额为本单位职工工资总额乘以单位缴费率之积。对难以按照工资总额缴纳工伤保险费的行业，其缴纳工伤保险费的具体方式，由国务院社会保险行政部门规定。

5）生育保险。生育保险作为一种关键的社会保险制度，旨在通过国家立法为生育子女的妇女劳动者在劳动暂时中断期间提供全方位的保障，包括医疗服务、生育津贴以及产假。此制度旨在通过国家与社会的共同努力，为妇女劳动者提供必要的经济补偿和医疗保健，帮助她们尽快恢复劳动能力，重返工作岗位。早在 1994 年 12 月 14 日，国家劳动部就发布了《企业职工生育保险试行办法》，为生育保险制度确立了基本原则。该办法明确提出采用社会统筹模式来支付生育费用，即组织需按工资总额的一定比例向社会保险经办机构缴纳生育保险费，以此建立生育保险基金。生育保险费的缴纳比例由当地人民政府根据实际情况确定，但上限为工资总额的 1%，且全部由组织承担，职工个人无须缴纳。生育保险基金将全面覆盖女职工生育期间的检查费、接生费、手术费、住院费和医疗费。对于超出规定范围的医疗服务费和药费，则由职工个人自行承担。此外，女职工在产假期间享受由生育保险基金支付的津贴，其金额按照本组织上年度职工月平均工资计发。为进一步提升经办效率，降低管理运行成本，并强化基金的互济能力，2019 年，国务院办公厅发布了《关于全面推进生育保险和职工基本医疗保险合并实施的意见》。该意见推动了生育保险与医疗保险的合并实施，并在 2019 年底前开始执行。至 2024 年，这两项保险的合并工作已全面完成。

（2）法定假期。

1）公休假日。公休假日是劳动者工作满一个工作周之后的休息时间。国家实行劳动者每日工作时间不超过 8 小时、平均每周工作时间不超过 44 小时的工时制度。《中华人民共和国劳动法》（以下简称《劳动法》）第三十八条规定，用人单位应当保证劳动者每周至少休息一日。

2）法定休假日。法定休假日即法定节日休假。根据国务院于 2007 年 12 月 14 日发布的《国务院关于修改〈全国年节及纪念日放假办法〉的决定》，我国全体公民放假的节日包括：新年、春节、清明节、劳动节、端午节、中秋节、国庆节。《劳动法》规定，法定休假日安排劳动者工作的，支付不低于工资的 300% 的工资报酬。除《劳动法》规定的节假日，企业可以根据实际情况，在和员工协商的基础上，决定放假与否以及加班工资。

3）带薪年休假。我国《劳动法》第四十五条规定，国家实行带薪休假制度。我国从 2008 年 1 月 1 日起施行的《职工带薪年休假条例》明确规定，职工连续工作 1 年以上的，享受带薪年休假。其中，累计工作已满 1 年不满 10 年的，年休假 5 天；已满 10 年不满 20 年的，年休假 10 天；已满 20 年的，年休假 15 天。国家法定休假日、休息日不计入年休假的假期。实施年休假的目的在于使员工可以暂时离开繁重的工作，获得身心的双重休息，也有利于员工提高工作绩效。

4）其他假期。在我国，员工还可以享受探亲假、婚丧假、产假与配偶生育假等。探亲假的享受对象是组织中那些与直接亲属不在同一个区域的员工，具体规定各地区有所不同。达到法定结婚年龄的员工可以享受婚假，晚婚者可以多享受一定的假期。符合生育政策的女职工可以享受产假，男职工可以享受配偶生育假以照顾分娩的妻子。

（3）住房公积金。为强化住房公积金管理，确保公积金所有者的合法权益，推动城镇住房建设并提升居民居住品质，国务院于1999年4月颁布了《住房公积金管理条例》，随后在2019年3月进行了必要的修订。住房公积金，作为一种长期住房储金，由单位及其在职员工共同缴存，包括员工个人缴存部分和单位为员工缴存部分，均归员工个人所有。为规范运作，我国设立了专门的机构对住房公积金进行管理，确保资金专款专用。在《住房公积金管理条例》中，虽然明确了缴存比例的范围，但并未设定具体的比例。根据条例第十八条，职工和单位的住房公积金缴存比例均不得低于职工上一年度月平均工资的5%。对于条件较好的城市或单位，可以视情况适当提高缴存比例。随着时间的推移，相关政策也进行了调整。2005年的文件进一步明确了缴存比例的范围为5%~12%，并允许有条件的地区和单位根据实际情况进行上调。到了2016年，文件将住房公积金的缴存比例统一确定为5%~12%，且不得超出这一范围，确保了政策的稳定性和一致性。

2. 补充保险

（1）企业年金。企业年金是一种补充性养老金制度，指企业及其职工在依法参加基本养老保险的基础上，自主建立的补充养老保险制度。它是对国家基本养老保险的重要补充，是我国正在完善的城镇职工养老保险体系的"第二支柱"。

（2）团体人寿保险。团体人寿保险是以团体为对象，以团体的所有成员或者大部分成员为被保险人的一种人寿保险。它是以团体中的成员为被保险人，以团体成员的死亡为保险金给付条件的保险种类。

（3）商业健康保险。商业健康保险，简称商业健保，是以被保险人的身体为保险标的，保证被保险人在疾病或意外事故所致伤害时的直接费用或间接损失获得补偿的保险。它涵盖了多种保险类型，包括医疗意外保险、疾病保险、医疗保险、收入保障保险和长期看护保险等。

3. 员工服务

（1）员工援助计划。员工援助计划（Employee Assistance Program，EAP）是由组织（企业或政府部门等单位）向所有员工及其家属提供的一项免费的、专业的、系统的咨询服务计划。它旨在发现并帮助团队成员应对可能阻碍他们在工作中发挥最佳水平的个人挑战，从而改善员工的工作生活质量，提高组织的工作绩效和促进员工的个人成长。

（2）咨询服务。组织可以向员工提供广泛的咨询服务。咨询服务包括财务咨询（例如，怎样克服债务问题）、家庭咨询（包括婚姻问题等）、职业生涯咨询（分析个人能力倾向并选择相应职业）、重新谋职咨询（帮助被解雇者寻找新工作）以及退休咨询等。在条件允许的情况下，组织还可以向员工提供法律咨询。

（3）教育援助计划。教育援助计划是针对那些想接受继续教育或完成教育的员工实施的一种很普遍的福利计划。教育援助计划分为内部援助计划和外部援助计划两种。内部援助计划主要是指组织内部的培训。外部援助计划主要指的是学费报销计划。学费的报销可以采取全额报销或部分报销的方式，也可以采取每年给予固定金额的补助等不同的方式。

（4）儿童看护帮助。儿童看护帮助是一种针对有年幼子女的员工的特殊福利，旨在帮助员工解决因工作而无法照顾子女的问题。这种福利通常包括提供儿童看护服务，如托儿所、幼儿园或临时看护服务等，以便员工在工作时间能够安心工作。

（5）老人护理服务。老人护理服务是一种针对有老年亲属需要照顾的员工的特殊福利，旨在帮助员工解决因工作而无法充分照顾老人的问题。这种福利通常包括提供老人护理服务，如家庭护理、养老院入住安排、医疗协助等，以确保员工在工作的同时，他们的老人亲属也能得到适当的照顾和关怀。

（6）饮食服务。饮食服务是企业为员工提供的一种特殊福利，旨在改善员工的饮食条件，提高员工的工作满意度和幸福感。这种服务通常包括提供工作餐、补贴午餐费用、提供健康餐饮选择等多种形式。

（二）员工福利的功能

员工福利在企业管理中发挥着至关重要的作用，不仅能够吸引和留住优秀人才，提高员工的士气和满意度，还能够降低员工辞职率，激发员工的工作动力，增强企业的凝聚力和向心力，提高企业经济效益。

（1）吸引和留住优秀员工。良好的福利是吸引和留住人才的重要手段。在竞争激烈的职场环境中，企业提供的福利往往成为求职者考虑的重要因素之一。福利的完善程度不仅体现了企业对员工的关怀和重视，也反映了企业的经济实力和发展前景，从而有助于吸引更多优秀的员工加入并长期留任。

（2）提高员工的士气和满意度。良好的福利能够提高员工的归属感和忠诚度，使他们更加珍惜自己的工作机会，更加积极地投入工作中去。员工在享受到企业提供的各种福利时，会感受到企业对自己的认可和尊重，从而产生更高的工作热情和满意度。

（3）降低员工辞职率。员工辞职率的高低直接影响到企业的稳定性和发展。良好的福利可以降低员工的辞职率，减少因员工离职而带来的招聘、培训和管理等成本。同时，福利的稳定性和可持续性也能够让员工更加安心地工作，减少他们的后顾之忧。

（4）激发员工的工作动力。良好的福利能够激发员工的工作动力，使他们更加愿意为企业的发展贡献自己的力量。员工在享受到企业提供的各种福利时，会感受到自己的工作成果得到了认可和回报，从而更加努力地工作，为企业创造更多的价值。

（5）增强企业的凝聚力和向心力。福利作为企业文化的重要组成部分，能够增强企业的凝聚力和向心力。良好的福利能够让员工感受到企业是一个大家庭，员工之间、员工与企业之间都能够形成紧密的联系和互动，共同为企业的发展而努力。

（6）提高企业经济效益。良好的福利不仅能够提高员工的士气和满意度，还能够降低企业的招聘、培训和管理等成本，从而提高企业的经济效益。员工在享受到企业提供的各种福利时，会更加珍惜自己的工作机会，更加积极地投入工作中去，为企业创造更多的价值。

（三）员工福利管理存在的问题及其发展趋势

1. 员工福利管理存在的问题

（1）福利不平等与透明度不足。
（2）福利成本控制不当。
（3）福利项目缺乏个性化和灵活性。
（4）缺乏长期规划和持续改进。

2. 员工福利管理的发展趋势

（1）公平性和透明度提升。随着员工对福利政策公平性和透明度的要求越来越高，企业将更加重视福利政策的制定和执行过程，确保福利政策的公平性和透明度。

（2）成本控制与效益最大化。企业将更加关注福利成本的控制和效益的最大化，通过合理的福利规划和设计，降低福利成本，提高福利效益。

（3）个性化和灵活性增强。企业将更加关注员工的个性化需求，提供多样化的福利项目，并根据员工的实际情况调整福利政策，以满足员工的实际需求。

（4）长期规划与持续改进。企业将更加注重福利政策的长期规划和持续改进，将福利政策与企业发展战略相结合，确保福利政策与企业的长期发展目标相匹配。

（5）科技化与智能化。随着科技的不断发展，企业将利用科技手段提高福利管理的效率和准确性。例如，通过在线平台或移动应用程序，员工可以方便地查看和管理自己的福利信息，提高福利管理的便捷性和智能化水平。

知识链接

弹性福利计划

弹性福利计划被誉为"自助餐式的福利革新"，是一种前沿的福利管理策略。它允许企业在控制福利成本的前提下，以积分形式为员工提供总体福利投入，并呈现一份包含多元福利项目的清单。员工据此能根据个人需求和偏好，自由挑选适合自己的福利项目。

这一计划的核心优势在于，它能在有限的成本内，让员工获得真正心仪的福利，从而极大地提升了福利的实用性和性价比。它不仅调和了企业成本管理与员工满意度之间的矛盾，更满足了员工对福利多样化和个性化的追求。

实施弹性福利计划的方式多种多样，如：附加型计划在现有福利基础上增加选择，提升福利层次；核心加选择型计划则分为"核心福利"和"弹性选择福利"，前者为全员基本保障，后者赋予员工选择权；弹性支用账户则让员工从税前收入中预支一定金额，用于购买企业提供的福利。

尽管弹性福利计划具备诸多优点，但其操作中也面临一些挑战。员工需求的多样性和选择自由度的增加，导致企业需要管理的福利种类激增，这无疑增加了统计、核算和管理的复杂度，提高了管理成本。此外，存在"逆向选择"的风险，员工可能为了最大化福利金额而忽略实际需求。同时，员工的选择也可能存在非理性因素，如过于追求眼前利益或考虑不周，导致提前耗尽额度，进而影响后续福利的获取。

任务四　数字化薪酬福利管理

在数字化浪潮的推动下，薪酬福利优化管理已跃升为企业管理的重要一环。为实现这一目标，我们需充分利用数字化工具和平台，通过数据驱动决策，确保薪酬福利策略的科学性和精准性。个性化福利计划能够贴合员工的多样化需求，提升员工满意度；而自动化薪酬管理则大大提高了工作效率，减少了人为错误。

透明化的薪酬信息不仅增强了员工对薪酬福利制度的信任感，也为企业营造了公平、公正的工作氛围。同时，薪酬福利管理还需具备高度的灵活性和适应性，以应对市场变化和企业发展的需求。

绩效与薪酬的紧密挂钩，能够激励员工更加积极地投入工作，追求更好的业绩。此外，我们还应关注员工的福利与健康管理，确保员工在为企业创造价值的同时，也能享受到全面的健康保障。

在数字时代下，员工体验导向、大数据导向和云端导向的薪酬福利管理成为新型激励模式的探索方向。这些模式以员工为中心，利用大数据和云计算技术，为企业提供更为全面、深入的员工信息和数据支持，助力企业制定更为精准、有效的薪酬福利策略。

值得一提的是，近年来商业界兴起的基于游戏的激励模式，为数字化环境下的薪酬福利优化管理提供了新的思路和方法。通过引入游戏化的元素和机制，我们可以激发员工的参与热情，提升员工的归属感和忠诚度，进而推动企业的持续发展。

一、员工体验导向的薪酬福利管理

员工体验导向的薪酬福利管理作为一种前沿的管理理念，核心在于将员工的需求和感受置于管理决策的中心，通过精心设计的薪酬福利制度，切实提升员工的工作满意度和忠诚度。在数字时代，这种理念成为激励模式的重要特征，它强调在满足性、多样性和个性化方面的提升，确保员工多样化、个性化的需求得到全面满足。

这种员工体验导向的激励模式通过全方位、覆盖生活各方面的弹性福利计划，为员工提供更加贴心、灵活的福利选择。同时，它注重激励过程的透明化、数据化和可视化，利用互联网和大数据技术，实现激励流程的自动化和高效化。无论是积分发放与消费、忠诚度的动态变化，还是福利产品的采购与交易，都能以数据形式记录并以直观的报表展示给管理者和员工。

从员工的角度来看，这种数据化的管理方式提高了公平感和归属感，使他们能够清晰地看到自己的努力和成果得到了应有的回报。对于管理者而言，这种方式不仅降低了运营成本，还显著提升了激励效果，促进了企业整体绩效的提升。

从体验型激励的维度来看，员工体验导向的激励模式更加强调参与感、即时感和游戏感。通过让员工更多地参与到激励过程中来，使其能够更直接地感受到企业的关心和支持；即时反馈则让员工能够及时了解到自己的表现，从而调整工作状态；而游戏化的激励方式则让工作变得更加有趣和富有挑战性，进一步激发了员工的工作热情和创造力。

案例启示

微认可（VRec）由厚通益和精心研发，是一款全面革新的积分管理方案，它不仅结合了移动互联网、云服务与大数据的先进技术，更是一款专为解决企业"人才吸引、激励、保留"难题而设计的员工激励神器。

微认可的核心在于其独特的"五重积分体系"，这一体系巧妙地将员工的日常行为、卓越贡献以及与组织价值观、企业文化相契合的活动行为，以可视化、动态化的积分形式展现。通过这种方式，员工能够直观地了解到企业所倡导的行为标准，并清晰地看到哪些同事因何而受到认可与嘉奖。这种机制极大地激发了员工的工作热情与创造力，促使他们更加积极地投入工作，为企业的发展贡献自己的力量。

微认可不仅助力企业即时表彰优秀员工、认可积极行为，还支持企业文化的落地生根，塑造出更为开放、无边界的组织氛围。同时，它还能帮助企业发掘和培养具有高潜力的员工，为企业的长远发展储备人才。

二、大数据导向的薪酬福利管理

大数据导向的薪酬福利管理是指利用大数据技术和分析工具来优化薪酬福利策略，以满足员工需求、提升员工满意度和促进企业绩效。

1. 大数据对企业激励机制的影响

大数据导向是数字化激励的核心驱动力，通过运用大数据技术，我们能够更精准地提供满足员工个性化需求的激励物品，优化整个激励流程，从而显著提升员工的激励体验。在这一模式下，数据的量化展现具有双重优势：首先，它能够实时追踪员工对福利产品的选择变化，深入洞察员工的真实需求，进而优化福利组合和激励政策；其次，这种数据驱动的透明化过程不仅增强了管理者在激励策略上的运营效率与掌控力，也增强了员工对于激励过程的公平感知。这两方面的提升共同作用于员工的激励体验，使其得到显著增强。

（1）在员工的需求激励上，传统的企业人力资源管理部门大多是相对静态地看问题，然而不同层次、不同工作性质和岗位的员工，其需求是不同的，把握员工的动态需求是进行有效激励的关键。

（2）在优化员工绩效考核激励方面，绩效不仅是激励员工的基石，而且数据化的人力资源绩效管理对于现代企业管理者来说至关重要。传统上，企业依赖结构化数据如员工人口统计数据、教育资历、绩效排名、人才流动和培训完成情况等进行单一分析。然而，在大数据技术的赋能下，企业能够全面整合这些数据，并深入探索非结构化数据中的员工特质与工作绩效之间的关联。通过大数据分析，企业不仅能提升预测分析和战略预判的能力，还能根据员工的具体情况和需求，量身定制绩效提升计划，从而实现企业与员工的共同发展、互利共赢。此外，大数据技术的应用使得员工的所有工作行为、态度和结果都能被详细记录和分析，实现了绩效考核的全面量化和精细化。这种全面量化的考核方法能够公正、客观、准确地评价员工对企业所做出的贡献，确保激励措施更加精准有效。这不仅有助于提高员工的工作满意度和忠诚度，还有助于企业营造更加健康、积极的工作环境，实现可持续发展。

（3）在员工薪酬激励的优化上，传统模式主要基于岗位、绩效、能力及市场条件来设定薪酬，其中岗位和绩效为量化因素，而能力则较难量化评估。然而，在大数据的驱动下，企业可以实现对员工能力的全方位深入挖掘与分析。具体来说，大数据不仅能帮助企业评估员工的显性能力，如高效完成任务、创新工作思路等，还能深入探索员工的隐性能力，如参加技能培训、学历提升等所展现的潜力和成长动力。通过对这些数据的综合分析和挖掘，企业可以形成一套更为全面、科学的薪酬管理参考依据。在市场分析方面，借助自主的大数据处理机制和条件，企业能够摆脱对外部咨询公司的依赖，进行更加灵活、精准的市场调研和薪酬策略制定。这样，企业不仅能够实现薪酬制度的科学化和规范化管理，还能确保薪酬策略与市场动态保持高度同步，进一步提升薪酬激励的有效性和竞争力。

（4）此外，融合大数据与互联网技术，企业能够洞悉更广泛的市场薪酬动态。通过引入"智慧算薪"策略，企业能够依据自身发展阶段，量身打造既符合实际运营水平又具备市场竞争力的薪酬体系。为了在预算范围内实现大数据的转型升级，企业可采用高效的信息处理方法，对当前薪酬环境和制度进行全面评估，进而精准调整，以最低成本达到最优管理效果。

2. 基于大数据的薪酬管理创新

（1）建立薪酬管理基础数据平台。在数据信息蓬勃发展的时代，企业在革新薪酬管理方式时，应深度依托海量、精准的数据信息作为支撑。为此，企业可以积极引入前沿的信息技术，如云计算、AI技术和区块链技术，这些技术能够高效整合企业内外的数据信息。利用先进的数据处理技术，企业可以对海量信息进行筛选、精准分类、智能计算和可靠储存，从而构建出坚实的数据基础，以支持薪酬管理的科学决策。基于这一科学的数据信息平台，管理者能够制定出更为精准、个性化的薪酬管理制度。这些制度不仅注重公平性，更强调激励效果，确保员工付出与回报相匹配。通过这样的薪酬管理方式，企业不仅能提升员工的满意度和忠诚度，还能使整个薪酬管理过程更加高效、便捷，为企业的持续发展注入强劲动力。

（2）构建公平完善的薪酬管理体系。利用大数据的应用方式，企业可以在内部搭建起供员工使用的社交平台，通过平台所反馈出来的数据信息，更加清晰明确地了解员工的工作状态、日常喜好以及工作诉求等内容，为企业构建合理公平的薪酬结构提供有效的科学依据。基于大数据，企业可以了解员工真实的诉求与需要，真正为员工提供需要的福利，让员工从中感受到企业的人性化管理，更积极主动地投入工作中，并创造出更大的价值。

（3）规范人力资源薪酬管理机制。在大数据的帮助下，人工智能可以根据数据信息为管理人员提供多样的管理备选方案，让公司的管理者从宏观的角度去考量现阶段的薪酬管理是否适应公司长远的发展需求。管理者可以在此基础上选择最为合适的决策管理机制，借此来提高公司管理决策的有效性，让信息化为企业管理保驾护航。此外，企业也可以通过分析海量事实数据，归纳、评价和分析不同岗位的职责，避免在计算员工工作量时，因为工作人员的主观随意性而出现差错或者不公平的现象。人工智能和云计算等技术有助于企业以实时监控和智能预测的方式预测公司未来发展实力，并有效控制薪酬成本，既让员工在企业里有足够的发展空间和动力，又确保企业以稳定的状态持续发展。

案例启示

某大型互联网公司面临薪酬福利管理上的挑战。随着公司业务的快速发展，员工数量迅速增加，薪酬福利管理变得日益复杂。传统的薪酬福利管理方式已经无法满足公司的需求，存在数据分散、处理效率低下、决策缺乏数据支持等问题。

为了解决这些问题，该公司决定引入大数据导向的薪酬福利管理解决方案。他们首先建立了一个统一的薪酬福利数据库，将分散在各个部门的数据进行集中存储和管理。然后，他们利用大数据技术对数据进行深度分析和挖掘，以获取有价值的洞察。

在数据分析的基础上，该公司进行了以下几个方面的优化：

1. 薪酬调整决策。

通过分析市场薪酬数据和员工绩效数据，公司能够更准确地制定薪酬调整策略。他们发现某些岗位的薪酬水平低于市场平均水平，导致员工流失率较高。因此，公司决定对这些岗位的薪酬进行调整，以吸引和留住优秀人才。

2. 福利个性化。

公司利用大数据技术分析员工的个人喜好和需求，为不同员工提供个性化的福利方案。例如，对于年轻员工，他们提供了更多的培训和发展机会；对于家庭有小孩的员工，他们提供了子女教育支持等福利。

3. 优化激励机制。

通过大数据技术分析员工的行为和绩效数据，公司能够发现那些对绩效有显著影响的因素，并据此优化激励机制。他们设计了一套基于数据和算法的激励系统，能够更准确地识别高绩效员工并给予相应的奖励。

4. 提高管理效率。

大数据技术的应用使得薪酬福利管理过程更加自动化和智能化。公司能够实时跟踪和分析薪酬福利数据，及时发现潜在问题并进行调整。同时，他们还能够通过数据可视化工具向管理层展示薪酬福利管理的情况和效果。

该公司实施大数据导向的薪酬福利管理解决方案取得了显著的成效，员工满意度得到了大幅提升，流失率明显降低。同时，公司的绩效也得到了改善，业务继续保持快速增长。

三、云端导向的薪酬福利管理

云端导向的薪酬福利管理指的是利用云计算技术和云服务来实现薪酬福利管理的数字化、自动化和集中化。云端导向的薪酬福利管理具有以下关键特点：

（1）数据集中化。通过云端服务，薪酬福利数据可以集中存储和管理，方便企业随时访问、更新和分析数据。这种集中化的数据管理有助于确保数据的一致性和准确性，提高管理效率。

（2）自动化处理。云端导向的薪酬福利管理系统可以自动化处理许多日常任务，如薪资计算、福利分配、税务处理等。这可以大大减少人工操作，降低错误率，并节省时间和成本。

（3）灵活性。云端服务通常具有高度的灵活性，可以根据企业的需求进行定制和调整。企业可以根据自身情况选择适合的薪酬福利管理模块和功能，以满足不同的管理需求。

（4）实时更新。云端服务可以实时更新薪酬福利政策和规定，确保企业始终遵守相关法律法规。此外，云端导向的薪酬福利管理系统还可以及时反馈员工薪酬和福利情况，帮助企业更好地了解员工需求和满意度。

（5）安全性。云端服务通常具有严格的安全措施，如数据加密、访问控制、备份恢复等。这可以确保薪酬福利数据的安全性，避免数据泄露和损失。

以下是一些具体的云端导向的薪酬福利管理措施：

（1）使用云端薪酬管理系统。企业可以选择使用云端薪酬管理系统来自动化处理薪资计算、福利分配等任务。这些系统通常具有友好的用户界面和强大的功能，可以大大提高管理效率。

（2）云端福利计划管理。企业可以在云端平台上制定和管理福利计划，包括补充养老、医疗、住房、寿险、意外险、财产险等。员工可以在云端平台上查看和选择适合自己的福利计划，方便快捷。

（3）云端税务处理。企业可以利用云端服务进行税务处理，包括申报、缴纳、查询等。这可以确保企业遵守税法规定，避免税务风险。

（4）云端数据分析。企业可以利用云端服务对薪酬福利数据进行深入分析，了解员工薪酬和福利水平、满意度等情况。这有助于企业制定更加合理的薪酬福利政策，提高员工满意度和忠诚度。

四、基于游戏的激励模式

游戏化激励管理的核心理念是驱动员工"享受工作，如同游戏"，进而在工作上投入更高的热情与努力，同时体验成长与满足。在薪酬福利管理的创新实践中，游戏化激励模式独树一帜，它巧妙地将游戏元素和机制融入薪酬福利设计，有效点燃员工的工作热情，提升参与度，并促进个人与组织的协同发展。

鉴于网络游戏在现代社会中的广泛接受度，众多游戏术语已成为员工间沟通的共鸣点。因此，将游戏机制融入管理实践中，不仅能够为员工创造一种积极向上的工作环境，更能激发他们的积极性和团队精神，从而在工作中释放出巨大的生产力。因此，深入探究游戏中的激励机制，并将其智慧地应用到人力资源的激励与管理中，已成为现代企业管理的重要趋势。

（一）游戏化激励的实施流程

1. 工作任务设计

游戏之所以能够激发玩家极高的参与热情，关键在于其内容和任务设计上的趣味性。设计师通过运用丰富的视觉和听觉体验，以及多元化的游戏元素，为玩家呈现了一系列极具多样性的游戏任务。这种多样性使得玩家在游戏的每个阶段都能保持新鲜感，减少枯燥感。同时，游戏中的任务难度设置得当，通常是由易到难逐渐递增，让玩家在初始阶段就能获得成就感和满足感，然后随着游戏的深入，不断挑战自我，提升能力。

借鉴游戏的这种特性，企业在设计工作任务时，也应追求激励性与趣味性的平衡。首先，工作任务的难度应当与员工的实际能力相匹配，管理者在设定任务目标时，应略高于员工的当前能力，以确保员工在完成任务时既能够顺利达成，又能感受到成就与满足。同时，这些任务应具有一定的挑战性和价值，促使员工投入更多努力，实现个人与企业的共同成长。

微软通过游戏化的方式激励员工发现系统漏洞就是一个成功的案例。在新系统上线前，寻找潜在的漏洞是一项既重要又枯燥的工作。然而，微软将其转化为了一款"找碴"游戏，并融入荣誉奖励和排行榜等游戏元素，极大地激发了员工的参与热情。这一举措不仅提高了工作效率，也增强了员工的团队精神和创新能力。因此，企业在设计工作任务时，也可以尝试引入游戏化的元素，让工作变得更加有趣和富有挑战性。

2．工作过程管理

游戏之所以具有强大的激励作用，除了游戏任务本身的吸引力外，其背后的机制同样功不可没。这些机制，如玩家排行榜的竞争刺激、累积得分带来的成就感、清晰可见的升级进度条等，都在无形中推动着玩家持续参与。同样地，在企业管理中，员工执行工作任务的过程也需要管理者精心设计和支持。

组织和管理者应当充分认识到，在员工工作过程中提供必要的知识、资源和信息支持至关重要。首先，员工在执行任务时，应当能够通过有效途径获得来自企业、领导和同事的及时支持。这种支持不仅能够解决工作中的实际难题，还能增强员工的归属感和协作精神。

其次，管理者应重视并改善员工工作中的反馈机制。及时的反馈能让员工清楚了解当前的工作进度和成效，为接下来的工作指明方向或提供调整策略。这种直接的反馈有助于员工更好地规划自己的工作，提高工作效率。

最后，企业应充分利用现代信息技术和自动化技术来优化工作流程，降低工作复杂性。通过对工作流程进行简化和梳理，减少员工在非相关工作上的投入，使他们能够更加专注于自身的核心任务。这不仅能够提升员工的工作效率，还能为企业创造更大的价值。

3．工作奖励提供

在企业环境中，工作奖励对员工具有直接的激励效果。特别是在当前中国经济社会背景下，物质性奖励对员工而言具有不可忽视的激励作用。与此相对，电子游戏所提供的奖励虽多为精神层面或虚拟形式，却同样能深深吸引玩家，这凸显了游戏设计者在奖励机制上的巧妙构思。

企业在设计工作奖励时，应同时注重奖励的价值性和灵活性。在价值性方面，企业应确保奖励不仅具备普适的绝对价值，还需关注每位员工的个性化需求。随着员工需求的日益个性化，单一的奖励形式难以满足所有员工的期望。因此，企业需提供多样化的奖励选择，如奖金、带薪假期、旅游、培训机会和定制礼品等，以满足员工群体的不同需求。

在灵活性方面，企业可以借鉴电子游戏中的奖励机制，使工作奖励更加灵活多变。例如，在员工完成工作任务的不同阶段，企业可以给予阶段性奖励，而非等到任务全部完成后再统一发放。此外，企业还可以引入随机奖励机制，特别是在处理一些简单、重复性的工作时，让员工在努力工作的同时感受到一定的趣味性和惊喜。

进一步地，企业可以鼓励员工之间奖励的交换与分享，这不仅有助于实现内部资源的互通有无，还能促进员工间的交流与合作，满足员工对不同类型奖励的差异化需求。通过这种灵活多样的奖励方式，企业能够更有效地激发员工的工作动力，提升整体绩效。

（二）游戏化激励的实施要点

1．引入即时反馈机制

网络游戏软件具备强大的玩家行为统计功能，能够实时、精准地向玩家反馈他们的进展和成就。企业若将这一游戏机制融入管理中，将极大增强绩效反馈对员工行为的积极影响。这种机制不仅有助于员工及时把握行为修正的时机，还能有效激发他们内心的满足感和成就感，从而显著提升员工完成任务的效能和效率。

为了实现这一目标，企业需要巧妙地将复杂的工作任务拆解成一系列小目标，并将它们设计成一款大型游戏中的多个小游戏环节。以呼叫中心为例，企业可以将电话销售工作分解为接通电话、收集顾客信息、推进升级销售等多个阶段。每当员工成功完成一个阶段，游戏系统就会为员工的虚拟角色增加相应的属性点，以此作为对他们努力的认可。通话结束后，游戏系统还会为员工生成一份详尽的分析报告，包括语音、语调、措辞等方面的评价，帮助他们深入了解自己在与顾客沟通中的优势和不足。此外，员工还能在游戏界面中实时查看自己的呼叫量排名、通话时长、销售额等数据，并了解这些数据对团队整体绩效的贡献。通过这种方式，员工能够清晰地认识到自己的进步情况，了解团队内部的竞争态势，以及哪些同事值得学习或鼓励。

这种基于游戏机制的管理方式，不仅增强了管理的趣味性和互动性，还极大地提升了员工的参与感和自我驱动力，有助于企业营造更加高效、积极的工作环境。

2. *深化游戏声誉的内在激励*

网络游戏声誉系统的显著优势在于其透明性和客观性。玩家所获得的积分、等级、排名和勋章等成就，均不受主观因素干扰，完全基于他们的实际表现。这些成绩被详细记录在个人档案中，可供社群成员查阅，为玩家在社群中树立起坚实的声望。在多人游戏环境中，玩家能够通过声誉系统迅速评估其他玩家的能力和实力，从而构建出默契十足的团队，高效推选领导，并携手实现更高的目标。这一过程不仅增强了游戏的社交性，更为玩家带来了强烈的满足感和成就感。

然而，在将游戏声誉系统应用于企业管理时，企业需要审慎处理其与现实奖励体系之间的关系。直接将员工在游戏中的声誉与高额奖金或职衔晋升挂钩，可能加剧组织内部的竞争，导致员工行为偏离初心，过度追求物质利益，进而背离激励的初衷。

为了深化游戏声誉对员工的内在激励作用，企业可以为员工在游戏中的虚拟角色创建个人资料页面，并鼓励成员间的分享。管理者可以通过发送赞赏邮件、颁发内部证书等方式，对员工在游戏中的表现给予肯定和鼓励。若企业同时运行多个游戏化管理项目，应确保声誉系统的一致性和统一性，以便员工能够清晰理解各种勋章、等级和排名的价值。此外，企业还应将游戏中的声誉系统与挑战性任务相结合，让获得一定声誉的员工有机会选择更具挑战性、回报更丰厚的工作，从而持续激发他们的工作热情和创新能力。

华为非物质激励系统规划

华为董事任正非先生曾说："我们增加人文关怀，要强调责任结果导向为前提，坚持这点不动摇。你的工作绩效很好，为什么不可以在工作时间喝杯咖啡呢？为什么不可以去健身器上活动下筋骨呢？但冬天洗煤，虽然很辛苦，也不能评劳动模范，因为这个劳动不创造价值。"

企业员工激励不仅包括物质层面，更涵盖非物质层面。非物质激励，指的是精神层面的鼓舞，如企业文化、工作环境、职业发展等，这些都对员工的工作态度和成果产生深远影响。随着生活品质的提升，员工的需求日趋多元化，简单的物质激励已不足以满足他们，非物质激励的重要性日益凸显。

非物质激励手段繁多且灵活，如何科学整合并有效利用，成为企业人力资源管理的关键。华为作为中国的科技巨头，早在20世纪90年代就洞察到这一点，投入巨资构建了先进的人力资源管理体系。

华为的物质激励策略为其吸引了大量顶尖人才，但其非物质激励同样出色。任正非作为华为的创始人,坚信非物质激励的核心理念应是激励大多数人追求卓越,让每个人都有机会展现自己并为之奋斗。

他提倡建立荣誉累积制度,让员工获得的每一个荣誉都能在未来带来实质性的好处,这样不仅使荣誉具有真正的价值,还能长久地激发员工的积极性。同时,任正非也强调,企业要能够听取批评,避免自我陶醉。

华为的成功,不仅在于其物质激励,更在于其独特的非物质激励策略。全员持股制度让员工成为公司的真正主人,从而更加投入地工作。随着公司的发展,华为不断调整其激励策略,确保每一位员工都能分享到公司的成长红利。

在当今社会,物质激励固然重要,但非物质激励亦不可忽视。企业需深知,员工除了物质追求,更有精神层面的需求。有效的非物质激励能更好地留住人才,并激发他们的最大潜力。

对于未来的人力资源管理者,应珍视企业提供的培训和学习机会,不断提升专业技能和综合素养,并努力培养创新精神。这不仅能增加获得非物质激励的机会,还有助于实现个人职业目标,树立正确的职业观和金钱观。

非物质激励虽难以量化,但对个人职业成长和心理健康至关重要。应高度重视企业提供的如培训、职业发展等非物质资源,这些都将深远影响我们的职业生涯,同时也有助于我们树立社会责任感和担当精神。

要树立正确的金钱观念,不断提升自主创新能力,以积极的人生态度,去适应不断变化的环境,努力追求个人与企业的共同进步,为社会的繁荣贡献自己的一份力量。

课后练习

绩效与薪酬福利管理实践作业

练习目的:

通过本次实践作业,使学生能够综合运用所学的绩效与薪酬福利管理理论知识,结合具体企业案例,分析和设计一套科学、合理的绩效与薪酬福利管理制度。旨在提升学生的理论应用能力和实际操作技能。

作业要求:

智汇科技有限公司,注册资金5 000万元人民币,是一家中型规模的科技企业,专注于人工智能技术的研发与应用。公司位于中国的科技创新中心——北京,具体坐落于中关村科技园区,这里汇聚了大量的高科技企业和研发机构,为智汇科技提供了得天独厚的创新环境和资源。

公司自成立以来,经过几年的快速发展,目前拥有员工200余人。其中,技术研发团队占据了公司人员的一半以上,他们都是来自国内外知名高校的精英,拥有丰富的研发经验和深厚的技术功底。销售团队、市场团队以及客户服务团队也均配备了行业内经验丰富的人才,共同推动公司业务的不断拓展。

在经营状况方面,智汇科技凭借其领先的技术和优质的产品,已经成功打入了多个行业市场，包括智能制造、智慧城市、医疗健康等领域。公司与多家大型企业建立了稳定的合作关系，为其提供定制化的人工智能解决方案。近年来，公司的营业收入和净利润均保持了稳定的增长态势，市场占有率也在逐步提升。

智汇科技不仅注重技术研发，还非常重视企业文化的建设和员工的培养。公司提倡创新、协作、责任、分享的核心价值观，致力于为员工创造一个充满活力、富有创造力的工作环境。同时，公司也投入大量资源用于员工的培训和发展，确保团队的专业能力和行业竞争力。

请结合智汇科技有限公司的情况，为其设计一套绩效与薪酬福利管理制度。你的设计需要考虑以下几个方面：

1. 绩效管理：

如何设定具体的绩效指标？

选择何种绩效评估方法？

如何确保绩效评估的公正性和客观性？

绩效反馈如何进行，以确保员工能够明确自己的工作表现及改进方向？

2. 薪酬福利管理：

薪酬结构应如何设计，以激励员工并提高工作满意度？

除了基本薪资外，还应考虑哪些福利待遇？

如何将薪酬与绩效挂钩，以体现"多劳多得"的原则？

设计何种长期激励措施，以留住关键人才并促进企业的长期发展？

作业提交要求：

提交一份详细的绩效与薪酬福利管理制度设计方案，包括但不限于上述要求的内容。

方案应具有创新性和实用性，能够结合所选企业的实际情况进行设计。

方案应条理清晰，逻辑严密，语言流畅。

提交格式为 Word 或 PDF 文档，文件名命名为"姓名+企业名称+绩效与薪酬福利管理制度设计方案.docx/.pdf"。

提交截止日期为××××年××月××日，逾期将酌情扣分。

评分标准：

绩效管理制度设计的合理性和完整性：40 分。

薪酬福利制度设计的激励性和公平性：40 分。

方案的创新性和实用性：10 分。

文档的格式、逻辑和语言表达：10 分。

请同学们认真对待本次课堂作业，将所学理论知识与实际应用相结合，设计出既科学合理又具有创新性的绩效与薪酬福利管理制度方案。

CHAPTER 7

项目七
数字化赋能的劳动关系管理

学习目标

- 了解劳动关系的含义、劳动合同的类型与内容；
- 理解劳动合同数字化管理的操作、规范以及必要性；
- 了解人力资源管理日常事务管理的内容；
- 理解日常事务数字化管理如何实施及其意义；
- 了解劳动争议的类型、如何处理劳动争议及其原则；
- 理解如何处理劳动争议以及如何加强对员工的沟通管理。

思政目标

- 培养正直的契约精神；
- 秉承"共享、共担、共赢"的价值理念；
- 培养法治意识、和谐意识，成长为有时代担当和社会责任感的管理人才。

案例导入

孟尝君与他的门客

孟尝君，本名田文，是战国时期齐国的贵族，也是著名的"战国四公子"之一。他是由靖郭君的小妾所生，一开始并不被靖郭君所喜欢，但后来因其展现出的聪慧和才能，逐渐受到重视，并主持家政，接待宾客。靖郭君死后，田文便继承了他的封地薛邑，并因其独特的门客管理方式而名扬天下。

孟尝君的门客众多，达到了数千人。这些门客来自各个国家，有的是学士、策士、方士、术士，也有的是因为犯罪而寻求庇护的人。孟尝君对他们一视同仁，不论能力大小都愿意收留，并且以礼相待。他专门让下人躲起来记录门客们的言论，如果门客言论中吐露出什么需求，孟尝君就会派人暗地里去解决。比如，当门客觉得饭菜不好吃时，孟尝君甚至愿意把自己的饭菜拿给人家吃。这种对门客的尊重和关心，使孟尝君获得了"好客养士""乐善好施"的名号。

在孟尝君的领导下，这些门客各展所长，共同为齐国的繁荣稳定贡献力量。例如，在孟尝君被秦国囚禁时，他的门客们通过智谋和勇气，成功地帮助他脱离了险境。此外，孟尝君的门客中还有一位名叫公孙弘的人，他原本是中山国的大臣，因受到排挤而离开中山国，后来加入了孟尝君的门下，成为其得力助手。孟尝君的管理方式取得了显著的效果。他的门客们忠诚于他，为他出谋划策，共同为齐国的繁荣稳定贡献力量。孟尝君也因此成了战国时期著名的政治家和军事家，为齐国的发展做出了重要贡献。

虽然古代没有明确的"劳动关系管理"概念，但孟尝君与他的门客之间的关系实质上就是一种劳动关系。孟尝君通过尊重与礼遇、提供发展机会和建立信任与默契等方式，成功维系了这种劳动关系的长期稳定发展。这种关系使得孟尝君能够在战国时期取得显著的成就，也为后世留下了宝贵的文化遗产。

知识框架

任务一　劳动合同数字化管理的规范与操作

在信息化与数字化的浪潮下，传统人力资源管理模式正经历深刻变革。劳动合同作为劳动关系管理的基石，对其进行数字化管理势在必行。数字化赋能劳动关系管理，旨在通过现代技术手段提升管理效率，优化劳动关系运作，推动企业与员工的共赢发展。

党的二十大报告明确指出，健全中华人民共和国劳动法律法规、完善劳动关系协商协调机制及劳动者权益保障制度，是构建和谐劳动关系的核心任务。而2024年两会则强调数字经济创新发展的重要性，推动数字技术与实体经济深度融合，为中小企业数字化赋能，并支持平台企业发挥更大作用。

在此背景下，数字化劳动合同管理成为关键。它不仅能够提高管理效率，还有助于构建和谐的劳动关系。通过运用大数据、人工智能等技术，我们能够更好地保障劳动者权益，促进企业的可持续发展。展望未来，数字化劳动合同管理将在推动劳动关系和谐稳定中发挥重要作用。

一、劳动关系管理

对于我国企业而言，劳动关系管理的核心依据是《中华人民共和国劳动法》。该法明确规定了劳动者与用人单位的权益与责任，涵盖了劳动合同、工作时间、劳动保护、集体合同以及劳动争议处理等方面，为企业构建和谐劳动关系提供了坚实的法律基础。

（一）劳动关系概念

劳动关系是指依照国家劳动法律法规，劳动者与用人单位在实现劳动过程中建立的社会经济关系。从广义上讲，劳动者与用人单位之间因从事劳动而结成的社会关系都属于劳动关系。从狭义上讲，双方当事人是被一定的劳动法律所规定和确认的权利和义务联系在一起的，劳动者必须加入某一用人单位，并参加单位的劳动，遵守单位的劳动规则；而用人单位须按照劳动者的劳动数量或质量支付报酬，提供工作条件，并不断改进劳动者的物质文化生活。

19世纪英国产业革命后，劳动关系由主仆关系转变为雇主与雇工的契约关系，这标志着社会基础的深刻变革。随着全球化与经济发展，各国政府在劳动关系中扮演多重角色。在我国，随着市场经济的成熟和现代企业制度的建立，劳动关系发生了显著变化，利益主体明确化、形式多样化、契约化等特点日益突出。这些变化对企业劳动关系管理提出了严峻挑战，要求企业不仅要适应市场变化，还要确保劳动者权益，促进劳资和谐，共同推动社会经济的稳定与发展。

（二）劳动关系主体的权利与义务

1. 劳动者的权利与义务

（1）劳动者的权利。《中华人民共和国劳动法》明确规定了劳动者的多项权利，主要包括以下几点：

1）平等就业和选择职业的权利。劳动者有权根据自己的意愿和才能选择适合自己的职业，并有权在就业机会上获得平等的待遇。

2）取得劳动报酬的权利。劳动者付出劳动后，有权按照劳动合同的约定和国家规定，及时、足额地获得劳动报酬。

3）休息休假的权利。劳动者有权享受国家和本单位规定的休息日和法定节假日，以及因生产、工作需要而安排的带薪年休假和其他休假。

4）获得劳动安全卫生保护的权利。劳动者有权在劳动过程中获得必要的劳动安全卫生条件和防护用品，以保障自己的生命安全和身体健康。

5）接受职业技能培训的权利。劳动者有权接受职业技能培训，提高自己的职业技能和就业能力。

6）享受社会保险和福利的权利。劳动者有权享受国家和本单位规定的社会保险和福利待遇，如养老保险、医疗保险、失业保险、工伤保险和生育保险等。

7）提请劳动争议处理的权利。劳动者与用人单位发生劳动争议时，有权依法向劳动争议调解委员会申请调解，或者向劳动争议仲裁委员会申请仲裁，甚至向法院提起诉讼。

8）依法参加和组织工会的权利。劳动者有权依法参加和组织工会，工会代表和维护劳动者的合法权益，依法独立自主地开展活动。

9）参与民主管理的权利。劳动者有权依照法律规定，通过职工大会、职工代表大会或者其他形式参与民主管理，或者就保护劳动者合法权益与用人单位进行平等协商。

这些权利共同构成了劳动者在劳动关系中的基本权益保障，体现了劳动法对劳动者权益的尊重和保护。

（2）劳动者的义务。《中华人民共和国劳动法》明确规定了劳动者的义务，主要包括以下几个方面：

1）完成劳动任务。劳动者有义务按照劳动合同的约定，完成所承担的工作任务，包括要满足数量和质量上的要求。这是劳动者最基本的义务，也是建立劳动关系的核心。

2）提高职业技能。劳动者有义务不断提高自己的职业技能，以适应工作的需要。这包括接受职业培训，学习新技术、新知识等。

3）执行劳动安全卫生规程。劳动者有义务严格遵守和执行劳动安全卫生规程，正确使用劳动防护用品，防止和减少劳动事故和职业危害的发生。

4）遵守劳动纪律。劳动者有义务遵守用人单位的劳动纪律和规章制度，包括工作时间、工作制度、劳动纪律等。这有助于维护良好的工作秩序和劳动纪律。

5）遵守职业道德。劳动者有义务遵守职业道德，包括诚实守信、勤勉尽责、尊重他人、保守秘密等。这有助于树立良好的职业形象和信誉。

这些义务是法律规定的，劳动者必须履行。如果劳动者不履行这些义务，可能会受到法律的制裁，包括解除劳动合同、赔偿损失等。劳动者的权利和义务是相辅相成的，只有在履行义务的基础上，才能更好地享受权利。

2. 企业的权利与义务

《中华人民共和国劳动法》中，对于企业的权利与义务有着明确的规定。

（1）企业的权利。企业的权利主要包括以下方面：

1）用工自主权。企业有权根据自身的经营需要和岗位需求，自主招聘、解雇员工，进行劳动管理。这包括设定工作岗位、制定劳动定额、确定劳动报酬等。

2）试用期约定权。企业可以与劳动者约定试用期，以考察劳动者的工作能力和表现。

3）依法解除劳动合同权。在法律规定的一定情况下，企业可以依法解除与劳动者的劳动合同。

4）依法裁减人员权。在困难时期，企业可以通过法定程序裁减人员。

（2）企业的义务。企业的义务主要有以下方面：

1）遵守法律法规。企业必须遵守国家的法律法规，特别是与劳动相关的法律法规，如劳动法、劳动合同法、社会保险法等。

2）建立和完善规章制度。企业应当依法建立和完善内部的规章制度，保障劳动者享有劳动权利和履行劳动义务。

3）提供劳动条件和保障。企业应当为劳动者提供符合国家规定的劳动条件，包括劳动安全卫生条件、必要的劳动防护用品等，确保劳动者的生命安全和身体健康。

4）支付劳动报酬。企业应当按照劳动合同的约定和国家规定，及时、足额地向劳动者支付劳动报酬。

5）缴纳社会保险费。企业应当按照国家规定为劳动者缴纳社会保险费，包括养老保险、医疗保险、失业保险、工伤保险和生育保险等。

6）保障劳动者休息休假。企业应当保障劳动者享有国家规定的休息休假的权利，不得强迫或变相强迫劳动者加班。

这些权利和义务的设定，旨在维护劳动关系的和谐稳定，保障劳动者和企业的合法权益。

案例启示

看完你还想穿越到古代吗？

近年来，年轻人热衷于幻想穿越到古代，利用现代技能大展宏图。然而，历史学者却为我们揭示了古代生活的真实面貌，远非想象中的那般美好。

在古代，公务员是许多人出人头地的唯一途径，但这并非易事。他们需每日前往朝廷，即便无事，也得随时待命。汉代公务员五日一休，唐代更是十日一休，休息日仅用于沐浴更衣。而且，病假、退休几乎不存在，生病只能短暂休息，痊愈后即刻归岗。退休更是奢望，他们往往要工作到力不从心。加班更是家常便饭，皇帝随时召见，却无人敢言加班补偿。

在《知否知否应是绿肥红瘦》这部影视剧中，明兰的父亲被皇帝留宫一天一夜，这在现代无疑是加班。但在古代，谁又敢向皇帝提及加班费或调休呢？毕竟，失去了公务员的工作，可能就意味着回归田间劳作。

因此，穿越并非如想象中那般轻松。在幻想穿越的同时，我们也应理性看待古代的真实生活。每个时代都有其独特的艰辛和挑战，现在，你是否还对穿越抱有幻想呢？

二、劳动合同管理

企业与员工确立劳动关系的关键在于签署劳动合同。合同管理涵盖签订、变更、续签、解除与终止等环节，以及集体合同和事实劳动关系的管理，这些工作共同确保劳动关系的稳定和双方的权益。

（一）劳动合同的签订过程

按照《中华人民共和国劳动法》及《中华人民共和国劳动合同法》有关规定，用人单位自用工之日起即与劳动者建立劳动关系，建立劳动关系应当签订劳动合同。企业人力资源管理部门劳动关系管理专员（分工较细的人力资源部门还有专门的合同专员）负责完成事务性工作。

1. 确定劳动合同内容

劳动关系管理专员在拟定劳动合同前，需结合企业特色明确合同内容。建议参考当地政府劳动管理部门推荐的劳动合同范本，以确保合同条款既符合法规又适应企业实际情况，保障双方权益。劳动合同内容主要包括法定条款和约定条款：

（1）法定条款。

1）劳动合同期限，具体包括三种：①有固定期限；②无固定期限；③以完成一定工作为期限。

2）工作内容、工种及岗位名称、工作地点及场所。

3）劳动保护和劳动条件。加班加点、工作班制、劳动工作条件、劳动工具、生产工作流程、安全操作规程、安全卫生制度、健康检查、女工及未成年工特殊保护和伤亡事故处理制度。

4）劳动报酬。工资制度、工资给付标准、工资给付时间、给付周期、工资计算办法、奖金津贴获得条件及标准、工资不得低于当地最低工资给付标准。

5）社会保险。劳动者的生育、养老、疾病、死亡、伤残、失业及劳资双方约定的保险费的项目、缴费标准、缴费方式等。

6）劳动纪律。劳动者在劳动过程中必须遵守的规则和纪律，包括遵守国家法律、行政法规及用人单位依法制定的劳动规则。

7）劳动合同终止的条件。包括法定终止条件及双方约定终止条件。

8）违反劳动合同的责任。需承担法律责任及赔偿要求。

（2）约定条款。

1）试用期限。最长不得超过六个月；两年期以下的短期劳动合同，试用期限基本为合同期限的1/12；半年期以下的短期劳动合同，试用期限不超过15天；一年期以下的短期劳动合同，试用期限不超过一个月；试用期包含在劳动合同期限中。

2）培训。双方约定培训条件、培训期间的工资待遇、培训费用的支付方法、服务期限。

3）保密事项。明确规范劳动者保守用人企业的商业机密的责任及范畴。

4）补充保险和福利待遇。补充养老及医疗等保险和适应企业特点的福利待遇。

5）当事人协商约定的其他事项。如住房、公务车或子女教育费补贴等。

2. 草拟劳动合同

在明确合同内容后，劳动关系管理专员着手起草合同。务必确保法定条款完整，同时可通过附件细化合同内容，避免冗长。合同各条款及专项协议需保持一致性，避免自相矛盾。此外，除劳动合同外，还需与劳动者签订服务期限、培训、商业秘密保护、竞业禁止、补充保险、岗位协议等多类专项协议，确保双方权益得到充分保障、合同内容严谨无虞，促进企业与劳动者关系的和谐发展。

3. 签订劳动合同

通过招聘测试后，合格者被企业录用。在签署劳动合同前，劳动关系管理专员需向新员工详细解释合同条款、相关情况和签约要求，并耐心解答其疑问。新员工需全面了解合同内容，并在认同条款后与企业达成共识。一旦双方均在合同上签字盖章，该劳动合同即正式生效。这一流程确保了劳动合同的透明度和双方的权益，为建立和谐的劳动关系奠定了基础。

根据法律规定，签署劳动合同时，企业不得以任何名义向劳动者收取抵押物，企业劳动关系管理专员可以邀请企业工会代表出席劳动合同签字仪式，并将劳动合同签署情况报当地劳动管理部门备案。

案例启示

"没有许诺的终身合同"

丰田公司团队成员手册中写道："终身雇佣是我们的目标——你和公司共同努力以确保丰田成功的结果。我们相信工作保障是激励员工积极工作的关键。"事实上，双方并没有签订什么保证书。团队成员手册中还写道："所有员工同丰田的劳动关系是基于就业自愿原则的。这意味着无论是丰田，还是公司雇员，在任何时候，因为任何理由都可以炒对方的鱿鱼。"有位雇员在接受中国香港记者采访时说："公司是永远不会将我们解雇的。即使在不景气的时候，我们也将被留在这里，和公司一起渡过难关。"这种自信并不是盲目的。丰田公司总裁多次公开表示：在公司困难的时候，公司决不会裁员，而是将劳动力"重新配置"。

"我们将利用这个机会来进一步培训我们的团队成员——我们这样称呼我们的员工。团队成员将利用这个机会来继续提高，而这是他们在繁忙的工作岗位上做不到的。"

渡边次郎是丰田公司的一个部门主管，他已经在这个岗位上工作了20多年。他说："我在这里待这么长时间的主要原因并不是丰厚的奖酬，更为重要的是在这些年的工作时间里，我已经建立了自己的威信，确实不想再到别的公司去从头做起了。我感觉我已经在很多情况下对公司做出了影响并且我也得到了认可。对我来说，这些是比金钱更重要的事情。"

讨论：丰田公司劳动关系管理的特点。

（二）劳动合同的变更

劳动合同的变更指的是因客观情况变化，需要对合同中双方的权利与义务进行调整，包括工作内容、地点、工资福利等方面的变动，以确保合同内容与实际需求相符，维护双方权益。

1. 变更情势的确定

进行劳动合同变更时，企业劳动关系管理专员首先要确认变更的情势。这通常涉及不可抗力或导致劳动合同无法履行的其他情况，如企业迁移、兼并、资产重组等。然而，这种情况并不涵盖用人单位因濒临破产进行法定整顿期间或生产经营严重困难而需裁减人员的情况。专员需对变更事由进行审慎评估，确保劳动合同变更的合法性和合理性。

2. 合同变更的协商

劳动合同变更应遵循合法、自愿、平等原则，由企业人力资源部门统一组织。在双方协商一致后，应书面记录变更内容，并明确变更日期，经双方签字、盖章后生效。变更仅涉及合同部分条款的修改、增加或取消，未变更部分仍具法律效力，双方应继续履行。这一流程确保了劳动合同变更的规范性和有效性，维护了双方的合法权益。

（三）劳动合同的续订

劳动合同的续订，即合同期满双方均有意愿维持劳动关系，经协商后继续签订合同的法律行为。续订时须完成相关手续，确保双方权益得到保障，延续稳定的劳动关系。

1. 征求劳动者意见

企业劳动关系管理专员应在合同到期前一个月，通过问卷了解员工续订意向。对有意向续订的员工，应及时向人力资源经理和部门经理汇报，协商确定是否进行续约谈判，确保合同顺利续订。

2. 续签劳动合同

企业劳动关系管理专员与合同到期员工协商续订事宜时，需审核原合同条款并确定是否继续执行或进行部分变更。员工可能提出调换岗位、增加报酬等要求。双方达成一致后，应签字或盖章确认。合同续订可选择重新签订新合同或填写续签合同单，后者通常附在原合同后，以确保合同续订的透明度和双方权益的保障。

知识链接

续签合同单

编号：_____

经甲乙双方平等协商，决定对____年__月__日签订的编号为_____的劳动合同作如下变更：

劳动合同变更的内容为：

1. _____
2. _____

甲方（签字盖章）   乙方（签字盖章）

法人代表或委托代理人   年   月   日

《中华人民共和国劳动法》第二十条第二款规定："劳动者在同一用人单位连续工作满十年以上，当事人双方同意续延劳动合同的，如果劳动者提出订立无固定期限的劳动合同，应当订立无固定期限的劳动合同。"

（四）劳动合同的解除与终止

1. 解除劳动合同

（1）劳动合同解除情况的确认。企业劳动关系管理专员应密切监控劳动合同履行情况，依据劳动法和公司规章收集解除合同的必要信息，逐级上报并协商决策。确保合同解除的合法性和合理性，维护企业和员工的权益。劳动合同解除的情形包含以下几种：

1）合意解除。经劳动合同当事人协商一致，劳动合同可以解除。

2）提前通知解除。劳动者解除劳动合同，应当提前三十日以书面形式通知用人单位。

3）劳动者随时通知解除。有下列情形之一的，劳动者可以随时通知用人单位解除劳动合同：①在试用期内；②用人单位以暴力、威胁或者非法限制人身自由的手段强迫劳动；③用人单位未按照劳动合同约定支付劳动报酬或者提供劳动条件。

4）用人单位"无过失性解除"。有下列情形之一的，用人单位可以解除劳动合同，但是应当提前三十日以书面形式通知劳动者本人：①劳动者患病或者非因工负伤，医疗期满后，不能从事原工作，也不能从事由用人单位另行安排的工作；②劳动者不能胜任工作，经过培训或者调整工作岗位后仍不能胜任工作；③劳动合同订立时所依据的客观情况发生重大变化，致使原劳动合同无法履行，经当事人协商不能就变更劳动合同达成协议；④用人单位解除合同未按规定提前三十日通知劳动者的，应当对劳动者承担劳动合同约定的义务。

5）用人单位"过失性解除"。劳动者有下列情形之一的，用人单位可以解除劳动合同：①在试用期间被证明不符合录用条件，自通知之日起三十日内，用人单位可以随时解除劳动合同；②严重违反劳动纪律或者用人单位规章制度；③严重失职，营私舞弊，对用人单位利益造成重大损害；④被依法追究刑事责任；⑤法律、法规规定的其他情形。

6）劳动者有下列情形之一的，用人单位不得解除劳动合同：①患职业病或者因工负伤并被确认丧失或者部分丧失劳动能力；②患病或者负伤，在规定的医疗期内；③女职工在孕期、产期、哺乳期内；④法律、法规规定的其他情形。

（2）做出合同解除的决议。人力资源部与员工所在部门协商后，报企业相关领导层，做出合同解除决定。人力资源管理部门劳动关系管理专员应根据相关规定，及时通知被解除合同的员工，并依据相关规定，计算、给付劳动者相应的经济补偿，出具解除劳动合同书、解除合同证明，向员工户口所在地社会保险经办机构转移员工档案并备案。

📖 知识链接

解除合同通知书

编号：_____

_____（女士、先生）：

您于____年__月__日与我公司签订的____年期限的劳动合同，现已于____年__月__日解除。

根据有关法律及与您签订的劳动合同中关于经济补偿金的规定，发给您相当于本人解除合同前12个月平均工资（_____元/月）（或企业上一年度职工月平均工资）_____个月工资的经济补偿金，共计人民币_____元整。

特此通知。

公司盖章
____年__月__日

2. 劳动合同的终止

劳动合同的终止是指劳动合同期限届满，双方当事人的权利、义务履行完毕，结束劳动合同法律关系的行为。

（1）劳动合同终止情况的认定。企业劳动关系管理专员应随时关注员工劳动合同履行情况，并积极依据劳动法、企业规章制度，收集需终止劳动合同的信息，逐级汇报，协商决定是否终止劳动合同。劳动合同终止的情况包含：

1）劳动合同期满。
2）当事人约定的劳动合同终止条件出现。
3）用人单位破产、解散或者被撤销。
4）劳动者退休、退职、死亡。
5）劳动合同当事人实际已不履行劳动合同满三个月，劳动合同可以终止。
6）劳动者患职业病、因工负伤，被确认为部分丧失劳动能力，用人单位按照规定支付伤残就业补助金，劳动合同可以终止。
7）劳动者患职业病或者因工负伤，被确认为完全或者大部分丧失劳动能力，用人单位不得终止劳动合同，但经与劳动合同当事人协商一致，并且用人单位按照规定支付伤残就业补助金，劳动合同也可以终止。

劳动合同不得终止的情形：

劳动合同期满或者当事人约定的劳动合同终止条件出现，劳动者有下列情形之一的，同时又未严重违反劳动纪律或者用人单位规章制度；也无严重失职，营私舞弊，对用人单位利益造成重大损害；也未被依法追究刑事责任，劳动合同期限顺延至下列情形消失：

患病或者负伤，在规定的医疗期内。
女职工在孕期、产期、哺乳期内。
法律、法规、规章规定的其他情形。

（2）做出合同终止决定。人力资源部与员工所在部门协商后，报企业相关领导层，做出合同终止决定。人力资源管理部门劳动关系管理专员应根据相关规定，及时将被终止的合同通知员工。并依据相关规定，计算、给付劳动者相应的经济补偿，出具终止劳动合同的证明，向员工户口所在地社会保险经办机构转移员工档案并备案。

📖 知识链接

终止合同证明书

编号：_____

_____：

本公司与_____（女士、先生）签订的劳动合同于____年__月__日终止，双方已经办妥一切与劳动关系有关的手续，其档案及社会保险关系于____年__月__日转移。

公司盖章
____年__月__日

说明：本证明一式三份，一份用人单位留存，一份存入本人档案交户口所在地劳动管理部门，一份本人收执。

三、劳动合同数字化管理的必要性

随着信息技术的飞速发展和企业管理的现代化，劳动合同数字化管理已经成为企业提高效率、保障权益的必然选择。劳动合同作为企业与员工之间建立法律关系的重要依据，其管理方式的变革对于企业的长远发展具有重要意义。

首先，劳动合同数字化管理能够显著提高管理效率。传统的纸质劳动合同管理方式存在着查找不便、易丢失、易损坏等问题，而数字化管理则可以通过建立电子数据库，实现劳动合同的快速检索、查询和归档，大大节省了管理成本和时间成本。数字化管理可以将劳动合同数据集中存储，便于进行数据分析和挖掘，为企业决策提供支持。

其次，数字化管理有助于保障双方权益。电子劳动合同可以清晰记录合同的签订、变更、续订和解除等全过程，确保合同内容的真实性和完整性。同时，数字化管理还可以方便地对合同内容进行备份和加密，有效防止合同信息的泄露和篡改，保障了企业和员工的合法权益。

最后，劳动合同数字化管理还适应了新时代的发展需求。在信息化、数字化的时代背景下，企业管理的各个环节都在向数字化、智能化转型。劳动合同数字化管理作为企业管理的重要组成部分，有助于企业实现管理的现代化和智能化，提高企业的核心竞争力。

案例启示

推行电子劳动合同　为"数字人社"赋能

通辽梅花生物科技有限公司的员工提到，电子劳动合同的签订带来了两大优势：一是便利了员工操作，打破了时空限制；二是提升了企业办公效率，实现了无纸化办公，并加强了合同的安全性和保密性。通辽市作为自治区试点，已成功签订了全市首份电子劳动合同，并推动了数据共享，开启了"数字人社"新时代。

截至2023年底，通辽市已有2 087家企业签订了48 500份电子劳动合同，实现了电子劳动合同的广泛覆盖。市人社局通过专题讲座、咨询和上门服务等方式，积极推广电子劳动合同，提升了企业和劳动者的积极性。

资料来源：https://chinajob.mohrss.gov.cn/h5/c/2023-12-15/393067.shtml（2024-05-09）。

电子劳动合同的推广不仅提高了人社业务办理效率，还促进了数字政府建设。目前，电子劳动合同已应用于多个场景，包括人社业务和企业用工管理等。通辽市人社局将持续优化服务，推动电子劳动合同全覆盖，为经济社会高质量发展贡献力量。同时，企业采用电子劳动合同也可显著降低成本，提高效率，实现劳动用工管理的新模式。

四、劳动合同数字化管理的操作

劳动合同数字化管理的操作主要涉及以下几个关键步骤：

（一）选择或建立数字化管理平台

1. 企业可以选择现有的电子劳动合同管理平台

电子劳动合同管理平台的选择多种多样，常见的平台包括：

（1）政府建设的电子劳动合同公共服务平台。此类平台由政府主导，具有公信力和安全性。它们通常提供基础的电子合同签署、存储、查询和管理功能，适用于广大企业和劳动者。

（2）第三方电子劳动合同平台。市场上有许多第三方电子合同平台，如e签宝、法大大等。其中e签宝作为国内领先的电子签章、电子合同供应商，已经在全国多地落地了不同的电子劳动合同平台。其服务涵盖了身份认证、在线电子签署、电子合同协同管理、全链路区块链存证、在线申请一键出证等全生态电子合同服务。e签宝还提供多种部署方式，如公有云SaaS服务、公有云开放服务、混合云服务等，以灵活适配不同企业的需求。

法大大则是国内知名的电子合同签署平台，其提供的电子合同签署方案安全可靠、操作简便，适用于各种行业的合同签署需求。此外，法大大还提供合同存证、合同模板等增值服务，为用户提供全方位的合同管理支持。

除了这些大型平台外，还有一些地区性的电子劳动合同平台，如河南省的"豫上签""豫云签""融 e 签""原签"等。这些平台通常依托当地的基础好、进展快的省属国有企业进行开发和推广，具有地域特色和针对性。

这些平台通常具有丰富的行业经验和技术实力，提供高效、智能、可靠、安全的电子合同服务。它们支持在线电子签署、电子合同协同管理、全链路区块链存证等功能，并为企业提供全方位的法律保障。在选择电子劳动合同管理平台时，企业应根据自身的需求和实际情况进行评估和选择。需要考虑的因素包括平台的稳定性、安全性、易用性、服务支持等方面。同时，也需要关注平台的合规性和法律保障能力，以确保电子劳动合同的法律效力。

2. 企业根据自身需求建立专属的数字化管理平台

这些平台通常提供合同的在线签署、存储、查询、修改和管理等功能。企业建立数字化管理平台是一个复杂而重要的过程，需要综合考虑多个方面。

（1）明确需求和目标：深入分析企业的业务需求、管理需求和战略发展方向，明确数字化管理平台需要解决的核心问题。确定数字化管理平台的目标，例如提高管理效率、降低运营成本、优化业务流程、加强数据安全和合规性等。

（2）选择合适的平台或技术：根据企业的具体需求和目标，选择合适的数字化管理平台或技术框架。考虑平台的稳定性、安全性、易用性、可扩展性等因素，确保平台能够满足企业的长期发展需求。

（3）进行详细的需求分析：深入了解企业的业务流程、组织结构、信息系统等情况，明确数字化管理平台需要支持的功能和特性。识别数据安全和隐私保护的要求，制定相应的策略和措施。

（4）制定技术架构：设计合理的技术架构，包括数据层、应用层、接口层等。构建统一的数据仓库，实现数据的标准化和集成，确保数据的准确性和实时性。

（5）考虑平台的易用性和用户体验：在设计系统时，注重用户体验和易用性，确保员工能够方便地使用平台进行工作。提供用户手册和在线帮助文档，方便员工随时查询和学习。

（6）建立持续优化的机制：定期对数字化管理平台进行评估和优化，确保其始终满足企业的需求和发展方向。收集用户反馈和建议，不断完善平台的功能和性能。

（7）加强数据安全和合规性：制定严格的数据安全和隐私保护策略，确保企业和客户的数据资产得到保护。遵守相关法律法规和行业标准，确保数字化管理平台的合规性。

建立专属的数字化管理平台的实施步骤如下：

（1）项目规划：明确项目范围、时间表和预算，组建项目团队，制定详细的项目计划。

（2）系统设计：根据需求分析结果，进行系统架构设计和模块划分，确定系统的功能和界面设计。

（3）开发与测试：按照设计文档进行编码和测试，确保系统的稳定性和可靠性。

（4）部署与上线：在完成测试后，逐步部署系统并进行上线，确保系统的顺利运行。

（5）培训与推广：组织用户培训，推广平台的使用，收集反馈进行优化。

（二）合同信息的录入

合同信息的录入是数字化管理平台建设的关键环节之一。为了确保信息的准确性和完整性，首先需要对原有的纸质劳动合同进行全面而细致的审查。在录入过程中，应逐一核对合同编号、员工姓名、身份证号、职位、入职日期、合同期限等基本信息，确保与纸质合同一致无误。同时，合同的具体内容也需仔细录入，包括工作职责、薪资待遇、保密条款、违约责任等关键条款。对于合同中的附件，如员工手册、保密协议等，也应进行电子化扫描并上传至平台，以便后续查阅和管理。在录入过程中，还应设置相应的数据校验和审核机制，确保录入信息的准确性和可靠性，为后续合同的管理和使用奠定坚实基础。

（三）合同的电子签署

合同的电子签署是数字化管理平台的重要功能之一，它利用先进的电子签名技术，实现了劳动合同的在线签署过程。与传统的纸质签署方式相比，电子签署不仅方便快捷，而且具有同等的法律效力，能够确保合同的真实性和完整性。

在电子签署过程中，首先，双方需要通过数字化管理平台进行身份验证。这通常涉及提供有效的身份证明文件、进行面部识别或指纹识别等生物特征识别，以确保签署人的真实身份。一旦身份验证通过，双方就可以进行签署操作了。

签署时，平台会生成一个电子签名，该签名具有唯一性和不可篡改性。签署人可以使用数字证书或私钥对合同进行加密签名，以确保合同内容的真实性和完整性。此外，电子签署还支持授权签署功能。在某些情况下，如果合同需要由代理人或授权人签署，平台可以提供相应的授权管理和验证机制，确保签署的合法性。

（四）合同的存储和备份

在数字化管理平台上，合同的存储和备份变得既高效又安全。平台通过先进的数据库技术和云存储解决方案，为合同提供了强大的在线存储功能。用户可以根据不同的分类标准，如合同类型、签署日期、项目名称等，对合同进行精细化的归档和整理，使得合同的管理更加有序和高效。

此外，数字化管理平台还注重数据的安全性。为了防止数据丢失或损坏，平台提供了强大的备份和恢复功能。定期的数据备份能够确保即使发生意外情况，合同数据也能得到及时的恢复。同时，平台还采用了一系列安全措施，如数据加密、访问控制等，确保合同数据在存储和传输过程中的安全性。这些功能的结合，使得数字化管理平台成为企业合同管理的得力助手，有效提升了合同管理的安全性和效率。

（五）合同的修改和解除

当劳动合同在有效期内需要调整或终止时，数字化管理平台提供了便捷的操作流程。通过平台，企业和员工可以协作对合同进行修改或解除。在进行这些操作时，必须严格遵守国家法律法规以及企业内部规章制度，以确保合同的合法性和有效性。

对于合同修改，平台允许双方在线协商并修改合同条款，所有修改过程均被系统记录，保证了修改过程的透明度和可追溯性。而对于合同的解除，平台同样提供了明确的流程指导，确保双方按照法定程序进行操作，避免因操作不当而引发法律风险。

数字化管理平台不仅简化了合同修改和解除的流程，还提高了操作的效率和准确性。通过系统自动化和智能化，平台为企业的合同管理提供了强大的支持，有助于企业更好地管理人力资源和降低法律风险。

（六）合同的查询和统计

数字化管理平台不仅提供了合同的在线存储和管理功能，更拥有强大的查询和统计能力。通过这些功能，企业可以轻松地根据各种条件，如合同编号、员工姓名、合同类型、签订日期等，对合同进行精准查询。此外，平台还支持对合同数据进行统计和分析，生成各类报表和图表，直观地展示员工的合同情况，如合同到期人数、合同类型分布等。

这些查询和统计功能极大地提高了企业人力资源管理的效率和准确性。通过实时掌握员工的合同情况，企业可以及时调整人力资源配置，避免合同到期未续签等风险。同时，基于数据的决策支持，也使得企业的人力资源管理更加科学和合理。

此外，为了确保劳动合同数字化管理的顺利实施，企业还需要加强员工培训和技术支持。员工需要熟悉数字化管理平台的使用方法和操作流程，确保能够正确地完成合同的录入、签署、修改和查询等操作。同时，企业还需要提供必要的技术支持，确保数字化管理平台的稳定运行和数据安全。

五、劳动合同数字化管理的规范

劳动合同数字化管理的规范可以从以下五方面入手：

（1）数据安全和隐私保护。数字化管理平台应严格遵守国家关于数据安全和个人隐私保护的法律法规，确保劳动合同数据的安全和保密。平台应采取必要的技术手段和管理措施，防止数据泄露、丢失、篡改和非法获取。

（2）合同信息的准确性和完整性。在将纸质劳动合同信息录入数字化管理平台时，应确保信息的准确性和完整性。平台应对录入的信息进行校验和审核，防止因信息错误或遗漏导致的合同纠纷。

（3）电子签署的合法性和有效性。电子签署是数字化管理平台的重要功能之一，应确保电子签署的合法性和有效性。平台应采用符合法律法规要求的电子签名技术，对签署过程进行身份验证和授权，确保签署的合法性。同时，平台还应记录签署的时间、地点和签署人信息等关键信息，以便后续查询和追溯。

（4）合同修改和解除的规范性。劳动合同期限内，如果需要对合同进行修改或解除，应通过数字化管理平台进行操作。平台应提供明确的修改和解除流程，确保双方按照法定程序进行操作。同时，平台还应记录修改和解除的过程和结果，以便后续查询和追溯。

（5）查询和统计的便捷性。数字化管理平台应提供强大的查询和统计功能，方便企业及时了解员工的合同情况。平台应支持多种查询条件，如合同编号、员工姓名、合同类型、签订日期等，以满足企业的不同需求。同时，平台还应支持生成各类报表和图表，直观地展示员工的合同情况，为人力资源管理提供决策支持。

拓展阅读

从"纸件"到"指尖"

霍林郭勒市人力资源和社会保障局作为电子劳动合同推广的试点单位，积极采取措施，借助电子劳动合同平台，推动劳动关系管理的现代化。

目前，平台已覆盖568家用人单位，其中499家已签订电子劳动合同，惠及19 586名劳动者，领跑自治区并居通辽地区首位。

自2023年3月起，霍林郭勒市人社局聚焦工业园区和大企业，通过实地指导，详细解释电子劳动合同的优势和管理办法，协助企业和劳动者顺利签约。此举不仅减少了合同管理的法律风险，还为企业和劳动者提供了更加专业、精准的服务。

与传统纸质合同相比，电子劳动合同更能确保合同的规范性和真实性。劳动者亲自操作签约，有效防止了代签问题。合同的签订、变更、续签、终止全过程均被记录，确保了合同内容的完整、准确和不可篡改。这不仅维护了双方权益，还促进了"数字人社"的无纸化、低碳发展，是互联网＋人社服务数字化工作的重要实践。

资料来源：http://www.nmg.xinhuanet.com/20231130/8705ef2d894a446e940e7c63f433bb27/c.html（2024-05-09）。

任务二　日常事务数字化管理的精细化运作

一、日常事务管理

人力资源管理部门进行员工劳动关系日常事务管理的工作主要包括：员工档案管理、员工"五险一金"的办理、劳动保护管理等。这些工作反映了劳动关系存续期间，企业对员工一方事务的服务与管理。

（一）员工档案管理

1. 档案管理工作内容

企业劳动关系专员负责员工档案的整理与管理工作，主要工作内容如下：

（1）分类归档。企业在进行人事档案管理的过程中，都有一套相对规范的格式，为方便资料的收集、整理、加工，必须按照一定的格式来收集与整理。劳动关系专员对人事档案进行有效管理，首先是必须对相关的资料进行核查，核查其完备性。其次是对资料进行分类，按照不同的类别进行归档。资料在归档之后，每一类材料应按一定的顺序进行排列。在排序时，应注意保持材料本身的系统性、连贯性，以便日后查找、利用和补充新的材料。最后编号之后，应编制卷内目录，以供查阅之用。目录应置于文件的首页。编制目录时，应注意文件标题的简洁与准确性。

（2）检查核对。人事档案材料必须齐全、完整、真实，所涉及的材料一定要明确、明白。为此，要进行经常性的检查核对。对那些存在破损情况的档案要进行修复，以使档案实体恢复正常的状态；同时还要对规格不符合要求的档案材料进行剪裁、折叠或装裱等，以使档案外观规范，便于保管。归档验收时，应对档案卷皮的书写、目录登记情况、分类排序的准确程度、技术加工的质量以及外观等逐项进行检查，不符合要求的要重新整理，以保证归档的质量。

2. 员工档案主要内容

企业员工档案是企业的劳动、组织、人事等部门在招用、调配、培训、奖惩、选拔和任用工作中形成的有关员工个人经历、工作态度、职业素质、业务技术水平、工作业绩以及工作异动情况下的文件资料，是对员工进行全面考查的依据。

（1）履历材料。履历材料主要是反映员工个人的自然情况、经历、家庭和社会关系等基本情况的表格材料。

（2）自传材料。自传材料主要叙述员工学习成长、从业所涉及的生平经历的材料，集中体现了员工人格素质、技能水平的形成过程。

（3）员工技能鉴定，奖惩考核、考查材料。技能鉴定是涉及员工职称评定、个人发展的材料。奖惩考核、考查是对员工的基本情况、工作业绩、不足等方面所进行的评价性材料。

（4）人力资源管理材料。人力资源管理材料是指有关职工录用、任免、聘用、劳动合同、人事异动、转业、工资福利、出国、退休、继续教育等的材料。

（二）员工"五险一金"的办理

1. "五险一金"的预算

企业员工"五险一金"即本书项目六中提到的法定社会保险（基本养老保险、基本医疗保险、生育保险、工伤保险、失业保险）和住房公积金。"五险一金"的办理一般由人力资源部门薪酬专员和劳动关系专员合作完成。其工作依据是国家有关法律和企业的相关规定。劳动关系专员负责核实员工的劳动关系存续情况和员工参保情况；薪酬专员编制员工福利预算方案，经人力资源部经理审核、人力资源总监批准后实施。

"五险一金"的缴纳金额与劳动者的工资缴存比例、社会保险基数等因素密切相关。具体来说，"五险一金"的缴费基数通常根据劳动者的工资收入确定，而缴存比例则由国家或地方政府规定。因此，随着劳动者工资水平的提高和社保政策的调整，"五险一金"的预算也会相应增加。

近年来，我国社保政策不断完善，"五险一金"的覆盖范围逐渐扩大，保障水平也不断提高。我国不断提高基本养老保险的缴费比例和待遇水平，加强医疗保险的保障能力，完善失业保险和工伤保险的制度设计等。这些政策的实施，使得"五险一金"的预算需求也在不断增加。

2. "五险一金"的提取

"五险一金"的提取方式因险种而异，具体如下：

（1）养老保险。一般情况下，养老保险金不能提前支取，需要等到退休（或死亡）后才能领取个人缴存且扣除已领取的部分。在达到法定退休年龄后，可以向所在单位或养老保险经办机构提出申请，并提供相关材料如身份证、户口本、社保卡等。经办机构会核实个人缴纳的养老保险金额，并按规定发放。

（2）医疗保险。医疗保险主要用于生病时的医疗费用报销，而不是直接提取现金。在就医过程中，可以通过社保卡或相关医保 App 进行费用报销，需要保存好就诊相关发票、费用清单等文件，并按照当地的医保政策到指定的报销窗口或通过线上渠道申请报销。

（3）失业保险。失业保险金主要用于失业期间的生活补贴。在失业后，需要向所在单位或失业保险经办机构提出申请，并提供相关材料如身份证、失业证、就业前的社保缴纳证明等。申请审核通过后，可领取失业保险金。

（4）工伤保险和生育保险。工伤保险和生育保险在特定情况下才能使用，如工伤事故或生育时，需要向所在单位或相关经办机构报告并申请相关待遇，而不是直接提取现金。

（5）住房公积金。住房公积金可以在特定情况下提取，如购房、租房、还房贷、退休等。离职后，可以带着离职证明等资料到当地的住房公积金管理中心办理提取手续。

需要注意的是，不同地区的"五险一金"政策可能存在差异，具体的提取条件和流程可能有所不同。因此，在需要提取"五险一金"时，建议先咨询当地的相关部门或机构，了解具体的政策和流程。

（三）劳动保护管理

企业劳动保护管理主要内容有：安全教育制度、安全责任制度、安全检查制度、安全技术组织措施、伤亡事故报告制度、劳保用品发放制度、劳动保险制度等。劳动保护管理采取专业管理和群众参与相结合的办法，实行人力资源管理等职能部门和企业、车间（专业商店）、班组及员工个人分级负责。

人力资源管理部门主要负责的工作如下：

1. 完善提高劳保福利待遇

《中华人民共和国劳动法》第五十四条规定：用人单位必须为劳动者提供符合国家规定的劳动安全卫生条件和必要的劳动防护用品。人力资源管理部门应根据员工工作环境的变化，及时完善提高劳保福利待遇，体现企业对员工的关怀。

2. 建立轮岗制度和职工体检制度

在企业中实行岗位轮换制度（技术性强的除外）。这样可以在一定程度上避免员工在单一的岗位上身体长期受到损害。建立定期对员工身体进行检查的制度，尤其对企业中易得职业病和特殊岗位的人员，建立健康档案，进行重点检查，以免贻误诊治。

3. 制定和完善劳动保护法规和规章制度

劳动者应当执行劳动安全卫生规程，遵守劳动纪律。人力资源部门应认真制定具体岗位劳动保护工作规程，促使员工在工作中养成良好工作习惯。

4. 开展劳动保护宣传教育

人力资源部门积极组织员工参加劳动保护教育，培训生产管理人员和劳动保护专职人员；对特殊工种工人实行专业训练和考试发证制度；利用电影、电视、广播、报刊、展览等形式普及劳动保护理论和技术知识。

拓展阅读

人性化管理，关心员工的日常生活[①]

阿里巴巴致力于将"快乐工作"的理念融入日常，这并非空谈。在阿里巴巴，虽然对违反价值观的员工零容忍，但对辛勤付出的员工则充满关怀。马云曾强调，员工笑容的减少并非所愿，他鼓励大家回归初心，保持创业时的快乐与活力。

"五年陈"是阿里巴巴特有的荣誉体系，为员工提供了归属感。同时，公司推行"阿里政委体系"，让管理者更深入地关心员工，解决他们的难题。此外，员工自发组织的"阿里十派"兴趣小组，不仅丰富了员工的业余生活，还增进了同事间的友谊。

在压力日益增大的职场环境中，人性化管理显得尤为关键。它不仅能让员工保持良好的身心状态，还能激发他们的工作热情，提高他们对公司的忠诚度。阿里巴巴正是通过这一系列措施，让员工在快乐中工作，为公司创造更大的价值。

二、日常事务数字化管理如何实施

在人力资源管理中实施日常事务数字化管理，可以按照以下步骤进行：

（一）明确目标与需求

在人力资源管理中引入数字化管理，旨在明确提升管理效率、减少操作错误，并显著提高员工满意度。通过深入分析现有的人力资源管理日常事务数字化管理流程，可以识别出日常管理各个环节具有显著的优化潜力。数字化手段能够整合这些流程，实现信息的快速处理和准确记录，进而推动人力资源管理向更高效、更精准的方向发展。

（二）选择合适的人力资源管理系统

在选择人力资源管理系统时，企业需综合考量自身规模、特定需求及预算。系统应具备全面的功能，满足招聘、薪酬、绩效管理等核心需求；同时，易用性是关键，确保员工能迅速上手；扩展性则保障系统能随企业发展而灵活调整；安全性不容忽视，确保员工数据得到妥善保护。只有全面考量这些因素，才能选出最适合企业的人力资源管理系统。

根据企业的具体需求，对所选系统进行定制和配置，以适应企业的业务流程和管理要求。与供应商或开发团队沟通，确保系统能够满足企业的特定需求。

（三）数据迁移与整理

在人力资源管理中实施数字化管理时，数据迁移是至关重要的一环。为确保新系统的顺利运行，需要将现有的人力资源数据迁移至新系统。这一过程中，数据整理和清洗尤为重要，旨在去除

[①] 陈伟. 阿里巴巴人力资源管理［M］. 苏州：古吴轩出版社，2017：156-159.

冗余、错误和重复的信息，确保数据的准确性和完整性。同时，在数据迁移过程中，必须严格遵守数据保护法规，确保员工隐私和信息安全不受侵犯。这不仅是法律的要求，更是企业信誉和声誉的保障。因此，数据迁移必须严谨细致，确保数据的准确性和安全性。

（四）培训与推广以及引入员工自助服务平台

针对新系统的上线，首先进行的是系统使用培训。培训对象涵盖管理层、人力资源部门及所有员工，确保他们能够熟练掌握新系统的各项功能。同时，积极推广数字化管理的重要性和优势，通过宣传和教育，提高员工对新系统的接受度和参与度，为系统的顺利运行奠定坚实基础。

此外，为进一步提升员工体验和效率，同步引入员工自助服务平台。该平台提供个人信息管理、薪酬福利查询、假期申请及培训申请等功能，使员工能够自主完成日常管理工作。通过自助服务平台，员工能够更便捷地处理个人事务，提高其满意度；同时，也有效减轻了人力资源部门的工作负担，使其能够更专注于战略性任务。

（五）采用智能辅助并推进数字化培训

在数字化时代，企业正积极采用人工智能技术来辅助人力资源管理决策，同时推进数字化培训，以构建一个更高效、精准的人力资源发展体系。

首先，利用人工智能技术，企业可以进行深入的数据分析和人才预测。通过挖掘员工数据中的潜在规律，企业能够预测员工的离职倾向，并据此提前制定留人策略，确保关键人才的稳定。这种精准的人才管理有助于企业保持竞争力和稳定性。

同时，为了提升员工的学习和发展空间，企业建立了在线培训平台，并提供了丰富的培训课程和学习资源。结合人工智能和数据分析技术，企业可以对员工的学习效果进行实时评估，并根据员工的个性化需求进行课程推荐。这种个性化的学习方式不仅提高了员工的学习效率，也增强了员工的学习动力。

通过将智能辅助与数字化培训相结合，企业能够构建一个更加高效、精准的人力资源发展新模式，助力企业实现可持续发展。

（六）持续优化与改进

在人力资源管理系统的运作过程中，持续优化与改进是确保系统持久有效的关键。我们始终倾听用户的反馈，密切关注业务需求的变化，并据此对系统进行细致的调整和优化，以确保系统能够紧跟企业发展的步伐，持续为企业提供强有力的支持。

同时，我们保持敏锐的洞察力，时刻关注行业新技术和趋势的发展。当新的技术或理念出现时，我们迅速评估其对人力资源管理的影响，并及时更新系统，以满足企业不断变化的需求。这种前瞻性的思维使我们能够保持系统的先进性和竞争力，为企业创造更大的价值。

三、日常事务数字化管理的意义

随着信息技术的迅猛发展，数字化管理已经成为现代企业提高效率、降低成本、优化资源配置的重要手段。在日常事务管理中，引入数字化工具和方法，可以实现流程的自动化、数据的精准化和决策的科学化。日常事务数字化管理的精细化运作具有深远的意义，主要体现在以下几个方面：

（1）提高管理效率。通过数字化管理，日常事务的处理可以更加高效、快捷。例如，使用自动化办公软件进行文件审批、邮件发送、会议安排等，能够大大减少和降低人工处理的时间和错误率，提高工作效率。

（2）降低运营成本。精细化运作能够降低企业的运营成本。数字化管理可以优化资源配置，减少不必要的浪费。通过自动化流程处理，可以降低人力资源成本和时间成本，同时优化物料成本和能源成本等。

（3）提高业务质量。精细化运作能够提升企业的业务质量。数字化管理可以实时监控和分析日常事务的运行情况，及时发现问题并进行处理。这种管理方式可以确保企业的运营过程更加规范、有序，提高业务处理的准确性和质量。

（4）提升企业竞争力。数字化管理的精细化运作可以提升企业的竞争力。通过全面分析和管理企业流程、数据和人力资源等，企业可以更加精准地把握市场需求和客户需求，优化产品和服务。这种管理方式可以帮助企业保持市场敏感性和灵活性，提高客户满意度和忠诚度。

（5）风险控制与预测。精细化运作强调数据驱动，通过数据分析和挖掘，企业可以深入了解各个环节的运营情况和问题，及时预测潜在风险并采取相应的预防措施。这有助于企业降低运营风险，确保企业的稳健发展。

（6）优化决策过程。数字化管理提供的数据支持可以帮助企业做出更加科学、合理的决策。通过对海量数据的分析和挖掘，企业可以更加准确地把握市场趋势和客户需求，为企业的战略规划和决策提供有力支持。

任务三　劳动争议管理

人力资源管理部门在劳动争议管理方面扮演着至关重要的角色。其主要工作涵盖预防劳动争议的发生，以及在争议产生后进行调解、仲裁乃至诉讼处理。同时，加强员工沟通管理也是其职责之一。这些工作直接关联着企业与员工在劳动关系存续期间可能因双方权利和义务产生的冲突。劳动争议实质上是一种劳动纠纷或劳资纠纷，涉及劳动关系双方就劳动权利和义务产生的分歧。这种争议的双方，一方代表劳动者，另一方则代表用人单位。争议的内容聚焦于劳动权利与义务的各个方面，通过合理的管理与调解，旨在维护劳动关系的和谐稳定。

一、劳动争议的类型

劳动争议可以分为以下类型：

（1）根据劳动者一方当事人人数的多少，可以分为个人争议和集体争议。个人争议是指劳动者一方当事人人数在3人以下的劳动争议；集体争议是指劳动者一方当事人人数在3人以上且有共同理由的劳动争议。

（2）从劳动争议标的性质来划分，可以分为权利争议和利益争议。权利争议是指对现行法律、法规、集体合同、劳动合同所规定的权利，在实施或解释上所发生的争议；利益争议是指在集体协商时双方为订立、续订或变更集体合同条款而产生的争议。

（3）按争议事项划分，可以分为因开除、除名、辞退或辞职发生的争议，因工资分配发生的争议，因保险福利发生的争议，因劳动合同发生的争议等。

二、劳动争议的预防

随着劳动争议的日益增多，企业应构建一套全面且有效的内部应对机制。这一机制应以事前预防为核心，辅以事中控制与事后补救措施。其首要目标在于防患未然，避免劳动争议可能引发的劳资矛盾激化或群体性事件，确保企业生产经营活动的稳定进行。同时，在劳动争议进入仲裁或诉讼程序时，该机制将为企业提供坚实的法律支持，旨在最大限度地保护企业的合法权益。通过建立这样的劳动争议内部应对机制，企业能够更好地平衡劳动关系，维护企业利益，实现可持

（一）加强劳动法的宣传教育

企业内部应深入学习和宣传劳动法，提升员工的法律意识。诸多劳动争议案例表明，双方劳动法律意识的薄弱往往是争议产生的根源。因此，强化法律意识对于员工和管理者至关重要。通过增强法律意识，员工和管理者将更自觉地遵守法律法规，从而有效减少劳动争议的发生，营造和谐稳定的劳动关系，为企业的持续发展奠定坚实基础。

（二）加强合同管理，规范劳动关系

人力资源部门需强化合同管理，确保劳动合同的全面签订和严格执行。必须对每份劳动合同进行详尽核查，以保障其合法有效性及完备性。当合同涉及变更、解除或续订时，应迅速并准确地完成相关手续，同时确保所有文件记录得以妥善保存。这一系列的严谨管理旨在维护企业与员工的权益，促进双方关系的和谐稳定。

（三）加强民主管理，创造良好工作环境

企业应强化民主管理，构建员工参与决策的机制，营造和谐的内部环境和氛围，优化工作条件。同时，通过推行内部调解制度，努力化解劳动争议，确保企业和谐稳定。人力资源管理人员应深入了解员工需求，采用柔性、激励性的沟通方式，提高员工满意度，进而支持企业其他管理目标的实现。这样的管理方式有助于构建积极向上的企业文化，促进企业持续发展。

拓展阅读

职场新人受到不公平待遇如何调节自己的情绪？

面对职场中的不公平待遇，职场新人需学会情绪管理。

首先，要正视现实，承认并接受这种情绪的存在，理解在职场遭遇不公是常态，而非个人能力的欠缺。

接下来，要进行理性分析，深入探究不公背后的原因，以便找到应对策略。若认为不公源于误解或沟通不畅，不妨主动与相关方沟通，清晰表达自身诉求。

同时，与亲友分享感受，他们的支持和建议能为你提供新的解决思路。处理不公需耐心和冷静，避免冲动行为带来的不良后果。

此外，持续学习、提升个人能力，不仅能增强自信，还能更好地应对职场挑战，减少因能力不足带来的不公。

最重要的是，调整心态，保持积极，将不公视为成长的机会，从中吸取教训。若不公严重且内部无法解决，不妨寻求法律或专业机构的帮助，坚决维护自身权益。记住，情绪管理不仅是职场生存的必要技能，更是实现个人价值的关键。

三、劳动争议的处理

劳动争议的处理通常遵循一系列法定程序，包括首先进行调解以寻求双方和解，若调解无果则进入仲裁阶段，仲裁结果如不被接受，最终可通过法律途径进入诉讼程序来解决争议。如图 7-1 所示。

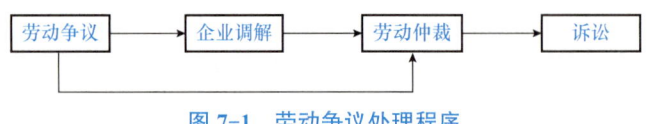

图 7-1　劳动争议处理程序

（一）企业调解

企业调解是指用人单位劳动争议调解委员会对申请调解的劳动争议案件，依法通过调解的方式进行处理。在查明事实、分清是非的情况下，通过说服、劝导和教育，促使当事人双方在平等协商、互谅互让的基础上自愿达成解决劳动争议的协议。企业调解程序如图 7-2 所示。

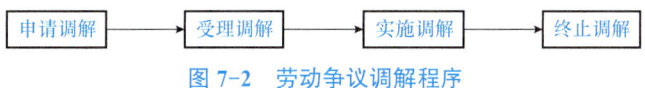

图 7-2　劳动争议调解程序

（二）劳动争议仲裁

劳动争议仲裁是指劳动争议仲裁委员会对申请仲裁的劳动争议案件依法进行裁决的活动。劳动争议仲裁委员会是国家授权组成的专门机构，组成人员包括劳动行政部门代表、同级工会代表和用人单位代表。劳动争议仲裁程序如图 7-3 所示。

图 7-3　劳动争议仲裁

（三）劳动争议诉讼

劳动争议诉讼是指发生劳动争议的当事人对仲裁裁决不服而向人民法院提起诉讼请求，由人民法院按照司法程序对案件进行审理。

四、处理劳动争议的原则

劳动争议处理应遵循以下原则：

（1）合法原则。合法原则是指企业劳动争议的处理机构在处理争议案件时，要以法律为准绳，并遵循有关法定程序。

（2）公正和平等原则。公正和平等原则是指在企业劳动争议案件的处理过程中，应当公正、平等地对待双方当事人，处理程序和处理结果不得偏向任何一方。

（3）调解原则。调解原则是指调解这种手段贯穿于企业劳动争议第三方参与处理的全过程。不仅企业调解委员会在处理企业劳动争议中的全部工作是调解，而且仲裁委员会和法院在处理企业劳动争议中也要先行调解，调解不成时，才会行使裁决或判决。

（4）及时处理原则。及时处理原则是指企业劳动争议的处理机构在处理争议案件时，要在法律和有关规定要求的时间范围内对案件进行受理、审理和结案，无论是调解、仲裁还是诉讼，都不得违背时限方面的要求。

拓展阅读

减少离职带来的负面影响

评估企业前景，人才保留是重要指标。留住人才的企业，无论规模大小，都有发展潜力。当前，我国劳动力流动性大，许多企业因轻视离职管理而难以留住人才。员工离职带来的直接和间接损失不容忽视，特别是核心员工的流失，可能动摇企业根基。

阿里巴巴的成功在于其离职管理策略。它坚持简单原则，让员工因价值观认同而留下，不认同则自然离开。同时，阿里巴巴重视人才梯队建设，不过度依赖个别天才，确保团队稳定。这种策略使阿里巴巴人才流失率远低于行业平均水平，离职管理效果显著。

要抓好离职管理，关键在于充实人力资源储备，提高员工的安全感与归属感。只有从源头上解决问题，才能避免人才流失的趋势。企业不应仅依赖阻拦员工离职，而应从根本上提升员工的满意

度和忠诚度，才能确保企业持续健康发展。

五、员工的沟通管理

为确保公司与员工的有效沟通，构建和谐的劳动关系，企业应该建立多种多样的员工沟通渠道。

（1）设立员工接待日。企业应在一定时间设立员工接待日，所有员工均可自愿参加。接待人员由企业领导层、工会代表、人力资源部经理组成。劳动关系专员负责对员工接待情况（需求、意见和建议）进行记录，填写员工接待情况记录表。

（2）专题座谈会企业可以就特定专题举行员工代表座谈会，广泛听取员工的意见。专题座谈会由企业领导主持，人力资源部负责记录，并撰写会议纪要。

（2）组织员工进行满意度调查。人力资源管理部门可以定期或不定期地组织员工进行满意度调查，以便发现问题，将劳动争议解决在萌芽状态。

区域积极谋发展，共建共享促和谐

青岛西海岸新区是第九个国家级新区，总人口 261.4 万人，就业创业人数 107 万人，市场主体 43.8 万户。新区以"部省共建和谐劳动关系综合试验区"建设为抓手，通过完善体制机制、强化服务保障、构筑平台支撑，持续推进劳动关系和谐建设，有力推动了新区高质量发展。

近年来，新区人社局荣获"全国法治人社建设优秀单位""全国根治拖欠农民工工资工作先进集体""山东省就业环境友好型城市建设单位""山东省保障农民工工资支付工作先进集体""山东省人力资源社会保障系统先进集体""青岛市人民满意的公务员示范单位"等荣誉称号。新区黄岛发展集团获评"全国和谐劳动关系创建示范企业"，瑞源控股集团有限公司等9家企业获评"山东省劳动关系和谐企业"。西海岸新区人社局致力于提升治理效能，打造新时代和谐劳动关系，为新区的高质量发展保驾护航。该局采取了一系列创新举措，全方位推进劳动关系的和谐稳定。

在规范用工和源头治理方面，人社局深入企业走访，举办专家讲坛，开发自检系统，全方位规范企业用工管理。同时，通过资源整合，提高服务效能，组建劳动维权中心，速裁农民工工资争议案件，有效保障劳动者权益。为促进高质量充分就业，人社局聚焦产才融合，出台指导性文件，规划建设新兴产业园区，并发挥高校优势，成立产才联盟，精准输送人才。2024 年以来，新区已开展多场招聘活动，提供用工对接，新增就业人数显著。

在创新治理手段方面，人社局创新打造一体化协商共治平台，通过搭建"社会治理""智慧维权""奖惩约束""人社服务"四大平台，实现劳动关系的闭合管理新模式。社会治理平台预防矛盾，智慧维权平台提升监管效率，奖惩约束平台激励守信、惩戒失信，人社服务平台提供智慧化服务。这些举措不仅提升了企业用工管理效能，还优化了营商环境，为劳动者和企业提供了更加便捷、高效的服务。

资料来源：齐鲁壹点，https://baijiahao.baidu.com/s?id=1794225816200180891&

wfr=spider&for=pc（2024-05-09）。

　　构建和谐劳动关系对于社会稳定具有举足轻重的作用。它不仅保障了劳动者的薪资福利、改善了劳动条件、确保了职业安全，更深层次地体现了对劳动者的深切尊重和社会的公平正义。和谐的劳动关系能够极大地增强员工的归属感，提升其忠诚度，进一步点燃他们的工作激情，提高工作效率，从而有效减少劳动纠纷，夯实社会稳定的基础，为企业的长远发展与创新提供坚实保障。

　　对于即将踏入人力资源管理行业的学生而言，深刻理解和谐劳动关系的重要性是必不可少的。在日常的工作与学习中，积极培养公德心，坚守契约精神，不断加深对国家的忠诚与对民族的自豪。同时，秉持"共享、共担、共赢"的价值观，努力提升自身的法治意识与和谐共处的理念。如此，才能成长为具有时代担当和强烈社会责任感的管理精英，为社会稳定与繁荣贡献自己的力量。

课后练习

数字化赋能的劳动关系管理案例分析

练习目的：

加强对数字化赋能的劳动关系管理的认识与理解。

作业要求：

某知名互联网公司（以下简称"×公司"）近年来业务发展迅速，员工数量迅速增长，劳动关系管理面临前所未有的挑战。传统的劳动关系管理方式已经无法满足公司快速发展的需求，尤其是在员工信息管理、劳动合同管理、员工沟通以及劳动争议处理等方面存在诸多问题。为了提升管理效率，降低管理成本，公司决定引入数字化技术，对劳动关系管理进行全面升级。

问题：

1. 分析公司引入数字化技术进行劳动关系管理的必要性。
2. 描述公司如何实施数字化劳动关系管理。
3. 评估数字化劳动关系管理的效果。
4. 讨论如何持续改进和优化数字化管理系统，以适应公司未来发展的需要。
5. 假设你是×公司的人力资源经理，你将如何进一步改进和完善劳动关系管理体系？

参考文献

[1] 本书编写组. 人力资源管理[M]. 北京：高等教育出版社，2023.
[2] 黄志伟. 华为人力资源管理[M]. 苏州：古吴轩出版社，2022.
[3] 刘昕. 人力资源管理（第4版）[M]. 北京：中国人民大学出版社，2020.
[4] 董克用. 人力资源管理概论（第五版）[M]. 北京：中国人民大学出版社，2019.
[5] 罗赛尔. 麦肯锡教你做人力资源管理[M]. 天津：天津出版传媒集团，2019.
[6] 陈伟. 阿里巴巴人力资源管理[M]. 苏州：古吴轩出版社. 2017.
[7] [美]加里·德斯勒. 人力资源管理（第14版）[M]. 刘昕，译. 北京：中国人民大学出版社，2017.
[8] 赵轶. 人力资源管理（第2版）[M]. 北京：清华大学出版社，2016.
[9] 张同全. 人力资源管理[M]. 大连：东北财经大学出版社，2012.
[10] 陈东健. 人力资源管理[M]. 北京：清华大学出版社，2012.
[11] 李忠民，睢党臣. 人力资源管理概论[M]. 北京：科学出版社，2012.
[12] 赵曙明. 人力资源管理[M]. 北京：机械工业出版社，2011.
[13] 曹嘉晖，张建国. 人力资源管理[M]. 成都：西南财经大学出版社，2010.
[14] 严肃. 人力资源管理常用的83个工具[M]. 北京：中国纺织出版社，2010.
[15] 方振邦，罗海元. 战略绩效管理[M]. 北京：中国人民大学出版社，2010.
[16] 中共中央马克思恩格斯列宁斯大林著作编译局. 列宁专题文集：论社会主义[M]. 北京：人民出版社，2009.
[17] 吴文艳. 组织招聘管理[M]. 大连：东北财经大学出版社，2008.
[18] 吴志华，刘晓苏. 公共部门人力资源管理[M]. 上海：复旦大学出版社，2007.
[19] 萧鸣政. 人员测评理论与方法[M]. 北京：中国劳动社会保障出版社，2004.
[20] 郑日昌，蔡永红，周益群. 心理测量学[M]. 北京：人民教育出版社，1999.
[21] 霍雪珊. 战略性人力资源管理的基本特征——基于三星集团的案例研究[J]. 当代经理人，2023（4）：59-67.
[22] 刘儒，马铭钊. 数字经济对地区就业的影响研究：基于总量与结构的视角[J]. 经济纵横，2023（9）:94-102.
[23] 丁守海，夏璋煦. 数字经济下灵活就业的规制问题研究[J]. 理论探索，2022（1）：114-119.
[24] 胡拥军，关乐宁. 数字经济的就业创造效应与就业替代效应探究[J]. 改革，2022（4）：42-54.
[25] 蒋正军. 企业培训管理体系，巧搭新平台[J]. 人力资源，2022（2）：52-53.
[26] 罗文豪，霍伟伟，赵宜萱，等. 人工智能驱动的组织与人力资源管理变革：实践洞察与研究方向[J]. 中国人力资源开发，2022，39（1）：4-16.
[27] 本刊编辑部. 中国人力资源服务机构十大创新案例[J]. 中国人力资源社会保障，2021（4）：30-31.
[28] 傅颖，徐琪，林嵩. 在位企业流程数字化对创新绩效的影响——组织惰性的调节作用[J]. 研究与发展管理，2021，33（1）：78-89.
[29] 裴嘉良，刘善仕，钟楚燕，等. AI算法决策能提高员工的程序公平感知吗？[J]. 外国经济与管理，2021，43（11）:41-55.
[30] 龙波. 华为的人力资源管理体系是怎么形成的[J]. 国企，2021（17）：58-59.
[31] 霍伟伟，龚靖雅，李鲜苗，等. 主动及被动模式下在线远程办公影响效果研究述评与展望[J]. 中国人力资源开发，2020，37（8）：6-21.
[32] 冯绚，胡君辰. 工作游戏化：工作设计与员工激励的新思路[J]. 中国人力资源开发，2016（1）：14-22.
[33] 中华人民共和国人力资源和社会保障部. 高质量发展需要大批高技能人才[EB/OL]. （2024-05-03）. [2024-05-06]. http：//www.mohrss.gov.cn/SYrlzyhshbzb/dongtaixinwen/buneiyaowen/rsxw/202405/t20240503_517819.html.